由南开大学中外文明交叉科学中心资助出版
南开大学中外文明交叉科学中心文明互鉴系列

拜占庭帝国政治史论

On Political History of the
Byzantine Empire

陈志强 著

江苏人民出版社

图书在版编目(CIP)数据

拜占庭帝国政治史论/陈志强著.—南京:江苏人民出版社,2023.3
(南开大学世界古史论丛)
ISBN 978-7-214-27713-8

Ⅰ.①拜… Ⅱ.①陈… Ⅲ.①拜占庭帝国—政治制度史—研究 Ⅳ.①D59

中国版本图书馆CIP数据核字(2022)第224071号

书　　　名	拜占庭帝国政治史论
著　　　者	陈志强
责 任 编 辑	于　辉
责 任 监 制	王　娟
装 帧 设 计	刘　俊
出 版 发 行	江苏人民出版社
地　　　址	南京市湖南路1号A楼,邮编:210009
照　　　排	江苏凤凰制版有限公司
印　　　刷	南京新洲印刷有限公司
开　　　本	652毫米×960毫米　1/16
印　　　张	29.5　插页4
字　　　数	380千字
版　　　次	2023年3月第1版
印　　　次	2023年3月第1次印刷
标 准 书 号	ISBN 978-7-214-27713-8
定　　　价	126.00元

(江苏人民出版社图书凡印装错误可向承印厂调换)

"南开大学世界古史论丛"
编委会

陈志强　江　沛　杨巨平　叶　民

"南开大学世界古史论丛"总序

南开大学历史学科即将迎来建立百年的日子,为纪念这一重要时刻,特推出"南开大学世界古史论丛"。作为南开大学世界史学科发展的重要学科领域,世界上古中古史学科方向经几代学者的不懈努力,不仅培养了大批学有专长的后备人才,而且取得了显著的科研成果。在世界上古中古史学科发展的历史上,涌现出蒋廷黻(曾开设欧洲文艺复兴史)、雷海宗、黎国彬、辜燮高、陈楠、王敦书、于可、李景云等蜚声国内外的老一辈学者群体,他们的弟子遍及海内外,也为其后以陈志强、杨巨平和王以欣等学者为代表的学科中坚力量的发展打下了坚实的学术基础。

改革开放以来,本学科优势持续发扬光大,呈现出令人可喜的局面,形成了西方古典史、拜占庭史、古代中西交流史、古埃及学等诸多国内领先的研究领域,在国内外学界的影响力持续增强。作为南开大学世界史学科重要的组成部分。世界上古中古史学科方向先后建立了南开大学希腊研究中心(教育部国别和区域研究备案中心)、西方古典文明研究中心、东欧拜占庭研究中心、丝路古代文明研究中心等学术机构,承担国家社科基金重大项目及以下各级别研究课题多项,培养了数以百计的硕士和博士生,他们已经成为国内各高校和科研机构的骨干力量。

  为了继承和发扬传统、回顾和总结经验和成果、激励后学,在学院和学校各级领导大力支持下,我们决定共同努力,收集整理南开大学世界史老中青三代教师们的相关成果,编辑和出版"南开大学世界古史论丛"。该论丛以马克思主义历史唯物论为指导,突出学术性,展现南开大学世界上古中古史研究的实力,并向南开大学历史学科百年生日献上一束花,祝愿学科发展再上层楼。

前　言

本书是南开大学世界史学科推出的"南开大学世界古史论丛"中的一种。笔者自1982年初本科毕业于南开大学历史系世界史专业后,便一直在母校历史系(院)工作,为本科生、硕士及博士研究生讲授世界史的多门基础课、专业选修课。近40年来,笔者为了讲好这些课,在教书育人之余,不断进行科研工作,很多研究课题都是与教学密切联系的。这不仅是因为作为教师,笔者必须回答同学提出的问题,还有在教学中本人也随时产生了许多疑问,为了给自己解惑,也要不间断地进行专题研究。甚至在退出本科基础课主讲教师行列后,笔者花了一年多时间认真学习吴于廑先生的理论,因为如何从宏观理论角度把握世界史的整体发展一直是本人心中不甚了了的难题。当然,笔者研究的范围大多集中在欧洲特别是东欧的历史与文化领域,而研究的命题又不局限于政治方面。根据"南开大学世界古史论丛"编委会的要求,作者们均需将各自作品集中到某个领域,为此,笔者特别选择了与拜占庭帝国政治生活有关的文章,并为本书确定了"政治史论"的名称。本书中的很多文章是笔者以前在专业学术期刊上发表的,也有新近完成的,笔者对前者都进行了适度的修改,对后者反复推敲,加入了最近的研究心得。

学无止境。书中文章似乎都得出了结论,但其中许多研究课题还需要进一步深入探讨,因此,笔者希望得到读者在阅读中发现问题的反馈,以便未来深入研究并进行修改。

目 录

总序 / 001
前言 / 001

第一编　研究史和理论问题

拜占庭帝国的政治传承 / 003
时代政治变动中的拜占庭研究 / 041
拜占庭皇权政治的环境因素 / 058
所谓拜占庭"封建化" / 076

第二编　首都研究

君士坦丁堡研究 / 093
拜占庭帝国史以正式启用新都为开端原因考 / 117

第三编　皇帝研究

拜占庭皇权继承制 / 131
拜占庭皇帝谱牒研究 / 153
开国皇帝君士坦丁一世研究 / 172
阿莱克修斯一世研究 / 194

末代皇帝君士坦丁十一世研究 / 215

第四编　官制研究

6 世纪官职考——以《秘史》为据 / 231

第五编　政策研究

拜占庭军区制研究 / 267
拜占庭农业政策 / 290
拜占庭毁坏圣像政策 / 313
拜占庭帝国北非政策 / 333
拜占庭帝国"联邦"政策 / 348

第六编　末代王朝外交军事研究

末代王朝的外交 / 377
拜占庭帝国雇佣兵政策 / 396
1453 年战役研究 / 413

主要参考资料 / 430

第一编
研究史和理论问题

拜占庭帝国的政治传承

具有千余年历史的拜占庭帝国及其文化博大精深，若想以有限文字说清本书命题是非常困难的。因为有关拜占庭帝国政治生活的文献资料非常多，而且浩瀚文献蕴含的历史信息又非常复杂，解读、重构和诠释真实的帝国政治史难度极大，绝非一本书就可以完成。特别是，长久以来学界就拜占庭帝国政治问题提出了非常多样的观点，其中如爱德华·吉本的观点影响巨大且深远。那么，抓住一些重要问题深入探讨，以期产生"滴水见日"的效果，说明拜占庭帝国政治史的发展，是一条不错的思路。本书便采用这样的方法来说明拜占庭帝国政治这个大问题。

拜占庭帝国是什么？这个名字的解读是否合理？很多学者包括笔者都有各自的说明，其中解释最丰富的还是在政治方面。拜占庭帝国与古代罗马帝国国家起源的关系、其独立发展的原动力、维持其长期存在的内在动因、其曲折发展的内外因素等问题，人们常会予以关注。尤其是如下问题始终困扰着拜占庭史的研究者和爱好者，拜占庭帝国克服了晚期罗马帝国的什么弊端而长期存续？这个新帝国继承了罗马帝国何种遗产而确立？拜占庭帝国维系上千年的理由是什么？拜占庭帝国衰败时期中的哪些因素使得其原有的优势消失了？拜占庭帝国存在的外在决定性影响因素是什么？拜占庭帝国衰亡的内在决定性影响因素是什么？这些伴随阅读史料而生的问题，似乎都离不开从政治视角的解释。拜占庭帝国历史上那些杰出的人物、关键战役、转折性的重大事件,其深层次的意义都可以在政治层面找到具体答案。能够把这个千余年帝国的相关理论问题回答清楚,并在古代世界范围内进行适当的扩展分析,或者以适度评论作为画龙点睛之笔,进而梳理清晰拜占庭帝国政治发展的主要线索是笔者的写作目标。

拜占庭帝国就是人们通常所说的东罗马帝国。和所有复杂历史现象的名称都有多种说法一样,这个名称也存在诸多解读。比如,爱德华·吉本(Edward Gibbon,1737—1794)在其影响深远的名著《罗马帝国衰亡史》中就没有采用"拜占庭帝国"的称谓,其中的大部分篇幅虽然谈的是拜占庭帝国,但吉本坚持使用"罗马帝国"这个名称,显示出他认为这个千余年帝国只不过是那个大名鼎鼎的罗马帝国的"衰落"时期。吉本生活于18世纪欧洲启蒙运动时期,当时拜占庭的古代文献和文物在"圈内人"中早就被明确称呼为"拜占庭的",这与"东罗马的"同样成为众所周知的名称。吉本最为欣赏的法国文化界就以收藏拜占庭古董为荣。法国王室支持下的王家图书馆接收了红衣主教马扎然(Mazarin,1602—1661)和柯尔培尔(Colbert,1619—1683)的私人藏书,其中以希腊古文书为重要组成部分。王室还资助卢浮宫出版机构(the Louvre Press)组织学者编辑出版拜占庭古籍系列丛书,1645年问世的拜占庭皇帝约翰六世(John Ⅵ Kantakouzenos,1347—1354年在位)撰写的《历史》是该丛书中的第一本,标志着有组织的资料整理工作正式开始。一批欧洲大陆的著名学者,如拉比(Ph. Labb,1607—1667)、皮埃尔·普西尼(Pierre Poussines,1609—1686)、弗朗索瓦·孔贝非斯(Francois Combefis,1605—1697)、西维奥尔·杜康(Du Cange,1610—1688)、让·马比永(Jean Mabillon,1632—1707)、贝尔纳·德·蒙特福松(Bernard de Montfaucon,1655—1741)、米歇尔·勒基安(Michel Lequien,1661—1733)、安塞尔莫·班杜利(Anselmo Banduri,1670—1743)等,都积极投身于拜占庭历史文献的整理出版工作。

这部丛书冠名为《巴黎拜占庭历史文献大全》（简称《巴黎大全》，Paris Corpus）。他们不仅接受了由德意志学者率先提出的"拜占庭帝国"的概念，还确立了考证拜占庭历史文献的科学方法体系，提出了规范化的要求。

爱德华·吉本长期受教于欧洲大陆法语区，对其深爱的古代史一直怀有浓厚的兴趣，他不会不了解"拜占庭圈子"里的门道，更不会对"拜占庭帝国"一无所知，毕竟，他要写好自己看重的这部著作就不能不谙熟百余年来罗马帝国研究学界的成就，不能不使用拜占庭研究专家的成果，只不过他不想走传统学术的老路，而要高举启蒙思想家的大旗。说起启蒙时代之初的欧洲大陆学术界，法国是当之无愧的高地，那时的文人学者似乎都看不起孤悬海上的英伦三岛，甚至吉本本人也对英语没有什么信心，他的处女作不是用母语而是用法语写成的，这就是一个明证。那时的英国和英语不被欧洲大陆文人看在眼里，如果不是在较他年长 26 岁的休谟的劝说下，吉本可能还难以坚定其使用英语写作《罗马帝国衰亡史》的决心。法国国王路易十三（Louis XIII，1610—1643 年在位）和路易十四（Louis XIV，1643—1715 年在位）实行开明君主专制政策，促成了自上而下的崇尚古典文明的热潮，也引领着整个欧洲宫廷效仿拜占庭帝王生活的时尚。法国人浪漫的天性也表现在拜占庭研究早期的发展上，他们肆意享受着来自近东古代宫廷略带神秘色彩的奢侈礼仪，也不加区别、不分真伪地整理翻译所谓"希腊"古代文献。

然而，来自"蛮荒之地"的德意志之声此时已经悄然潜入法国学界。德意志南部奥格斯堡的富格尔家族秘书、著名学者赫罗尼姆斯·沃尔夫（Hieronymus Wolf，1516—1580）早在 16 世纪整理注释拜占庭历史学家的手稿时，就已注意到，拜占庭历史学家、教法学家和神学家约翰·仲纳拉斯（John Zonaras，？—1159）、尼基塔斯·侯尼亚迪斯（Nicetas Choniates，1155—1217 年）、尼基弗鲁斯·格利高拉斯（Nicephorus Gregoras，1290—1360）等古代学者的重要著作与古希腊文献的区别。这种区别确实非常明显:从内容上看,古希腊人信奉宙斯及其他奥林匹斯山诸神,讲求人性及其理性,而拜占庭人则尊崇上帝,通过笃信基督的方式寄托信仰和感情;从语言上看,古希腊人使用以阿提卡方言为主的标准规范的古希腊语,而拜占庭人则使用错谬百出的希腊语,那全是因外族持续侵入和民族融合造成的,拜占庭时期的希腊语语法和用词非常混乱,拜占庭的中古希腊语因此被世人称为"混乱的古希腊语";从价值倾向上看,古希腊人秉持的是城邦民主政治的传统,这与拜占庭人重视皇帝制度和基督教信仰亦明显不同。因此,沃尔夫提出,以"拜占庭的"作为定语限定中古希腊语作品,他呼吁学术界要充分认识拜占庭历史在欧洲历史发展中的特殊地位。也许是德意志学者严谨的天性在学术上具有说服力,法国拜占庭学界很快也接受了这种认识。这里要特别指出,沃尔夫是在德意志宗教改革运动中成长起来的学者,深受马丁·路德敢于质疑、挑战权威的怀疑主义精神的影响,正是他们这一代人在德意志地方诸侯的保护下、在精神解放的宽松环境中,开展自由的学术研究,不仅使德意志成为近代欧洲古典哲学及其艺术表现形式的古典音乐的故乡,而且在人文学科各个领域均产生出享誉世界的奠基性创新成果。

在法语区接受了正规学术训练并产生学术灵感的爱德华·吉本毫无疑问是了解欧洲大陆最新学术动向的。他博览群书,精读古代文献,也仔细阅读了 409 位近代古典学者的作品,以及许多已经整理为现代欧洲语言的拜占庭文献,[1]那么他为什么要在罗马史研究中不走寻常路呢?要回答这个问题,我们就不得不进入启蒙时代那些伟大思想家的精神世界。当时,处于工业革命之前的欧洲思想家们还没有形成对工业文明的自信心,他们厌倦了"开明君主专制"

---

[1] 吉本的希腊语并不太好,尤其不掌握拜占庭时期的希腊语,他引用的 8000 多个注释涉及拜占庭史的资料都是古典学家整理出来的。爱德华·吉本:《罗马帝国衰亡史》,席代岳译,长春:吉林出版集团有限责任公司,2008 年,第 12 页。

造成的虚假繁荣,力图用理性重新解释人类的历史。这些追求自由、平等、博爱的新兴资产阶级进步思想家掀起批判宗教神学、提倡理性主义的思想运动热潮,把欧洲中古时期称为"黑暗时代",认为在这一黑暗时代,欧洲古典文化全面倒退,不仅罗马帝国被落后的蛮族侵略、摧毁,繁华的罗马故都几经野蛮人的蹂躏,而且人类的聪明才智遭到基督教神学的扼杀,人类陷入精神上的愚昧状态,需要进行思想启蒙。因此,他们对笃信正统基督教、实行皇帝专制的拜占庭帝国持全盘批判态度,诸如伏尔泰(Voltaire,1694—1778)等一批思想家不无嘲讽地将拜占庭史说成是"除了唱高调和崇拜神迹外别无他物的、毫无价值的汇集,是人类思想的一大耻辱"。① 孟德斯鸠(Montesquieu,1689—1755)认为"希腊帝国(拜占庭帝国——引者注)的历史(以后我们就是这样称呼罗马帝国的)不外是一连串的叛变、骚乱和背信弃义的行为而已"。②

长期浸润在启蒙时代进步思想中的爱德华·吉本完全接受了他们的观点,在其《罗马帝国衰亡史》中把自罗马帝国"五贤帝"统治后期以降的拜占庭帝国千余年历史视为罗马帝国长期的衰亡史,还曾提到这一衰亡过程是"蛮族和宗教的胜利"③。瓦西列夫对吉本这一思想的总结未必全面,但这位英语世界第一位"拜占庭学家"受到启蒙时代思想家的影响却是深刻的。④ 吉本接受了他们对罗马共和制度高度赞赏的观点,也接受了他们对拜占庭帝国全面否定的态度,可以说,吉本在拜占庭帝国的政治史研究上并无新的建树,吉本

---

① 伏尔泰:《历史怀疑论》(Voltaire, Le pyrrhonisme de l'histoire),第 15 章。转引自 A. A. 瓦西列夫:《拜占庭帝国史》,徐家玲译,北京:商务印书馆,2019 年,第 12 页。
② 孟德斯鸠:《罗马盛衰原因论》,婉玲译,北京:商务印书馆,1997 年,第 119 页。
③ Edward Gibbon, *The History of the Decline and Fall of the Roman Empire* Ⅰ, Chicago: Encyclopaedia Britannica Inc., 1952, p. 53.
④ 笔者这样称呼吉本是因为其名著所涉大部分为拜占庭史,详细论说见陈志强:《英美拜占庭学发展及其启示》,《史学理论研究》2015 年第 2 期。

和他们一样不使用"拜占庭的"表述而坚持称之为罗马帝国,[1]甚至在观点的阐述方面也追随着那些思想导师们的自由发挥风格。那么,吉本在罗马帝国"通史"研究上是不是也完全亦步亦趋地跟随这些启蒙时代的思想家呢?在这一点上,他有很多的创新。例如,他从奥古斯都的集权措施谈起,认为这种集权在"明君"当政时尚可保持罗马帝国的优良传统,但在"五贤帝"之后"推举新君之时,通常危机四伏、险象环生",强调这是"帝位传承的致命弱点"。[2] 他还在对拜占庭帝国千余年历史的理性主义解读中,就罗马帝国的衰亡先后提出了20多种原因,不过似乎没有很鲜明的系统性,多少有些像孟德斯鸠那样随意。后者认为罗马帝国衰亡的原因"是由于施行君主政体的统治和对外的掠夺政策以及民风败坏等",吉本的分析比孟德斯鸠的论说更翔实,有基本史料根据。吉本不仅认为日耳曼蛮族入侵和基督教成为国家宗教造成了帝国的衰亡,还认为自奥古斯都开始推行的"执政治国大权已全部授给皇帝"的独裁制度更是祸根,因为它导致才智平庸、专断残暴的邪恶之人控制帝国。这种独裁专制促使罗马禁卫军动辄罢黜皇帝,成为罗马帝国衰亡的另一个重要原因。[3] 如此,在吉本探究罗马帝国衰亡原因的关键词里,就要在"蛮族"和"基督教"之外,再加上"暴君"和"军人",比较而言,前两者是外因而后两者是内因,其恶劣程度更甚。至于吉本高度赞许的罗马共和制度和公民精神,很多说法也与孟德斯鸠如出一辙,甚至其"罗马帝国的衰亡乃是毫无节制的扩张带来的自然而无可避免的后果"的观点与孟德斯鸠"为了扩大疆域而建立起来的罗马"最终倒在了扩张带来的后果上的说法几乎一致,只

---

[1] 孟德斯鸠在论及拜占庭帝国之处都采用"东方罗马人""东方帝国""希腊帝国"和"东方的皇帝"。孟德斯鸠:《罗马盛衰原因论》,第107—109页。
[2] 爱德华·吉本:《罗马帝国衰亡史》第1卷,第60—61页。
[3] 爱德华·吉本:《罗马帝国衰亡史》第1卷,第1页、第103—104页。

是增加了人性趋向于恶的道德因果论。①

　　孟德斯鸠等人称颂的罗马共和制度究竟因何会受到这些伟大思想家的追捧？关于人类政治生活制度的研究早在古希腊罗马时代的重要学者中就已展开了深入的思考，直到波里比阿，这位在罗马帝国统一地中海世界的征战中取得节节胜利的环境下生活的希腊文人似乎得出了高人一筹的结论。他接受了柏拉图和亚里士多德的分析观点，但认为这还不够深刻，他指出罗马帝国实行的混合政体是人世间最好的政体，因为执政官、元老院和人民（保民官）的公共权力达成了相互制衡。这种能够使帝国公共权力保持平衡的制度使得一个人的统治权力不能发展到专制独裁政治，少数人即贵族精英的统治权力也不能演变为寡头政治，进而民众的统治权力不会导致暴民政治，因而不会落入人类公权力难以摆脱的"命运"循环里。他在《罗马帝国的崛起》中解释"政体循环论"时写道："最先存在的是一人统治……出现了国王政治。后者会恶化成其堕落但仍有关的形态，也就是我所谓的僭主政治，在废除了这两者之后，产生了贵族政治。贵族政治因其性质而堕落为寡头政治，而当群众在愤怒中崛起……民主政治于焉发生……由于这类政权会滋生出的放纵以及为非作歹，暴民政治于是开始出现，因此完成整个循环"，暴民政治必将导致新一轮政体循环的开端，即国王政治。罗马共和制度恰好避免了这三类六种政体的恶性循环，在公权力的相互制衡中使人类的良知和才智得到最佳的发挥。波里比阿总结说，"三个成分（国王、元老院和人民）中每一个所享有的权力，能够彼此协助或互相伤害；其结果是联手时，其强大足以抵挡所有的紧急状况，所以不可能发现比这一系统更佳的宪政体制"。也就是说，当自然形成的"在国王政治上，其内在的缺失便是独裁，在贵族政治上是寡头，

---

① 爱德华·吉本：《罗马帝国衰亡史》第 4 卷，第 173 页；孟德斯鸠：《罗马盛衰原因论》，第 57 页。

而在民主政治上则为暴力的残酷统治……这每一种政体都无法不堕入其本身会堕落的形态",只有相互制衡才能阻止堕落,"换言之,政体由于互惠或制衡原则,在长期来说应该处于平衡的状态"。①

一个人、少数人和多数人统治的三种政体陷入不可抗拒的政体循环,需要在相互制衡中保持最佳状态。罗马共和政体因此被他看作是最好的政体,也是罗马帝国崛起的主要原因。从这个角度看,拜占庭帝国继承的是最糟糕的一面,在一个人的统治中走入绝境。事实上,皇帝独裁统治要求的是皇帝本人具有杰出的道德和能力,即中国古代史学家司马光所谓德才兼备的人,"夫聪察强毅之谓才,正直中和之谓德。才者,德之资也,德者才之帅也"。② 前者指向处世,而后者强调治人,这反映中国古代明君贤主的标准,其实也适用于拜占庭帝国的皇帝。在拜占庭帝国的特殊环境中,除了德才兼备还要求帝王要能征善战。在拜占庭帝国千年百帝的专制政体发展史上,唯赖皇帝多谋善战。吉本一定对波里比阿的逻辑分析和最终结论十分赞成,甚至,他的《罗马帝国衰亡史》还可能是有意作为《罗马帝国的崛起》的接续。

这里,我们不得不说的是,这套源自柏拉图和亚里士多德直到吉本推崇的、孟德斯鸠所阐释的传统政治学理论,存在理论思维上的不足,尤其是联系到拜占庭帝国的历史问题就显得特别突出。近代欧洲地中海世界的思想家从古希腊哲学家的思想成果中获得了太多的灵感。譬如,波里比阿的政体分类问题早在苏格拉底和柏拉图时代就讨论多时了,后者概括为:"我们列举过三种政治形式——由一个人统治、由少数人统治、由多数人统治……把由一个人统治的形式分成君主政制和僭主政制;从少数人统治的形式,我们说过,可以分出繁荣的贵族政制,还有寡头政制……民主政制分成两部分……如果三种统治形式都依照法律进行统治,那么民主制是最糟

---

① 波里比阿:《罗马帝国的崛起》,翁嘉声译,北京:社会科学文献出版社,2013 年,第 396—397 页、第 409 页、第 402—403 页。
② 司马光:《资治通鉴》卷一《周纪一》。

的,但若三种统治形式都不依照法律进行统治,那么民主制是最好的。"可见,柏拉图并不推崇其中的任何一种政制,而是以其一贯坚持的"哲学王"理念,寄希望于那种"愿意并能够实施合乎道德和理智的统治,极为公平地对待每个人"的统治者,即所谓"凡人中的神"。但事实上,他最推崇的"贤人政治"只是其理想世界中的理念,在现实中也像孔子一样处处碰壁。① 亚里士多德似乎并不太赞同"超人政制",他概括总结的"君主政体、寡头政体、平民政体以及列第四位的所谓的贵族政体……还可以举出的第五种政体"即共和政体中,就没有柏拉图的理想政制。这位"吾爱吾师,更爱真理"的古代学术集大成者在深入剖析各种政体并对它们进行详细对比后,厌恶地指出"平民领袖与僭主的佞臣相比,简直就是一丘之貉"。他还提供了关于共和政体的最佳方案,"显然,最优良的政治共同体应由中产阶层执掌政权,凡是中产阶层庞大的城邦,就有可能得到良好的治理",其中议事机构、选举官员和司法机构是决定性因素,这似乎接近了后世立法、执法、司法三权制衡的设想。②

　　这些关于大量人群社会治理的合理构思是对古代地中海世界各城邦多种政体的真知灼见,但是都不免仅停留在思想家的思维之中,且大多是"小国寡民"的城邦及其周边王国的经验总结,它们在多大程度上适用于罗马帝国还很难说。毕竟,罗马帝国在其鼎盛时期的疆域,包括南自尼罗河大瀑布北至英伦三岛中部,东从两河流域西到大西洋沿海地区,达500多万平方公里,所辖人口数千万,与爱琴海希腊城邦世界不可等量齐观。换言之,罗马帝国征服整个地中海世界以及整个高卢地区的时代,世道不同了,连波里比阿都无缘目睹罗马帝国的衰败,当然他也无法探究罗马共和制为什么会败

---

① 柏拉图:《政治家篇(301D—303B)》,载《柏拉图全集》第3卷,王晓朝译,北京:人民出版社,2003年,第157—158页。
② 亚里士多德:《政治学》,载《亚里士多德全集》第4卷,颜一、秦典华译,北京:中国人民大学出版社,1997年,第133、125、142、148页。

亡。而那位被称颂为"贤帝"的马可·奥勒留有意无意地践行柏拉图"哲学王"理想,最终还是把皇位传给了自己的儿子,可见古典时代的民主制和共和制很难适应罗马帝国的政治现实。

那么,古典思想家的理论还能用来说明罗马帝国之后包括拜占庭帝国在内的欧洲中古政治现实吗?答案是否定的。且不说中古时期除拜占庭帝国以外的欧洲地中海世界出现千余年的混乱,政治理论家至今也未能摆脱思想的困境。至少,我们在马基雅维利那里就看到了现实主义的新思维,他认为"从古至今,统治人类的一切政权,不是共和国就是君主国",这里他首先跳出了古代哲人们关于国家政体的思维框架,那种三类六种政体的划分被他轻而易举地简化为两种,即一个人的统治和很多人的统治,他认为少数人统治和多数人统治没有本质区别。他虽然赞扬共和政体,因为它有助于发挥个人的聪明才智,有利于培养公民美德并促进社会福利,但是也认为它非常之不稳定,因为人性恶劣,任何人都无法遏制自身的堕落,进而导致国家分裂和社会动乱。他从意大利的政治现实中认识到,实现国家统一强盛和社会安宁的唯一出路只能依靠强有力的君主专制制度,他称之为"新君主国"。[①] 马基雅维利的那些受人诟病的主张,即君主应该玩弄权术和谋略,为达目的要不择手段,尽管在后世人中褒贬不一,但有一点是值得肯定的,那就是他突破了传统的思维模式。他的政治学说证明了人类的思想还没有贫乏到只遵循古典主义一种思路,进而也表明对于罗马帝国之后漫长的拜占庭帝国政治现实可以用新思维加以重新审视。

坚持古典政制思维传统的启蒙时代思想家因应工业文明的崛起,重拾古代哲人的理论为自由、平等、博爱的理想服务,高唱共和政体的政治民主赞歌,是可以理解。但是,文艺复兴运动激发的人

[①] 尼科洛·马基雅维里:《君主论》,潘汉典译,北京:商务印书馆,1986年,第3—6页。马基雅维利的"新君主国"并非等同于中古时期皇帝专制帝国,笔者强调的是他突破传统古典政治理论思维的成就。

文主义热情也启迪后人,不可简单否定和抛弃漫长的中古世界,要用人的眼睛仔细审视过往的历史。拜占庭帝国千余年的历史更不可轻易忽视,需要认真考察,要在批评其落后的皇帝专制和基督教盲从的同时,分析其优劣长短,明辨其是非曲直。如果像吉本一样以为拜占庭帝国及其文化一无是处,那么何以拜占庭帝国会成为中古时代欧洲地中海地区发展最稳定、社会最富足、文化最丰富的国度?吉本等人的所谓的"衰亡史"怎么会有声有色地持续了千余年呢?

还是让我们站在更广阔的视角来看一看当时整个欧洲地中海世界和西亚地区的人口情况,并与中国古代人口的变化情况进行对比来说明问题。前工业时代社会财富的积累很难统计清楚,唯有人口数是个相对容易可以得到准确数据的指标,因为只有百姓生活安稳,日子过得下去,人口才能兴旺,而几代或者几十代人积累的财富是附着于人口本身的,也因此,人口增长指标是衡量古代社会(包括国家)发展情况的最佳指标,也是笔者选择这个指标说明拜占庭帝国帝制优劣的主要原因。

众所周知,晚期罗马帝国欧洲地中海地区最大的变动便是东部和西部地区分道扬镳各自走上不同的道路。东罗马帝国即后世所称的拜占庭帝国保持着国家权力的相对集中,皇帝专制制度自君士坦丁一世(Flavius Valerius Constantinus,306—337 年在位)一直持续到 1453 年。与此同时,西罗马帝国缺乏中央集权制,各级封建领主以土地为纽带形成封主和封臣之间的封建关系,出现了"我的封臣的封臣不是我的封臣""我的封主的封主不是我的封主"的断裂等级制。各级封建主之间形成了错综复杂的关系,他们相互冲突,内部动荡不断,外族持续入侵,长期的战乱遍及西欧和中欧各地,这里成为中古世界战争最为频繁的地区。这种政治上的四分五裂状态和拜占庭帝国的中央集权制的稳定最鲜明的差异就是战乱带来的破坏的程度。根据哈尔顿估算,公元 2 世纪末,罗马帝国的欧洲人口在6700万—7000万人,到8世纪初期该地区人口下降到2700万—3000万人,这种超过总人口半数的下降,战乱破坏是最主要的原因。数百年的战乱逐渐停止后,欧洲人口重新回升,1200年提升迅速,1300年则上升到7300万人,人口的恢复性增长差不多用了一千年时间。但是14世纪中期的战乱再度造成人口下降,甚至降到4500万。在拜占庭帝国疆域内,6世纪40年代大瘟疫前,总人口数在1900万—2000万之间(其中西部地区的人口数为700万),也就是说,欧洲的人口大多集中到了拜占庭帝国。大瘟疫的破坏是明显的。7世纪初期东部地区人口数为1700万,再度呈现出明显的增速,此后随着阿拉伯帝国哈里发时代的军事扩张,拜占庭的疆域缩小,8世纪中期人口数下降到700万,但9世纪中期复升到1000万,瓦西里二世(Basil Ⅱ,976—1025年在位)时期,上升到1200万,11世纪20年代达到1800万,而拜占庭帝国衰落时期土地和人口资源萎缩又致使12世纪中期人口数下降到1000万,13世纪初期下降到900万,1280年继续降至500万。[①] 哈尔顿给出的这个数字可能比较保守,根据斯坦因(E. Stein)估计,查士丁尼一世(Justinian Ⅰ,527—565年在位)时期总人口数约3000万,11世纪前半叶科穆宁朝时为1000万—1200万,米哈伊尔八世(Michael Ⅷ,1259—1282年在位)时为500万。另一位学者鲁塞尔(J. C. Russell)估算,350年时东罗马帝国总人口数约2400万,600年时为2100万,800年时为1000万,1000年时为1300万,1200年时为700万。而麦克伊夫迪(C. McEvedy)和琼斯(R. Jones)给出的下列数字比较接近哈尔顿的意见:540年,东罗马人口数1900万,而收复西罗马故地后的整个帝国2600万,也就是说,在更为广阔的西欧、中欧地区人口仅有700万,战乱早就使得昔日富庶的罗马城乡生活遭到彻底破坏;7世

[①] John Haldon, *The Palgrave Atlas of Byzantine History*, New York: Palgrave MacMillan, 2005, p. 7.

纪初福卡斯统治时期,拜占庭帝国虽然发生内乱但人口数尚保持在1700万,但随着阿拉伯帝国哈里发时代的军事扩张,拜占庭的人口数至780年时下降到700万;马其顿王朝时期的1025年人口数持续增长到1200万,但帝国衰落导致的外族入侵使得人口数在1143年又下降到约1000万,1204年约900万,1281年约500万。[1] 学者们提供的数字虽然有差异,但战乱造成人口和财富的大量损失是没有争议的共识,中古西欧地区长期战乱和贫穷也是不可否认的,那里远比拜占庭世界更穷苦,生活质量更低下。

人口的损失是可以估算的,而与之伴随的财产损失则是无法统计的。拜占庭帝国之所以长期占据欧洲地中海世界最富有的地区、人口最多的地带,成为文化最活跃的中心,绝非偶然,是帝国中央集权统治下社会生活相对安定的必然结果,这与战乱频繁的欧洲其他地区形成鲜明对照。中古世界另一个长期保持中央集权制的帝国便是中国,参照中国人口史也能从另一个侧面更为透彻地看清楚拜占庭帝国的问题。专家认为,中国古代长时段和中时段的人口发展都呈现稳定增长的趋势:公元前230年的中原各诸侯国共有约3000万人,秦始皇三十七年(公元前210年)全国的总人口也约为3000万,公元初年汉朝的人口猛增到5600万,唐代天宝十三年(754年)达到8050万人,宋徽宗宣和七年(1125年)达到13240万人,明朝末年(1600年)时人口为19700万,峰值近2亿,1820年清末的人口增

---

[1] Angeliki E. Laiou, ed., *The Economic History of Byzantium, from the seventh through the fifteenth century*, vol. Ⅰ, Washington, D. C.: Dumbarton Oaks Research Library and Collection, 2002, pp. 47-48.

长到 38310 万。① 但短时段下的战乱时期人口数则下降明显,甚至暴跌:秦末十年战乱、两汉之际 20 年大乱、三国 60 年战乱、东晋十六国较长时期的战乱、隋末 18 年战乱、安史之乱 8 年战乱、五代十国 70 年战乱、两宋与宋元之间数十年战乱、明清之际战乱、太平天国 15 年战乱,人口减员 50% 至 80%。也许战乱时期还有其他因素,如难民躲避战乱和政府运转失效人口无法调查等,但大量民众死亡是不争的事实,只有在王朝统治相对稳定时期才出现人口的恢复性增长和绝对增长。毫无疑问,帝制是前工业文明时期大多数地区社会的最佳政治制度选择。也许有人会争辩说,是帝制导致了"大规模战乱"期间的人口下降,但我们细数中国古代最严重的人口损失多出现在外族入侵时期,这种情况在拜占庭历史上表现得更为突出。如果我们以更为宏观的视角看待古罗马帝国以后的欧洲地中海历史,就会发现这个统一地中海盆地人类世界的大帝国留给了后世两种政治制度模式,其一是东地中海世界(包括东地中海和黑海)的中央集权制,其二是西地中海和西欧的地方集权制。在欧亚大陆西端

---

① 公元前 230 年的中原各国人口约 3000 万,秦始皇三十七年(公元前 210 年)全国总人口 3000 万(世界 2 亿),秦末战乱人口急剧减少,汉初仅 30 万(人口流散造成难于统计),汉前期黄老政治之后人口恢复到 3600 万,公元初年汉朝的人口猛增到 5600 万,三国战乱时期人口下降到 767 万,西晋时期 282 年人口 2380 万,西晋末至东晋十六国时的战乱致使人口消失百分之八十,南朝 517 万余,北朝北魏 3000 万,隋朝初期约 360 万户,人口最多时约达到 4602 万人,唐代天宝十三年(754 年)8050 万人,晚唐 907 年 2000 万人,五代十国 3000 万人,宋徽宗宣和七年(1125)达到 13240 万人,辽国 900 万,西夏 300 万,蒙古征服后人口仅剩 700 万—800 万人,直到 1368 年元朝灭亡时才逐渐恢复到 6000 多万人,明初 1381 年 5987 万多人,明朝末年(1600 年)时人口 19700 万,峰值近 2 亿,清朝初期 1620 年战乱使人口下降到 5000 万,康熙二十四年(1685 年)恢复到 10171 万,清末的 1820 年增长到 38310 万,华南人口占其中 71.4%,1939 年 51756 万,占世界总人口五分之一,黑河瑷珲至腾冲的胡焕庸线之东南的人口占全国总人口 90% 以上,西北之 57% 的土地面积只有不足全国 10% 的人口,1953 年新中国成立后第一次人口普查全国人口总数 60192 万余,2012 年第六次人口普查全国人口数为 135404 万。上述数据摘引自葛剑雄主编《中国人口史》相关部分(复旦大学出版社 2002 年版)。该书还推测公元前 200 年时世界人口约 1.905 亿,印度 5000 万,波斯 2500 万。公元初年世界人口 2.7227 亿,罗马帝国的版图在公元前 25 年有 270 万平方公里,人口达 5680 万;117 年有 590 万平方公里,人口 8800 万;395 年,东罗马的国土面积有 250 万平方公里,人口 3400 万。

的这个空间狭窄的试验场上,两种"大人群"治理模式经过千余年的实践,虽然最终殊途同归,但实际效果则终见高下,人烟稠密、富庶奢华的拜占庭帝国模式显然比西欧模式高出一筹,较之遍地战乱、民不聊生的西欧封建模式更符合中古人类社会的发展需求。

其实,以皇帝专制为特征的拜占庭帝国中央集权制是欧洲地中海世界历史发展的必然结果,也是该地区在中古时期千余年漫长发展的必由之路。皇帝(君主)专制"这一事实已经发生,不仅在法国是明显的,而且也已在大部分欧洲国家发生……无论如何,我们都会见到君王占有重要位置,看来成了最普遍最恒久的制度"①。不论现代人如何看待它,从晚期罗马帝国帝制发展而来的拜占庭皇帝专制是当地人民自觉或不自觉的必然选择。波里比阿认为混合制罗马共和政体最为理想,吉本最反感皇帝专制,马基雅维利则寄希望于"新君主国",但丁却高度赞扬罗马帝制,认为它符合最高的真理。② 法国著名的历史家基佐就从其君主立宪派的政治立场出发,认为君主制是人类历史上不可或缺的,认为人们之所以普遍接受它是因为君主制的合理性,"它是人格化的绝对统治权,是人格化的共同意志。这一意志基本上是合理的、开明的、公正的、不偏不倚的、超越个人意志之上的,正是以这种名义,个人意志才取得统治的权利。这就是国民思想中君王的应有之义,也是他们依附君王的动机",即求得安全、安定和安稳的生活。③ 从古至今的先贤哲人对此见仁见智,笔者这里所引用者多与歌颂君主制中央集权无关。从晚期罗马帝国到拜占庭帝国的发展体现出了某种历史的必然性。

"公元3世纪大危机"将罗马帝国拖入混乱的深渊,经济危机摧毁了帝国强盛的物质基础,奴隶制经济无利可图,出现普遍的农业

---

① 基佐:《欧洲文明史:自罗马帝国败落起到法国革命》,程洪逵、沅芷译,北京:商务印书馆,2005年,第148页。
② 但丁:《论世界帝国》,朱虹译,北京:商务印书馆,2010年,卷一、卷二。
③ 基佐:《欧洲文明史:自罗马帝国败落起到法国革命》,第150页。

萎缩,手工业衰落,商业凋敝,人口锐减,城市萧条,农村赤贫化,隶农制也不能减缓全面的经济下滑,随之而来的是国家财政枯竭和帝国政府的衰弱。政治方面的危机表现为军阀之间内战频仍,皇位持续更迭,康茂德被杀后便爆发了数年之久的皇位争夺战,从235年至284年亦即戴克里先之前将近半个世纪期间,有26个皇帝轮番登场,日耳曼行省的高卢帝国、帝国东部的"东方女王"与徒有帝制其名的中央政府将帝国一分为三,它们之间的混战加剧了民众的苦难,导致273年的罗马造币工起义、263年的西西里奴隶起义,以及小亚细亚、北非各地民众暴动,巴高达运动持续了两个世纪。帝国内乱进一步瓦解了边境军事力量,日耳曼各部落成功入侵并定居帝国边境农业区,同时大举入侵的萨珊波斯军队所向披靡,甚至于260年俘虏了罗马皇帝。战乱导致的人口与财富大量损失波及所有阶层,他们朝不保夕,命运难料。思想混乱、精神颓废、信仰丧失、迷信横行、道德沦丧是晚期罗马帝国社会的一大特征。在此艰难时世,恢复秩序和安定的社会生活是人民的普遍愿望,强化帝制的发展趋势由此凸显,至少人们对"五贤帝"和"公元3世纪大危机"的优劣有了共识和选择的倾向性。

　　戴克里先和君士坦丁时代的帝国逐渐摆脱战乱,拜占庭皇帝以专制为核心的中央集权制有效地终结了晚期罗马帝国军阀割据的政治局面,结束了凭借武力征战夺取最高权力的残暴方式,以一种血亲世袭继承原则取代了军事强人普遍觊觎皇位的习俗。此后,皇帝专制时紧时松,帝国中央集权时强时弱,一些铁腕君主特别是能征善战的皇帝将帝国带入强盛,不仅社会生活稳定富足,而且有效抵御强大外敌的入侵;与此同时,个别平庸或昏庸的帝王造成短时期混乱。相对稳定的政治统一促使拜占庭帝国社会生活保持在总体上有序的范围内,因此,农业、手工业经济发展环境相对良好,社会财富积累也比较迅速,甚至进入短期良性循环的发展模式;城市生活质量达到了当时欧洲地中海世界最高水平,宗教文化生活促使这些城市成为该地区最活跃的中心。欧洲地中海世界的民众在封建与专制、分权与集权、混乱与秩序、地方集权与中央集权之间做出了明智的选择,拜占庭皇帝专制是该地区历史发展的必由之路。其合理的内在逻辑在于,皇帝专制将普遍的混乱纳入有控制的不安之中,将大量觊觎最高统治权的"恶"欲限制在皇族有限的范围内,以皇族小范围的争权夺利取代了社会各阶层无序争斗的混乱,从而通过帝国这一国家形式不同程度地保证了普遍的公众利益。当一支军队冲入宫廷杀死皇帝并另立新君主建新王朝时,大部分民众的生活并不受影响,特别是帝国边远地区的普通百姓依旧在有序生活。这是前工业文明人类社会发展的历史逻辑,时人或后人的好恶褒贬都无法影响其进程和结果,后人的评说也不过是水中观月。事实上,西欧中古晚期和近代早期君主专制迅猛发展,亦即我们所谓欧洲"民族国家"形成发展期间,或者在前启蒙时代的西欧,拜占庭生活方式一直受到整个欧洲的推崇,特别是社会上层多以拜占庭贵族为榜样,直到启蒙时代为止。但启蒙时代的历史虚无主义对拜占庭帝国的全盘否定丝毫无助于揭示欧洲地中海世界历史发展的真实面貌,因此很快便遭到专业学者的批判。

拜占庭历史及其文化研究在19世纪出现了转机,法国大革命的动荡彻底毁掉了法国欧洲老大的地位后,欧洲新文化中心呈现出多元化的转移,怀疑主义思潮泛起。人们重新审视被启蒙时代学者一概否定的拜占庭帝国,欧洲学术界呼吁全面清理历史遗产,重视历史研究的风尚再起,人们希望从过往的生活中寻求国富民强、长治久安的经验教训。世道人心的巨变甚至将启蒙主义思想家对基督教的全盘否定态度也彻底抛弃掉,波兰作家显克微支(Henryk Sienkiewicz, 1846—1916)在其《你往何处去》一书中,对早期基督教给予同情与赞美,该书使显克微支击败托尔斯泰而获得诺贝尔文学奖。德国历史学家兰克(亦译"朗克",Leopold von Ranke,1795—1886)提倡重视原始资料,充分利用史料证据研究历史,而拜占庭帝国研究因其文献史料特别丰富被赋予了特殊的地位。兰克提出不要迷信史学权威,对前世那些名著进行重新阅读,以判断它们是否以可信的原始材料特别是档案资料作根据。他直指前辈史家们长于哲理论说的不足,力图推动历史写作在于复原历史真实的导向,"让史料自己说话"成了一句名言。蒙森(Theodor Mommsen,1817—1903)是兰克史学的热情践行者,他重视对史料挖掘、忠实于历史事实的历史观念落实在其《罗马史》的写作中,极大地改变了18世纪流行的消极历史观和历史虚无主义。蒙森的《罗马史》对启蒙时代高度赞赏的罗马共和制并没有过多的解说,而是以平实的口吻陈述这个"旧共和与新君政"的时代转换,他没有褒贬波里比阿以降文人学者赞赏的共和制,甚至对恺撒(一译"凯撒")的独裁也没有做出否定性判断,他写道:"我们如今已站在罗马共和的尽头,我们已见它……在政治和道德上,在宗教和文学上陷于灭亡,让位于恺撒的新君主制度。……有了恺撒,地中海上多灾多难的人民便在闷热的中午以后得到个尚好的晚间……他们受恺撒之赐而得其民族的个性。"[①]实事求是的历史研究风气再度激活了拜占庭研究工作,这一研究领域因此出现了前所未有的大发展。1828年,《波恩拜占庭历史作品大全》(简称《波恩大全》,*Bonn Corpus*)在波恩出版问世,标志着拜占庭学新的进步。这部丛书比《巴黎大全》有所改进,不仅扩大了对拜占庭资料的搜索范围,而且采用原文和拉丁文对照的方式,附带精简的德文诠释,具有完整、精确和使用方便的特点。与此同时,在欧洲各国出现了一批拜占庭学者及其重量级的研究成果,并在政治(王朝)史之外拓展出涉及文化艺术和文物鉴赏等更丰富的研究方向。

实证主义史学对待深受启蒙时代学者诟病的拜占庭皇帝专制制度也有独到的视角。蒙森并未简单否定恺撒的独裁统治,他表达的意思很明确:就是像恺撒这样杰出的政治家非常适合执掌帝国大

[①] 蒙森:《罗马史》第4册,李稼年译,北京:商务印书馆,2017年,第595页。

权,因为"他的目标就是人类所能树立的最高目标……复兴那很堕落的本民族和……希腊民族"①。显然,他并不把皇帝独裁统治视为洪水猛兽。蒙森与其同时代的拜占庭学家们一样,放弃了吉本的政治倾向,但继承了后者的历史叙述方式和散文式写作风格,这部集蒙森30余年研究心血的著作为其赢得了巨大的学术声誉和诺贝尔文学奖,也影响嗣后的罗马史研究工作。19世纪是专业拜占庭学家名人辈出的时代:英国著名史学家乔治·芬利(George Finlay, 1799—1875)和约翰·布瑞(J. B. Bury, 1861—1927)是当时欧洲最杰出的希腊历史与文化专家,前者的《拜占庭和希腊帝国史,717—1453》奠定了其成名之作、7卷本的《从罗马征服至当代的希腊史》的写作基础,②后者的《晚期罗马帝国史》和《东罗马帝国史》首度提出拜占庭历史是罗马帝国历史的延续。③ 布瑞开创了英国学院派罗马史和拜占庭史研究工作,彻底改变了从休谟到吉本这种自学成才的专业学者的发展模式,拉开了英国拜占庭学可持续发展的时代大幕。法国学者施伦伯格(Gustare. Schlumberger, 1844—1929)的《拜占庭帝国印章学》和《拜占庭史诗》是拜占庭学专题研究的开山之作,④而法国最杰出的拜占庭学者查尔斯·迪尔(Charles Diehl, 1859—1944)的《拜占庭帝国史》和《拜占庭:伟大与衰败》则影响着后世的拜占庭通史研究。⑤ 其弟子中最杰出的是路易·布莱赫尔(Louis Brehier, 1868—1951),他撰写了拜占庭历史与文化三部曲:

① 蒙森:《罗马史》第4册,第432页。
② George Finlay, *A History of Greece: from the Conquest to the Present Time, B. C. 146 to A. D. 1864*, London, 1877.
③ J. B. Bury, *History of the Later Roman Empire: from the death of Theodosiug I. to the death of Justinian*, London, 1923; J. B. Bury, *History of the Eastern Roman Empire: from the fall of Irene to the accession of Basil I*, London, 1912.
④ G. Schlumberger, *Sigillographie de l'Empire byzantin*, Paris, 1884; G. Schlumberger, *Epopee byzantine*, Paris, 1911.
⑤ Ch. Diehl, *Histoire de l'empire byzantin*, Paris, 1930; Ch. Diehl, *Byzantine. Grandeur et decadence*, Paris, 1920.

《拜占庭帝国兴亡》《拜占庭帝国制度》《拜占庭文化》,[1]提升了通史写作的水平。德国学者卡尔·霍普夫(Karl Hopf,1832—1873)和卡尔·科隆巴赫尔(Karl Krumbacher,1856—1909)在拜占庭历史资料的发掘和拜占庭经济史研究方面作出了卓越贡献,前者以档案材料为据对拉丁帝国和帕列奥列格王朝时期的拜占庭史研究的成果至今仍然具有很高的文献价值。[2] 科隆巴赫尔的《从查士丁尼到东罗马帝国末期的拜占庭文献史》是研究拜占庭文学史和史料学最重要的参考书,[3]他的另一项重要贡献是于1892年编辑发行了第一本拜占庭学术年刊《拜占庭学刊》(Byzantinische Zeitschrift),标志着当代拜占庭研究的开端。此外,诸如塔菲尔(G. L. F. Tafel,1787—1860)、托马斯(G. M. Thomas,1817—1887)和法尔默赖厄(J. P. Fallmeraryer,1790—1861)等一批德国学者也对拜占庭历史与文化研究作出了重要贡献。这里应特别提到的是赫兹伯格(G. F. Hertzberg,1826—1898)和格里高罗维乌斯(F. Gregorovius,1838—1910),他们明确提出拜占庭帝国的历史和文化是欧洲中世纪史和中世纪文化的重要组成部分,而君士坦丁堡是中世纪欧洲文化的中心。[4] 德国法学家 K. E. 扎哈利亚·冯·林根绍尔(K. E. Zacharia von Lingenthal,1812—1894)等人在拜占庭法律史方面的研究成果至今仍是从事相关研究工作学者的必读书。[5] 自称为"第

---

[1] L. Brehier, *Vie ed mort de Byzance*, Paris, 1946, Oxford, 1977; L. Brehier, *Les institutions de l'Empire byzantin*, Paris, 1946; L. Brehier, *La civilisation byzantine*, Paris, 1946.

[2] Karl Hopf, *Geschichte Griechenlands vom Beginne des Mittelalters bis auf die neuere Zeit*, Leipizig, 1867.

[3] Karl Krumbacher, *Geschichte der byzantinischen Litteratur von Justinian bis zum ende des ostromischen reiches*, Munich, 1891.

[4] G. F. Hertzberg, *Geschichte Griechenlands: seit dem Absterben des antiken Lebens bis zur Gegenwart*, Berlin, 1883; G. F. Hertzberg, *Geschichte der Byzantiner und des Osmanischen reiches bis gegen ende des 16. Jahrhunderts*, Berlin, 1883; F. Gregorovius, *Geschichte der Stadt Athen im Mittelalter*, Stuttgart, 1889.

[5] K. E. Zacharia von Lingenthal, *Jus graeco-romanum*, vol. 7, Leipizig, 1856-1884.

三罗马帝国"的俄国,也出现了像皇家科学院院士库尼科(Ernst Kunich,1814—1899)、瓦西列夫斯基(V. G. Vasilievsky,1838—1899)和乌斯本斯基(I. Uspensky,1845—1928)及康达科夫(N. P. Kondakov,1838—1925)等著名的拜占庭学家,康达科夫集毕生功力完成的《拜占庭帝国史》代表了俄国学者在该领域的最高水平。① 上面提到的这些拜占庭专家几乎囊括了第一批最顶尖的学者。显然,称19世纪拜占庭学大家辈出也毫不为过,其强大的推动力来自前代学者对拜占庭文献的整理和启蒙时代以后的思想解放潮流,这个世纪拜占庭学专业研究成果井喷式的涌现也形成了拜占庭研究浓厚的学术氛围,使此后的拜占庭学发展不断加速,直至当下。

拜占庭帝国作为单独的研究对象是在19世纪期间开始的。按照目前普遍接受的观点,拜占庭史的开端始于君士坦丁一世正式启用东部新都的330年,由此直到1453年其都城陷落,帝国灭亡,长达1123年的历史,不仅时间漫长,发展曲折,内容丰富,而且其间形成的拜占庭文明表现得灿烂多彩、体系庞大、博大精深,是任何人终其一生也无法全面掌握的学问。自19世纪末拜占庭研究步入专业化时期以来,一种客观的、价值中立的历史学便成为拜占庭历史和文化研究的主流倾向。波里比阿、孟德斯鸠、马基雅维利等人适应时代要求进行的解释性探讨,他们从先哲那里汲取思想营养,这些先哲如柏拉图、亚里士多德等的纯粹哲学思考,以及吉本带有先入为主政治偏向的历史叙述,都逐渐化为学术精华而进入人类智慧经典的殿堂。蒙森之后的诸多罗马拜占庭学者的历史客观主义倾向潜移默化地推动着拜占庭历史与文化更加深入细致的研究。更多的文献被整理问世,更多的文物被分门别类地收藏展示,更多的研究领域得到开拓,更多的研究成果拓展了读者的知识视野,这是拜占

---

① N. P. Kondakov, *Istorija vizantijskoj imperij*, Saint Peterburg, 1913 - 1948; N. P. Kondakov, *Sketches and Notes on the History of Mediaeval Art and Culture*, Prague, 1927.

庭学发展的春天。

　　罗马—拜占庭帝国认知史的发展是一个庞大的研究专题,不可能在这里全面展示出来,但一条发展脉络却逐渐清晰起来:对罗马帝国的看法早在波里比阿以后的作家中便有了很大不同,他们通过对君士坦丁一世及其时代的褒贬来表达观点,在尤西比乌斯等一众作家高唱这位皇帝的赞歌声中,就有左西莫斯为代表的刺耳的批评声,①即便是与查士丁尼皇帝同时代的学者普罗柯比对皇帝及其帝国的看法却截然相反。② 吉本就认同他的精神导师孟德斯鸠的说法,后者坦言:"我是不相信普罗柯比在其《秘史》中告诉我们的一切……他向我们把查士丁尼描写成一个最愚蠢、最残酷的暴君",吉本也认为:普罗柯比那些"卑劣的自相矛盾的说法,毫无疑问会损害到普罗科皮乌斯的名誉,减低他所建立的诚信"。③ 但是,专业拜占庭学者从来没有将普罗柯比的作品排斥在研究工作之外,并将其作品视为研究查士丁尼时代最可靠的史料。是启蒙时代的思想家们为了表达其赞赏共和制的政治见解而翻出了波里比阿的作品,并过度解读了他的"政体循环论",进而从更为古老的古希腊哲学家那里寻找根据。然而,波里比阿活跃于罗马征服的鼎盛时代,且为当时的掌权者小西庇阿的密友,因而能从容地以古希腊哲人柏拉图和亚里士多德的政制理论为依据,高唱罗马混合式共和政体的赞歌。启蒙时代进步思想家如孟德斯鸠等人全盘接受这种思想倾向,而忽略

---

① Eusebius Pamphilus, *Church History*: *Life of Constantine the Great*; *Oration in Praise of Constantine*, MPNF2-01, New York: Grand Rapids, 1890, Ⅹ, Ⅷ, 6; Ⅹ, Ⅸ, 6. 以及 Zosimus, *New History*, trans. and commentary by Ronald T. Ridley, Canberra: Australian Association for Byzantine Studies, 1982, Ⅱ, 29, (2)-(4). 我国学者研究这一问题的不多,仅见武鹏:《论5—6世纪拜占庭史料中君士坦丁大帝的形象分歧》,《古代文明》,2017年第4期,第57—66页。
② Procopius, *History of the Wars*, trans by Henry B. Deving, Cambridg: Harvard University Press, 1996, Ⅱ, ii, 22. Procopius, *The Anecdota or Secret History*, trans by Henry B. Deving, Cambridge: Harvard University Press, 1935, Ⅳ, 1-4.
③ 孟德斯鸠:《罗马盛衰原因论》,第115页;爱德华·吉本:《罗马帝国衰亡史》第3卷,第35页。

了早就存在的不同声音,特别是无视文艺复兴时期以马基雅维利为代表的现实主义政治学的思想成果。直到获得诺贝尔文学奖的蒙森,价值中立的历史辩证思维渐成主流,蒙森继承了吉本的历史叙述方式和散文式写作风格,但抛弃了后者的启蒙时代虚无主义历史观,开启了价值中立的拜占庭史学研究。

笔者不需要在此罗列所有拜占庭帝国史研究著作及其观点,仅以最具代表性的通史作品为例,便可清楚展示当今拜占庭学界主流的观点。如果按照作品问世先后来展示更能说明该问题的话,那么首先要提到的便是瓦西列夫的《拜占庭帝国史》。亚历山大·瓦西列夫(A. A. Vasiliev,1867—1953)的这部通史作品在其大量的研究成果中产生的影响最大,原因是这部作品已成为拜占庭史学习的入门书,其读者非常广泛。该作品最初以俄文版印于 1923—1925 年,1928—1929 年出版英文版,1945 年进行了修订,直到瓦西列夫去世前的 1952 年完成了最后的修改和补充,后来重印的英文版都保持了 1952 年的原版样式。作者最后说:"我曾试图尽自己所能进行必要的补充和修正;但是,这种修订是个别的、不系统的,我仍然担心最近还可能发现一些基本的漏洞。"[①]他的这种担心是有根据的,因为在其开始修订英文版之前的 1940 年,奥斯特洛格尔斯基(G. Ostrogorsky,1902—1976)的《拜占庭国家史》德文版问世,开始吸引读者更大的注意力。作者在德文版前言中明确指出了这种"基本的漏洞","我很高兴避免了任何把史料素材按照诸如'国家''教会''文化史''东部政策''西部政策'等特定标题进行的安排,因为这样安排的写作会使我既不可能呈现出政策在若干世纪里整体性连贯发展的图景,也不可能呈现出政策在某个特定时刻总的状况,因而使我避免了那样做就肯定会造成单调无趣的重复。……拜占庭历史早期的描述就被确定为叙述它的主要特征,只涉及理解中古拜占

[①] A. A. 瓦西列夫:《拜占庭帝国史》,第 2 页。

庭国家史本质要点的细节。"① 显然，这里提到的"特定标题的安排"就是指瓦西列夫的作品，是奥斯特洛格尔斯基认为瓦西列夫作品的重要不足之处。

这并非奥斯特洛格尔斯基吹毛求疵，而是关乎两人作品的重大区别，即事实陈述和历史叙述之间的不同。作为19世纪实证主义史学在拜占庭史编纂领域的重要代表作，瓦西列夫以平实的笔调陈述拜占庭历史与文化的事实，并将涉及重大史实产生的学术争议和最新进展充分展示在作品中。在该书初始部分开宗明义，非常详细地追溯拜占庭史的研究，特别是对具有通史性质的前代作品，瓦西列夫进行了细致的点评分析。瓦西列夫有意识地集前代和他那个时代拜占庭史写作之大成，以通俗的语言，全面阐述拜占庭历史的重要事件，特别是用较多的笔墨叙述拜占庭文化艺术的成就。可以说，《拜占庭帝国史》是19世纪初及之后百余年拜占庭通史中的最佳作品，也是客观直叙拜占庭帝国历史的终结之作。这种客观陈述史实的写作风格清晰地表现在此书的章节题目上，这些标题或者重在标注年代，或者突出人物，或者显示内容，绝无任何价值倾向和成败判断。此部作品的这一特点可能正是比瓦西列夫年轻35岁的奥斯特洛格尔斯基认为的不足之处。奥斯特洛格尔斯基希望自己的新书能够有所创新，克服上述缺点，形成历史叙述的特色。作为拜占庭学界年轻一代的学者，他绝不可能忽视《拜占庭帝国史》，但他需要有所突破，后来的事实证明他做到了。客观分析，两位大家在拜占庭史上的学术分歧属于两代人之间的代际差异，瓦西列夫所代表的老一代拜占庭学者普遍具有的平铺直叙的著史风格，是主张价值中立史观最合理的体现，而奥斯特洛格尔斯基所代表的新一代拜占庭学者必然有所变化，必然要在叙述中清晰展现出拜占庭帝国的

---

① G. Ostrogorsky, *History of the Byzantine State*, Oxford: Basil Blackwell & Mott, Limited, 1956, p. v.

历史功绩。如果说瓦西列夫是拜占庭史现代陈述史实派的典型代表的话,那么奥斯特洛格尔斯基就是当代历史叙述派的开山之人。

  弄清这个问题的重要性有助于人们深刻理解奥斯特洛格尔斯基的作品何以成为经典,进而深入解读当代拜占庭学者对拜占庭帝国的认识。奥斯特洛格尔斯基于1940年出版的《拜占庭国家史》(中文版书名《拜占庭帝国》)直到今天仍然是国际拜占庭学界公认最好的拜占庭帝国通史著作,①"这部著作出版发行时,引起了学术界巨大的兴趣,被一致认为是一部奠基性作品","本书作者具备这本书所要求的一切优点,集中了绝对清晰的思想和表达方式,虽然创见迭出,但具有当今时代极为罕见的客观性","对于每一位拜占庭学研究者,这部著作已经成为必备的参考书、'标准性的著作'和'枕边书'"。② 作者拒绝平铺直叙拜占庭历史,那么他主张的历史叙述是什么呢?他认为"罗马的政治观念、希腊的文化和基督教的信仰是决定拜占庭帝国发展的主要因素。……正是希腊文化和基督教信仰融合统一在罗马帝国的政治框架内,才出现了我们称之为拜占庭帝国的历史现象。由于'公元三世纪危机'迫使罗马帝国日益关注帝国东方,从而使这种融合统一成为可能。其最初明显的事件就是罗马帝国承认了基督教的合法性以及帝国新都建立在博斯普鲁斯海峡上。基督教取得胜利和帝国政治中心最终迁移至希腊化的东方地区,这两大事件标志着拜占庭时代的开始。……早期拜占庭时代,帝国政治关注于维持对罗马疆域的直接控制;中期和晚期拜占庭时期,帝国政治则关注如何保持其当时占据的宗教至尊地

---

① 奥斯特洛格尔斯基的成名作是笔者在1983年留学希腊时,指导教师卡拉扬诺布鲁斯教授开出的第一批书单的第一本,当时便逐字逐句进行了翻译式阅读。20年后,为了选择拜占庭史入门最佳作品,笔者广泛征求了国际拜占庭学同仁的意见,他们不约而同地推荐此书,显示出国际拜占庭学界对其认可的程度。作为新生代学者代表的特里高德也有相同的意见。
② 乔治·奥斯特洛格尔斯基:《拜占庭帝国》,陈志强译,西宁:青海人民出版社,2006年,第3—6页。

位。……拜占庭国家的发展充满了活力。……拜占庭帝国最初三个世纪的历史具有转型时代的特征……正是在这个阶段,古代罗马生活逐渐让位于新的拜占庭因素。"在谈到拜占庭文明的伟大成就时,他写道:"罗马国家和希腊文明统一产生出与基督教紧密结合的全新生活方式……基督教的拜占庭帝国既不批判异教艺术也不反对异教学问。罗马法始终构成了拜占庭法律体系和立法观念的基础,而希腊思想则是其文化生活的基础。"[1]拜占庭国家伟大的时代出现在马其顿王朝开始统治前后,"拜占庭帝国的新时代由此开始,这是一个伟大的文化复兴的时代,不久以后便出现了重大的政治发展。……极其重要的是,历史发展的进程仍然处在东方的传统轨迹中,这个进程仍然在拜占庭帝国直接影响的范围内……拜占庭帝国开辟了新世界,其视野因此得到前所未有的扩展"。直到这个"黄金时代"的结束,作者认为这是从皇帝瓦西里二世去世开始的。[2]

奥斯特洛格尔斯基始终认为,政治制度的优劣是拜占庭国家兴衰的决定性因素,因此,他把"中期政治制度的瓦解"和"国内外政治的崩溃"放在了首位,嗣后虽然出现了军事贵族对拜占庭帝国的复兴和拉丁帝国统治结束后拜占庭帝国的重建,但都无法改变已经萎缩为小国的拜占庭帝国的衰亡。从奥斯特洛格尔斯基的历史叙述中人们可以明显看出:早期拜占庭国家的转型、中期的复兴和鼎盛、晚期军事贵族复兴努力的失败和帝国最终灭亡的发展线索,以及积极评价拜占庭帝国历史功绩的倾向。在其专业化的历史叙述中,诸如罗马帝国和拜占庭帝国的关系、古典文化和基督教信仰的关系、拜占庭帝国史曲折发展的脉络、拜占庭帝国灭亡的原因等许多重大问题都得到了合理的回答。在该书问世后漫长的 80 年里,其一直

---

[1] 乔治·奥斯特洛格尔斯基:《拜占庭帝国》,第 23、25 页。
[2] 奥斯特洛格尔斯基:《拜占庭帝国》,第 186—187、273 页。

保持着拜占庭通史最佳经典作品的地位。① 对此,年逾80岁高龄的瓦西列夫并不太理解,甚至还批评此书"以政治史为主"。②

这一评价显然与新一代拜占庭学家的认识不同,沃伦·特里高德在其代表作《拜占庭国家和社会史》(以及《拜占庭简史》)的前言中就将奥斯特洛格尔斯基的《拜占庭国家史》奉为经典和写作蓝本,但该书竟然未能进入瓦西列夫的法眼,他在自己的书中也未予评论。③ 特里高德宣称,他的作品是继奥斯特洛格尔斯基的名著《拜占庭国家史》之后最好的拜占庭学研究著作,即便如此,他还是认为此书不甚完美。作为美国新生代学者的代表,特里高德对上述两位作家之间半个世纪里的诸多拜占庭通史类作品有意无意地忽视,反映出他的个人品位。其心高气傲溢于字里行间,导致拜占庭学界并不十分认同他,以至于其作品的许多优点都被忽视了。实事求是地看,特里高德的观点还是能够代表更新一代拜占庭学者对这一古老帝国的认识。

特里高德的自信是与美国的崛起相吻合的。第二次世界大战的一个重要影响是世界文化中心的"洲际转移",原本在拜占庭研究领域滞后的美国,搭乘其取代欧洲世界文化中心地位的快车,在拜占庭学领域迅速发展。作为第二次世界大战最大的获益者,美国在战后成为世界上最富有的超级大国,这为美国的拜占庭学发展提供了宝贵契机。拜占庭学发展的物质基础虽然重要,但更重要的是发展该学科的大国文化心态和抢占文明制高点及话语权的紧迫感。美国的很多拜占庭研究中心,图书资料齐全,研究环境极佳,条件一

---

① 译者琼·胡塞在1955年英文版前言位置特别注明:"乔治·奥斯特洛格尔斯基这本书已经成为著名的经典作品。"不要小看译者胡塞(Joan M. Hussey,1907—2006),她比奥斯特洛格尔斯基小六岁,曾担任英国拜占庭研究会理事长长达十年,是国际拜占庭学界的一流学者。G. Ostrogorsky, *History of the Byzantine State*, p. vii.
② A. A. 瓦西列夫:《拜占庭帝国史》,第45页。
③ Warren Treadgold, *A History of the Byzantine State and Society*, California: Stanford University Press, 1997, Preface. 沃伦·特里高德:《拜占庭简史》,崔艳红译,北京:人民出版社,2008年,前言,第2页。

流,且以优厚的待遇吸引了全世界顶尖的拜占庭学者参与交流与合作,欧洲各国的拜占庭研究机构都无法望其项背。美国实行的各级政府、私营机构提供基金参与学术管理的体制,使其拜占庭研究具有极大的灵活性,充满了活力,显示出一个超级大国争夺人类文化所有领域制高点的积极态度。如果我们仔细考察美国拜占庭学的奠基人物的个人经历,就不难发现,他们大多是二战期间和战后移居美国的文化精英。纳粹法西斯排犹运动和欧洲战后恢复的艰辛都推动了包括拜占庭学在内的世界文化方阵从欧洲转移到北美洲。① 2016年举行的第23届国际拜占庭研究协会大会选举普林斯顿大学哈尔顿教授为协会主席,这一事件也可视作拜占庭学中心的"洲际转移"。②

特里高德在美国圣路易斯大学教授古代晚期和拜占庭史多年,他希望能够超越奥斯特洛格尔斯基,其《拜占庭国家与社会史》一书的书名便透露出自己的雄心壮志。但目前看来,他的雄心并未完全实现。首先,是他企图以恢复吉本旧说显示自己的与众不同。他将研究视野延伸到公元前5世纪,以便与其"两千年"的分析时空相吻合,进而为其拜占庭社会研究找到古希腊根源。其次,他将拜占庭国家与社会渐行渐远最终分离作为其延续吉本"千年衰败说"的主要分析路径,这一点从该作品的目录中表现得非常明显。特里高德希望说明拜占庭国家和社会同时形成,但两者逐渐分道扬镳,此后不间断的灾难加剧了国家集权和社会分化,8世纪末以后开始的漫长恢复期,两者同步但不同向发展,以至于出现拉丁帝国统治后拜占庭国家权力衰落而社会却趋于富有的状况,最终的复兴并未出现,强社会而弱国家的结果就是帝国灭亡。该书极力跳出传统的叙

---

① "洲际转移"的提法来自李工真:《纳粹德国流亡科学家的洲际移转》,《历史研究》2005年第4期。
② 2016年8月22日在塞尔维亚贝尔格莱德举行的第23届国际拜占庭研究协会大会上,哈尔顿教授当选为新任主席。见普林斯顿大学官方网页,http://history.princeton.edu/news-events/news/(2020/7/13)

述框架,但新框架刻意为之的色彩太明显;他力图以新方法建立新的解释体系,但将国家与社会作为两个同等重要因素的互动分析并不合理;他扩大了吉本"衰亡论"的时空范围,但实际内容还是奥斯特洛格尔斯基阐述的那些东西,只不过增加了社会变动部分;他批评奥斯特洛格尔斯基作品没有收入 1914 年以后的研究成果,但同时主张这种书应该呈现"拜占庭帝国的历史而不是拜占庭帝国现代学术史";他极力恢复吉本优雅的历史叙述风格,但功力不足而显得文笔笨拙。① 他想以一个反叛者的形象,力图在冲破传统中建立新的话语体系,但并不成功。

学术争论常态化是学术进步的重要表现,欧美学术争论的风气催生出不断涌现的新思想理论和创新成果,可以说进步是在争吵中实现的。就此而言,进入 21 世纪国际拜占庭学界在创新方面的表现也特别突出。其中最有代表性的作品就是英国资深拜占庭学家西里尔·曼戈主编的《牛津拜占庭史》。该书前言明确指出:"重新解释和质疑公认观点之风对拜占庭史研究的影响比任何其他时期都要深刻。在许多极为重要的问题上,学术界也不再有一致的看法。"②该书对拜占庭学界传统的研究结论进行全方位的反思,无论在研究理论还是研究方法上,甚至在表述风格上都试图突破传统的研究范式。这种质疑同时又有学术观点的精神是值得赞赏的,也许符合 21 世纪拜占庭新生代学者的普遍性格。反思和质疑拜占庭学术研究传统首先体现在理论方面,对于拜占庭千余年历史与文化曲折发展的复杂问题,近现代研究者形成了多种研究理论,以便解释其中多样性的现象。这些研究者虽然有时并未使其研究理论清晰化,但他们自觉或不自觉形成的理论观念却常常决定着研究者对命题的选定、史料的取舍、史实的描述、是非的判断。譬如,《牛津拜占

---

① Warren Treadgold, *A History of the Byzantine State and Society*, pp. vii-xv.
② 西里尔·曼戈主编:《牛津拜占庭史》,陈志强、武鹏译,北京:北京师范大学出版社,2015 年,序言。

庭史》强调小农经济并非传统理论主张的那样对拜占庭帝国具有重要意义,批评传统理论高估了拜占庭小农经济的重要性,而低估或忽略了贵族经济在晚期帝国发展中的决定性作用。① 又如,它质疑7世纪拜占庭军区制改革的真实性,认为后人根据9、10世纪史料重构的军区与最初出现的军区不是一回事,军区制并没有什么好处,反倒使"军区反叛这个难题"无法解决。② 新生代学者在研究方法上也突破了传统,或者强化了新研究范式,这也是近年来拜占庭学研究的突出亮点,显然是理论创新带来的进步。但是新方法得出的结论还不能完全令人满意,尤其是在一些具体问题的研究中,显得似乎不太合理。例如,该书利用考古新成果否定科穆宁王朝以后晚期拜占庭帝国国际贸易大幅度衰落的传统结论,进而质疑阿莱克修斯一世(Alexios Ⅰ,1081—1118年在位)向逐步取得地中海商业优势地位的意大利商人出让贸易特权的真实性。③ 在质疑的同时,作者甚至提出地方贵族势力的离心倾向对于拜占庭帝国整体实力而言并不都是消极的,认为贵族经济有利于拜占庭帝国的财富积累。拜占庭学新生代学者在理论和方法上的反思一方面带来了研究视角和手段的调整,同时也改变了他们的表述方式和写作风格,其中最有代表性的就是沃伦·特里高德。他在撰写的《牛津拜占庭史》第五章中处处挑战,时时怀疑,总是力图推陈出新,他的研究反思表现出挑战前辈权威的风格,代表着不拘泥于旧说、大胆假设的新生代风气,给时人留下深刻的印象,但是也明显缺乏学术研究所提倡的理性、谦虚、中性、心平气和的文风。好在作为《牛津拜占庭史》主编的曼戈教授依然保持着上一辈拜占庭学者的儒雅风度,在该书序言中明确说明,"我并不想把我自己的观点或相互一致的看法强加给

---

① Cyril Mango, ed. *The Oxford History of Byzantium*, London: Oxford University Press, 2002, p. 9.
② Cyril Mango, ed. *The Oxford History of Byzantium*, pp. 132–133.
③ Cyril Mango, ed. *The Oxford History of Byzantium*, pp. 163–165.

本书的各位作者"。①

从16、17世纪最初的文献整理,经19世纪价值中立的史实陈述,到20世纪特别是二战后具有褒奖取向的历史叙述,拜占庭历史与文化的"故事"几经创新发展。正是文艺复兴时代那批尚古的"玩家子"才能从古典希腊文书中辨识出"拜占庭的文献",也是后来启蒙时代那些多少有些严谨的老学究在考证出大量具体的"历史碎片"的基础上,才形成了拜占庭历史与文化的史实陈述体系。同样,自那以后问世的数十部通史性质的拜占庭学研究成果催生出奥斯特洛格尔斯基的经典作品,他将吉本的历史叙述和大量个案研究成果巧妙地结合起来。显然,贯穿拜占庭学发展的一个重要特征就是学术发展自身规律主导着这一学科长时段的发展,而学术发展内在的力量会推动拜占庭学这艘大船始终沿着正确的航线航行,会将一时偏向的航船拉回到正确的方向上,会促使所有拜占庭学家求同存异团结起来不断前进。

《牛津拜占庭史》这部21世纪之初问世的作品汇集了诸多国际拜占庭学界长期争论的"公认知识",它既是对过往一个时期拜占庭研究学术进展的精炼总结,也是对21世纪拜占庭研究动向的预判。该书主编曼戈教授的前言很值得回味,而书中各章作者提出的真知灼见则需要认真推敲,其中闪烁的思想火花弥足珍贵,这对我国从事拜占庭研究的专业人员具有特殊价值。作为反思第一步的怀疑本身就需要智慧,这从书中提出的许多新问题可见一斑。例如:拜占庭货币长期坚挺、保持稳定的国际货币地位是否有利于帝国经济发展? 判断拜占庭经济繁荣是否应该在国库盈余、税收稳定等因素

---

① 西里尔·曼戈主编:《牛津拜占庭史》,序言。在笔者与众多学者的讨论中,包括哈佛大学拜占庭研究中心的拉伊奥教授、爱丽丝-玛利主任、麦克考米教授、国际拜占庭学会前秘书长卡拉扬诺布鲁斯教授、雅典大学伊格诺米基斯教授、牛津大学卡麦隆教授、墨尔本大学斯科特教授等,均不太认同特里高德及其观点。

之外,增加生活质量、人们掌握更多财富等判断指标?这类问题就对亨迪、詹姆斯、拉伊奥等人的研究提出了挑战。拜占庭小农经济真的那么重要吗?贵族经济就没有发挥过积极的作用吗?这个问题直指20世纪20年代一批俄国学者,以及后来法国拜占庭学家勒梅尔雷的研究结论。7世纪的军区制改革究竟是不是真正发生过,这场改革对拜占庭帝国的影响究竟是积极的还是消极的?这类问题将迫使格尔泽、奥斯特洛格尔斯基、卡拉扬诺布鲁斯、伊格诺米基斯等人"归来"重新伏案工作。拜占庭帝国政治上的皇权专制在欧洲地中海中古时代是不是毫无可取之处,其影响都是消极的吗?这类问题明显是对吉本及其政治思想渊源的孟德斯鸠的反叛,是对共和主义的再思考。7世纪的拜占庭帝国究竟是一个组织良好的国家还是一个没有组织的社会?这个问题也挑战了布瑞等许多老一代学者的看法。涉及拜占庭宗教思想、教会组织、制度礼仪、神学信条等重大宗教问题提出的质疑更多,直接挑战了拜占庭东正教的传统研究。类似于这样的直接提问在《牛津拜占庭史》中就有百余个,我们长期形成的有关拜占庭历史与文化的知识大多受到了质疑,因此,富有启发性。有的问题涉及前人未能给予足够重视的部分,如拜占庭人的文化认同是什么?作为欧洲一部分的拜占庭人与西欧人有何不同?人们通常谈论的拜占庭文化最重要的特征又是什么?中古时代地中海世界的生存环境发生了何种变化?大瘟疫对拜占庭帝国的国运有什么重大影响?这类问题的深度思考都将开拓出该学科研究的新领域。然而不得不说的是,新生代学者反思的重点还是集中在帝国政治经济问题上。

拜占庭研究在我国属于新兴学科方向。70多年来,我国拜占庭学发展大体可以分为改革开放前后两个阶段。改革开放前的35年是初期阶段。我国拜占庭学研究起步于新中国的成立,之前无人涉及,之后重在引进当时苏联的学术成果,列夫臣柯的《简明拜占庭史》中文译本长期成为我国读者了解拜占庭帝国的唯一读物。① 20世纪 80 年代中期以前,我国各类刊物发表的关于拜占庭史的全部文章共 30 余篇,其中学术论文 10 余篇,其余为翻译作品和介绍性的通俗文章。由于缺乏专门人才的培养机制,从事拜占庭研究的专业人士屈指可数。齐思和先生认为,受苏联学界的影响,"研究的中心问题是拜占庭封建制度的一般性和特殊性"。② 这个时期我国拜占庭研究的特点一是紧密围绕教学,二是紧跟当时的苏联学界。改革开放带来了中国拜占庭研究的春天,《世界历史》1986 年第 11 期发表的一篇文章拉开了中国拜占庭学快速发展阶段的序幕。③ 从此,我国拜占庭学发展进入了第二个阶段,经历了从无到有、从小到大的发展历程,逐步形成了自身特色,呈现出从拜占庭研究向拜占庭学的转变,不仅为我国学界所认可,也受到国际同行的高度关注。④拜占庭史学科方向建设成果显著,首先,表现在相关教育和专门人才培养体系的完善,从以前没有相关课程和专门人才培养计划,到目前十余所高校正式开设拜占庭史课程,特别是建立了从硕士到博士研究生的培养制度,建成了我国现今近百人(包括很多非专业的热情爱好者)的拜占庭历史与文化研究的人才队伍。其次,是拜占庭学专业化基础建设持续加快,国家图书馆和相关学校在拜占庭研究图书资料购置方面投入不断增多,"希腊古籍文献(自前荷马至 1453 年拜占庭帝国灭亡)数据库"(英文简称 TLG)自 1997 年开始落户南开大学后,目前已经进入更多的大学,为相关教学科研提供了保障。最后,整体研究水平持续提高,一批重要的研究成果相继

---

① 张联芳、马细谱编译:《世界各国对拜占庭学的研究状况》,《世界历史研究动态》1979 年第 1 期;齐思和:《苏联历史学家对拜占庭研究的卓越贡献》,《历史研究》1957 年第 11 期,第 98 页;列夫臣柯:《拜占庭》,葆煦译,北京:生活·读书·新知三联书店,1962 年;郑玮:《中国学者对拜占庭史研究综述》,《史学理论研究》2000 年第 1 期。
② 齐思和:《苏联历史学家对拜占庭研究的卓越贡献》,《历史研究》1957 年第 11 期,第 98 页。
③ 凌强:《应该加强对拜占庭历史的研究》,《世界历史》1986 年第 11 期。
④ 张海鹏:《改革开放 40 年来我国历史学的发展》,《人民日报》2018 年 8 月 7 日。

问世,36年来,我国拜占庭学人撰写的相关论文总数达数百篇,相关著作和译作百余种,与之前形成鲜明对照。纵观我国拜占庭研究的重点还是集中在帝国政治史领域。

在人类生活各个方面之中,政治生活永远占据着最重要的地位,特别是当我们以"帝国"为主题时,就更需要"政治挂帅",只有首先陈述清楚拜占庭帝国政治中的所有重大事件及其发展线索,才能渐次展开拜占庭社会与文化生活的内容。拜占庭帝国的政治架构存在决定了其他方面的发展,帝国灭亡了则其他方面也随之烟消云散,仅存多种媒介的记忆了。论及拜占庭帝国,就不可避免地要首先讲清楚各种权力集于一身的皇帝及其王朝,进而讲清楚涉及帝国发展的重大事件,突出拜占庭帝国政治发展主线的贯通性,具体而言就是按照拜占庭帝国王朝、流亡政府、小王朝、专制君主国的君主、皇帝的在位的年代时序,描述自君士坦丁堡正式启用的330年直到1461年特拉布宗大科穆宁王朝绝嗣的所有政治事件,涉及的空间地理范围东起黑海东南岸和两河流域西岸、西抵西地中海之西班牙西部沿海、北自克里米亚半岛、南至马格里布沙漠和埃及尼罗河阿斯旺地区。拜占庭帝王"本纪"应该成为贯通拜占庭社会生活其他方面的主线,"纲举目张",这条主线讲清楚才能更好地解释其他问题。

政治史成为历史叙述的核心内容是拜占庭帝国史的应有之义,问题的关键在于不能就事论事,而应该将帝国政治史置于更广阔的背景之下,在更大的时空范围内梳理清楚它的主要线索和特殊意义。我们如果针对政治问题核心焦点的权力体制拓宽视野,就不难发现,中古时代整个欧洲地中海世界的人类社会大体分为中央集权和地方集权两种政治形态。前者以自晚期罗马帝国以后就一直坚持皇帝专制中央集权的拜占庭帝国为典型,后者以日耳曼民族大迁徙运动以降普遍实行各级君主地方集权的西欧地区为典型。君士坦丁一世到查士丁尼一世的早期,拜占庭帝国承自罗马帝国传统最重要的遗产就是中央集权的国家体制,而早期的皇帝们便致力于完善这一国家体制的建设。大体而言,至查士丁尼去世以前数百年的帝国基本上完成了中央集权制国家的建设,与此同时的欧洲其他地区则逐步进入地方集权的家族政治统治模式,前者包括一系列强化中央集权的国家制度措施,而后者包括家族内和家族间的关系制度,"自然权利"因此逐步成为法律基础。①

仔细观察就会发现,拜占庭帝国国家制度建设包括:(1) 国家机构及其制度的完善。包括等级有序的组织机构(类似于古代中国"三省六部"对立法、执法、监察诸权的制度性掌控);各安其位的行政官职及其人才选用机制(特别是保证各阶层精英的纵向上升通道);相对稳定的中央和地方政府机构(强中央弱地方原则在财政和军队方面的落实,监督和消除地方权贵势力,以及为保持权力平衡而实施的权力收放机制,即官员随时任免制度)。(2) 全面、完整、系统的普世法律和法治制度。如法典编纂、法律法规和司法系统建设等。(3) 以信仰为核心的官方意识形态。如超越现实的理念、神化皇权、忠君爱国习俗等。(4) 血亲世袭的皇帝及其团队(德才兼备、文武双全的皇帝及其统治团队,其核心在于忠实的武装力量、精明强干效率极高的"内阁")。福山在《政治秩序的起源:从前人类时代到法国大革命》一书中提出,国家建构、法治和责任制政府三者的平衡是成功的政治模式,他深入人类历史来观察思考政治学,其结论很有启发性。② 拜占庭帝国早期阶段的国家建设与他的考察类似,但也有更多一些内容。

这一整套国家形态建设充分调动了皇帝所辖的东地中海世界人力和物力资源。与此同时,在欧洲"试验场"的西部,地方集权以各级

---

① 近年有学者对以"自然权利"为核心的西欧文明多方面表现进行了细致分析。侯建新:《中世纪与欧洲文明元规则》,《历史研究》2020年第3期,第155—178页。
② 弗朗西斯·福山:《政治秩序的起源:从前人类时代到法国大革命》,南宁:广西师范大学出版社,2014年。福山对前工业文明时代国家政治模式的研究缺乏了一个重要内容,即以信仰为核心的官方意识形态建设,在拜占庭帝国历史上,东正教信仰及其文化制度便是帝国官方的意识形态。

领主理顺家族内血缘关系和构建家族间血缘关系网络为核心的建设也在缓慢推进,由于土地资源在农耕游牧时代的极端重要性,遂被当作各种关系链条的基本纽带,一整套等级严格的制度由此形成。在政治上四分五裂的欧洲,当其他地区陷入混战的时候,中央集权制的拜占庭帝国相对"安稳",但权力过度集中于皇帝及其统治集团,也增加了缺少"杰出君主"的风险,而铁腕皇帝的缺位直接对国家权力的运行产生不利影响。查士丁尼一世之后出现了半个世纪的乱局就是如此。伊拉克略一世(Herakleios I,610—641年在位)及其统治集团最大的贡献是进行了全面的帝国"军区制改革",有效地集中了处于乱局中的人力物力资源,强化了拜占庭国家体制,一时化解了当时最紧迫的兵源枯竭和财政危机,从而也开启了拜占庭帝国中期历史的序幕。这一影响深远的改革还促使拜占庭帝国军事化,进而适应了西亚东欧地区大规模武装冲突加剧的新形势,因此,保证了拜占庭帝国此后约500年的相对稳定。建立在活跃发达的小农经济基础上的帝国中央集权一直保持着强盛,发挥着守护中古欧洲的前哨堡垒作用,也使得处于长期封建、战乱不止状态的欧洲其他地区在精神和物质生活水平上迅速与拜占庭世界拉开了差距,形成了巨大反差。

马其顿王朝皇帝瓦西里二世(Basil II,976—1025年在位)的"黄金时代"是拜占庭帝国国家政治发展的顶峰,也是帝国中央集权制国家强盛的标志。但此后的帝国历史缺乏强有力的皇帝,因此在该王朝统治结束后便进入帝国的转折点,也是拜占庭帝国晚期历史的开端,拜占庭国家体制瓦解由此开始。① 拜占庭帝国中央集权体

---

① 奥斯特洛格尔斯基"将11世纪视为拜占庭帝国不可遏制的衰落的开端,并将此归因于封建制度的胜利";勒梅尔雷和一批新生代学者不同意这一观点,认为贵族经济支撑起帝国的繁荣;布罗温则强调衰败始于科穆宁家族取得了帝国国家权力;卡日丹和哈维与奥斯特洛格尔斯基的看法相反,认为正是由于"封建化"受到阻碍,帝国才进入衰败。大卫·勒斯科姆、乔纳森·赖利—史密斯主编:《新编剑桥中世纪史》第四卷,陈志强、郭云艳等译,北京:中国社会科学出版社,2021年,第238—239页。乔治·奥斯特洛格尔斯基:《拜占庭帝国》,第273—275页。

制在科穆宁王朝时期朝向家族政治发展,而西欧地区,特别是英格兰、法兰西、西班牙和德意志各国诸侯则逐渐屈服于实力日增的王权,欧洲东西两部分朝着背离各自初期发展方向、但却趋向共同类似的政治形态变化。事实上,中央集权和地方集权两种政治模式都在运行中出现了问题,都在不自觉地向着相反的方向调整发展。拜占庭帝国中央集权制国家政治衰败的同时,欧洲其他地区地方集权却逐渐朝向中央集权制发展,这个时期此种趋同发展在西西里和匈牙利均有所表现,甚至在英格兰率先出现了民族国家萌发的状态,那里的君主们不约而同地采取了削弱家族子弟一代权力基础的措施,并千方百计强化父辈的政治经济实力,从而出现了早期多层次政治无序状态向着国家集中统一政治权力的发展趋势。衰落阶段的拜占庭国家集中统一政治权力因缺乏杰出皇帝出现了中央集权的瓦解。科穆宁王朝阿莱克修斯一世的政治改革着力于将皇族等级制融入甚至取代国家官员等级制,也在不自觉地朝着将帝国降格为地方集权的家族政治方向发展。这一深刻变动为嗣后欧洲地中海世界在中古晚期和近代早期的发展奠定了基础,西欧各国以国王集权为最高形象不断强化的民族国家恰好符合工业文明兴起的政治经济要求,那里各个近代国家的发展愈发强势,而拜占庭则从强势的中央集权"帝国"蜕变为地方集权的家族统治,进而被新兴的奥斯曼帝国灭亡。

  总之,千余年历史的拜占庭帝国一直在为维护皇权进行不懈的努力,几乎所有的皇帝及其统治集团都在追求国家中央集权统治下的"秩序",其中成功者有机会延长王朝的寿命,而失败者就不得不拱手让出皇权,但无论谁登基都尽力通过帝国"国家"中央集权控制全国,维持正常秩序。与此同时,欧洲其他地区则以最原始的血缘关系为基础,努力构建家庭和家族内外的关系,追求血缘纽带联结的各级诸侯领主间稳定的关系,维护分层治理的地方集权下的秩序,其天赋的血缘关系必然产生出"自然权力"和"自然权利"。拜占庭帝国的国家权力相对稳定,而欧洲其他地区的家族权力关系相对脆弱。国家权利集中表现在军事和财政方面,其对臣民要求的义务也主要集中在税收和征兵上,而家族权利则争夺和维护的是领地和附庸人身所有权,其对"自然权"的争夺因"自然"个体生命之短暂而凸显脆弱性和不稳定性。后者构成了西欧中古多层次、多样式的封建战争史。在对比中,我们能够清晰地了解拜占庭帝国中央集权是如何延续罗马帝国政治遗产,并在此基础上构建皇帝专制为核心的帝国国家体制,形成了与欧洲其他地区迥然不同的政治模式。同时在对比中,我们也能够明晰中古欧洲地中海世界中央集权和地方集权这两种政治模式的实际作用,以及它们对整个欧洲地中海地区中古晚期和近代早期政治发展的深刻影响。

时代政治变动中的
拜占庭研究

拜占庭帝国历史与文化研究经历了约 400 多年的历史,大体可划分为 16 世纪末至 17 世纪末的早期兴起阶段、18 世纪百年左右的停滞阶段、19 世纪上半叶以后至 20 世纪中期的快速发展阶段。[1]拜占庭研究史的曲折发展伴随着欧洲近代以来巨大的历史变革,这门学科的兴起生动地反映出整个时代的政治变动,透射出工业文明兴起的时代之光。

有关拜占庭历史与文化研究学术史的总结概述一直是学者们关注的课题,特别是一些拜占庭帝国通史著作更是在开篇章节中就加以阐释。虽然不同作者的叙述不尽相同,但是举凡拜占庭研究的重要学者及其作品、重要的发展转折点和变动趋势等,都会不约而同地出现在他们的描述中。譬如,在奥斯特洛格尔斯基的《拜占庭国家史》、瓦西列夫的《拜占庭帝国史》、赫里斯托菲洛布鲁的《拜占庭史》中都可以找到相关的文字。笔者在此重点探讨拜占庭研究工作是如何伴随着近代初期以来欧洲文明的兴起而发展,其阶段性变革又是如何反映着时代政治的变革。

---

[1] G. Ostrogorsky, *History of the Byzantine State*, pp. 1-20. 乔治·奥斯特洛格尔斯基:《拜占庭帝国》,第 1—17 页。A. A. Vasiliev, *History of the Byzantine Empire*, pp. 3-42. A. A. 瓦西列夫:《拜占庭帝国史》,第 7—69 页。Αι. Χριστοφιλοπούρου, Βυζαντινή Ιστορία, Αθήναι, 1988, σσ. 1-35.

一

拜占庭学的发展源自近代早期欧洲有闲阶层的尚古热潮。当时,文艺复兴运动从意大利向北越过阿尔卑斯山脉在欧洲各地快速扩展,法兰西、德意志两国的富有人士和文人学者效仿南方的人文主义者,开始搜集、整理古希腊语和拉丁语手稿,把玩和收藏来自地中海地区的古代艺术品,一时形成风潮。推行开明君主专制的法国波旁王朝不失时机附庸风雅,不仅与意大利文艺复兴运动中显赫一时的美第奇家族结亲,而且促成了自上而下的鉴赏古代文书文物的时尚。述及于此,我们可以明了文艺复兴运动和拜占庭学问的关系。

众所周知,文艺复兴是14世纪源起于意大利,后扩展至整个欧洲的新思想文化运动,持续了近300年,影响广泛而深远。雅各布·布克哈特对意大利文艺复兴时代的细致研究将其名著《意大利文艺复兴时期的文化》推入经典作品的殿堂,这里不需赘述。①恰好是在文艺复兴运动兴起的早期阶段,拜占庭帝国进入其衰败的晚期,直到1453年帝国灭亡,其间,拜占庭文人向西逃亡至亚平宁半岛,促使古代文物和文本大量进入意大利并成为这场运动重要的文化来源,风云际会,历史巧合的奇妙之处由此可见一斑。

在拜占庭帝国衰落并最终走向灭亡的时期,众多具有扎实的古典希腊学识和坚守古代学术传统的拜占庭知识分子离开风雨飘摇、战乱不定的故土,前往渴求希腊知识的意大利。像莱恩提乌斯·皮拉图斯(Leontius Pilatus)、曼纽尔·克利索罗拉斯(Manuel Chrysoloras,1350—1415)、德米特利尔斯·考坎迪利斯(Demetrius

---

① 雅各布·布克哈特:《意大利文艺复兴时期的文化》,何新译,北京:商务印书馆,1997年。

Chalcondyles,1423—1511)、马科斯·姆修拉斯(Marcus Musurus, 1470—1517)和吉米斯托斯·普莱松(Gemistos Plethon,1356—1450)等学富五车的大学者积极传授古希腊语知识,以其良好的品性和渊博的学问,①深深影响了莱奥纳多·布鲁尼(Leonardo Bruni, 1370—1444)、塞奥多·加扎(Theodore Gaza,1400—1475)等人文主义者,促使他们崇尚古代文化、敬仰古代学术。② 包括彼得拉克、薄伽丘等著名人文主义者在其书信中都表达了对他们各自的拜占庭导师的尊敬和热爱。普莱松还将其特别推崇的柏拉图"理想国"中的灵魂永恒不朽、不灭等客观唯心论哲学带到意大利,积极推动建立起佛罗伦萨柏拉图学院。这所学院在突破天主教坚持的亚里士多德哲学的禁锢中发挥了重要作用,进而为人文主义者提供了哲学思想的新武器,他们冲破传统哲学的束缚,构建与重视人性和理性的古典传统相吻合的新思想框架,以适应新文化运动的需要。③ 他们还将大量珍贵的古希腊手抄本从衰亡的拜占庭故土带往意大利,客观上保护了这些人类文化的珍宝,并通过翻译和整理,为人文主义者提供了准确的古代文本。④ 研究表明,正是这些拜占庭学者的贡献,才使得现存于世的75%的古希腊文献以拜占庭手抄本的形式流入意大利。⑤ 诚如恩格斯所说,"拜占庭灭亡时抢救出来的手抄

---

① Deno John Geanakoplos,"The Discourse of Demetrius Chalcondyles on the Inauguration of Greek Studies at the University of Padua in 1463", *Studies in the Renaissance*, Vol. 21(1974),pp. 118 - 119.
② John Edwin Sandys, *A History of Classical Scholarship*, Vol. Ⅱ, Bristol: Thoemmes Press,1998, p. 64.
③ Paul Oskar Kristeller, *Renaissance Thought and Its Sources*, New York: Columbia University Press,1979, p. 156. 陈志强:《拜占庭学研究》,北京:人民出版社,2001 年,第 269 页。
④ L. Labowsky, "Manuscripts from Bessarion's Library Found in Milan", *Medieval and Renaissance Studies*, Ⅴ, pp. 108 - 131. D. J. Geanakoplos, *Greek Scholars in Venice*, Cambridge: Harvard Univ. Press, 1962, pp. 75 - 77. J. E. Powell, "The Cretan Manuscripts of Thucydides", *The Classical Quarterly*, Vol. 32, No. 2 (Apr. ,1938), p. 103.
⑤ M. H. 哈里斯:《西方图书馆史》,吴晞、靳萍译,北京:书目文献出版社,1989 年,第 78 页。

本,罗马废墟中发掘出来的古代雕像,在惊讶的西方面前展示了一个新世界——希腊的古代;在它的光辉的形象面前,中世纪的幽灵消逝了;意大利出现了前所未有的艺术繁荣,这种艺术繁荣好像是古典古代的反照,以后就再也不曾达到了"①。他们言传身教、以身作则,推动了复兴古代学问和传统的热潮,使这场新文化运动因此呈现出最鲜明的特征。拜占庭帝国虽然灭亡了,但是其文化经过大批末代拜占庭知识分子的努力,深刻地影响了意大利文艺复兴运动,并由此获得新的发展。拜占庭文化以这样特殊的方式融入人类文明发展的大潮中。

拜占庭文人西迁和意大利文艺复兴运动在时间上的巧合不仅仅是一种历史上的共时性现象,还存在着深刻的内在逻辑关系。这场冠以"文艺复兴"之名的新文化运动是地中海北岸地区萌发的新兴阶级的新生活推动的。欧洲早期工业文明在这个地区首先发端,中古晚期社会萌发的新经济运动借助地中海商贸活动迅速发展,纺织业迅猛兴起,财富加速积累,城市生活繁盛,这里的金融银行业执整个欧洲之牛耳,佛罗伦萨、热那亚、比萨、威尼斯等富有的城市共和国相继崛起。有钱有闲人口比例的增加必然催生新生产生活方式的形成,其中新文化需求不断冲击旧有的中古基督教禁欲主义,更加自由而符合人性的文化艺术需求急剧扩大,富有和闲暇为新阶级提供了"把玩""鉴赏"古代文物和文献的条件。在资本主义萌芽阶段悄然兴起的新阶级迫切需要找到文化上的突破口,他们从新生活中找到了切入点,而拜占庭文人学者的到来为代表新文化运动发展方向的人文主义者提供了文化资源。

那么,古希腊学问为什么能够受到人文主义者的青睐呢?这就需要我们从古希腊文化中寻找答案了。纵观欧洲地中海古代世界,古希腊文化在继承包括两河流域和尼罗河流域古代文明在内的地

---

① 恩格斯:《自然辩证法导言》,载《马克思恩格斯选集》第 3 卷,北京:人民出版社,1972年,第 444—445 页。

中海盆地古代多元文化成就的基础上,集该地区不同上古文化之大成,促使其发展到古典文明新的高峰。古希腊文化无论在人文学科还是艺术领域都达到了前无古人甚至某些领域几乎后无来者的高度,在包括天文学、医学、植物学、动物学、数学等自然科学领域也取得了系统全面的成果,达到了古代世界最高的水平。诚如芬利所说:"从荷马到亚里士多德近四百年的时间里,所有主要的思想、文学和艺术形式几近完备,并为后世及诸多文化所传承……希腊人不仅精通诸如医学、建筑、天文等学科,而且他们的论证艺术、他们的能言善辩、他们对复杂问题更为敏锐的理解力"都达到了空前高的水平。[①] 古希腊文化的精髓在于推崇人性的自然美和理性的智慧美,其审美的价值倾向激发人类探索客观世界的无限潜能,创造出人类与命运抗争的悲壮的精神境界。这种蓬勃向上的精神状态和自由自在的探索欲望正好为文艺复兴运动时期新兴资产阶级所急需,因此,末代拜占庭知识分子提供的古代文化资源正好为其所用,进而使这场新文化运动显示出鲜明的复兴古代文化艺术的特征。

末代拜占庭知识分子之所以能够为文艺复兴运动提供充足的文化资源,还与奥斯曼土耳其帝国控制下的东欧地区特别是巴尔干半岛的历史与当时的形势有直接关系。在奥斯曼帝国政府最初施行的宗教宽容政策下,作为原先拜占庭帝国子民的希腊人继续享有信仰上的自由,他们在东正教"米莱特"社区中,保存并延续了拜占庭时期的希腊语及古典文化传统,并在缴纳了更多税收之后,通过教会保存了希腊拜占庭时代的文化艺术和风俗习惯。随着奥斯曼帝国统治趋于严苛,控制收紧,东正教会在团结拜占庭希腊人方面发挥了更大作用。拜占庭帝国的覆灭极大刺激和激发了其子民恢复古代文化的热情,于是便出现了大批携带古书文物外逃到意大利的拜占庭文人,这一热潮也恰好为西欧学者提供了研究拜占庭历史文化的重要学术文献。

---

① F. I. 芬利主编:《希腊的遗产》,张强等译,上海:上海人民出版社,2004年,第2、447页。

总之，代表新兴资产阶级的人文主义者在文艺复兴运动时期，通过复兴古典希腊罗马文化传统表达了新的思想追求，而拜占庭流亡知识分子为他们提供了丰富的古希腊拜占庭（东罗马）文化资源，古希腊拜占庭文化与文艺复兴运动时期的文化形成了某种精神上的契合，使得这场新文化运动形成了鲜明的特征。然而，要取得思想上的彻底解放还需要一场神学革命，这就是宗教改革运动。

二

"拜占庭的"这个词汇早就存在于古代文献中，但赋予其严谨的科学意义上的定义则是从 16 世纪下半叶的德意志开始的，其特殊的历史背景便是 1517 年爆发的马丁·路德宗教改革运动。可以说，宗教改革运动对"人"的精神解放带来了思想自由的新时代，也促成了拜占庭学发展的专门化。

德意志和意大利一样，近代初期处于西欧封建制发展的高峰期，在今天德国境内存在着包括选侯领地、领主庄园乃至封臣和骑士封土、自由城市等大小不一的封建政治实体。其中特别有实力的奥格斯堡的富格尔家族便是当时地方集权贵族势力的代表，该家族门下豢养了一批文人雅士，如著名学者赫罗尼姆斯·沃尔夫（Hieronymus Wolf，1516—1580）便是贵族主人的秘书。他特别专注于整理注释拜占庭史学家的手稿，以其旺盛的精力和严谨的态度编辑出版了拜占庭史学家约翰·仲纳拉斯（John Zonaras，？—1159）、尼基塔斯·侯尼亚迪斯（Nicetas Choniates，1155—1217）和修道士尼基弗鲁斯·格利高拉斯（Nicephorus Gregoras，1290—1360）的重要著作。[1]就是在这项艰辛的工作中，他发现法国学者过

---

[1] A. A. Vasiliev, *History of the Byzantine Empire*, vol. Ⅰ, p. 6. A. A. 瓦西列夫：《拜占庭帝国史》，第 12 页。

于浪漫了,这些法国学者不加区别地将中世纪希腊文献与古典希腊文献混为一谈,这是错误的,因为两者有许多重要区别。他认为,无论从内容、语言上还是从价值取向上看它们都非常不同,古希腊人信奉宙斯及奥林匹斯山诸神,讲求理性和人性,而拜占庭人则尊崇上帝,通过笃信宗教的方式寄托信仰和感情;古希腊人使用以阿提卡方言为主的标准规范的古希腊语,而拜占庭人则使用"混乱的古希腊语";古希腊人秉持的是城邦政治的传统,而拜占庭人重视皇帝制度和基督教信仰。他在整理出版这些著作的前言中提出,要高度重视有关拜占庭帝国的历史知识,呼吁学术界给以足够的注意,为此他给自己整理的作品冠以"拜占庭的"字样,以区别拜占庭作家和古希腊作家,这一做法得到拜占庭研究者的普遍认可。这样,他就成为开创严格意义上的拜占庭学的第一位学者,而拜占庭研究工作也从此开始快速发展,取得显著成就。

拜占庭研究最初从德意志和法兰西等国兴起是与文艺复兴热潮越过阿尔卑斯山脉席卷整个欧洲有关,而严格意义上的拜占庭学出现在德意志则有另一个特殊的背景。就在文艺复兴运动快速扩展的同时,思想解放运动在德意志兴起。这场人类精神的大解放就是从马丁·路德宗教改革开始的。1517年,对基督教神学特别是《圣经》深有研究的马丁·路德在维滕堡教堂大门上贴出了一张大字报,对罗马教廷派往德意志的特使提出严厉批评,指责其关于赎罪券的宣传极端错误,尤其对教廷在德意志各地推销赎罪券的行为大加批判,嘲笑"他们宣传说,当钱币扔在钱柜中叮当作响的时候,灵魂即会应声飞入天堂"[①],史称《九十五条论纲》。该论纲借助刚刚在欧洲出现的印刷术,迅速传遍了德意志和欧洲其他各地,引发了轰轰烈烈的宗教改革运动。这场运动公开挑战罗马教宗及其教

---

① 马丁·路德:《九十五条论纲》,载郭守田主编《世界通史资料选辑(中古部分)》,北京:商务印书馆,1974年,第337页。该论纲全文见马丁·路德:《路德文集》第1卷,香港:香港路德会,2003年,第85—92页。

廷的绝对权威,反映了德意志各个阶层厌恶天主教神学的心声,也代表了新兴阶级要求民族独立、思想解放和精神自由的主张,因此得到社会广泛的支持,以至于"在几周内就传遍了德国各地,在几个月内又传遍西欧"①。此后,在德意志形成了主张建立民族的、平等的、节俭的教会的路德宗,在瑞士法语区形成了最激进的派别加尔文宗,在英伦三岛形成了安立甘宗,路德首倡的"唯信称义"神学成为新教信仰的核心。②天主教的权威遭到沉重打击,其强调教宗至上、教阶等级和教礼仪式的神学说教也受到真正的挑战,长期束缚广大信徒的精神枷锁和思想禁锢也因此被打破了,一个精神自由的时代开始了,以至于有学者将这场宗教改革运动称为"人的发现"。③

事实上,文艺复兴和宗教改革两大运动具有相同的时代属性,恩格斯认为它们在意大利被称为文艺复兴,而在德意志被称为宗教改革。④前者击溃了中古基督教信仰的外壳,后者则瓦解了其内在的神学堡垒。两场运动都发生在政治上同样四分五裂的地区,说明新文化运动和精神解放运动同样需要宽松的人文环境,需要在地方集权的政治实体相互竞争的、而不是统治权力相对集中的国度里形成和发展,同时也需要近代工业生产的相对发达和社会富足。⑤也正是在德意志地方诸侯的保护下,一批拜占庭学家与马丁·路德一样在宽松的环境中开展自由的学术研究,而思想解放不仅推升德意志成为近代古典哲学及其艺术表现形式的古典音乐的故乡,而且在人文学科各个领域产生出享誉世界的创新成果。德意志出现了众多杰出的拜占庭学者,他们不仅致力于拜占庭古代文献的整理工作,而且还不断开辟出拜占庭研究的新领域,为拜占庭研究工作的进一步发展做了准备。沃尔夫去世以后,他的学生威尔海曼·赫尔兹曼

---

① 刘新利、陈志强:《欧洲文艺复兴史(宗教卷)》,北京:人民出版社,2008年,第158页。
② 可可:《试论马丁·路德的政治思想》,《世界宗教研究》1983年第2期,第131—132页。
③ 李平晔:《人的发现:马丁路德与宗教改革》,成都:四川人民出版社,1984年,第6页。
④ 恩格斯:《德国农民战争》,北京:人民出版社,1962年,第172页。
⑤ 马克·布洛赫:《封建社会》,张绪山译,商务印书馆,2004年,第298—300页。

(Wilhelm Holzmann)、大卫·赫施尔(David Hoeschel)和约翰尼斯·伦克拉维乌斯(Johannes Leunclavius)继续进行拜占庭古籍的译注,传承着德意志严谨的学风。后来,这一传统在卡尔·科隆巴赫尔(Karl Krumbacher,1856—1909)那里结出了硕果。科隆巴赫尔的贡献代表德国拜占庭研究的最高水平,他的《从查士丁尼到东罗马帝国末期的拜占庭文献史》内容极为丰富,并对当时已经发现的拜占庭作品和作家进行逐一描述评论,是拜占庭文学史和史料学上最重要的参考书,至今仍然是拜占庭学者必备的案头书,[①]被翻译成为世界各主要国家的语言。科隆巴赫尔的另一项重要贡献是于1892年主编发行了第一本拜占庭学术年刊《拜占庭学刊》(*Byzantinische Zeitschrift*)。这一刊物仍然是当今国际拜占庭学一流的学术出版物。

显而易见,宗教改革运动在文艺复兴运动倡导的以人为中心的新文化热潮基础上,冲破了基督教束缚人类精神的神学枷锁,摧毁了罗马教廷为最高代表的天主教神圣权威,拉开了思想解放的新时代序幕,拜占庭学便在此大背景下获得了长足发展。

三

拜占庭研究工作在18世纪遭受到重大挫折,这里表现出历史的诡谲无常,因为阻碍拜占庭学发展的竟然是启蒙运动。具体来看,在此时期新兴资产阶级登上历史舞台,在工业革命渐次开展的背景下,思想文化和学术界出现了启蒙主义的思想解放高潮。启蒙主义思想家提倡理性,批判宗教神学,蔑视与共和政体相左的王权

[①] Karl Krumbacher, *Geschichte der byzantinischen Litteratur von Justinian bis zum ende des ostromischen reiches* (527—1453), Munich: C. H. Beck Verlag, 1891. Karl Krumbacher, Ιστορία της Βυζαντινής Λογοτεχνία, Αθήναι: Εκδόσεις Bas. N. Γρηγοριάδης,1974, Preface.

专制制度,以皇帝专制统治为其主要政体的拜占庭帝国当然遭受到了启蒙主义者的否定,拜占庭人对东正教的笃信也受到批判。启蒙主义史学家认为中世纪的欧洲是一个"黑暗的时代",主张实现工业化时代的政治共和与思想自由。伏尔泰和孟德斯鸠等启蒙主义思想家便明确表达了对拜占庭历史与文化的轻蔑和鄙夷,前者揶揄拜占庭历史是"除了唱高调和崇拜神迹外别无他物的、毫无价值的汇集,是人类思想的一大耻辱",[①]后者认为"希腊帝国(拜占庭帝国——引者注)的历史(以后我们就是这样称呼罗马帝国的)不外是一连串的叛变、骚乱和和背信弃义的行为而已"。[②] 深受启蒙主义思想家影响的英国史学家爱德华·吉本在其《罗马帝国衰亡史》中把拜占庭帝国千余年历史视为罗马帝国长期的衰亡过程,还曾提到这一衰亡过程是"蛮族和宗教的胜利"[③]。吉本甚至不屑于使用"拜占庭的"这个词,而是直接将其著作定名为《罗马帝国衰亡史》。

在当时的法国,启蒙主义思想家还有着强烈的现实要求。新兴资产阶级要实现民主与共和的思想诉求,就必须与旧的历史文化和宗教信仰"决裂",反对拜占庭人的政治专制和宗教盲信就合情合理了。近代法国民族国家形成的重要阶段是在国王路易十三和路易十四在位期间,他们实行开明君主专制政策,以崇尚古典文明来粉饰太平盛世,无意中促成了法国文化界研究希腊古代手稿的热潮。红衣主教马扎然(Mazarin,1602—1661)和柯尔培尔(Colbert,1619—1683)的私人藏书即以希腊古文书为重要组成部分,这些图书移交皇家图书馆后,使后者成为拜占庭历史资料收藏中心。法国王室和政府积极支持并赞助卢浮宫出版机构组织学者编辑出版拜占庭古籍系列丛书,1645年出版了丛书的第一册,即拜占庭皇帝约翰六世·坎塔库震努斯(John Ⅵ, Kantakouzenos,1347—1354年在

[①] A. A. Vasiliev, *A History of the Byzantine Empire*, vol. Ⅰ, p. 6.
[②] 孟德斯鸠:《罗马盛衰原因论》,第119页。
[③] Edward Gibbon, *The History of the Decline and Fall of the Roman Empire*, p. 53.

位)的《历史》,标志着有组织的资料整理工作正式开始。同时,这项出版计划邀请了全国学者共同合作,奠定了《巴黎拜占庭历史文献大全》(简称《巴黎大全》,*Paris Corpus*)编辑委员会的组织基础。但是,启蒙主义思想家批评的目标恰恰是使专制王权极端强化的国王,对法国专制王权政治的彻底否定也直接殃及拜占庭历史与文化研究,对拜占庭的全盘否定必然贬低相关的研究工作,如西维奥尔·杜康这样学识渊博的拜占庭学家及其作品都被打入冷宫。[①]

从欧洲工业文明发展的历史看,启蒙思想的确是人类进步思想的重要组成部分,对于社会的长远发展和文明进步都有积极意义。但是从拜占庭学发展的角度看,启蒙思想中的很多认识严重阻滞了拜占庭研究工作的发展,对该学科领域进步带来了极大的消极影响,我们或可将此视为政治运动对学术发展造成的破坏作用。可以理解的是,代表工业文明进步思想的启蒙主义史观一时表现得矫枉过正,为了冲破思想牢笼,启蒙时代的思想家采取了极端的思想表达方式,全盘否定拜占庭历史,彻底批判拜占庭文化,但这种历史虚无主义实不可取。当时尚在酝酿的革命思潮也对人类过往历史采取简单否定的态度,因为革命进程中的人民往往需要通过否定古代的历史与文化来满足现实革命舆论的要求。因此,吉本将拜占庭宗教文化简化处理,更不能把握其思想的精髓和价值。还应该看到,启蒙时代虚无主义历史观对拜占庭史的误读,当时的很多启蒙主义者其实对于古典文化和拜占庭历史并不了解,或者了解得不多,在孟德斯鸠与吉本等人的著作中甚至出现了许多历史表述和理解的硬伤。为了打造工业文明的话语权和制高点,他们必然要抛弃拜占庭历史,以便适应新阶级发展的思想需求。启蒙主义思想家的历史局限性需要由历史发展去弥补,在工业文明持续兴起中,科学理性

[①] 奥斯特洛格尔斯基高度赞扬他"是当时最杰出的拜占庭学家,代表了这个时期拜占庭研究的最高水平,是拜占庭历史研究工作的奠基人"。G. Ostrogorsky, *History of the Byzantine State*, p. 5.

最终必将恢复拜占庭学应有的地位。

四

19世纪初,法国大革命的浪潮渐渐平复,怀疑主义思潮泛起,实证主义史学应运而生,适应人们重新审视启蒙运动学者的历史虚无主义和消极历史观的要求,清理历史遗产、重写人类历史的呼声不断高涨,人们希望从探求历史真相中寻求国富民强的借鉴。在此背景下,拜占庭研究工作再度受到重视,拜占庭学发展重新走上了快车道。

德国学者利奥波德·冯·兰克和特奥多尔·蒙森等著名历史学家重视历史材料挖掘、要求忠实记录历史事实的历史观念影响和改变了18世纪流行的消极历史观,蒙森的《罗马史》还获得了1902年诺贝尔文学奖。作为罗马帝国继承者的拜占庭帝国也受到越来越多的关注,相关研究出现了前所未有的新发展。1828年,《波恩拜占庭历史作品大全》(简称《波恩大全》,*Bonn Corpus*)在德国波恩出版,其学术水平比《巴黎大全》又提升了一个档次。英国、法国、德国、俄国、希腊等国都出现了许多拜占庭学专家,一大批高质量的研究成果相继问世,涉及拜占庭研究的各个领域。19世纪是拜占庭学大师辈出的时期,专业研究成果井喷式的涌现也形成了更加浓厚的学术氛围,使此后的拜占庭学发展不断加速,其强大的推动力来自前代学者对拜占庭文献的整理和启蒙运动时期的思想解放,更有同时期爆发的科技革命的积极推进。

早期资本主义工业化生产生活方式的深刻变革和人类思想解放潮流的持续高涨催生了人类发展史上伟大的科技革命。自18世纪末蒸汽机的发明和普及开始,以动力变革为核心的第一次科技革命、以电力发现和利用为核心的第二次科技革命都展示出人类智慧和探索欲望的强大动力,以及此后第三、第四、第五次科技革命无限广阔的前景。相比经历了上万年的农耕文明,工业文明从一开始就表现出巨大的优势,它虽然发源于农耕时代,但以超越后者千百倍的发展速度改变人类的生活。从农耕世界中孕育出来的工业文明不仅形成了"特定的生产关系和剥削方式",而且在基本观念、社会制度、生活需求,以及相应的思想方式方面显示出强大的活力。其不断机械化和科技化,不断追求效率和利润打造出"一个不'敬天'、不'法祖'的世界。它从经济上变以衣食自足的社会为多消费的社会。经济上的传统一旦被抛置一旁,其他的传统准则也就跟着失去了威灵……西方在宗教、法律、政治上的变革,都说明由新兴工业世界带来的种种特点,正以其所附生的社会力量,冲击农本社会的一切传统"。正是工业文明在西欧一隅的发展,突破了人类社会农业文明长期形成的限制,并开始了迅猛地世界性扩展,其中15世纪末的大航海活动是标志性事件,导致全球性的重大变革。"近代的工业世界是对外扩张的世界,传统的农耕世界是固守闭塞的世界。近几个世纪西方向世界各地的扩张,其实质是世界历史上扩张的经济体系对闭塞的经济体系的冲击和挑战。"① 自尼古拉·哥白尼(Mikołaj Kopernik,1473—1543)的《天体运行论》提出的近现代"日心说"瓦解了天主教世界观后,"新世界和旧世界"诀别的时刻到来了。② 作为工业文明兴起发展之重要动力的科技革命逐渐改变了人类的物质生活,也对包括拜占庭研究工作在内的精神生活产生了潜移默化的深刻影响。

首先,科学技术领域的分工不断精密和精细化,在加速自然科学各分支学科发展的同时,也极大带动了人文社会科学的分科发展。如法国学者施伦伯格的《拜占庭帝国印章学》和《拜占庭史诗》是拜占庭专题研究的开山之作,③查尔斯·迪尔不仅完成了《拜占庭

---

① 吴于廑:《历史上农耕世界对工业世界的孕育》,载《吴于廑学术论著自选集》,北京:首都师范大学出版社,1995年,第178—184、第184页。
② 劳伦斯·普林西比:《科学革命》,张卜天译,南京:译林出版社,2013年,第1章。
③ G. Schlumberger, *Sigillographie de l'Empire byzantin*, Paris, 1884; G. Schlumberger, *Epopee byzantine*, Paris, 1911.

帝国史》和《拜占庭:伟大与衰败》等宏观研究作品,他和其杰出的学生路易·布莱赫尔还推动了拜占庭政治、官职、文化等专题研究的快速进步,后者的《拜占庭帝国兴亡》《拜占庭帝国制度》《拜占庭文化》就是其中的代表性作品。① 德国法学家林根绍尔对拜占庭历史上多部法典的研究成果成为后来从事相关专题研究学者的必读书。② 德国学者卡尔·霍普夫对十字军征服以后的拜占庭历史的细致探究则开辟了拜占庭断代史研究之路,③他的《从中世纪初到现代的希腊历史》至今仍是拉丁帝国和帕列奥列格王朝历史研究的重要参考书。

其次,工业文明形成的庞大话语体系是从建立科学技术规范开始的,这也直接带动了人文学科规范化的加速,奠定了至今为学界遵守的专业化标准。英国学者约翰·布瑞在剑桥大学首开学院式的拜占庭研究后备人才培养模式。他主编的《剑桥中世纪史》和注释吉本的《罗马帝国衰亡史》为其《晚期罗马帝国史》和《东罗马帝国史》奠定了基础,这些作品也为规范化教学提供了系统教材。毫无疑问,其开创的研究规范为学生们树立了标准,④长期代表英国拜占庭研究的最高水平。德国学者卡尔·科隆巴赫尔的代表性作品也是建立拜占庭研究规范的杰出成果,至今仍是相关研究最重要的参

---

① Ch. Diehl, *Histoire de l'empire byzantine*, Paris, 1930; Ch. Diehl, *Byzantine. Grandeur et decadence*, Paris, 1920; L. Brehier, *Vie ed mort de Byzance*, Paris, 1946 and Oxford, 1977; L. Brehier, *Les institutions de l'Empire byzantin*, Paris, 1946; L. Brehier, *La civilisation byzantine*, Paris, 1946.
② K. E. Zacharia von Lingenthal, *Jus graeco-romanum*, vol. 7, Leipzig, 1856 – 1884.
③ Karl Hopf, *Geschichte Griechenlands vom Beginne des Mittelalters bis auf die neuere Zeit*, Leipzig, 1867.
④ J. B. Bury ed., *The Cambridge Medieval History*, Cambridge, 1929; J. B. Bury, *History of the Later Roman Empire*, London, 1923; J. B. Bury, *History of the Eastern Roman Empire*, London, 1912; J. B. Bury, *The Constitution of the Later Roman Empire*, Cambridge, 1910; J. B. Bury, *The Imperial Administrative System in the Nine Century*, London, 1911.

考书。① 由他主编并于1892年首发的《拜占庭学刊》(*Byzantinische Zeitschrift*)则建立了拜占庭学的学术文章写作规范和技术要求,该刊物仍然是当今国际拜占庭学的顶级期刊。

再次,欧洲科学革命是与技术革命紧密相连的,从天文学、物理学、生物医学及化学的思想变革,到蒸汽机、纺织机、电灯电话和现代医药的开发利用,无不透射出科技革命的实用性,同样的特征也体现在拜占庭研究中。英国著名学者乔治·芬利的成名之作《拜占庭和希腊帝国史,717—1453》与《从罗马征服至当代的希腊史》(7卷本)是他积极投身希腊人民推翻奥斯曼帝国统治、实现民族独立伟大斗争的产物。② 希腊雅典大学教授巴巴利格布罗斯(Constantine Paparrigopoulos,1815—1891)的5卷本《从远古到近代的希腊民族史》、斯比利冬·兰布罗斯(Spiridon Lampros,1851—1919)的《从远古到君士坦丁堡陷落的图解希腊史》和A. 安德列亚迪斯(A. Andreades,1876—1935)的《希腊国家经济史》③都是经世致用、投身伟大民族解放斗争的学术成果。同样值得注意的还有俄国学者,他们认为,拜占庭帝国灭亡后的俄国理应成为"第三罗马帝国",承担起拜占庭文化和东正教信仰的保护人。如科学院院士E. 库尼科(E. Kunich,1814—1899)、E. 德·穆拉尔特(E. de Muralt,1809—1895)和V. G. 瓦西列夫斯基(V. G. Vasilievsky,1838—1899)、N. P. 康达科夫(N. P. Kondakov,1838—1925)、I. 乌斯本斯基(I. Uspensky,1845—1928)等学者

---

① Karl Krumbacher, *Geschichte der byzantinischen Litteratur von Justinian bis zum ende des ostromischen reiches*, Munich,1891.
② George Finlay, *A History of Greece from the Conquest to the Present Time*, B. C. 146 to A. D. 1864, London,1877.
③ Παπαρριγοπούλος, Ιστορία του Ελληνικού εθνούς από των αρχαιοτάτων χρόνων μέχρι των νεώτερων, Αθήναι, 1860 - 1877; Spiridon Lampros, Ιστορία της Ελλάδος μετ' εικόνων από των αρχαιοτάτων χρόνων μέχρι της αλώσεως της ισταντινουπόλεως, Αθήναι, 1886 - 1908; A. Andreades, Ιστορία της Ελληνικής δημοσίας οικονομίας, Αθήναι, 1918.

均投入了终身精力,为其后俄罗斯拜占庭学发展确定了研究方向。①像这样学以致用的案例不胜枚举。

最后,近代欧洲科技革命开启了工业文明在所有领域的知识爆发式增长,拜占庭研究如同人文科学其他领域一样,呈现出理论方法、研究角度、课题选择、表现形式、话语风格的多元化,其中思想观点的开放性特别突出。在拜占庭学的百花园中,既有奥斯特洛格尔斯基的《拜占庭国家史》和瓦西列夫的《拜占庭帝国史》这类宏观把握拜占庭整体史的杰作,也有斯蒂文·朗西曼(Steven Runciman,1903—2000)的《拜占庭文明》《皇帝罗曼努斯·利卡潘努斯及其统治》《十字军史》和《第一保加利亚帝国史》这样的专题性作品;②既有G. F. 赫兹伯格(G. F. Hertzberg,1826—1907)和费迪南德·格里高罗维乌斯(Ferdinand Gregorovius,1821—1891)突出强调拜占庭文化重要性的作品,也有列夫臣柯以生产力与生产关系矛盾和阶级斗争理论分析拜占庭历史发展的作品。③ 近年来,拜占庭学更是延续着研究多元化的传统,呈现出百花齐放的繁荣胜景,关注"人学"的新史学和古代晚期学派都在其中占有一席之地。④ 而现代技术应用于这一古老学科最好的例证就是 TLG 数据库的出现和广泛应用。⑤

---

① A. A. Vasiliev, *A History of the Byzantine Empire*, vol. Ⅰ, p. 33.
② S. Runciman, *Byzantine Civilization*, London, 1933; S. Runciman, *The Emperor Romanus Lecapenus and His Reign. A Study of Tenth Century*, Cambridge, 1929; S. Runciman, *A History of the Crusades*, Cambridge, 1951; S. Runciman, *A History of the First Bulgarian Empire*, London, 1930.
③ G. F. Hertzberg, *Geschichte Griechenlands seit dem Absterben des antiken Lebens bis zum Gegenwart*, Gotha, 1876—1879; G. F. Hertzberg, *Geschichte der Byzantiner und des Osmanischen reiches bis gegen ende des 16. Jahrhunderts*, Berlin, 1883. F. Gregorovius, *Geschichte der Stadt Athen im Mittelalter*, Stuttgart, 1889. 列夫臣柯:《拜占庭》,葆煦译,北京:生活·读书·新知三联书店,1962 年。
④ Averil Cameron, *The Byzantines*, Oxford: Blackwell Publishing, 2006; P. Brown, *The World of Late Antiquity AD*150—750, London: w. w. Norton & Company, 1989.
⑤ 由美国加州大学尔湾分校自 1972 年开发,全称为"希腊古籍文献(自前荷马至 1453 年拜占庭帝国灭亡)数据库"[Thesaurus Linguae Graecae (from Homer to the fall of Byzantium in AD 1453),简称 TLG]。

综上所述,拜占庭学的曲折发展一直伴随着欧洲近代政治史的巨大变革,它在文艺复兴和宗教改革时代萌发,在启蒙运动时期遭受挫折,随着工业革命特别是科技革命的发展而结出丰硕的成果。作为历史学的一门特殊学问,拜占庭研究工作的发展历程真实地反映出欧洲近代工业文明兴起的历史,处处透射出新时代欧洲政治变革的光彩。

(原文首载于《历史教学》2021年第1期)

拜占庭皇权政治的环境因素

环境因素包括自然环境和人文环境。前者涉及自然资源和生态条件,而后者涉及思想资源和历史文化条件。皇权政治属于上层建筑领域,它与自然环境和人文环境之间是否存在某些直接的或间接的联系,换言之,环境因素在皇权政治中发生了何种作用,这是本文重点提出和力图弄清的问题。

讨论拜占庭皇权政治的前提是对拜占庭学界关于"封建"概念争论的初步理解。目前比较一致的看法认为,拜占庭封建化是现代学者用以概括说明拜占庭社会、政治和经济多样性特点而提出的概念。国际拜占庭学界对"封建主义"及其相关概念的定义多有争议,对于拜占庭帝国是否曾存在封建主义,何时成为封建社会,拜占庭社会的哪些部分可以算作封建的,以及"封建主义"是否能用于拜占庭社会均提出不同观点。总体考察,拜占庭学界对此问题的意见大体可归纳为以下两种。最早提出这一问题的是坚持以马克思主义历史唯物论分析拜占庭历史的苏联学者。他们认为,封建主义概念有广义和狭义之分,相当长时间里一直被当作中古西欧社会各国共有的、并被视为西欧地区区别于其他地区的"封建主义"概念属于后者,而前者是指人类社会发展的一定阶段。根据部分历史学家和社会学家的观点,这个阶段是世界上所有民族社会演化和发展必经的历史时期。那种认为封建主义复杂的政治、经济现象只属于西欧地区的认识是一种偏见。正是由于广义封建主义概念逐渐为人们所认同,拜占庭学者如同其他学者在古代埃及、阿拉伯哈里发国家、古代日本、古代中国和古代俄国探讨封建现象一样,也深入研究拜占庭封建化问题。他们主张,拜占庭封建化的方式和程度不同于西欧封建社会,其封建化远没有达到完善的程度,只表现在社会生活的某些方面。但是,他们强调只有运用封建社会的理论才能了解拜占庭社会。① 还有一些拜占庭学者将封建主义定义为统治阶级成员中等级制度确立的关系体系,因此,认为在中古西欧社会普遍存在的封主与封臣之间的封建义务、采邑和封地等封建概念不适用于拜占庭社会。② 尽管拜占庭学者对封建主义的看法各异,但是他们都承认,拜占庭社会存在某些与中古西欧社会相似的制度和现象,例如君主制、特权、官僚贵族、依附农、亲王封地等,这些制度和现象似乎不是古代罗马社会的遗产而是拜占庭帝国后来出现的"土特产品"。因此,大多数拜占庭学者主张即便不使用"封建主义"这个词,也要使用"封建倾向"或"封建化"来说明相关问题。但是,迄今为止关于拜占庭封建化问题的讨论还局限于制度层面,没有涉及其中极为重要的环境因素。

笔者认为,按照广义的理解,把封建主义当作中古社会发展的一个阶段,并就这个阶段人们对包括生产资料在内的资源占有形式、物质产品的生产和分配方式、劳动组织、相关政治制度和居民精神文化生活,以及最基本的环境问题进行全面考察,那么拜占庭封建化的提法是成立的,因为毕竟多一种观察问题的角度有助于了解

---

① 他们在拜占庭社会完成封建化的时间上有不同意见,分别持 3 世纪、7 世纪和 10 世纪说,主要依据包括:晚期罗马社会的隶农是否演变为农奴,以及 10 世纪的农村公社成员是否是自由的小农,或国家的农民。这派学者中有人认为封建主义是指国家公共权力转移到私人手中,他们主张拜占庭社会之中广泛的特权,如经济上的免税权、管理权和司法权等何时在多大范围内转移到大地主手中是衡量拜占庭封建化的标志,而这一过程在 14—15 世纪拜占庭帝国灭亡前夕才达到顶峰。
② 他们认为实行高度专制统治的拜占庭贵族并没有形成西欧那种"我的封主的封主不是我的封主,我的封臣的封臣不是我的封臣"形式的等级贵族。部分学者甚至认为,用封建主义概念说明拜占庭社会产生了严重的误导,把完全属于西欧社会特有的现象硬塞进拜占庭社会,使拜占庭社会的许多特点被忽视。

拜占庭社会,进而通过比较研究,了解世界各地中古社会的多样性。事实上,人们已经不再把狭义的西欧封建主义当作普遍适用的模式,诚如马克垚先生在《西欧封建经济形态研究》中指出的:"随着史料的增多,地方史研究的兴起,发现即令在西欧,原来概括出的普遍性能否成立也大有问题。"①

一

拜占庭皇权是拜占庭封建化的重要内容,涉及拜占庭国家政治、经济、司法、宗教、文化等各项制度,以及社会生活的各个方面。它又是拜占庭社会关于公共权力形成的最重要的表现形式,其实质是保证拜占庭社会各种资源得到合理配置(当然首先是为皇帝所支配),使物质资源的潜能得到最大限度发挥。这里所谓"最大"是从拜占庭统治阶层最高权力的角度而言的,因为皇帝专制制度是拜占庭封建国家最具典型意义的内容。

拜占庭社会的政治结构呈金字塔形,皇帝处在塔尖,其下有庞大的等级森严的官僚贵族集团,社会最底层是广大的城乡劳动者。皇帝是拜占庭帝国的象征,是各种权力的集中代表。可以说,皇帝是拜占庭封建政治生活的核心。皇帝在拜占庭历史的初期就成为集政治、军事、宗教、司法等多种权力于一身的最高权力的代表者,其权势渗透到拜占庭社会各个方面。他被神化为上帝在人间的代表,无论在军队、元老院,还是在公民中,他都受到顶礼膜拜和被山呼万岁。为了体现其特殊的神圣地位,太阳被用来象征皇帝,而沉默是皇帝保持庄严的方式。皇帝还拥有对教会的"至尊权",不仅掌握着召集宗教大会和任免高级教士的权力,而且拥有对教义的解释

---

① 马克垚:《西欧封建经济形态研究》,北京:人民出版社,2001年,序言,第3页。

权和对宗教争端的仲裁权。[1] 他还是法律的制定者。其权力理论上来自他对帝国全部土地的所有权和由此产生的财政权利,实践上则来自对军队的控制。从历史发展趋势上看,拜占庭帝国皇帝不断强化皇权,其他政治势力的权力则被削弱,但皇帝的努力并非总是取得成效。元老院曾在晚期罗马帝国政治生活中发挥过重要作用,元老院是权力最大、声誉最高的议事会和咨询机构,积极参与国家重大决策。拜占庭时代采取多项措施限制其权力,剥夺了元老院大部分行政功能和决策权,与古代罗马国家的元老院存在极大区别。[2] 甚至要求元老像其他等级一样,在晋见皇帝时必须五体投地,分别亲吻皇帝和皇后的双脚,行"吻靴礼"大礼。这种宫廷礼仪上的变化反映了元老身份性质上的变化。类似的变化也发生在执政官身上,执政官丧失了具体的行政职能逐渐转变为荣誉称号,这一事实表明社会公共权力向皇权集中,7世纪上半期,执政官就退出了历史舞台。又如,控制朝政的主要官员总理大臣(或被翻译为"执事长官"),曾权倾一时,参与重大国事的决策,与大政区总督、军队司令和司法大臣等一样为御前会议伯爵,掌控朝廷的行政事务,包括指挥禁军团、检查巡视东方边境部队、派遣稽查使全面监督各级官员、监管全国各级公路和驿站、签发通关文牒、主持外交活动、参与对外谈判和缔结条约、安排外宾接待、掌管宫廷庆典仪式、参与审理重大案件、管理宫廷日常事务(含皇宫内外照明),等等,都在他的职权范围内。但是,这样重要的官职到7世纪时,其实际权力却被逐步剥夺,最终仅保留官名,只有参加宫廷仪式的荣誉而已。拜占庭皇权集权程度之高、存在时间之长在欧洲历史上是绝无仅有的。

拜占庭帝国何以出现了欧洲范围内最高程度的君主专制?除

---

[1] 陈志强:《拜占庭学研究》,第137—158页。
[2] 近年来的一些研究成果认为,元老院一直存在到拜占庭帝国末代王朝统治时期,但不可否认的是此时的元老院早已名存实亡,其实际权力极为有限。朱子尧:《存在、职能和理论:13—14世纪拜占庭元老院探析》(待正式发表)一文对相关研究状况进行了全面调查。

了过去人们谈论较多并有许多研究结论的意见外,笔者认为环境因素不可忽视。

　　让我们首先从拜占庭人的衣、食、住、行和生活状态谈起。根据拜占庭的一位匿名作家撰写的《论食物》记载,拜占庭人的饮食主要包括面包(各种麦类)、豆类(加入汤或菜中)、鱼、肉、蔬菜、水果和葡萄酒,其中橄榄是每餐必备,奶类食品除鲜奶外,奶酪也必不可少。葡萄酒多为家酿,酒精含量在10％左右。蔬菜的种类很多,史料提到的有卷心菜、黄瓜、各种萝卜、大蒜、圆葱、韭菜、南瓜和莴苣等,而水果以苹果、无花果、桃子、葡萄和西瓜为主。水产品以海鱼为主,淡水鱼为辅,来自江、河、湖的鱼多用来喂猫狗。海鱼的种类很多,按口味和多寡分不同档次,最贵的高档海鱼是从非洲贩运来的鲟鱼。新鲜肉类是主餐的中心食物,包括鸡鸭鸽鹅等各种飞禽和牛羊猪马等各种家畜鲜肉,但是使用晒、腌、薰、烤等方式制作的肉食也是常用食品。橄榄也可炮制食用,但相对于制成橄榄油并不常见,几乎所有拜占庭人的食物里都会加入橄榄油。拜占庭人喜好的口味偏甜,逢餐必有甜点,多是用蜂蜜、鸡蛋、奶和面粉烤制而成。① 温暖的地中海气候使拜占庭人的服装比较轻快单薄,其样式复杂丰富,从贵族到农民,从教士到乞丐,服装的质料千差万别,主要有棉、麻、毛、丝绸,其中丝绸是皇家专有的材料,没有皇帝的特许不得穿戴,而棉布和亚麻服装最普通。羊毛织物因其厚重,多为冬季服装的材料,或用来制作拜占庭的特产地毯、挂毯、帐篷等。拜占庭人的住房等级差别更为悬殊,贵族的豪宅多集中在城镇的中心区,与普通人和穷人居住区分隔,两者的数量和质量相比悬殊,例如,皇宫建筑精美宏大,一般贵族的住房也有花园,而平民住宅却很拥挤,没有庭院。农民的房屋则集中在村社的特定区域,房前屋后都有空地或

---

① 《农业志》《礼仪书》和《市长手册》等拜占庭文献都提供了相关的历史信息,但专题研究还非常少,笔者的考察与陈悦的专题研究不谋而合。陈悦:《舌尖上的拜占庭——拜占庭人的饮食文化》,《农业考古》2020年第1期。

菜园。房屋适应地中海温暖干燥的气候特点,建筑材料多为小石块和砖瓦。拜占庭帝国多山地少平原,因此交通工具以驴、马为主。

从拜占庭人的消费资料可以看出,他们所在的东地中海地区属于亚热带农业区域。自该地区出现早期人类文明以来,大气候环境的变动并不剧烈。数千年来,每年大体分为旱季和雨季,虽然文献中提到了春夏秋冬季节,但没有明显的四季气候。当 4 月阳光普照、春暖花开时,气温迅速上升,晴朗无云的旱季可以延续到 10 月,而后风雨骤至,阴雨连绵,北部马其顿各地甚至雨雪交加,但少数最寒冷的日子里,气温也不过零下 10 摄氏度。温暖潮湿的气候使拜占庭帝国广袤的土地有利于形成地方特色多样化的农业,埃及、南意大利和小亚细亚平原盛产谷物(小麦为主),巴尔干地区有限的可耕地适合各种蔬菜水果的生长,特别是日照时间很长的山地丘陵特别适合橄榄树生长,而且橄榄产量稳定,质量上乘,含油量高。① 各地所产的谷物、肉类和蔬菜首先满足当地人口的需求,而像有着 50 万(有的专家认为 100 万)居民的君士坦丁堡这样的大型城市和中等规模城镇的粮食供应主要依靠贸易和中央政府调拨。7 世纪以后,拜占庭帝国丧失了北非、西亚大片领土后,粮食供应短缺,人们的饮食习惯也发生了变化,肉类食品所占比例增加,也带动畜牧业长足发展,而拜占庭帝国多山的中心地区适合各类家畜放养。据记载,同一时期的居民服装面料也因盛产棉花的埃及被阿拉伯帝国军队占领而转向以亚麻和羊毛为主。总之,与生产生活资料相关的"土地"资源的变化导致居民生存状态的变化。

拜占庭帝国所在地区多样性的资源环境决定了当地人居环境的优越性,使得该地区成为具有巨大吸引力的富庶的农耕畜牧区,并引发大量外族居民的迁入,进而成了地中海和欧洲地区多族群迁

---

① 作为拜占庭核心区的巴尔干半岛便是多样性经济混杂的区域。陈志强:《巴尔干古代史》,北京:中华书局,2007 年,第 1 章"巴尔干半岛的物质环境"。

徒定居的主要区域,促使拜占庭帝国人口不断增加。根据学者的初步研究,在中古时期,拜占庭人口占欧洲总人口的比例一直高于欧洲其他地区。根据齐波拉主编的《欧洲经济史》,①500—1340年,意大利人口数从400万增加到1000万,法兰克人口数从500万增加到1900万,英国人口数从400万增加到1000万,德意志和北欧人口数从350万增加到1150万。而大约在同一时期,拜占庭人口数远远高出欧洲其他地区,最多时达到5000万。像拜占庭首都君士坦丁堡这样的大型城市,在欧洲其他地区没有出现过。直到1150年到1300年中欧和西欧地区人口增长最快时,②首次出现的所谓大城市,人口也不过数万人,如政治和商业中心城市巴黎、伦敦、科隆、布拉格的居民仅各3万余人,而君士坦丁堡在6世纪时人口数已高达50万以上。③

一般而言,当居民人数达到一定数量后,社会公共权力必然趋于集中,其政治形态也存在向专制方向演变的趋势。当某一地区居民人数没有超出血缘联系的范围时,其社会公共权力的发展似乎停留在"原始公社"阶段。而当其人数因种种因素,特别是自然和人文环境(包括阶级)因素的影响而扩大,使原有的权力结构无法容纳或解决由此引发的其他问题时,新的公共权力形式便出现了,城邦(邦国)也由此而产生。而当人数进一步增加,由此引发的矛盾进一步激化时,专制权力便应运而生。上古时代,分散在世界各地的诸民族大体都经历了相同的历史发展进程。这也是为什么在古代世界范围内,有些地区出现了专制王权,而有些地区没有类似的权力形态,甚至有些地区至今保持着原始形态的"公平"和"民主"制度。拜

---

① 《欧洲经济史》仅列出合计的人口数,而且没有东欧地区详细人口变化情况。卡洛·M. 齐波拉主编:《欧洲经济史》第一卷,徐璇译,北京:商务印书馆,1988年,第28页。
② 马克垚:《西欧封建经济形态研究》,第372页。
③ 哈尔顿给出的人口数字与此相差较大,显然在古代人口数字问题的研究中存在极大难度。John Haldon, *The Palgrave Atlas of Byzantine History*, New York: Palgrave MacMillan, 2005, p.7.

占庭帝国沿袭古代罗马帝国政治传统,形成了以皇帝专制为核心的中央集权国家体制,其经济基础便是上述物质环境。

二

作为罗马帝国曾经的一部分,拜占庭帝国继承了罗马帝国中央集权制政治传统。在西罗马帝国日益衰亡的过程中,拜占庭帝国却不断强化其皇权。为了推行皇帝意旨并保持君主专制制度的运行,拜占庭皇帝建立了庞大的官僚机构,并逐步使机构中的所有的官吏只对皇帝个人负责。皇帝严密控制高级军政官僚贵族官职和爵位的任免权,并将包括教会在内的各种势力当作维持统治的工具。就各种社会权力的高度集中和官僚机构的庞大完备而言,相较于拜占庭帝国,中古时期欧洲各国无出其右者。这也是拜占庭帝国政治生活的第二个重要特点。

官僚贵族是皇帝推行专制统治的工具,是组织严密的阶层。拜占庭帝国官僚机构具有复杂完整、等级森严的特点,大体上分为行政(包括司法)、军事和教会三大系列,其中高级官职和贵族爵位的任免权一直控制在皇帝手中。例如,6世纪的元老等级头衔被划分为"杰出者""显赫者""辉煌者",其中地位最高的"杰出者"只授予大政区总督、执政官、首都市长、总理大臣和君士坦丁堡牧首(或称"大教长")。中央朝廷部门齐全,各司其职,其中最重要的部门是国库,6世纪拜占庭帝国财政管理被置于三个部门长官监管之下,即大政区总督、圣库伯爵和皇家私产长官。大政区总督掌管大政区金库,即"总银行"和"专业银行"两个部门。圣库伯爵主管教会事务司、岁入统计司、邮驿司、军饷司、铸币司、政区财政事务司、矿务司、工场司、军械司、皇帝服装司等十个部门。而皇家私产长官又称皇家私产伯爵,主管土地转让司、地租司、土地出租司、私产司、私产库、卡帕多西亚皇产司、意大利皇产司、(其他地区)皇产司。如此细密的官僚机构分工可保证按照皇帝的意旨调配资源和搜刮财富。为确保官僚系统高效率的运行,拜占庭帝国通过严格的遴选制度使官吏能具有较高的文化素质,他们不仅要熟悉古典时代文明的丰富内容,通过完善系统的教育方法获取功名,而且在国家持续培养各级官员的制度下,被要求接受一系列考核,特别是司法能力的培训,通过考试获得认可,方可任职。包括皇帝在内的拜占庭统治阶层的文化水平远高于同时代其他地区的统治团体。为了防止官僚集团势力控制皇权,历代皇帝都会不断打乱且调整官僚的等级。这是拜占庭政治生活的又一重要特点。大政区总督(又译为"大区长官")的情况就是如此,该官职原为军职,后来扩大为行政官职。6世纪的《罗马民法大全》公法部分规定:"大区长官也由皇帝任命。并且皇帝赋予其在修改公共规章方面更广泛的权力。"大政区总督经常以副皇帝的身份在其所辖区域内行使行政司法职权,负责辖区内的税收、司法、公路、邮政驿站、公共建筑、食品供应、士兵征募、军械兵器生产、区内贸易、商品物价和国立高等教育等各项事务,代表皇帝处理上诉至帝国最高法庭的案件,有权按照皇帝的意旨起草和公布法规。由于大政区总督权力极大,拜占庭皇帝采取逐步削权的措施,将其部分职权转移给总理大臣,7世纪上半期该官职被取消,其职权分由多名官员承担。再如,7世纪晚期军区首脑"将军"权限广泛,后来被皇帝逐步削弱,7世纪首批军区中的阿纳多利亚军区至10世纪时被分为十个小军区,其"将军"的权力自然相应萎缩。拜占庭帝国庞大的官僚机器也是其他欧洲和西亚民族的政权无法比拟的。

一方面是不断强化的皇权,另一方面是逐渐完善的官僚系统,使得拜占庭帝国成为欧洲历史上最具典型意义的皇帝专制国家。而高度强化的皇权(特别是庞大的官僚机构)存在的物质基础是相对发达的农业生产。拜占庭农业得益于古代希腊罗马时期的技术遗产,其发展水平长期领先于欧洲其他地区和西亚的其他族群。其农具大多为古代传统的工具,包括浅单划犁、镢头、手筢、长短镰刀等,没有复杂的脱粒机械,而是使用畜力碾压。设计最为巧妙的葡萄酒和橄榄油压榨机械并非完全来自拜占庭人的灵感,而是在古希腊技术基础上改造而成。小型引水系统取代了大型灌溉设施,扩大了土地耕种的面积。水车不是用于提水,而是为磨坊提供动力。多种史料反映,拜占庭的农业中谷物生产所占份额低于畜牧和园艺经营。谷物生产以小亚细亚的硬粒小麦为主,辅以巴尔干地区的大麦和黑麦,产量稳定,易于保存。现代学者估计,拜占庭人谷物种植的产量普遍在播种量的 2—5 倍之间,个别高产农田可以达到 20 倍。①

由于基督教婚姻法规定的影响,拜占庭社会流行一夫一妻的婚姻制度,这导致普遍且长期的人力资源缺乏。为了缓解人力资源短缺的压力,拜占庭帝国通过立法限制人口流动,或大力推行移民政策。② 例如,几次将斯拉夫人部落迁入帝国版图内,最多时达到数十万人。8 世纪的《农业法》最能反映农村劳动者的状态和能力,③即各种劳力(人力、畜力、自然力)是如何与自然资源相结合的。学者们对 4—6 世纪自由农民是否衰落存在不同解释,原因在于当时的立法将农民固着在土地上。事实上,限制农民迁徙自由的立法旨在解决劳力不足的问题。7 世纪初以后,拜占庭军区制普遍推行,促进了以农兵为主体的小农经济的发展。8 世纪以后,在拜占庭各地长期通行的《农业法》表明,农民普遍生活在村社里,耕种由村社分配的份地或经营葡萄园和果园,集体承担赋税,并由村社集中缴纳,每年两次。对于平时发生的纠纷,如牲畜损毁庄稼、盗伐林木、偷摘果

---

① 现代学者因古代文献缺乏单位产量记载而无法确定当时的单产,给出的研究结论大多为推测数字。Angeliki E. Laiou, ed., *The Economic History of Byzantium, from the seventh through the fifteenth century*, vol. I, pp. 239-248.
② 庞国庆:《走出"黑暗时代":7—9 世纪拜占庭帝国的人口危机及其治理》(待发表)对研究状况有全面总结。
③ 现代学者对农民这个名称的概念争议颇多,在拜占庭,农民是指以土地耕种为生的农村居民。由于他们的地位变化不定,在拜占庭历史上出现了许多类型的农民,故对他们的研究必须考虑具体因素,结论必因时因地而不同。

实等,需在巡回官员面前解决。① 他们大多能实现经济独立,土地使用权来自"古老"的传统,农民有迁徙的自由,他们可以由于各种原因前往他乡,但并不丧失原有土地的使用权,因此,在他们返回时可以收回其份地,只是要对在他们离开期间耕种其土地的邻居给以经济补偿。而拥有使用土地优先权的邻居则必须承担迁徙农民应负的纳税义务。② 从这部法律看,拜占庭农村中大体有如下几种劳动者,即富裕农民、贫穷农民、佃户、奴隶。按照7—11世纪普遍施行的军区制,农兵以服兵役为代价换取耕种兵役土地的权利,平时以生产为主,战时以打仗为主,兵器马匹和粮草服装自备。10世纪以后,军区制开始瓦解,农民的地位不断下降,逐渐依附于新兴的大地主。这个时期出现的依附农被称为"帕力克",希腊语原意为"外来的邻居",他们与地主达成租佃契约,以支付赋税和承担国家劳役为代价获得土地耕种权。他们有独立经营的经济权和自由迁徙权,只是没有自愿或非自愿离开租佃土地的权利。11世纪以后,依附农的数量增加,到13世纪超过了之前的小农。值得注意的是,以经营租佃土地为生的依附农一直没有丧失人身自由,这种情况与西欧的"农奴"不同,并一直延续到拜占庭帝国灭亡。

　　拜占庭帝国似乎没有出现过"人多地少"而导致的社会危机。农民生活的村社是集地理、经济和行政管理为一体的社区,它既是纳税的单位,也是司法活动的单位,从某种角度看,村社相当于国家政权的基层组织。每个村社都有"古老"的边界,村社中主要包括份地、葡萄园、果园、公共草地和林地、宅地和菜园,大的村社设有磨坊,利用穿村而过的小河流解决动力问题。大村社中还有家庭式铁匠炉,为本村居民简单的工具需求提供服务。农民在村社中享有多方面的权利,其土地使用权是世代继承的,不可剥夺,并表现为份地

---

① 陈志强:《拜占庭〈农业法〉研究》,《历史研究》1999年第6期。
② 陈志强:《拜占庭立法中土地"优先权"解读——以马其顿王朝立法为例》,《经济社会史评论》2016年第4期。

形式。份地之间有分隔的标志,种植谷物的份地的边界多为沟渠,而葡萄园和果园则以篱笆围起来。村社拥有村民大会,不定期召开,讨论调整土地分配、对外防御和公共设施建设等重大事件,并对农民之间转让土地使用权作见证。[①] 村社"农村法庭"负责调解农民之间的纠纷,并代表本村农民的整体利益对外打官司。按照《农业法》,村社应保护农民的土地使用权、葡萄园或果园经营权、劳动成果所有权等,对于侵犯农民财产的行为按罪定罚。村社"长老"即本村的德高望重的老人负责接待每年两度来访的政府官员和收税官。每个村社都有相对固定的"教父"作为其精神生活的主持人,他们多数是附近修道院的院长和德高望重的修道士,宗教仪式及与农事有关的庆典都由他们操持。因为村社具有的集体纳税功能,使拜占庭帝国政府一直强调其作用,并极力维护村社的存在,甚至到13世纪以后村社仍得以继续保存。

拜占庭帝国高度中央集权的皇帝专制制度是建立在皇帝拥有全国土地所有权的基础上,这也是拜占庭封建政治有别于欧洲其他国家的特点。无论是皇产、教产还是农民或地主的私产,都自愿或被迫服从皇帝的安排。如果一定要以"国有"或"私有"的概念来衡量的话,拜占庭帝国土地是处于皇权控制下的流动状态,即不断变换两种所有权形式。皇帝可以将土地赏赐给贵族,使该土地从国有变为私有。皇帝也可以没收贵族的土地充公,使该土地从私有转变为国有。以服兵役为代价分配给农兵耕种的军区所辖地被军事贵族侵吞后,就使该土地的主权发生转移。而国家通过法令强制恢复对教会土地的税收则意味着恢复了该土地的国有性质。总之,以皇帝为核心的拜占庭国家以纳税为条件将土地通过多种形式分配给

---

① Angeliki E. Laiou, ed., *The Economic History of Byzantium, from the seventh through the fifteenth century*, vol. Ⅰ, pp. 236–240. 作者似乎认为勒梅尔雷的意见过于陈旧。P. Lemerle, *The Agrarian History of Byzantium From the Origins to the Twelfty centary: the Sources and problems*, Galway University Press, 1979.

个人使用,个人之间以地租为条件转换使用权,国家始终保持对任何土地的税收和分配权力,这是否相当于我国古代的"普天之下莫非王土"。税收是皇帝实现其土地所有权的主要方式,因此,拜占庭帝国拥有西方中古世界最完备的税收体制,有一支训练有素且素质极高的税收官僚队伍。拜占庭帝国从税制设立之初就征收货币和实物结合税,而纳税人的范围包括所有臣民,税收的种类遍及所有行业。直到拜占庭帝国晚期,皇权衰落使政令只能在首都及其郊区施行,此时在遥远的黑海南岸和爱琴海沿海个别地区出现了"亲王封地",在小亚细亚出现了军事贵族大地产,脱离了国家税收体制的控制。总的来看,拜占庭皇权就建立在这一税收体制之上。

一方面,由于拜占庭社会经济生活的各种因素中,人力资源相对匮乏,而自然资源却相对充足,特别是土地资源的利用面临的压力主要来自劳动力短缺,没有出现人多争地的现象,尽管有大规模的移民运动,但仍无法彻底解决上述问题。因此,对资源的利用长期停留在浅层开发和使用自然状态的资源的水平上,技术发展迟缓,发展动力不足。另一方面,大土地所有和小农生产之间的矛盾始终不突出,地主和农民之间的对抗也不明显。这与欧洲其他地区在 10 世纪后出现的人口增长导致的自然资源相对不足形成鲜明的对照,也是拜占庭历史上从未出现大规模人口外迁现象的主要原因。

皇帝专制制度使拜占庭人避免了西欧等级封建制度的诸多弊端,并依靠国家的整体实力在东地中海动荡的军事环境中保持了相对安定的人文环境,维持了相当长时期的社会繁荣。在 12 世纪前的数百年间,拜占庭帝国中央集权制远比欧洲其他地区封土建制的家族地方集权制更具优越性。事实上,富庶稳定的生产生活环境对拜占庭社会产生了正反两方面的后果,一方面它成为人口自然流动的中心,另一方面是外族入侵的对象。拜占庭首都和心腹地区所处的战略地理位置极为重要,该地区控制欧洲与亚洲的传统交通要道,扼守黑海进入地中海的海路。南来北往的便利交通即为拜占庭人提供了得天独厚的经济地理优势,但也形成了不断面临诸多外来民族攻击的险境。拜占庭帝国中期历史上出现的军区制改革完成了国家军事化,使资源配置适合战争的需要,人力和物力资源暂时满足了战争的需求,使国家保持了近500年的强盛。而当这一合理的资源配置遭到破坏后,拜占庭帝国就进入其衰亡阶段了。

三

拜占庭皇帝专制程度在中古欧洲范围内达到了顶峰,但是若置于世界范围内则表现出诸多局限性。换言之,拜占庭皇权受到多方面的限制。

首先,皇权继承就受到限制,这主要来自基督教婚姻法及其促成的民俗。总体上看,拜占庭皇帝合法子女特别是男性继承人短缺,因此皇权交接中很难确保像我国古代王朝比较单一的父死子继的方式。学界有一种意见认为,兄终弟及的继承方式是原始社会母权制残余的表现,是长子继承制发展的必经阶段,也许有一定道理。[①] 但是在拜占庭帝国,兄终弟及继承方式不是长子继承制之前或早期必经的发展阶段,而成为父死子继方式的补充,它不仅体现了男性继承的原则,而且维护长子继承原则,因为,它是在父死子继和长子继承无法实现的情况下发挥作用的。譬如,马其顿王朝的皇帝瓦西里二世,因为登基前痛苦的经历留下了心理阴影,终身未娶,去世时没有继承人,所以他去世后其弟君士坦丁八世(Constantine Ⅷ,1025—1028年在位)便按兄终弟及的原则即位,尽管后者十分平

---

① 辛燮高先生在其《苏格兰、日本、英格兰和中国的兄终弟及制》说明了这种意见,他认为,兄终弟及制度是母系氏族社会的残余,是父死子继制度形成的必经阶段。辛燮高:《苏格兰、日本、英格兰和中国的兄终弟及制》,《世界历史》1986年第4期;辛燮高:《从继承制看马克白斯在苏格兰历史上的地位》,《世界历史》1981年第6期。

庸,但能使王朝得以延续。① 此处,拜占庭皇帝继承制度表现出来的多样性并不反映拜占庭政治发展的落后。父死子继制度一般可以看成人类社会私有制发展的结果,因为"随着财富的增加,它一方面使丈夫在家庭中占据比妻子更重要的地位;另一方面,又产生了利用这个增强了的地位来改变传统的继承制度使之有利于子女的意图"②。拜占庭帝国时期,皇权作为最高的社会权力,可以像财富一样成为皇帝继承的遗产,更由于其继承的意义比财富继承的意义更大,而受到高度关注。如果说为了确保统治权力能够长期稳定地被皇族或皇室控制,父死子继制度普遍成为前工业文明世界各地中央集权制国家政治发展的最高形态,那么,要确保这种制度的实施就一定需要不可或缺的外部条件为前提。如一些学者注意到的那样,由于外部条件的差异,父死子继制度在古代世界各地区的表现有所不同,在拜占庭帝国,传统的婚姻制度和坚持"一夫一妻"的基督教婚姻法造成在位皇帝难以获得足够的男性子嗣,从而制约了父死子继制度的正常推行,也催生出多种补充形式辅助这种主要的继承方式。

毫无疑问,中国古代在此方面形成了更为完善的保证制度,因此在皇权继承的子嗣生产方面提供更好的外部条件,各王朝继承方式更加稳定。譬如,我国封建王朝很早即有较为完善的嫔妃制度,唐朝便在皇后之下,依次设贵妃、贵嫔、婕妤、美人、才人、宝林、御女、采女八级121人作为保障,这样的系统完全可以保证产生皇帝权力的继承人,除非皇帝本身不正常。③ 拜占庭社会主流意识形态和习俗都要求杜绝蓄妾,早期立法针对罗马帝国时期蓄妾成风的情况还特别严禁重婚,基督教立法认为夫妻结合是上帝恩准的结合,故坚决禁止重婚和蓄妾,公开指责蓄妾无异于嫖娼。反映拜占庭帝

---

① Michael Psellos, *Chronographia*, ed. E. Renauld, Paris, 1926 - 1928, pp. 158 - 167.
②《马克思恩格斯选集》第4卷,人民出版社,1972年,第51页。
③ 王超:《唐朝皇帝制度的发展与完备》,《南京大学学报》1985年第4期。

国国家建设成熟的《查士丁尼法典》也总结了君士坦丁一世以后的教会法规定,法律条文中明文禁止蓄妾,甚至以剥夺公民权的惩罚打击违法者。① 这样就不难理解,拜占庭人在正常合法婚姻制度难以保证产生皇帝继承人的问题上没有找到解决办法,同时又通过禁止蓄妾堵塞了不合法解决问题的其他途径,这就必然使得拜占庭皇帝继承中长期存在的难题始终无法得到解决。直到拜占庭末代王朝皇帝个个都有私生子女,也不能缓解皇权继承中的危机,因为这些非婚生子女只能在与周边国家政治联姻中发挥作用。

拜占庭皇权继承的结果呈现出不稳定性和王朝统治时间短暂的现象,这在中古世界表现得非常突出。在拜占庭帝国 1120 余年历史中,12 个统治王朝大部分是短命的:不足半个世纪的王朝有 5 个,占王朝总数的三分之一以上,即君士坦丁王朝(仅经历了两代而已,其中三位皇帝还同时在位)、利奥王朝(血亲继承仅仅延续 34 年)、阿莫利王朝(延续了 47 年有三代帝王)、杜卡斯王朝(仅有 27 年,还不是最短命的)和统治 19 年的安格罗斯王朝,后者是拜占庭历史上最短命的王朝;统治时间超过一个半世纪的王朝只有马其顿王朝和末代帕列奥列格王朝,后者是时间最长的,也只有 192 年。传位不过三代的王朝竟有 6 个,占总数的一半,其中就包括统治 78 年的塞奥多西王朝,不善治国的皇帝塞奥多西二世(Theodosius Ⅱ,408—450 年在位)虽在位 42 年,终因无男性后裔,王朝灭绝。而号称拜占庭历史黄金时代的马其顿王朝,虽然统治长达 189 年,但其六代 19 位皇帝中只有 9 人为皇室血亲,最过分的是该王朝晚期竟有 5 人是以皇室公主情人身份登基的。相比之下,我国古代除了分裂时期和秦、隋两朝外,统一王朝的寿命平均在十代帝王以上。中古晚期,走向专制王权的欧洲各国王朝也存在寿命短暂的现象,但是

---

① Justinian, *The Civil Law*, trans. by S. P. Scott, The Lawbook Exchange, Ltd., 2001, ch. 5, XXVI, 1.

很少有像拜占庭帝国这样的现象,如法国卡佩王朝经历22代28王,均为王室血亲继承,波旁王朝经历10代7王;英国诺曼王朝经历3代4王,金雀花王朝经历13代14王。由简单的比较分析可见,除了统治者实行的政策不得人心、严重的自然灾害等原因外,拜占庭皇位继承造成王朝统治的不稳定性,其中核心因素是东正教婚姻法的制约。

虽然拜占庭皇帝的专制统治始终控制着东正教的发展,使教会没有如天主教在西欧那样得强大,但是教会对皇权也一直有多方面的限制。君士坦丁一世确立的皇帝对教会的"至尊权"包括召集主教大会权、任免教会最高首脑权、仲裁教会争端权、教义解释权等。换言之,皇帝将教会变为精神统治的工具,使教会等同于政府的一个部门。① 当东正教教会羽翼未丰、势力尚弱时,世俗统治集团拉拢扶植其发展,两种势力相互利用,密切配合。而当教会实力膨胀,成为重要的社会力量之时,教会即干预朝政,使教俗权力发生冲突。8世纪爆发的拜占庭"毁坏圣像运动"就是以皇帝为首的世俗权力集团以"圣像之争"为借口,对教会权势集团发动的斗争。而教会对世俗土地的占有也导致皇权多次对教产大肆没收。② 教会以利奥六世"第四次婚姻"为借口引发的政治危机延续了数十年。直到拜占庭人陷入土耳其重兵包围,帝国命运危在旦夕时,皇帝君士坦丁十一世仍因教会的掣肘而无法实现其从西欧搬兵救援的计划。

拜占庭统治阶层很早就以奢侈的城市生活为主要消费方式,而城市生活需要以工商业为基础。拜占庭统治者也较早就认识到发展工商业的好处,几乎历代皇帝均大力支持商业贸易,严格推行国有手工业政策,在涉及丝绸纺织、武器制造、贵金属加工等中古时期重要的手工业行业中实行官营。为了创造有利的国际贸易环境,王

---

① 陈志强、马巍:《君士坦丁基督教政策的政治分析》,《南开学报(指导社会科学版)》1999年第6期。
② 陈志强:《拜占廷毁坏圣像运动的原因》,《世界历史》1996年第3期。

朝的统治者不仅一直极力维持拜占庭金币的国际货币地位,而且不惜诉诸武力开拓海外市场,并建立起世界上最早的海关制度。然而,工商业的发展需要有比农业更"昂贵"的良好环境。安定的人文环境、便利的交通条件、丰富的农副业原料资源等,都成为拜占庭皇权的"负担"。特别是城市中聚集的众多中下等居民构成一种强大的社会力量和特定的利益阶层,他们最初继承了古代罗马帝国的传统,通过"竞技党"干预国家政治。6世纪"尼卡"起义失败并遭到血腥清洗后,城市中,特别是首都君士坦丁堡的居民改变了干预政治生活的方式。他们有时参与贵族发动的骚乱推翻皇帝,有时积极参与兴立君主的活动,成为历任皇帝不能轻视的政治力量,特别是在内外形势动荡的时期,城市居民往往自觉或不自觉地担当起改朝换代的任务。有的西方拜占庭学家将城市居民列入决定皇权继承的几个重要因素之一。换言之,拜占庭皇权也受制于首都居民形成的政治势力。

(原文首载于《河南大学学报》2002年第3期)

所谓拜占庭"封建化"

拜占庭帝国是否存在"封建主义"？拜占庭社会是否经历了"封建化"过程？拜占庭的"封建制度"表现如何？要回答这类问题必须首先梳理清楚封建理论中的一系列重要概念。①

拜占庭封建化问题的提出是与欧洲学者探讨西欧封建问题同时发生的。有关欧洲学者讨论的详细情况在马克垚先生的《西欧封建经济形态研究》一书中有全面的论述。② 拜占庭学的研究者们像他们在史学其他领域的同行一样，首先围绕着"封建""封建主义""封建制度""封建关系""封建化"等概念展开激烈的争论，始终也没有得出一个公认的结论。而后在结合拜占庭社会历史实际、探讨拜占庭"封建化"的争辩中，这些学者更是众说纷纭，陷入概念与逻辑的混乱之中，以至于最终逐渐放弃使用这个"误导人"的词汇。我们在近30年来的国际拜占庭研究成果中，几乎看不到拜占庭学者提及拜占庭"封建化"的话题。

多数学者在讨论中形成的共识认为，所谓拜占庭的"封建"命题

---

① 陈志强:《拜占庭"封建化"问题研究》,载北京大学历史学系世界古代史教研室主编：《多元视角下的封建主义》,北京：社会科学文献出版社,2013年第309—334页。陈志强:《拜占庭"封建化"史料研究》,《贵州社会科学》2013年第2期（总字278）,第80—84页。
② 马克垚:《西欧封建经济形态研究》,北京：人民出版社,2001年。鉴于马克垚先生非常详尽地讨论了欧洲学术界关于封建问题的研究,故笔者不在此赘言,只集中介绍拜占庭学界在这个问题上的学术进展。

所谓拜占庭"封建化"

主要涉及的是拜占庭历史上两度出现的贵族权力对拜占庭帝国中央集权的分解。7世纪初和11世纪末这两个时期,拜占庭帝国均遭遇了大规模的军事溃败,造成了领土丧失和疆域萎缩。而每次军事溃败都出现了帝国贵族兴起的迹象。历史学家的注意力也主要聚焦在这两个时期,他们千方百计地寻找能够反映所谓"封建"现象的因素,即贵族权力的崛起和此后军事溃败之间的联系。① 争论的焦点在于,拜占庭帝国在两次军事溃败期间都有着外部军事压力加大和后来被称为"封建"社会关系加强这两点因素。② 事实上,在研究这两个时期历史变革时使用"封建"或者"第一封建"这些词汇的确没有什么意义,"只能进一步分散学者们的注意力,使他们不能集中到核心问题上"③。而专门研究拜占庭农业问题的法国学者勒梅尔雷早在40多年前就贬斥"拜占庭封建主义"的研究是"追逐野鹅的游戏"④。

有关"封建"概念及其引发的难题在于,学者们对这个词汇的解读多有不同。⑤ 无论是孟德斯鸠、魏慈、洛特、贝洛夫、梅特兰等从法律和政治方面解读封建主义,还是布洛赫、亨茨、冈绍夫、斯蒂文森

---

① P. Sarris, *Economy and Society in the Age of Justinian*, Cambridge: Cambridge University Press, 2006; G. Ostrogorsky, "Agrarian Conditions in the Byzantine Empire in the Middle Ages", in *The Cambridge Economic History of Europe* Volume I: *The Agrarian Life of the Middle Ages*, Cambridge: Cambridge University Press, 1966, pp. 205-234; P. Lemerle, *The Agrarian History of Byzantium from the Origins to the Twelfth Century*, Galway, Ireland: Officina Typographica, Galway University Press, 1979.
② 根据这种理论分析,7世纪初被称为"第一封建"期,而11世纪以后被称为"封建",理论上的混乱可见一斑。A. Harvey, *Economic Expansion in the Byzantine Empire* 900-1200, Cambridge: Cambridge University Press, 1989.
③ Liz James, ed., *A Companion to Byzantium*, West Sussex, UK: Blackwell Publishing Ltd, 2010, p.40.
④ 意指自娱自乐的无聊命题。P. Lemerle, *The Agrarian History of Byzantium from the Origins to the Twelfth Century*, p. viii.
⑤ 马克垚,《西欧封建经济形态研究》,第58—79页。

等从更广泛的意义上说明封建主义,都对拜占庭学界有所影响。①我国学界比较熟悉的法国中世纪史学家马克·布洛赫认为,"封建主义"就是描述军事化领主关系的社会,其中封主及其封臣之间的纵向依附纽带构成这个社会关系体系的核心关系,封建领主逐渐取代国家,掌控和行使此前由国家行使的权力,私人军事庇护权逐渐填补了由于国家中央集权缺失或者消失造成的空白。② 大约同一时期,其他学者致力于从狭义法权角度描述封建主义的特征,他们认为被称为"采邑"的地产就是土地及其义务的特殊单位,其诸种义务中首先是军事义务,由土地持有者向其领主履行,作为持有土地的回报。正如冈绍夫本人所说,"采邑如果不是基石的话,那它至少也是这类社会涉及的土地权利等级体系非常重要的因素"③。然而,他们所描述的西欧中古社会出现的特殊情况,似乎不适用于拜占庭社会。马克思认为封建主义的意义在于前资本主义社会时期,封建主义意味着前工业社会,在这个社会中农民作为生产者事实上是其耕作的世袭土地的拥有者或者实际控制者,地主为了从他们那里榨取剩余劳动,就必须靠暴力和人身依附。这个说法对拜占庭学者影响最大,其中以苏联学者为代表。④

拜占庭学界普遍认为,拜占庭帝国历史上并没有出现封建主义的采邑核心模式。如果说一定要找到类似的现象,那么晚期拜占庭历史阶段出现的"普洛尼亚"(pronois)制度多少显得与采邑有些相

---

① 诸多意见相互补充或者对立,但各有特色,有的被我国学者称为"模式",如"冈绍夫模式"。弗朗索瓦·冈绍夫:《何为封建主义》,张绪山等译,北京:商务印书馆,2016年,中文版序言。
② 马克·布洛赫:《封建社会》,第652—659页。
③ F. L. Ganshof, *Feudalism*, Buffalo: University of Toronto Press, 1996, p. xvi.
④ 列夫臣柯:《拜占庭》。

似。① 但是这一派狭小的研究视角并不为多数拜占庭学家接受。同时,根据布洛赫倡导的细节研究方法进行比较研究的学者注意到,拜占庭帝国的国家权力从来也没有衰落到像罗马帝国后期或加洛林王朝后期西欧的那种程度。7世纪初以前,拜占庭帝国的某些中央权力确实遭到大地主的侵蚀,一些帝国法典和纸草文书都有提到,当时不少大地主违法建立私人监狱和组织私人武装扈从,以暴力强制其庄园地产上的劳动者(例如在埃及),并威胁其邻居。拜占庭帝国推行军区制改革后,部分掌控东部军区的贵族大地主逐渐军事化,这也反映在此段时期富有军事文化和精神气质的作品上,他们讴歌开疆拓土的英雄,一些史诗譬如《边防战士安康李达》(Digenes Akritas)等就非常类似于同时代西欧的骑士文学《罗兰之歌》。② 但是,这个时期拜占庭帝国中央集权依然强大,与军事贵族并存的是君士坦丁堡皇宫之中继续聚集活跃着的官僚阶级,他们对于过度强大的军区贵族采取了分而治之的政策,将最初的六大军区逐步划分为各个小军区,如一个东方军区最终被分为十个小军区,且军政权力被强行分开。这种情况即便在西欧的中世纪初期甚至到封建制度发展的高潮时期都不曾存在过。

---

① A. Kazhdan, "*Pronia*: the history of a scholarly discussion", *Mediterranean Historiacal Review*, 1995/06 vol. 10, iss. 1 - 2, pp. 133 - 163. M. Angold, *The Byzantine Empire* 1025 - 1205, London, New York: Longman, 1997, pp. 158 - 159. G. Ostrogorsky, *Pour l'histoire de la feodalite Byzantine*, Brussels: Editions de l'Institut de philologie ed d'histoire orientales ed slaves, 1954.
② R. Beaton and D. Ricks, *Digenes Akrites: New Approaches to Byzanitne Heroic Poetry*, Aldershot, Hampshire, Great Britain: Brookfield, Vt., USA: Vaiorum, 1993; A. Kazhdan and S. Franklin, *Studies on Byzaninte Literature of the Eleventh and Twelfth Centuries*, Cambridge: Cambridge University Press, 1984; H. Maguire, *Byzantine Court Culture From* 829 *to* 1204, Washingron, DC.: Dumbarton Oaks Research Library and Collection, 1997.

西欧封建主义意味着中央集权的衰落和家族政治势力的兴起，伴随着政治分裂、经济衰败和国家整体军事实力的下降。具体到拜占庭史，贵族于6世纪早期以及11、12世纪达到其最大影响力期间，许多农民确实丧失了"物质生产资料"的实际占有权和经营权，不拥有生产资料或者与它们分离，他们多数属于占有部分劳动成果的劳动者，一些学者认为，他们如同任何其他生活在农业资本主义环境中的农村无产者一样。① 一些学者从经济学角度分析认为，拜占庭贵族势力两度兴起对拜占庭的政治经济总体结构并没有产生太大的不利影响，至少不存在任何证据表明这一点。无论在古代晚期还是在中古拜占庭时代，贵族势力的崛起都曾经推动和支持拜占庭国家经济的增长。在早期，这一点部分地与精英（地主）特殊的城市特征有关，没有定居在城市里的贵族只满足于自给自足，而不会注重金钱收入带来的好处。②

从拜占庭皇帝颁布的一系列法律文献可以看出，皇帝为首的中央集权对大地主贵族一直保持高度的警惕性。在上述贵族势力两度兴起的时期，拜占庭帝国经济发展趋势、国家军事实力和中央集权确实受到威胁。也正是在这两个时期，拜占庭皇帝对贵族侵吞农民土地的现象表示了极大的担忧，因为这减少了国家掌控的重要财政资源，进而威胁拜占庭帝国的军事实力。正因如此，查士丁尼在539年颁布的法典中公开指责埃及属地的大地主，说他们逃避税收的行为威胁着"我们国家本身的凝聚力"；查士丁二世（Justin Ⅱ，565—578年在位）于566年颁布法令称，帝国财政的危机直接影响了军事战斗力；数百年后的罗曼努斯一世更是明确指出，"权贵阶层侵占"军役土地和税收造成了帝国的基础被瓦解的事实，"因为人口殖民定居（屯田）已经显示出其巨大的功能效益——对税收的贡献

---

① P. Sarris, On Jairus Banaji Agrarian Change in Late Antiquity, in *Historical Materialism*, (2005) 13, p. 218.
② Liz James ed., *A Companion to Byzantium*, p. 41.

和完成军事义务——如果普通农兵消失了,这些利益都将完全丧失";君士坦丁七世立法并宣称,"就像头脑之于身体,军队就是国家的头脑;当它们的情况发生变化时,整个身体都要发生同样巨大的变化。凡是不以极大的注意力关注这些事务的人都将在其自己的安全方面酿成大错,特别是如果他必须把帝国看作他自己的安全领域的时候"。① 皇帝发出的这些法令反映了对拜占庭贵族势力威胁中央集权的担忧,这些实施立法的皇帝非常清醒地意识到,贵族崛起的趋势正在不断持续地对皇权进行瓦解,部分具有洞察力的皇帝还预感到军事危机灾难时期的到来。但是,拜占庭最高统治者的这种担忧究竟在多大程度上反映拜占庭帝国的真实情况,又在多少细节上能够反映贵族"分封建制"的真实情况,还是需要做大量具体的研究工作。

马克思主义关于前资本主义社会的封建主义理论给后人留下了极大的研究空间,虽然研究的注意力经常集中在经济基础和上层建筑之间,但是很明显,物质层面的研究始终是重中之重,而这方面的研究首先面临在史料上的巨大困难。笔者非常同意马克垚先生提出的下述建议,"要对西欧封建社会作再认识,除了马列主义为指导外……还必须具备三个条件",其中第三个条件是"要详尽占有原始资料,独立地得出自己的结论",②这一点同样适用于拜占庭研究。有关拜占庭经济史,特别是"三农"(农业、农村、农民)和土地方面的资料,无论在系统的调查整理还是具体的解读分析方面都有待加

---

① Justinian, *Laws*: Justinian, *The Digest of Roman Law*, trans. by C. F. Kolbert, Yew York: Penguin Books, 1979, p. 13.
② 马克垚:《西欧封建经济形态研究》,序言,第5页。

强,目前已经取得了丰硕成果,①但还不足以全面系统地说明拜占庭"三农"问题。这里,有必要简略地梳理有关资料依据。

总体而言,相关研究的史料大体可以分为四类,即政府文件、立法文书、文学作品、考古发掘出土的文物(特别是古钱币)。② 这几类史料中,最后一种史料在近 30 年的研究中发挥了更为重要的作用。因为随着越来越多的文物被发掘出来,特别是依靠不断更新的科技手段分析拜占庭钱币得出的结论,使得许多定性研究得到量化数据的准确说明,弥补了文件、文学作品和立法材料证据的不足。

首先,拜占庭经济史家在使用政府文件证据方面,并不比西欧中古史家拥有更多的优势,他们也不具有任何史料解读方面的便利。现有的情况表明,除了 7 世纪以前的拜占庭帝国统治下的埃及保留比较丰富的史料外,人们还缺乏拜占庭世界其他大部分地区的系统材料,特别是对经济生活研究具有实际意义的量化史料记载。埃及的情况比较特殊,属于经济史料普遍匮乏状态中的一个例外。由于该地区在阿拉伯人征服前一直为拜占庭所统治,官方材料非常

---

① J. Banaji, *Economy and Agrarian Change in Late Antiquity: Gold, Labour, and Aristocratic Dominance*, Oxford: Oxford University Press, 2007; P. Sarris, *Economy and Society in the Age of Justinian*; Angeliki E. Laiou ed., *The Econmic History of Byzantium from the seventh through the fifteenth cenrary*; A. Laiou and C. Morrisson, *The Byzantine Economy*, Cambridge: Cambridge University Press, 2007; A. Harvey, *Economic Expansion in the Byzantine Empire 900—1200*; Lemerle, *The Agrarian History of Byzantium*; M. Mundell Mango (ed.), *Byzantine Trade 4th—12th Centuries*, Farnham: Burlington, VT: Ashgate Pub, 2009; J. Haldon, *Economic Expansion in the Byzantine Empire 900—1200*; Ostrogorsky, *Pour l'histoire de la feodalite Byzantine*. S. Reynolds, *Fiefs and Vassals*, Oxford: Oxford University Press, 1994; P. M. Sweezy, *The Transition From Feudalism to Capitalism*, London: NLB; Atlantic Highlands; Humanities Press, 1976; Kazhdan, *Studies on Byzaninte Literature of the Eleventh and Twelfth Centuries*; Angold, *The Byzantine Empire 1025—1205*; Beaton and Ricks, *Digenes Akrites*; Maguire, *Byzantine Court Culture From 829 to 1204*; F. L. Ganshof, *Feudalism*; Marc Bloch, *Feudal Society*, New York: Routledge, 2014.
② 有学者将拜占庭史料划分为五种,把拜占庭钱币单独列为一类,笔者认为可以将之列入拜占庭考古文物的类别,另增加音像、民俗史料一类。Peter Sarris, "Economics, Trade, and 'Feudalism'", in Liz James ed, *A Companton to Byzantium*, Blackwell Publishing Ltd, 2010, p. 25.

多,加之尼罗河流域干燥的沙漠气候有利于保存大量文本文件,因此目前已经发现数百件纸草文件文本,包括信函、诉讼、合同、地产账目等。它们的年代可以确定在4—7世纪,因此提供了这个时期关于农民、地主、佃户、租户实际生活的证据。它们描绘出来的图景反映了一个高度复杂和货币化的农本经济形态,其中存在着高效的货币化农业,此种农业经济由贵族大地主所主宰,他们占有其地产商品化的生产物。[1] 但是,这些现存的纸草文件证明,一方面,农产品也在市场上作为商品进行买卖,不只是属于地主控制的"贵族财产"[2];另一方面,从大地产农庄获取农业利润和交易货币的收入是要承担一定的风险,大地主在这类交易中比农民耕种者具有更稳定的优势。史料也表明,在农民社区里存在比较明显的社会贫富差异,富有的农民在这类农业贸易竞争中占据优势地位。但是,我们只是掌握了埃及一地的文献资料,并没有其他地区同类文件证据,比如除了一些巴勒斯坦南部内撒那(Nessana)和约旦佩特拉(Petra)的纸草文件外,几乎未有发现其他地区的"三农"史料。随之而来的问题就是,这些埃及纸草文件究竟在多大程度上、多大范围内能够用来推测那些没有文件记载的地区的情况。[3] 埃及的农业生产主要受到每年一度的尼罗河泛滥的影响,泥沙淤积形成的肥沃土地保证了农耕活动的定期收入,该地区因此能够养育居住密度较高的人口,据专家估计,古代晚期东部罗马帝国人口中的约四分之一集中生活在埃及,这就进一步推动依靠农产品原料的手工业生产和市场逐渐成熟。加之沿尼罗河流域形成的便利交通也有助于商品和人口的流动,促使便捷、廉价的贸易方式直接推动区域经济的统一发

---

[1] P. Sarris, *Economy and Society in the Age of Justinian*, p. 40.
[2] J. Keenan, "Aurelius Phoebammon, Son of Triadelphus: A Byzantine Egyptian Land Entrepreneur", *Bulletin of the American Society of Papyrologists*, vol. 17, 1980, pp. 145 - 154.
[3] C. Wickham, *Framing the Early Middle Ages*, *Europe and the Mediterranean 400 - 800*, Oxford: Oxford University Press, 2005, pp. 22 - 25.

展。然而,埃及的情况只能代表本地区域经济的发展水平,却不能反映地中海其他更广阔地区的情况,琼斯对该地区比较彻底的研究成为后辈研究者学习的经典。① 其他地区的经济活动和社会组织可能具有相对原始的特点,其大部分生产属于自给自足的生活资料生产,而不是追求利润的商品生产,很多证据表明,这些地区的人们要满足自己的需求还有相当得困难,并且这些地区的政府文件史料也非常少。

7世纪以后,随着拜占庭帝国丧失了对埃及的控制,有关该地区的政府文件史料基本缺失。而中期、晚期拜占庭历史资料主要还是来自修道院以及对贵族地产的记载。这些能够保存下来的文件既不成体系、数量又少,关于贵族地产和农民生活的文献很难提供系统的信息。一般而言,土地被看作"谋利的生产资料",无论国家还是私人地主都通过征收货币地租的方式,榨取农民的剩余劳动,这种土地有时被称为"自主地"(autourgia)。② 然而,这种形式的土地关系是否能够代表拜占庭农村经济生活的主要方面,从现有的文献资料来看,还无法得出明确的结论。换言之,无论从纵向的时间维度还是从横向的空间维度观察,现有的文件证据仍嫌太少,人们无法肯定地回答这些问题,只能提出某些不确定的观点。

其次是立法文献,拜占庭立法文献非常多,现代拜占庭学者得益于现存大量的非常良好的立法文本,其数量远比政府文件多。有关的史料包括一系列皇帝立法和法典,从5世纪的《塞奥多西法典》(*Theodosian Code*)到6世纪的《查士丁尼法典》(*Justinianic Code*)及《查士丁尼法典》中的最后那部《法律》(*novels*,也称为《新律》,new

---

① 琼斯的名著中涉及这个时段的史料几乎都来自埃及。A. H. M. Jones, *The Later Roman Empire 284—602*: *A Social*, *Economic*, *and Administrative Survey*, Oxford: Basil Blackwell, 1964.
② P. Sarris, *Economy and Society in the Age of Justinian*, pp. 41-42; Angeliki E. Laiou ed., *The Economic History of Byzantium*, *from the Seventh through the fifteenth centary*, p. 357.

constitutions),到此后拜占庭皇帝们陆续对《查士丁尼法典》的重编。如所谓的利奥六世的立法文献《皇帝法律》(Basilica)、10世纪皇帝们的立法等,它们记载了当时社会生活的主要方面,而大量经济活动就是在法律的规范下进行的。这些法律涉及"三农"的诸多方面,比如地主和农民之间的关系、合法的贷款利率和兑换利率、社会经济发展中涉及农业的重要事务、财产的安全转移或继承等。不过法律史料在研究中也存在问题:法律更多说明的是政府的态度和思想而不是真实的行为和后果。法律是对存在的事实做出规范还是对即将发生的事实进行指导,以及它们实际发挥的效力如何?这不仅在拜占庭时代而且在我们生活的今天也是个有争议的问题。如果所有的法律文献能够得到政府文件和其他物质证据的佐证,那么法律史料的价值就会更高。目前,只有《查士丁尼法典》的部分内容能够从埃及的情况得到证实。人们对《农业法》至今争议不休,无论是其成书的时间,还是使用的范围,甚至其来源和性质,都充满了不确定性。到11世纪,尤斯塔修斯(Eustathius Rhomaios)编纂的《拜占庭法律说明(指南)》也有助于这方面的研究。[1] 但是,依据这些法律文件还难以还原或者重新构建当时农村社会环境的图景,因此很难了解皇帝们立法的背景和客观条件。譬如,6世纪和10世纪大土地贵族兴起之前,帝国政府颁布了一系列法律旨在阻止大地主合法兼并其附近农民的土地。[2] 但是,这类法律文献是否能够揭示社会经济生活的真实状况,皇帝们是不是真的要通过法律保护无助的农民,或真的要压制贪得无厌的地主贵族,抑或是以皇帝为代表的国家以此从政治

---

[1] T. Gagos and P. Van Minnen, *Settling A Dispute: Towards A Legal Anthropology of Late Antique Egypt*, Ann Arbor: University of Michigan Press, 1994, p. 124.
[2] P. Sarris, *Economy and Society in the Age of Justinian*, p. 43; R. Morris, The Powerful and the Poor in Tenth-Century Byzantium: Law and Reality, *Past and Present* 1976, vol. 73, pp. 3–27. Eric McGeer, *The Land Legislation of the Macedonian Emperors*, Toronto: Pontifical Institute of Mediaeval Studies, 2000, pp. 123–124.

上打压威胁中央集权的贵族势力,或者是为确保政府的土地收入而限制侵害农村社区的行为,毕竟稳定的农村社区对帝国财政来源是必不可少的。这类问题在立法文献中很难得到答案。

  法律史料证据主要能够提供静态的社会生活状况。例如,人们普遍关注的《市长法》就提供了关于首都君士坦丁堡经济生活的图景。这部在911—912年颁布的法律,被人们通常称为《市长法》(*Book of the Prefect*)或者《市长书》(*Eparch*),由于在千余年里首都维持社会生活的需要而被一直保存下来。① 该法律规定了在帝国都城里活动的各种行会必须遵守的法规,提到了公证员、丝绸工匠、零售商、香料贸易者、生猪屠宰夫、面包师等。尤其是该法律给人造成的印象是,拜占庭帝国首都的经济生活是由国家主宰的。譬如,其中提到了有关行会的细节规定,涉及"市长"这位皇帝委派的高官具有的经济、政治和仪式方面的"指挥权","市长"还负责组织首都居民生活口粮的交易、宫廷需求的供给,以及重要特权商品如丝绸的管控。丝绸和贵金属制品在拜占庭外交中一直发挥着极其重要的作用。这部法律文本提供了君士坦丁堡经济生活静态的图景,但没有反映出商人的狡诈善变、银行家的诡计多端和旅行家的不畏艰险。有关农村经济生活的法律文献主要分散在各个时期不同的立法文书中。我们依据这些成文证据,大体上推测并努力重新构建拜占庭"三农"和拜占庭农村社会关系的情况。除了前文提及的埃及地区资料比较丰富外,拜占庭学术界特别注意《农业法》文本,该法律的细节涉及许多适用于农村社区的法规。对于这部法律的标题"选摘自查士丁尼法典"和其完成的年代及其来源目前还存在争议,但是,该文献提供了比较详细的农村生活信息,反映出拜占庭农村中存在的土地关系。农民(γεὸργοι)

---

① E. H. Freshfield, *Book of the Prefect/Eparch*, tran by E. H. Freshfi, *Roman Law in The Later Roman Empire-Byzantine Guilds Professional and Commercial-Ordinances of Leo VI Rendered into English*. Cambridge: Cambridge University Press, 1938, p. 407.

或农业劳动者身份的认定仍然是争议的焦点,他们既有分成制农民,即耕种别人土地的农民,也有亲自躬耕的土地主人,希腊语称他们为"地主"(κύριοι),显然他们是其耕作土地的主人。这表明《农业法》涉及的这些农民是在其自己的田地上耕作。但问题在于"地主"这个词汇的解释,因为《查士丁尼法典》中的"主人"(拉丁语为 dominus)也包括拥有土地上的产品"果实"(fructuary)的主人,而不只是指实际占有该土地的人。正如《查士丁尼法典》指出的,"主人这个名字是包括产品的",①因此,《农业法》中"主人"这个词的含义还有待进一步确认,进而揭示出占有农产品的租佃农民的实际地位。②

再者,涉及拜占庭的文学作品。拜占庭文学作品中也保留着非常丰富的"三农"信息,但它们大多属于间接史料。比如,5世纪昔兰尼主教西尼修斯(Synesius of Cyrene)的书信集和11、12世纪奥赫里德的塞奥非拉克特(Theophylaktos)的书信集,它们提供了关于当时人们对贸易的态度和经济主张的信息。历史文本和编年史中的某些细节也能够提供证据,反映货币价值的影响、外国入侵的影响等涉及经济环境的信息。与文学史料关系最直接的是农业论文或者"农书"(Geoponica),后者这类书籍在普通民众中非常受欢迎。③还有著名的《秘史》涉及对帝国财经政策的直接批评。④ 近年来拜占庭学术界整理出大量圣徒传记,即基督教圣徒的生平,例如现存6、7世纪的圣徒传记,揭示出非常丰富的拜占庭世界精神生活的情况,特别是古代晚期和早期拜占庭这两个历史阶段。但是在使用这些

---

① Justinian, The Digest of Roman Law, 42.5.8.
② 有关拜占庭中期农民拥有可用农产品权利的问题见 A. Harvey, Economic Expansion in the Byzantine Empire 900—1200, p.37.
③ J. L. Teall, The Byzantine Agricultural Tradition, Dumbarton Oaks Paper, 1971, Vol.25, pp.35—59.
④ Prokopios, Secret History and Buildings. 普罗柯比:《秘史》,吴舒屏、吕丽蓉译,上海:上海三联书店,2007年。

史料重新构建农村社会实际图景时要特别谨慎小心,①因为它们不只包括了大量类似于报道的记述,还带有明显的感情色彩,大多是得到宗教机构支持的个人作者写给某些社会精英的,其写作的目的在于说服上层社会提供捐赠,所以未必能反映农民的真实情况。

最后要谈到考古史料。随着现代科技应用于历史研究,考古学与钱币学提供的证据越来越受到重视,它们提供了准确的量化信息,常常是文本材料无法比拟的。直到7世纪的古代晚期阶段,涉及这个时期的考古成果最为突出,对于拜占庭城乡定居模式、商品集散及交换问题上的认识发挥了极大的促进作用,特别是促使人们全面修正了以往对7世纪拜占庭城市的学术观点。② 同样,考古学正在扩大人们研究拜占庭史的视野,例如,考古学在重新建立年代"排列秩序"上越来越受到重视,陶器器形可以确定年代,陶器形状提供了无与伦比的考古学标志。拜占庭历史遗址中发掘出的大量古钱币通过多种技术测定,提供了财政货币环境的重要证据。有些古钱币是以窖藏或零散形式被发现的,能够比较准确地按照年代顺序反映经济变动的情况,进而有助于描述帝国公共财政的状况,至少它们能够提供当时的贸易情况。③ 但是,考古学史料在用于研究时也有其局限性。例如,考古学结论能够说明拜占庭经济结构和经济规模方面清晰的概念,但是在揭示构成经济体制真正动力来源的政治状况,特别是社会关系方面,作用非常有限。又如,考古学使我们能够描绘出产品或商品流散的图表,但是却难以揭示商品是如何和为什么流动的。在乌克兰发现的11世纪拜占庭玻璃念珠就无法确定究竟

---

① P. Brown, *The World of Late Antiquity: from Marcus Aurelius to Muhammad*, London: Thames and Hudson, 1971; P. Sarris, *Economy and Society in the Age of Justinian*.
② C. Foss, "The Persians in Asia Minor and the End of Antiquity", *English Historical Review*, Vol. 90, 1975, pp. 721 – 747.
③ M. Hendy, *Studies in the Byzantine Monetary Economy c. 300 – 1450*, Cambridge University Press, 1985.

是贸易商品还是奇袭抢劫的赃物,或者是外交活动中的馈赠。再有,钱币学确定的货币成色变动虽然反映经济的变动,但是我们很难确定两者是否同步发生,甚至农村经济的变动可能是在货币没有变动的情况下发生的。6世纪的一位拜占庭作家科斯马斯(Kosmas Indikopleustes)就记载了处于拜占庭影响下的埃塞俄比亚商人与来自非洲内地的部落民直接进行以物易物的交换而不使用货币买卖。① 前述《市长法》也记录了君士坦丁堡商人与携带蜂蜜和亚麻的北方保加尔商人进行以物易物的贸易。不使用货币的贸易也可能相当活跃。② 这表明,古代钱币研究虽然揭示出5、6世纪拜占庭经济处于高度货币化阶段,但是有些商业贸易仍然可以在货币实际流通数量相对少的情况下进行。③

(原文首载于彭小瑜主编:《多元视角下的封建主义》,社会科学文献出版社,2013年,第309—334页)

---

① Angeliki E. Laiou ed., *The Economic History of Byzantium, from the Seventh through the fifteenth centary*, p. 694.
② *Book of the Prefect*, ed. by A. E. R. Boak, Cambridge, Mass.: Harverd University Press, 1929, p. 28.
③ P. Sarris, *Economy and Society in the Age of Justinian*, p. 41. *Book of the Prefect*: 15.

第二编

首都研究

君士坦丁堡研究

君士坦丁堡(今土耳其伊斯坦布尔老城区)曾是拜占庭帝国的都城,由拜占庭帝国皇帝君士坦丁一世在古希腊商业殖民城市拜占庭旧址上修建而成并于330年正式启用,故称为"君士坦丁堡(意为君士坦丁的城市)"。[①] 由于该城市在拜占庭帝国历史发展中发挥了极其重要的作用,成为这个千余年帝国变迁史上最具典型意义的中心和拜占庭文明的象征,因此,后代学者以其旧城"拜占庭"这一名称为帝国冠名。也是因为君士坦丁堡对拜占庭历史与文化具有极为重要的意义,国际学术界对之展开了长期的多学科研究,取得了大量研究成果。[②] 这些成果成为我们探讨君士坦丁堡城市发展问题的重要参考。君士坦丁堡逐渐发展的各种城市功能集中代表了拜占庭帝国城市的特征,也反映出拜占庭文明成长的特点。

一

与欧洲地中海地区大多数古代城市相比,君士坦丁堡作为拜占庭帝国都城的政治功能最为突出。由于这座城市自其作为罗马帝

[①] Demetrius John Georgacas, "The Names of Constantinople", *Transactions and Proceedings of the American Philological Association*, vol. 78, 1947, pp. 347 – 367.
[②] 乔纳森·哈里斯(Jonathan Harris)对这一课题的学术发展史做了全面分析,见其作品 *Constantinople: Capital of Byzantium*, London; NY: Hambledon Continuum, 2007.

国东都之日起,就成为拜占庭帝国这个庞大的皇帝专制中央集权国家的心脏,因此其特殊的政治地位就赋予它鲜明的政治中心特点,而其政治功能也由此特别强大。这一点是欧洲地中海地区其他城市所无法比拟的。

作为拜占庭帝国首都的君士坦丁堡,从建成之初即突出表现了政治中心的特征。该城市不仅是一次性规划建设,而且是举全国之力在短时间内建成。324年,皇帝君士坦丁一世在战胜各路军阀完成统一帝国大业后,发布命令兴建"新罗马",并任命重臣着手进行建筑工程的准备工作。为了在最短时间里完成新都的建设,君士坦丁下令建立专门学校批量培养当时急需的各类建筑人才。325年,建筑工程正式开工。君士坦丁一世对这项工程极为重视,不仅亲自跑马勘测、圈定城市界标,而且随时视察工地督促工程进度。为了能够全面复制甚至超过帝国旧都罗马城,他圈定的范围大大超出其宫廷大臣的想象。当时,随从的官员对皇帝圈定如此巨大的面积感到惊讶,疑惑不解地问道:"我的殿下,您将继续往前走多远?"他回答说:"我要继续走下去,直到在我前面引路的上帝认为合适停下为止。"[1]他还亲自勘查新都城的地理环境,根据该地特殊的地貌,提出城市整体布局的构想,与城市设计团队的专家们讨论具体的细节。

作为一次性建成的首都,帝国政府严格按照旧罗马城的样式设计施工,且刻意营造"新罗马"的典雅豪华。君士坦丁一世调集帝国各地的建筑师和能工巧匠,按照罗马城各种建筑物的模样,依据各自不同的使用目的精心设计,全面施工建设。为了美化新都建设的各个细节,他下令从帝国各地调集大量的奇石异景,动用军队将无数古代的建筑和艺术杰作从原址上拆除运往拜占庭城市建筑工地。[2] 正是在这个时期,君士坦丁一世遣人强行从罗马、雅典、亚历

---

[1] A. A. Vasiliev, *History of the Byzantine Empire*, vol. I , pp. 57 - 60.
[2] R. M. Dawkins, "Ancient Statues in Mediaeval Constantinople", *Folklore*, Vol. 35, No. 3,1924, pp. 209 - 248.

山大、以弗所和其他古典时代希腊文化名城"抢运"来大量精美的大理石雕像、花岗岩方尖碑等,希望用这些"装饰物"永久装点着"新罗马"。这个时期从古希腊宗教中心特尔斐神庙搬来的青铜蛇柱和塞奥多西一世时期从古埃及卡纳克神庙运来的方尖碑直至今天仍矗立在伊斯坦布尔老城街头广场上,成为游客凭吊往昔的历史景点。①同时,黑海沿岸原始森林的大量优质原木、马尔马拉海和爱琴海岛屿出产的各色大理石源源不断被运抵该城北部的"黄金角"海湾,给能工巧匠施展技艺提供源源不断的材料。新罗马建设仿照旧罗马具有深远的政治含义,在具体设计施工中也突出了传承伟大帝国政治中心的意义。根据考古发掘和文献研究,发现在君士坦丁堡城区内集中了大量优美的建筑,除了大皇宫建筑群外,还有元老院议事大厦、公共学堂、大赛场、2座大型剧场、8个豪华的公共浴池、153个私人浴池、52道沿街柱廊、5座囤粮谷仓、8条引水渠道、4座用于集会和法院公审的大厅、14所教堂、14座宫殿和4388座贵族官邸和豪宅,②几乎处处可见的希腊罗马建筑元素显示其对古罗马帝国的继承。

正像所有出于政治目进行的建筑工程一样,君士坦丁堡的建设规划也限定了严格的工期,这一点与其他欧洲古代城市缓慢发展形成了鲜明对比。为了加快施工进度,君士坦丁一世特地调动数万哥特士兵投入工程建设。这支哥特人部队是皇帝在内战中依靠的重要军事力量,在其战胜各路军阀的残酷战争中屡建奇功。③ 统一帝国的战争结束后,君士坦丁适时调整用兵计划,将庞大的军力转化

---

① Salomon Reinach, "Marble Statue of Artemis in the Museum at Constantinople", *The American Journal of Archaeology and of the History of the Fine Arts*, Vol. 1, No. 4, 1885, pp. 319–323.
② Edward Gibbon, *The History of the Decline and Fall of the Roman Empire*, Ⅰ, p. 239.
③ Michael Kulikowski, *Rome's Gothic Wars: from the Third Century to Alatic*, Cambridge: Cambridge University Press, 2007, pp. 120–124.

为城市建设的生力军,为实现其迅速建立新政治中心的目的服务。在君士坦丁皇帝亲自指挥监督下,新罗马工程经过五年精心施工,基本完成。那个面积仅相当于新都十几分之一的古城拜占庭荡然无存,一座规模宏大、豪华典雅的"新罗马"在博斯普鲁斯海峡西侧和马尔马拉海北侧拔地而起。新罗马的面积超过旧城十几倍,城区面积达 8 平方公里。其面积和规模都远远超过了故都罗马,也超过了古代的巴比伦、雅典,中世纪的伦敦和巴黎,成为中古西方世界第一大城。①

君士坦丁堡作为首都,其核心区自然是皇帝及其宫廷所在的大皇宫。在旧城原址地势最高的小山丘上,豪华的大皇宫赫然矗立,既是整个城市的制高点,也成为整个新都的中心城区。洁白的大理石屋面、精心雕琢的阳台和雄伟的柱廊在金色的阳光和蔚蓝的大海衬托下使人赏心悦目,更显现整个皇宫建筑群的典雅庄重。大皇宫是全城的中心,建造得最为奢华。它由几个比邻的独立宫院组成,包括各种大殿、宫室、花园和柱廊。这个君士坦丁堡城中最豪华的建筑群代表了帝国皇帝的威严和尊贵。同时,为皇帝的安全和出行方便考虑,大皇宫内设有地下通道与大赛场相通,另外从皇家后花园还修建了大理石码头直通马尔马拉海。大皇宫占地 60 多万平方米,居高临下俯视全城。②

作为政治中心的君士坦丁堡,在城市布局上也凸显其国家权力的各种特征。在这座平面图呈三角形的城市里,皇帝及其文武大臣所在的大皇宫地位最高,占地最广。它是整个帝国行政中心所在地,因此成为全帝国的中枢神经,所有政令都从这里发出,通过遍布帝国的公路网,传送到各地。由这个中心点向西伸展出两条大道,

---

① Walter Goffart, "Rome, Constantinople, and the Barbarians", *The American Historical Review*, Vol. 86, No. 2, 1981, pp. 275-306.
② Jonathan Bardill, "The Palace of Lausus and Nearby Monuments in Constantinople: A Topographical Study", *American Journal of Archaeology*, Vol. 101, No. 1, 1997, pp. 67-95.

出了城门便与皇家驿道相连。① 驿道上经常来往着信使和向各地委派的高级地方官吏,他们随时赴命将帝国各地的军事和政治情报送入大皇宫,也带着皇帝和朝廷的命令奔赴各地。特别是标有"军情"标志的流星信使马不停蹄地奔驰在各驿站之间,在很短的时间里,即可以将首都发出的命令送到最远的边区,同时也能够及时传送边塞发来的战报。

作为拜占庭帝国权力核心的新都因其政治地位的特殊性,建成之后很快吸引了地中海世界的从政人士和社会精英,他们怀着不同目的和愿望,纷纷迁居到此。即使是已被派往各地的官员也在首都留有宅府和家眷,这既是中央政府的命令,也是他们自己的心愿,因为保持与权力中枢的密切联系将有利于他们在仕途上的发展。为了满足这些达官贵人的需要,都城内不仅修建了大量公共建筑,而且开辟出许多贵族住宅区。从大皇宫所在的三角形城区的顶点,沿"黄金角"海湾和马尔马拉海岸向西伸延的城墙约4300米,与城西的君士坦丁城墙连接。②

君士坦丁堡还继承了古罗马帝国城市建筑的传统,修建了巨大的竞技场。因为举办竞技和赛车活动不仅仅是一种娱乐,而且被当作聚拢公民、收买民心的活动。原来的旧城墙被改建为高大的皇城城墙,城门塔楼正对西方的宽阔大道。大道南侧修建起这座巨大的竞技场,完全仿照罗马竞技场的式样,但比罗马竞技场还长40米左右,赛车道可容10辆马车并排奔跑。竞技场内均匀地分布着许多立柱和方尖碑,其中,场内中央耸立的是从埃及运来的古代方尖碑,立柱上则装饰各种雕像。可容纳近十万人的看台用花岗岩分区建

---

① Ian R. Manners,"Constructing the Image of a City: The Representation of Constantinople in Christopher Buondelmonti's Liber Insularum Archipelapi", *Annals of the Association of American Geographers*, Vol. 87, No. 1, 1997, pp. 72–102.
② Ian R. Manners,"Constructing the Image of a City: The Representation of Constantinople in Christopher Buondelmonti's Liber Insularum Archipelapi", *Annals of the Association of American Geographers*, Vol. 87, No. 1, 1997, p. 80.

造,外墙则由四层拱形门廊构成,上面装饰精美的大理石雕刻。值得注意的是,拜占庭帝国初期因强化基督教作为官方意识形态,故而古罗马时代血腥的奴隶角斗和斗兽表演被激烈的战车比赛所代替。

作为公众参与政治活动的传统标志,众多的公共建筑群是"新罗马"的又一亮点,它们既是民众表达政治意愿的场所,还是拜占庭帝国中央集权政治活动的舞台。沿柱廊拱卫的麦西大道向西直达城西的罗曼努斯主城门,途径圆形的君士坦丁广场,广场周围矗立着大片公共建筑群,这里是帝国政治活动的第一大中心。① 其中,最高大雄伟的建筑是帝国议会和元老院,十几级大理石台阶是政要显贵、文人墨客向公众阐述政治见解和显露华丽文辞的论坛。广场中心还耸立着数十米高的巨型花岗石圆柱,坐落在白色大理石基座上,顶端是高大的君士坦丁大帝像(也有学者考证认为是阿波罗铜像)。② 而稍后建立的皇帝塞奥多西广场呈方形,位于君士坦丁广场西面百余米,是多条重要的罗马军事大道的汇合点。由此向西南伸展的麦西大道(中央大道)是举世闻名的大理石柱廊街区,两侧有巍峨的市政厅、森严的将军府和国库,以及雄伟的国家图书馆和优雅的贵族住宅区。在这里,风格各异的贵族庭院也按罗马城贵族住宅式样建筑,以便吸引各地的名门显贵。

君士坦丁堡建设工程完成后,皇帝即下令举行全国庆典活动,凸现出这个城市的政治中心地位。330 年 5 月 11 日,君士坦丁一世亲自主持了盛大的新都落成典礼,拉开了持续 40 天的庆祝活动的序幕。为了强化热烈的气氛,君士坦丁调用国库的金钱支持民众免费庆祝。公众在欢庆"新罗马"建成的同时,尽情载歌载舞,彻夜狂欢,颂扬君士坦丁一世的万世功德。从此,人们又把"新罗马"称为

---

① George Young, *Constantinople*, London: Methuen & Co., Ltd, 1926, p. 108.
② George Young, *Constantinople*, p. 110.

"君士坦丁堡",意即"君士坦丁的城市"。此后,帝国政府采取了一系列措施提高新都的地位,使新都迅速发展,超越旧都,成为欧洲和地中海世界第一大城市。君士坦丁一世曾亲自批准罗马贵族免费迁入新都贵族宅院,君士坦丁堡元老院也获得了与罗马旧元老院同等的法律地位。君士坦丁一世还鼓励甚至命令原罗马城骑士以上的贵族全部迁居新都,这一系列特殊政策极大地推动了新都的发展,城市人口急剧增长,在数十年内,君士坦丁堡城区居民数就达到了数十万人。现代拜占庭学者根据该城市粮食进口贸易的记载粗略估计,4世纪末时,君士坦丁堡的人口数在50万—100万之间。这一数字在整个中世纪的欧洲城市之中都是少见的,甚至到13、14世纪,欧洲最富有的威尼斯也仅有20万人口。①

君士坦丁堡的政治功能既体现在其建城之初,也体现在建城后发挥的重要作用上。可以说,拜占庭帝国的历史就是以君士坦丁堡为中心的历史,在这里上演着帝国千余年复杂政治演化的戏剧,作为帝国首都,君士坦丁堡也成为拜占庭帝国兴亡历程的主要见证者。正是由于君士坦丁堡及其周围地区始终成为帝国政治核心区,因此,东罗马帝国也被后世史学家以其前身古城之名称为拜占庭帝国。这种鲜明特征在欧洲和地中海中古世界的其他城市都难以寻觅。

二

君士坦丁堡特殊的政治地位决定了它必须具有突出的军事战略地位且可有效发挥其军事功能,换言之,只有这座具有得天独厚

---

① 君士坦丁堡的人口问题历来争论很多,学术界推测人口数在50万—100万之间。但拉伊奥断言,对拜占庭帝国任何时期的人口数都不可能做出准确判断。Angeliki E. Laiou ed., *The Economic History of Byzantium, from the severth through the fifteenth century*, vol. I, p.47; A. A. Vasiliev, *History of the Byzantine Empire*, vol. I, p.59.

的军事优势的城市才能为帝国的政治中心提供可靠的安全保证。君士坦丁堡的历史也充分证明了这一点。无论拜占庭帝国遭受到多么严重的外敌冲击,也无论帝国各地的经济遭受多么大的损害,只要君士坦丁堡坚固的城墙不破,只要这个都城的防御工事尚能维系,那么拜占庭帝国大厦就能保持不倒,帝国还能重获新生,东山再起。

君士坦丁堡突出的军事战略地位首先来自其天然的地理战略优势。这座城市位于博斯普鲁斯海峡西侧,是自黑海北岸经过爱琴海直到东地中海的海上交通枢纽,也是连接欧亚大陆最方便的桥头堡。如此优越的地理条件很早便为古代军事家所注意。公元前7世纪前半期,富于进取精神的希腊商人积极开拓海外商业殖民城邦,将其足迹遍及地中海和黑海沿岸,这一时期拜占庭的所在地就受到他们的关注,此地建立了一个殖民城邦。最初,他们在博斯普鲁斯海峡亚洲一侧建立了察尔西顿城。但是几年后,他们注意到马尔马拉海北岸有一处更好的地点,故又在察尔西顿城对面的欧洲一侧建立起新的商业据点,并使用其首领柏扎思(Byzas)的名字为新城命名,称拜占庭城。此后数百年,特别是在希波战争中,[1]拜占庭城发挥了重要作用,对此,古希腊"历史之父"希罗多德(Herodotus,公元前484—前425年)曾作过记载。而后,古罗马地理学家斯特拉波(Strabo,约公元前63—约23年)和古罗马历史学家塔西陀(Tacitus,约55—约120年)等古典作家都对拜占庭城作过描述,因为这座城市在多次战争中发挥了重要作用。[2] 不仅古希腊人认识到拜占庭城特殊的军事地理优势,而且其他古代民族也注意到这座城

---

[1] 公元前499—公元前449年,古希腊诸城邦联合抗击波斯军队入侵的战争,最终以波斯人势力被迫退出欧洲和爱琴海及沿海地区而告结束。

[2] Aubrey Diller, *The Textual Tradition of Strabo's Geography: with Appendix, the Manuscripts of Eustatius Commentary on Dionysius Periegetes* vol. 7, Amsterdam: A. M. Hakkert, p. 320. 塔西佗:《塔西佗〈编年史〉》,王以铸等译,北京:商务印书馆,1997年。Herodotus, *Herodotus Books* Vol. Ⅳ, Loeb Classical Library Series, p. 144.

市特殊的地理位置所具有的经济和军事战略价值,古代波斯国王薛西斯一世(Xerxes Ⅰ,公元前486—前465年在位)手下的大将迈加比佐斯就嘲笑察尔西顿城的居民有眼无珠,竟然没有认识到拜占庭城得天独厚的地位。

罗马帝国征服并统治整个地中海世界时期,拜占庭城的军事地理优势便凸显出来。作为重要的军事交通枢纽,拜占庭城在罗马"东方征服战争"和内战中发挥了特别重要的作用。194年,罗马皇帝塞维鲁(L. Septimius Severus,193—211年在位)因为拜占庭城居民支持其政治上的死敌尼格尔(Pescennius Niger,135—194年),对该城进行疯狂的报复,几乎将它夷为平地。而一生常驻东方的皇帝戴克里先选择尼科米底亚时也曾注意到它,但因其过于残破而无法利用,不得不另择海峡东侧的尼科米底亚修建其行宫。① 直到4世纪初,拜占庭城仍然没有从罗马帝国内战的破坏中恢复过来。

君士坦丁堡的军事地理优势非常明显,可归结为以下几点。首先是这座城市易守难攻的特点。它坐落在博斯普鲁斯海峡欧洲一侧的小山丘上,南临马尔马拉海,北靠全长十余公里的"黄金角"海湾,东面的博斯普鲁斯海峡成为它自然的屏障,其西面居高临下俯瞰色雷斯平原,这种三面环水一面俯视山下平原的地形地貌就使它具有了天然的军事堡垒的优点。从该城南面马尔马拉海沿岸伸展出的军事据点可以便利地控制赫勒斯滂(今达达尼尔)海峡,这里扼守马尔马拉海北向出口的据点,同时可以在博斯普鲁斯海峡黑海出口处建立防卫前哨,这两处军事要塞与君士坦丁堡形成了掎角之势。其强大的军事防御力量使君士坦丁堡能成功抵御来自水面之敌的攻击,因此,这座都城很长时期没有遭到海上入侵的重大

---

① 吉本根据近代考古和古代文献提供的资料,详细地描写了戴克里先圈定东方行宫之事,见爱德华·吉本:《罗马帝国衰亡史》第1卷,第13章。

威胁。①

就拜占庭帝国军事交通体系而言,君士坦丁堡还是帝国重要的军事大道埃格南地亚大道和小亚细亚地区军事公路的汇合点,是通向亚洲的必经之地。同时,由于它控制了黑海经由爱琴海进入地中海的水上交通要道,因此也就把握了拜占庭帝国的中轴线和心腹地带,具有极为重要的战略意义。君士坦丁堡城北的"黄金角"海湾是一个条件极佳的自然港湾,主航道宽约460米,并有多处分支水港,可供船只停泊。② 自古以来,这里不仅是世界各地商船汇集的地方,而且是城市北部的屏障。自"新罗马"启用之时起,拜占庭军队就在"黄金角"海湾的出口处建立严密的防务体系,严控船只进出。而当战事紧张时,关口还有大批海军防护。

君士坦丁一世长期征战沙场,是当时杰出的军事将领,这就使他能够独具慧眼,认识到拜占庭城的军事地理优势。为了确定新都的地址,他日思夜想,颇费了一番工夫,以致在梦中还在思考这个问题,并声称自己见到了"神迹"。他在梦中的幻觉帮助他最终选定新都的城址。事实上,有关建立东都的问题是当时罗马帝国文臣武将热议的话题,人们在萨尔底卡(今索菲亚)、帖撒罗尼迦(今塞萨洛尼基)、尼科米底亚和特洛伊等大城的选择上犹豫不定,争论不休。这些城市都是历史悠久的古城,也拥有不同的地理优势,特别是尼科米底亚这个前任皇帝戴克里先的行宫所在地拥有良好的宫殿建筑群。但是,作为罗马帝国杰出政治家和军事统帅的君士坦丁一世首先是从军事上考虑问题,他充分认识到帝国东部地区在增强其统治实力和维护帝国秩序中的重要性,而选择古城拜占庭为新都城址首要考虑的是其防务守卫能力。因此,他力排众议,最终拍板选择拜

---

① Ethnographic Map of the Balkan Peninsula: Constantinople and the Sea of Marmara (electronic resource), *The Times*, London, 2010.
② 这里至今仍然是土耳其最活跃的港口之一,它与伊斯坦布尔的商业区连成一片,成为著名的贸易中心。笔者在当地考察时,对该区的繁荣和巨大规模感到惊奇,并联想到拜占庭帝国时代的昌盛。

占庭城旧址作为建设新都的城址。可见,军事地理优势是君士坦丁堡建立之初首先考虑的因素,而这一优势在此后的历史上发挥了关键的作用。可以说,君士坦丁堡的政治功能是其最重要的城市功能,而其军事功能则保证其政治功能得以最大程度地发挥。

拜占庭帝国的地理位置的特点,决定了军事活动在帝国中的重要地位,因此,君士坦丁堡军事功能上的重要性自然决定了其在帝国历史上的重要作用。其坚固的城防工事是欧洲地中海世界城市中绝无仅有的,城防系统的军事技术水平在整个中古世界都是第一流的。正是依靠坚固完善的城防体系,君士坦丁堡成为拜占庭帝国千年历史剧的舞台。早在6世纪中期,当斯拉夫人南下席卷整个巴尔干半岛时,其兵锋直抵亚得里亚海沿岸、科林斯地峡和爱琴海沿岸地区,帝国统治的心腹地区遭到全面洗劫,但是,面对君士坦丁堡高大的城墙,斯拉夫人却无计可施。[1] 城西陆地一侧建筑的君士坦丁城墙长约3000米,是第二道城防,而后在城西加修的塞奥多西城墙长约6000米,构成了第一道城防。这道城防工事由15米高的内墙和8米高的外墙构成,城墙外的护城河宽18米,深约5米,内外城墙间隔修建了16座城门和塔楼,与全城其他80座城墙塔楼一同发挥着居高临下反击敌军进攻的军事作用。605年,侵入拜占庭帝国的萨珊波斯军队在占领了两河流域的达拉前哨要塞后,兵抵博斯普鲁斯海峡亚洲一侧的察尔西顿,却在君士坦丁堡城下受到阻击。几乎与此同时,另一支中亚民族阿瓦尔人的军队兵临君士坦丁堡城下,他们与斯拉夫人合兵进攻,甚至一度攻破首都外城,但仍然无法攻进拜占庭首都的内城。也正是坚信君士坦丁堡高大城墙提供的可靠保护,拜占庭皇帝伊拉克略一世(Herakleios Ⅰ,610—641年在位)才得以放心大胆地全力投入对波斯人的战争,将其前线基地

---

[1] A. A. Vasiliev, "The Second Russian Attack on Constantinople", *Dumbarton Oaks Papers*, Vol. 6, 1951, pp. 161-225.

推进到两河流域上游的凡湖附近(今土耳其埃尔吉什)。此时,波斯军队沿幼发拉底河北上,绕过拜占庭重兵把守的恺撒利亚地区,从托罗斯山脉沿地中海沿岸地带直扑君士坦丁堡,占领了与君士坦丁堡隔博斯普鲁斯海峡相望的察尔西顿。但是,他们面对的仍然是君士坦丁堡不可逾越的城防,皇帝伊拉克略的兄弟指挥了整个防守战,彻底挫败波斯人的进攻,使远途奔袭君士坦丁堡的波斯人无功而返,进而保证了伊拉克略最终取得对波斯战争的胜利。[1]

此后,君士坦丁堡在拜占庭帝国与阿拉伯人和保加利亚人的战争中,也多次发挥挽帝国于危亡的作用。655年,刚刚兴起于阿拉伯半岛的哈里发军队大举入侵拜占庭帝国,其强劲的骑兵攻势迫使拜占庭军队节节败退,先后丧失了两河流域中游至黑海的大亚美尼亚地区,以及东地中海的塞浦路斯岛和爱琴海沿岸地区。阿拉伯舰队首次兵临君士坦丁堡城下,重创拜占庭皇帝君士坦斯二世(Constans Ⅱ,641—668年在位)亲自指挥的拜占庭海军,切断了帝国首都与外界的水上联系。但是,拜占庭人凭借君士坦丁堡的城防工事坚守不出,迫使阿拉伯军队无功而返。[2] 674年夏季以后,阿拉伯海军每年都对君士坦丁堡发动大规模进攻,对这座拜占庭都城施行海上封锁。然而这支在"圣战"旗帜下无往而不胜的阿拉伯军队始终被阻挡在君士坦丁堡城下,无数阿拉伯将士葬身于守军的强弓硬弩、滚木雷石和"希腊火"的反击之中,最终哈里发穆阿维叶被迫承认失败,双方订立三十年和平条约。[3] 这一胜利也促使阿瓦尔人汗王和斯拉夫人各部落首领纷纷前往君士坦丁堡请求和平与友谊,承认拜占庭帝国的宗主权。现代历史学家高度评价拜占庭军队取得的胜

---

[1] Edward Luttwak, *The Grand Strategy of the Byzantine Empire*, Cambridge, Mass.: Belknap Press of Harvard University Press, 2009, p. 302.
[2] Edward Luttwak, *The Grand Strategy of the Byzantine Empire*, pp. 344-346.
[3] Adrienne Mayor, *Greek Fire, Poison Arrows, and Scorpion Bombs: Biological and Chemical Warfare in the Ancient World*, Woodstock: Overlook Duckworth, 2003, pp. 25-34.

利,认为当时所向无敌的阿拉伯帝国军事扩张势头遭到阻遏,使其征服欧洲的计划最终破产。当代著名拜占庭学家奥斯特洛格尔斯基指出,这一胜利使欧洲免遭阿拉伯军队的蹂躏和伊斯兰文化的征服,其重大的历史意义远远超过胜利本身,它可以被视为世界历史发展的一个重要转折点。①

同样的情况也发生在拜占庭人与巴尔干半岛地区迅速崛起的保加利亚人之间的战争中。保加利亚汗王特耳维尔(Tervel,700—721年在位)曾举兵入侵色雷斯地区,兵进君士坦丁堡城下,但他们在高大坚固的城墙下无计可施,只能对附近的村庄抢劫一番作罢。②同样,保加利亚汗王科鲁姆(Krum,约803—814年)也曾率军大举入侵拜占庭帝国,杀死拜占庭皇帝尼基佛鲁斯一世(Nikephoros Ⅰ,802—811年在位),甚至实现了"把我的矛插在君士坦丁堡黄金门上"的誓言,但是仍然受阻于君士坦丁堡城墙,无法攻入城内。即便是保加利亚最强势的君主西蒙(Symeon of Bulgaria,893—927年在位),虽然自封为"保加利亚人和希腊人的沙皇和专制君主",但仍然不能占领君士坦丁堡,其野心只能停留在口头上。③

15世纪时,奥斯曼土耳其人崛起于小亚细亚,拜占庭国家极为衰弱,但君士坦丁堡依旧成为拜占庭人最后坚守的堡垒。1422年,苏丹穆拉德二世(Murad Ⅱ,1421—1451年在位)发动了对君士坦丁堡的进攻,动用了撞城机、投石器、弩炮、活动塔楼等各种攻城器械,连续作战两个多月,但却没能攻克这座古老的都城。据史料记载,苏丹穆罕默德二世(Mehmed Ⅱ,1451—1481年在位)于1453年率军围攻君士坦丁堡时调动了数十万人的部队,且配以当时世界上最

---

① 乔治·奥斯特洛格尔斯基:《拜占庭帝国》,第96—97页。
② 乔治·奥斯特洛格尔斯基:《拜占庭帝国》,第161—162页。
③ Adam Smith Albion, *Symeon, Tsar of Bulgaria (893—927) as Seen through Byzantine Lenses*, Cambridge, 1988, p. 32.

大口径的火炮,但是拜占庭守军仅有数千人而已。① 这场实力相差极为悬殊的战役却持续了50多天,可见君士坦丁堡的城防工事的强韧。直到奥斯曼土耳其精锐部队从君士坦丁堡陆地城墙缺口处杀入城中后,拜占庭帝国失去了最后的依托,归于灭亡。

三

君士坦丁堡的政治和军事功能并非凭空形成,其政治和军事上的巨大支出必然要有雄厚的物质基础。这一沉重的财政压力完全是由其特殊的经济活动作支撑的。可以说,没有君士坦丁堡完善的经济功能,其强大的政治和军事功能就无法发挥。正是该城活跃的经济活动为其承载政治中心地位和发挥军事堡垒作用提供了坚实的物质保障。

君士坦丁堡活跃的经济生活为其重要的政治、文化和宗教生活提供了物质基础。在城区中心偏北靠近"黄金角"海湾的地带建立的巨大商业区,是古代商路特别是丝绸之路的西端,汇集着全国各地的商品和来自世界各地的奇珍异货,各种肤色的商贾身着各国服装在集市上来来往往,人们用各种语言进行交易,"黄金角"海湾中则停泊着来自世界各地的船只,拜占庭金币长期充当各国商人从事交易的国际硬通货。帝国的官办作坊和工场大多集中在大皇宫内或其附近地区,著名的皇家丝织场、铸币场、兵器和金银加工场就在皇宫内,而民营各类手工作坊则散布在全城的不同地方,发达的手工业和商业使君士坦丁堡迅速发展成为全帝国最大的经济中心。② 塞奥多西广场是全城最大的集市贸易区。这里私人作坊店铺遍布,

---

① Arzu Ozturkmen, "From Constantinople to Istanbul: Two Sources on the Historical Folklore of a City", *Asian Folklore Studies*, Vol. 61, No. 2, 2002, pp. 271 - 294.
② Marlia Mundell Manqo, "The Commercial Map of Constantinople", *Dumbarton Oaks Papers*, Vol. 54, 2000, pp. 189 - 207.

商号钱庄比邻,衣食用行各色商品应有尽有。分区设立的商业街道井井有条,形成了方圆数里的商业区。

工商业在拜占庭帝国占有与农业同样重要的地位,而君士坦丁堡的经济功能最主要就表现在其发达的工商业方面,其中原因还在于这里拥有庞大的消费能力。拜占庭贵族长期过着奢侈的生活,因此君士坦丁堡的奢侈品生产具有相当的规模。著名中古旅行家本杰明·图托拉记载,君士坦丁堡的富人都穿戴着奢华的服装,他们还喜欢住在宏伟豪华的房子里,用金银丝线装饰其桌椅家具。① 拜占庭帝国的其他地方也仿效首都的奢华生活,对这类奢侈品的需求相对旺盛。同时,诚如俄罗斯拜占庭学家康达克夫所说,拜占庭繁杂的宫廷仪式都通过奢华的服饰与装潢追求其戏剧化效果。② 成千上万的教堂、修道院和礼拜堂也都需要大量的礼服、针织物、容器,以及各种各样的豪华装饰品,还有五彩缤纷极尽奢华的珠宝使西欧人感到万分惊讶,甚至那些小教堂里也拥有许多价值连城的圣器。③ 这种巨大的社会需求,为以君士坦丁堡为典型代表的拜占庭城市手工业提供了消费市场。为了满足国内外对奢侈品的巨大需求,君士坦丁堡的艺术工匠们大量生产各种档次的奢侈品,包括丝绸织物、织金锦缎、精细布料、贵金属艺术品、珠宝配饰、镶嵌珐琅画、杯盘、圣物箱、青铜制品、玻璃器皿、象牙雕刻、高价首饰,等等,"所有中世纪所能知道的珍奇异宝和精美的奢侈品"源源不断从君士坦丁堡生产出来。④

《市长法》(或称《市政官法》《市长书》),向我们揭示出君士坦丁

---

① R. Guilland, "Le Palais de Théodore Métochite", *Revue des Etudes Grecques*, vol. 35, 1922, pp. 82 – 95.
② Nikodim Pavlovich Kondakov, *The Russian Icon*, Prague: Seminarium Kondakovianum, 1928 – 1933, p. 25.
③ Ormonde Maddock Dalton, *Byzantine Art and Archaeology*, NY: Dover Publication, 1961, p. 595.
④ Charles Diehl, *Byzance, Grandeur et Décadence*, Paris: Flammarion, 1919, p. 95.

堡的手工业和小商业组织的情况。这座城市形成了成熟的工商业行会系统，其行会遍及各个行业的生产销售分支，这些行会组成联合机构，如丝绸业从原丝到成衣的各道工序的分工中，都有相应的行会，它们的联合机构统一为丝绸业总会。每个行会都享有垄断权，严格控制工作时间、经营利润、接受新成员的标准、货物出口的限额、出口地、货摊和作坊地点，等等。所有这一切工作细节均由君士坦丁堡市长密切监督，随时检查。这种官方控制的垄断和干预使君士坦丁堡成为"垄断和特权的天堂"[1]。显然，君士坦丁堡行会组织能够有效确保商品生产的质量，消除中间商的盘剥，防止投机倒把、囤积居奇、哄抬物价。君士坦丁堡施行的工商业制度广泛影响着西欧和西亚地区，比利时经济史学家冈绍夫（Ganshof）认为，12世纪西欧法律中就有大量类似于《市长法》的规定，[2]亚宁神父则提出，土耳其苏丹也完全仿效了《市长法》。[3]

君士坦丁堡是中古时代整个欧洲地中海世界独一无二的商业大都市和最大的商贸中心。由于拜占庭帝国位于欧洲和亚洲以及欧洲和非洲各路交通的结合点处，其优势地理位置使其成为商业福地，因此，也自然而然地成为国际贸易的中心。"君士坦丁堡成为控制欧亚两洲之间商路的中转站和两个大陆的贸易中心。地中海贸易此时完全掌握在希腊和叙利亚商人手中。"[4]这里的市场与远东的中国和印度保持密切商贸联系，进口贸易极为活跃，由君士坦丁堡向远东出口昂贵的奢侈品在中国的古籍中一直有记载，而来自中国

---

[1] G. Ostrogorsky, "Byzance, paradis du monopole et du privilege", *Byzantion*, vol. 9, No. 1, 1934, pp. 171-81.

[2] Norman H. Baynes, *Byzantium: An Introduction to East Roman Civilization*, Oxford: the Clarendon Press, 1953, p. 61; Francois Louis Ganshof, *Recherches sur les Capitulaires*, Paris: Sirey, 1958, p. 25.

[3] Norman H. Baynes, *Byzantium: An Introduction to East Roman Civilization*, pp. 63-64. 乔治·奥斯特洛格尔斯基：《拜占庭帝国》，第208页。

[4] Walter Leaf, "Trade Routes and Constantinople", *The Annual of the British School at Athens*, Vol. 18, 1911/1912, pp. 301-313.

的东方奢侈品特别是丝绸的进口则满足了拜占庭帝国达官显贵的需求。通往中国的陆路商道穿越波斯和中亚,或通过印度洋海路,最终都汇集在君士坦丁堡。而来自黑海北部各草原民族的商品也通过活跃的贸易通道进入首都,土著纺织品、首饰珠宝、毛皮皮革、奴隶等调剂着君士坦丁堡贵族猎奇的口味。皇帝查士丁二世与突厥人签署的协议反映出,拜占庭人极力扩大本国的海上东方贸易。查士丁尼一世派人成功地从中国引进育蚕制丝的技术,在君士坦丁堡建立起国家控制的丝绸产业,特别是在君士坦丁堡、安条克、提尔、贝鲁特和科林斯,以及底比斯建立了丝织业中心,并使之逐渐成为帝国最兴盛的手工业部门和极为重要的岁收来源。① 当然,我们也不能忽视拜占庭帝国内部贸易的作用,特别是对君士坦丁堡这样一座拥有百万之众的特大城市,如果没有完善高效的商业贸易体系就无法维持城市居民的生活必需品供给。除了农业大宗商品谷物外,某些酒类、橄榄油和蔬菜水果也是必不可少的日常生活用品。为商业贸易建立的大量设施,如存储商品的大型公共仓库、大量的市场和商队旅店等,这些对于维持安定繁荣的商业,稳定物价和消费者信心都是不可或缺的。很多情况下,行会组织除了要确保手工业生产的商品质量,还要买断全部进口库存以供君士坦丁堡市场需求。君士坦丁堡还制定了周详的规章,使那些停留在君士坦丁堡的外国人服从监管,同时也为他们提供生活服务。据称,外国商人均可以毫无困难地获得在君士坦丁堡停留甚至定居的许可。在中古时代的欧洲地中海世界,定居在君士坦丁堡的外国人数量之多可能超过了任何其他城市。

值得一提的是,作为君士坦丁堡经济活动的重要媒介——拜占庭货币,长期保持着稳定的信誉。拜占庭金币"索里德"(或"诺米斯马")成了国际硬通货,在长达近千年的时间里作为帝国商业活动的

---

① 陈志强:《拜占庭帝国史》,第140—142。

交易工具,并将不同国家和地区的商品交易吸引到这个大城市来。根据考古调查,君士坦丁堡大皇宫内的铸币场铸造的拜占庭金币,成为遍布地中海沿岸其他20多个帝国铸币场制造金币的模板和标准。① 这种信誉稳定的拜占庭金币遍布欧亚大陆,我国至今也发现有百余枚此类金币,其数量仅次于波斯银币。② 拜占庭帝国的外交政策积极鼓励进行国际贸易,君士坦丁堡的拜占庭官员也支持外国商人的商贸活动,极力促成君士坦丁堡和其他城市进行过境贸易,以至于这座都城到处可以看到"来自世界各个角落的外族人",朝廷还为这些外来商人提供优惠政策,建立特别仓库储存非常重要的货物,甚至开辟特殊市场保护他们的交易。③ 君士坦丁堡当局通过海关税收从商业贸易中获得直接的利益,海关为帝国政府收缴了大量可供皇家随时支配的金钱,同时也规范了商业贸易活动。据考证,拜占庭帝国的海关进出口货物的税率均在10%以上。④ 诚如查尔斯·迪尔(Charles Diehl)所说:"直到拜占庭帝国灭亡以前,君士坦丁堡一直是世界贸易的巨大集散地和中心,甚至当帝国不再存在以后,意大利各个大城市仍然从中获利不菲。"⑤

四

君士坦丁堡还是表现官方意识形态和主流文化的平台,其文化功能是上述政治、军事和经济功能相互结合,发挥综合效应的必然

---

① P. D. Whitting, *Byzantine Coins*, NY: G. P. Putnam's Sons,1973, pp. 68 - 71. 陈志强:《我国所见拜占廷铸币相关问题研究》,《考古学报》2004年第3期,第295—316页。
② 郭云艳在其博士论文《中国发现的拜占廷金币及其仿制品研究》中有最详尽的调查,见郭云艳:《中国发现的拜占廷金币及其仿制的研究》,南京大学博士学位论文,2006年。
③ 这种情况只是对罗斯人、威尼斯人和热那亚人采取的特殊措施。
④ 徐家玲:《早期拜占庭和查士丁尼时代研究》,长春:东北师范大学出版社,1998年,第148—151页。
⑤ Norman H. Baynes, *Byzantium:An Introduction to East Roman Cioilization*, pp. 67 - 68.

结果。正是这个政治中心具有的强大政权力量为多彩的文化生活提供了合法的舞台和官方保护;也是这个强大的军事要塞为维护官方信仰和文化创作及消费活动提供了安全的场所;还是这个聚集了整个帝国大部分财富的经济中心为文人墨客提供了财政支持和创造了巨大的消费市场。作为拜占庭帝国权力核心的皇帝,同样也决定着官方支持的意识形态,从而使君士坦丁堡成为拜占庭人精神生活特别是信仰活动的最高圣坛。

君士坦丁堡的政治中心作用决定了它在宗教、文化等社会生活方面的特殊地位。公元3、4世纪,在古罗马帝国境内形成的罗马、亚历山大、耶路撒冷、安条克和拜占庭教区,代表着迅速崛起的基督教中的几股强大势力,其中新都君士坦丁堡(即拜占庭教区)的宗教地位迅速上升,从排名最后上升为排名第一。[①] 在皇帝们的支持下,拜占庭教区很快即获得了与罗马教区同等重要的地位,甚至在许多方面超过了罗马,君士坦丁堡牧首(也被称为大教长)也因此成为东部各教区的首领。由于以专制皇权为核心的中央集权帝国需要正统的官方意识形态,因此,皇帝严密控制教会事务,帝国各地教会的主教,包括罗马的主教都必须随时听候皇帝的召唤,或到首都参加会议,或当面接受皇帝的训示。如果皇帝不满意,则可以任意撤换罗马教区的主教,这种情况一直持续到8世纪中期教宗国建立为止。

君士坦丁堡的宗教功能是其政治功能的延伸。我们之所以特别关注这座城市的宗教功能,在于拜占庭帝国具有特别鲜明的基督教色彩,在这个笃信基督教信仰且普通信徒的宗教情结近乎疯狂的国度,宗教事务是国家事务的重要组成部分,也是帝国政治权力在精神生活领域的体现。因此,作为首都的君士坦丁堡必然成为拜占庭帝国最大的宗教中心,其宗教功能也由此而特别强大。有学者经

[①] 陈志强:《拜占庭学研究》,第174—178页。

过细致调查得出结论,认为拜占庭帝国历代皇帝和皇亲国戚均大力支持基督教会,因此君士坦丁堡拥有大量的教堂、修道院和其他教会附设组织,教会机构的数量和教士在人口中的比例均高居整个帝国城市之首。①

君士坦丁堡教会在皇帝的支持下,一直占据基督教世界的核心地位,对后世基督教发展具有决定性意义的前七次"大公会议"(即全体主教大会)都是在这座都城或附近的城市,由皇帝亲自主持召开的。例如,381年的第二次基督教大公会议就是在君士坦丁堡举行,皇帝塞奥多西再度确定了由皇帝君士坦丁确定的正统信仰,肯定和强化了《尼西亚信经》,宣布了基督教信条的最终形式。② 该信经至今仍然是基督教各派共同承认的共同信仰。也是在此次会议上,基督教获得了唯一的合法宗教的独尊地位,而其他宗教信仰都丧失了合法存在的权利。换言之,基督教从此成为排斥其他宗教的国教,其他宗教和教派均被斥责为异教或异端。

事实上,在东地中海各教会争夺最高宗教权力的斗争中,君士坦丁堡就是依靠其强势的政治、宗教地位取得了胜利。基督教发展的初期,亚历山大教区在东方各教会中势力最大。但是,444年西里尔主教的去世改变了教会势力的格局,继任主教迪奥斯克鲁(Dioscorus)未能分化君士坦丁堡和罗马教区结成的反对亚历山大派的联合阵线,使亚历山大教区最终丧失了西里尔主教时代的优势地位,在对"三位一体"教义的解释中处于劣势。他在反对聂斯脱利派斗争中低估基督神性的同时,走向了另一个极端,导致基督一性论派的形成。君士坦丁堡教会正是利用这一教义之争,在皇帝的直接支持下,对以下两派,即主张基督神、人两性在其肉身中转化为单一神性的亚历山大的"一性论派"和主张基督神、人两性并存的"聂

---

① Warren Treadgold, *A History of the Byzantine State and Scoiety*, pp. 849 - 851.
② 陈志强:《拜占庭学研究》,第162—169页。

斯脱利派",都给予了批判,指责它们为异端派别。为此举行的君士坦丁堡专题大公会议,谴责异端派别,罗马主教利奥一世也公开支持君士坦丁堡牧首。① 君士坦丁堡不仅在制定教义方面而且在确定基督教教会大政方针方面也取得了最终胜利,这得益于其作为帝国首都的政治特殊性。该城的至高地位和在东方教会中的领导位置因此逐渐得到基督教世界的认可,君士坦丁堡牧首位在罗马大主教之后,拥有基督教教会最高权力的地位不可动摇。它在罗马教会帮助下战胜了亚历山大教会后,②又凭借位于首都的特权和皇帝的支持扩大势力范围,从而导致与其罗马盟友的斗争。这一斗争持续了几个世纪,并且愈演愈烈,最终导致 1054 年基督教历史上的第一次大分裂,产生出以罗马为中心的天主教和以君士坦丁堡为中心的东正教两大派别。而君士坦丁堡的圣索菲亚教堂不仅成为拜占庭的标志性建筑,更是东正教世界最高的圣地。③

君士坦丁堡的宗教作用还表现在君士坦丁堡教会对国家政治生活的干预。利奥一世(Leo Ⅰ,457—474 年在位)以前的拜占庭历代皇帝,虽然均坚持信仰基督教,但他们大多保持着古代罗马帝国的政治传统,皇帝的加冕礼或是从某位高级官吏或将军手中接受皇冠,或是站立在军队将士抬举的盾牌上接受军队、民众和元老院的欢呼。④ 然而,从利奥一世开始,这种古代传统即被改变,这位皇帝遂成为第一位接受君士坦丁堡牧首加冕的皇帝。这个事实表明,君士坦丁堡的宗教功能得到进一步的强化,而君士坦丁堡牧首也因此取得了政治和宗教上更为有利的地位。从此以后,拜占庭帝国的皇

---

① Ramsay MacMullen, *Voting about God in Early Church Councils*, New Haven: Yale University Press, 2006, pp. 78 - 82.
② Ramsay MacMullen, *Voting about God in Early Church Councils*, p. 98.
③ George P. Majeska, "Notes on the Archeology of St. Sophia at Constantinople: The Green Marble Bands on the Floor", *Dumbarton Oaks Papers*, Vol. 32, 1978, pp. 299 - 308.
④ Norman H. Baynes, *Byzantium: An Introduction to East Roman Civilization*, pp. 268 - 270.

帝都要接受首都牧首的加冕,隆重的加冕仪式主要采取宗教典礼的方式。这种宗教加冕仪式此后被一再强化并延续为一种定制。

君士坦丁堡宗教功能极大强化的同时,也迅速发展成为欧洲地中海世界最大的文化中心。在高大坚固的城墙内呈现的安定舒适的环境和拥有良好氛围的繁荣昌盛的物质生活,极大地吸引着整个帝国社会的知识界。富足的物质生活必然要求丰富的精神生活与之相适应。集聚在罗马和其他城市的文人学者,以及分散在帝国各地的知识分子纷纷涌入新都,地中海世界原有的各个文化中心在迅速崛起的君士坦丁堡面前相形见绌。特别是由朝廷和部分贵族开设的各类学校吸引各地的语法学家和哲学家来到首都,向贵族子弟传授古希腊和罗马的语言知识。吟诵古典诗篇和从古代名著摘引词句是当时多数知识分子和贵族的时髦行为,更是上流社会各色人等有教养的标志。讲究生活的典雅舒适是君士坦丁堡人的追求,因此,艺术工匠来到首都开设建筑和艺术作坊,广招学徒,他们承包工程或是制作艺术品,似乎总有完不成的大量订单。根据考古研究所知,他们从最初仿造古希腊的绘画雕刻艺术,逐渐发展到创作具有独特风格的基督教艺术品。

值得注意的是,众多法学家也来到君士坦丁堡开办法律学校,培养多层次的司法人才,以满足拜占庭帝国对大量官员的急迫需求,因为谙熟法律是为官从政的基本要求。要在政府中谋求职位,必须通过司法考试,没有通过就是缺乏基本的为官资格。帝国中央政府还规定,通过全国性考试,招贤纳才,选择和任命国立学校教师。[①] 为了整理古代图书,拜占庭帝国政府聘请了许多著名学者翻译注释古希腊罗马时代的重要文献。当时的君士坦丁堡大兴尚古之风,学习古希腊语、拉丁语,搜集抄写古籍文书蔚然成风,几乎所

---

① 陈志强:《盛世余晖:拜占庭文明探秘》,昆明:云南人民出版社,2001 年,第 116—119 页。

有的知识分子都热衷于研究古代哲学和戏剧、钻研古代文法和修辞，以便更好地诠释基督教神学，此外，经常上演的古代戏剧也成为街头巷尾的"热门"话题。正是在这种崇尚古典文化的热潮中，形成了以中古希腊语为基础的拜占庭版本和以亚历山大科普特语为基础的亚历山大版本两种希腊语古典文献。这两种古典文献就成为后世阿拉伯学者和西欧学者进行翻译工作和学术研究的主要依据。①

  君士坦丁堡的文化生活极为丰富，除了上层社会的高雅文化，民间的通俗流行艺术也广受欢迎。定期举行的大型赛车赛事和体育竞赛，与各大小剧场经常昼夜上演的传统剧目同时举行，满足君士坦丁堡人昼夜狂欢，欣赏各种最新节日的娱乐需求。除了城市娱乐活动，君士坦丁堡的教育也始终保持一流水准，特殊的文化环境使它成为地中海世界和欧洲各国王公贵族及其弟子向往的求学之地，与拜占庭学生一同在君士坦丁堡公私学校中接受教育的，不仅有来自西欧各地的年轻人，而且还有来自西亚和中欧的留学生。让我们通过一个具体的例子来观察君士坦丁堡高雅的文化生活。皇帝塞奥多西二世的妻子尤多西亚（Athenais-Eudocia），其父亲是一位信奉异教的雅典修辞学教授，尤多西亚终生热衷于雅典的文化传统，同时也是基督教的虔诚信徒，既撰写世俗诗歌也写作教会赞美诗，影响广泛，闻名遐迩。正是在她的影响下，君士坦丁堡大学于425年重新组织扩建，使这所自君士坦丁大帝时代建立以来一直缓慢发展的大学，迅速成长为一所新型学府，②因为它增设了多个教席，包括十个希腊语文法教授和十个拉丁语文法教授，以及五个希腊修辞学教授和三个拉丁修辞学教授，另外还聘请了一位哲学家和

---

① 陈志强：《拜占庭学研究》，第63—65页。
② Jeanne Tsatsos, *Empress Athenais-Eudocia, a Fifth Century Byzantine Humanist: Women of Byzantium*, Brookline, Mass.: Holy Cross Orthodox Press, 1977, pp. 67 - 70.

两位法学家。该大学遂成为拜占庭帝国和整个欧洲地中海世界最重要的教育中心。

总而言之,君士坦丁堡具有的政治、军事、经济、宗教和文化功能是拜占庭帝国特殊的国情特别是皇帝集权专制制度高度发展的结果,它不仅是拜占庭历史剧目上演的中心舞台,充分浓缩了上千年拜占庭文明发展的过程,而且全面代表了拜占庭文明具有的几个突出特征,成为了解拜占庭文化的典型例证。从这座城市被启用为帝国东都之初,其政治功能就表现得最为突出,其政治中心的作用也最为强大。而君士坦丁堡特殊的政治地位要求其得天独厚的军事优势必须得到充分的发挥,该城市的军事功能必须取得最大的效能,以便使拜占庭帝国的政治中心得到可靠的保护,在战争成为常态的环境中立于不败之地。君士坦丁堡的经济地理优势也赋予它极为重要的经济功能,活跃的工商业活动不仅为其政治和军事活动的巨大支出提供了财政支持,同时也为其丰富多彩的精神文化活动造就了坚实的舞台,可以说,其经济功能是其他功能的物质保证。君士坦丁堡长期发挥的宗教文化功能有赖于帝国中央政府的强大政权力量提供的平台和官方保护,有赖于其强大的军事要塞提供的安全环境,有赖于其繁荣昌盛的经济积累起来的巨大财富和深厚的文化生活气氛。同时,其宗教文化功能强化、美化了其他功能。总之,上述君士坦丁堡的多种功能是它们相互结合、相互影响综合发挥作用的结果。其突出的典型意义是中古时期欧洲地中海世界独一无二的,故此值得后人给予更为充分的研究。

(原文首载于张利民主编:《城市史研究》,社会科学文献出版社,2019年,第89—109页;亦见人大复印报刊资料《世界史》2020年第4期)

拜占庭帝国史以正式启用新都为开端原因考

君士坦丁一世于330年5月11日正式启用"新罗马"为东罗马帝国的首都,这一事件有着极为重要的意义。正是由于这一政治中心的建成,拜占庭帝国从此具有了国家实体的内涵。如果他规划新都而未能进行施工,或者建成新都而最终未能启用,那么人们很难说罗马帝国开始了东罗马帝国(拜占庭帝国)的新阶段。古今中外历史上,有过太多建而未成的"首都",也有过太多停留在计划阶段的"首都",它们都不能赋予新国家以真实的存在感。

自16、17世纪,特别是19世纪以来,拜占庭史研究中存在的一个重大问题是对拜占庭帝国历史开端的争论。对于"拜占庭史起始年代"这一问题,至今仍众说纷纭、莫衷一是。国内外学者对这一问题所持的不同意见相去甚远,概括起来有以下几种说法:

第一,"三世纪说"。德国著名拜占庭学者斯坦因(Ernest Stein)认为,应把拜占庭史的上限确定在284年,即罗马帝国皇帝戴克里先(Gaius Aurelius Valerius Diocletianus,284—305年在位)登基之年。① 第二,"四世纪说"。又可分为三种意见:其一为"君士坦丁一世说",主要代表包括俄裔拜占庭学家瓦西列夫,南斯拉夫学者奥斯特洛格尔斯基,希腊拜占庭学家卡拉扬诺布鲁斯、赫里斯托菲洛布

---

① Ernest Stein, *Histoire du Bas-Empire*, Paris: Desclée de Brouwer, 1949, ch. 1.

鲁和法国学者基鲁,①他们认为拜占庭史起始年代应当在君士坦丁一世击败其政治对手后,成为帝国唯一皇帝之时,即324年。其二为"启用新都说",即以330年作为拜占庭史的上限年代。持此种意见的有英国拜占庭学家仁西曼、《剑桥中世纪史》、《新不列颠百科全书》、《大美百科全书》、苏联科学院主编的《世界通史》、《世界文明史》作者杜兰和《世界文明史》作者伯恩斯等人,②这种意见认为,一旦政治经济中心产生之后,拜占庭国家即出现了,这时才能谈到拜占庭帝国的专史问题。其三为"塞奥多西一世说",即认为从395年塞奥多西一世将罗马帝国一分为二传给两个儿子的时候起,拜占庭史才正式开始。其主要代表有美国学者汤普逊、法国著名拜占庭学家布莱赫尔。这种意见在我国也很普遍,例如周一良、吴于廑先生主编的《世界通史》,朱寰先生主编的《世界中古史》,孙秉莹先生等主编的《世界通史纲要》,上海辞书出版社出版的《辞海》,马克垚先生主编的《世界历史(中古部分)》和吴于廑、齐世荣先生主编的《世界史》等均持此说。③ 第三,"五世纪说"。这一观点反映在英国史学家韦尔斯和法国史学家布瓦松纳的著作中,他们在叙述拜占庭史时,是从5世纪开始的,即以476年西罗马帝国灭亡为起始线。我国

---

① A. A. Vasiliev, *History of the Byzantine Empire*, vol. I, ch. 1; G. Ostrogorsky, *History of the Byzantine State*, ch. 1; Καθαγιαννοπούλος, *Ιστορία Βυζαντινού Κράτου*, θεσσαλονίκη, 1992, το. 1, σσ. 27 - 31. Αικ. Χριστοφιπροπούλου, *Βυζαтινή Ιστορία*, Αθήνα, 1988, σ. 97, A. Guillou, *La civilisation byzantine*, Paris, 1974, p. 19.

② S. Runciman, *Byzantine Civilization*, pp. 14 - 30; *Cambridge History of European Economy* vol. 4, Cambridge, 1952, 1978, 1, ch. 1. 苏联科学院编:《世界通史》第三卷上册,北京编译社等译,北京:生活·读书·新知三联书店,1961年,第86页;威尔·杜兰:《世界文明史》第4卷,幼狮文化公司译,北京:东方出版社,1999年,第1章;伯恩斯和拉尔夫:《世界文明史》第1卷,罗经国等译,北京:商务印书馆,1955年,第423页。

③ 汤普逊:《中世纪经济社会史(300—1300年)》上册,耿淡如译,北京:商务印书馆,1984年,第195页;L. Brehier, *Vie ed mort de Byzance*; L. Brehier, *The Life and Death of Byzantium*, trans. in English by Margaret Vaughan, Oxford: North-Holland Publishing Company, 1977, ch. 1;朱寰主编:《世界中古史》,长春:吉林人民出版社,1981年,第123页;《辞海》,上海:上海辞书出版社,1980年,第1451页;马克垚主编:《世界历史(中古部分)》,北京:北京大学出版社,1994年,第21页;吴于廑、齐世荣主编:《世界史·古代史编》下卷,北京:高等教育出版社,1996年,第156页。

有些通史教材也采取此种划分依据。① 第四,"六世纪说"。其重要代表是科隆巴赫尔,这位著名的德国拜占庭学家在拜占庭文献研究方面虽然影响深远,但是他以527年查士丁尼一世登基的年代或以529年雅典学院被关闭的年代作为拜占庭历史上限的意见却很少为人接受。然而,《世界史编年手册》的编纂者兰格,《世界史》的作者海斯、穆恩、韦兰等,以及《中世纪和近代早期》的作者海斯、科拉克均在其作品中采用这一分期,②只不过他们多是世界通史作家,而非拜占庭学家。第五,"七世纪说"。该派代表是日本拜占庭学家井上浩一,他的《拜占庭帝国》在日本学界颇有影响,其中关于拜占庭帝国历史的开端被确定在7世纪,他还提出四条理由支持这一见解。③第六,"八世纪说"。这种意见偶见于某些西方史书,但其作者一般不是拜占庭史专家,仅作为一种意见可供参考。例如,美国出版的《全球通史》的作者斯塔夫里阿诺斯即持此说。④

对某个历史问题有不同观点是合理的,存在争论也属正常,但是,对拜占庭帝国历史起始年代问题长期存在如此众多的不同意见,其中许多意见之间的差距如此之大却实在令人费解。究其原因,主要有两点:首先是拜占庭历史发展的特殊性所致。拜占庭国家是在罗马帝国陷入危机和分崩离析的时代形成的,它既与罗马帝国有着千丝万缕的密切联系,却又是一个与罗马帝国有极大区别的新国家。在政治上,拜占庭帝国似乎完全承袭了中央集权制的统治形式,甚至连皇帝的称号也继承下来,但是其国家机构的组成、皇帝

---

① 赫・乔・韦尔斯:《世界史纲》,吴文藻译,人民出版社,1982年;布瓦松纳:《中世纪欧洲生活和劳动(五至十五世纪)》,潘源来译,北京:商务印书馆,1985年。
② Karl Krumbacher, Ιστορία της Βυζαντινής Λογοτεχνία vol. 1, Αθήναι, 1974; William L. Langer, *An Encyclopedia of World History*, London, 1972; 海斯、穆恩、韦兰:《世界史》中,中央民族学院研究室译,北京:生活・读书・新知三联书店,1975年; Carlton Hayes and Frederick Clark, *Medieval and Early Modern Times*, New York, 1966, p. 45.
③ 吴建华:《拜占庭帝国》,《世界史研究动态》1985年第3期,第60页。
④ L. S. Stavrianos, *A Global History: The World to* 1500 vol. Ⅰ, London, 1970, p. 288.

制度,以及官职的称呼等方面却又与古罗马帝国有很大差异。在经济上,古代地中海世界的奴隶制似乎在拜占庭帝国没有完全消失,昔日罗马奴隶制商业活动在拜占庭城乡也继续存在,但是,拜占庭的社会经济结构却与罗马时代有很大区别。在文化上,拜占庭国家既是古代希腊罗马文化的继承者,又是属于新型中古文化的创造者,拜占庭文化是中古欧洲的一种独特文化。在宗教、社会风俗等方面,拜占庭帝国都表现了与古罗马帝国既有联系又有区别的特点,这无疑增加了人们理解拜占庭历史的难度。其次是学者们在各自的研究工作中表现出的多样性所致。1453年拜占庭帝国灭亡后,它作为一个政治实体不复存在,在原拜占庭帝国疆域内出现了许多新国家,以至于今天的学者们很难把拜占庭历史归并于某个国家的历史中。希腊、前南斯拉夫、阿尔巴尼亚、保加利亚、罗马尼亚、土耳其、黎巴嫩、叙利亚、巴勒斯坦、埃及、塞浦路斯、突尼斯和意大利南部地区,在历史上都曾是拜占庭帝国统治的领土,这些国家的学者在其拜占庭史研究中所持的态度和观察问题的角度互有区别,造成对同一问题的多种意见。在谈论拜占庭帝国问题时,政治视角最为重要,因为君士坦丁堡在,拜占庭帝国就在,君士坦丁堡陷落,帝国就归于灭亡。

　　学者们在探讨这一问题时提出的理由多种多样,大致可以归纳为:其一,以疆域变化为依据。布莱赫尔在其《拜占庭帝国兴亡》导言中明确提出对"地理结构"的重视,认为地理核心的扩大和缩小构成了拜占庭历史的真正划分线。[①] 其二,以民族成分为依据。无论是井上浩一还是斯塔夫里阿诺斯都很重视拜占庭国家的民族构成,他们均认为斯拉夫人在巴尔干地区大规模的移民活动改变了拜占庭人最初以希腊人和希腊化族群为主的民族成分,这应成为确定拜占庭国家形成的决定性因素。其三,以政治制度为依据。本书列举

[①] Louis Brehier, *The Life and Death of Byzantium*, p.7.

的各位拜占庭学家大都注意到这一原因,而斯迪恩则把这一点作为首要的标准,认为只是从戴克里先改革以后,拜占庭国家才奠定了其政治基础,此后,拜占庭帝国的历史就沿着戴克里先确定的路线发展。还有的学者认为查士丁尼一世的改革对拜占庭历史发展具有决定性意义,故而主张以查士丁尼一世登基为拜占庭帝国史的起点。其四,以文化、宗教的变化为依据。这种观点最为突出的代表当数《全球通史》和《世界文明史》(伯恩斯等著)。这些作者明确将东罗马帝国和拜占庭帝国加以区分,认为只有以希腊语为官方语言、以东正教为国教的帝国才能被称为拜占庭帝国。其五,以经济结构和阶级结构的变化为依据。上述拜占庭学家大都论及此点,但是各自强调的重点不同,有的突出了奴隶制向封建制的经济和阶级关系转化,有的则从农民和地主的法权关系上着眼,还有的注意社会经济结构的演变。其六,是为了叙述世界通史的便利。这在国内外几部有代表性的通史中都可以看到。西罗马帝国史的叙述一般到476年结束,如果将拜占庭帝国史的起点提前到君士坦丁一世,则自然在叙述中有重复之嫌。其七,以拜占庭国家形成为依据。持"君士坦丁一世说"和"启用新都说"的学者大都强调这一点,他们认为拜占庭帝国史作为一个复杂系统的演化过程,具有多方面可变的内容,在讨论其起始年代时,绝不应该只注意某个侧面,而要作综合性的全面分析,找出能够全面反映拜占庭帝国有别于罗马帝国的最初的标志性事件。

正是由于拜占庭帝国历史发展的复杂性,学者们站在不同立场、从不同侧面观察问题,得出多种结论。这种情况显然对拜占庭历史研究,特别是给初学者造成一定困惑,因此,有必要加以辩明。在详细阐述笔者就这一问题的观点之前,首先应确定考察拜占庭帝国史起始年代的基本标准和观察问题的原则,否则只能是仁者见仁,智者见智。从事文化史研究的学者注重考虑文化发展,从事宗教史研究的学者重视宗教因素,这些似乎无可厚非。但是,在研究拜占庭帝国历史开端时仅仅关注某一侧面是不够的,应进行比较全面的多方位的考察,同时应突出多种因素中的关键因素。因此,这一标准既应是一个综合的系统指标,即不仅涉及政治、经济、文化和宗教等方面,也应考虑民族成分、疆域变化等因素,同时针对拜占庭帝国这一特定研究对象,强调君士坦丁堡被正式启用为新都这一具有标志性事件的关键性。依据这一原则,笔者认为拜占庭帝国历史的起始年代应当确定在公元330年。

拜占庭帝国历史的核心内容是帝国政治史,只有在帝国政治发展框架内才能论及其他方面的内容。而帝国首都君士坦丁堡,则是拜占庭帝国政治变动的舞台,君士坦丁堡在则拜占庭帝国在,君士坦丁堡不在则帝国灭亡。从政治上看,拜占庭帝国在330年时形成比较完整的政治实体。"三世纪危机"是罗马帝国历史的转折点,这场深刻的危机使罗马帝国社会生活陷于混乱,地中海世界秩序大乱,特别是在政治生活中,国家机器运转失灵,几乎陷于瘫痪,令出无门,军阀割据,军队随意拥立皇帝,曾一度出现"三十僭主"并立的局面。军事贵族集团和显贵奴隶主集团之间的血腥斗争使整个帝国呈现四分五裂的局面。意大利半岛,特别是帝国首都罗马城成为帝国内外军阀势力角逐的战场。此后,虽有戴克里先实现的短暂统一,但是未能挽救古罗马帝国的衰败。在动荡的形势中,东罗马帝国(拜占庭帝国)延续着帝国中央集权制的国家政治模式,保持着相对稳定,而西罗马帝国则陷入地方集权的家族政治模式,前者由统一国家逐步恢复了秩序,而后者由大小不等的家族构成多层次的战乱局面。拜占庭帝国由此摆脱了罗马的控制,不仅不再是罗马帝国中央政府的附属区,而且因其统治稳定、秩序渐次恢复而超过了罗马为中心的西部帝国,成为帝国新的政治中心。"新罗马"(即君士坦丁堡)于330年的正式启用表明拜占庭帝国已从过去罗马帝国的东部大区演变为独立的政治实体。

拜占庭国家的形成具有几个最显著的政治标志。324年,君士坦丁一世先后击败政敌马克西米安（Marcus Aurelius Valerius Maximianus，286—305年在位）、马克辛迪乌斯（Marcus Aurelius Valerius Maxentius，306—312年在位）和李锡尼（Gaius Valerius Licinianus Licinius，308—324年在位），成为罗马帝国的唯一皇帝，而后下令兴建新都。至此，我们还不能说拜占庭国家已经出现，因为新国家尚无正式的政治中心：都城。只是到330年，在古城拜占庭旧址上新建的"新罗马"被正式启用，才标志着东罗马帝国新的政治中心的出现。"新罗马"因其建立者而更名为君士坦丁堡，它不仅丝毫不比鼎盛时期的旧罗马逊色，而且享有与古都罗马同等的政治地位。此后，新都发挥着上千年的政治中心的作用，此为第一个标志。自从戴克里先改革之后，皇权便在残酷的政治斗争和民族斗争中、在连年不断的内外战争中日益加强。至君士坦丁一世时期，四帝共治制度被取消，以独一皇帝为核心的中央集权制确定下来，君士坦丁一世首创的拜占庭帝国皇权血亲世袭继承制度（主要是父死子继）的王朝由此开始。这与此前罗马帝国实行的皇帝继承制度有本质区别。① 此种情况的出现显然与拜占庭帝国最初强化专制君主制度有关。虽然元老院对皇权仍然有一定的约束，民众干预国家政治的"民主"传统也还存在，但是拜占庭帝国皇权已经开始其专制化的过程，皇帝逐步成为拜占庭君主专制主义的最高代表，并被神化为法律和国家意志的最高主宰，集政治、军事、司法、宗教等各种最高权力于一身，此为第二个标志。在皇帝最高权力的绝对控制下，形成了一个只对皇帝个人负责的、严格区别于一般民众的庞大官僚阶层。他们不再像古罗马时代的官吏那样自称为公民的代表和"公仆"，而是由皇帝任命，对皇帝宣誓效忠并领取薪俸的专职官僚。他们组成了从中央到地方的各级政府机构，等级森严。此外，帝国军队也通过皇帝任命的军官效忠于最高统帅皇帝，帝国司法机构也以

---

① 陈志强：《拜占廷皇帝继承制特点研究》，《中国社会科学》1999年第1期。

皇帝为最高立法者和法律解释人。形成这样一整套完备的国家机器无疑是皇权专制化的结果,同时也是拜占庭国家形成的第三个政治标志。

拜占庭帝国中央集权政治的兴起和国家建构的完善有其深刻的经济背景。以君士坦丁堡为中心的东地中海经济区早在330年以前便逐渐形成,该经济区不是西罗马帝国经济的附属部分,而是一个有其内部独立结构和外部鲜明特征的经济体系。首先,自"三世纪危机"爆发以来,罗马帝国东西两部分即出现了较大的经济差异。西罗马帝国一度强盛的奴隶制经济陷入萧条,城市败落,人口锐减,其衰亡之势不可逆转,在日耳曼各部落势力打击下,其灭亡已成定局。而东罗马帝国的奴隶制经济原来就不似意大利半岛那样发达,同时并存着多种形式的经济关系和生产方式。就土地占有制而言,东罗马帝国不仅存在着农村公社占有制、自由农占有制和隶农制,而且其奴隶主控制的大庄园也没有采取西部大庄园普遍流行的那种典型的奴隶制。多元经济结构使东罗马帝国的社会生产方式具有较大的灵活性和应变能力。特别是在农业较为发达的埃及、小亚细亚和叙利亚,早就出现了隶农制这种在此后经济发展中具有重要意义的生产制度。这不仅对稳定东部帝国的经济生活起了重要的作用,而且为此后拜占庭帝国进一步的经济变化打下了基础。其次,活跃的商业贸易是东地中海经济的重要组成部分,是此后拜占庭帝国重要的经济来源之一。一方面,古代世界开始的海外商业传统有助于4世纪前后东地中海贸易活动的发展,特别是东西方贸易商道的开通使该地区占有举世无双的贸易优势。另一方面,东部帝国的相对稳定和安宁,特别是君士坦丁堡地区在军事战略上具有的优势,也为这里的商业活动提供了方便条件。自330年以后直到13世纪,在整个欧洲和地中海世界没有任何一个地区和城市能够像君士坦丁堡一样从国际商业贸易中得到巨大的利益,以至于马克思形象地将这座城市比喻为"沟通东西方的金桥"。再次,东部帝国在这个时期已经集中了原罗马帝国的大部分生产劳动力，人口数量超过西部。人口问题既是经济发展的重要因素，又是测量经济发展的重要指标之一。"三世纪危机"之后，西部帝国城市的衰败和人口的大量减少早已为学者们所注意，并被视为反映整个经济恶化的一个侧面。这种人口减少的主要原因在于局势动乱。逃亡人口中很大一部分流亡到相对安定的东部地区。欧洲西部地区生产性人口，特别是通晓农业技术的人口数量虽然经过数百年的发展仍然未能恢复到日耳曼民族大迁徙以前的水平。中古西欧最大的城市米兰和威尼斯在13世纪发展的鼎盛时期，人口不过20万，巴黎仅有10万。但是在4世纪的君士坦丁堡，人口数就已经达到50万—100万。精确地计算330年时君士坦丁堡的居民人数是个悬而未决的学术问题，但是，从西部帝国人口不断减少和东部帝国人口不断增长的两种趋势中，我们仍然可以清楚地看到东罗马帝国经济发展的情况，与西罗马帝国形成鲜明对比。总之，拜占庭帝国与西罗马帝国在经济上有着巨大的差异。虽然我们不能在两者之间作出断然的政治划分，但是330年时的拜占庭帝国已经成为独立的经济实体这一事实是确定无疑的，因而，从经济上看，将这一年作为拜占庭帝国历史的起点也是适宜的。

330年以后以君士坦丁堡为中心的拜占庭帝国疆域相对稳定。公元2世纪末3世纪初，罗马帝国的边疆地区即受到日耳曼各部族的侵扰，其各部落越过莱茵河、多瑙河进入罗马帝国境内。到4、5世纪，这些入侵者不仅分散定居在帝国西部各地，而且多次洗劫罗马城，迫使帝国首都先后迁往米兰和拉文纳，直到476年西部帝国皇帝罗慕路斯被废黜。东罗马帝国自330年以后，虽然也遭到了来自北方的日耳曼部族和其他游牧民族的入侵，哥特人、阿瓦尔人、匈奴人等也曾多次扫荡巴尔干半岛，斯拉夫人和阿拉伯人后来从东、北两个方向大举侵略，特别是后者曾进抵博斯普鲁斯海峡，甚至兵临君士坦丁堡城下，但是拜占庭人依靠君士坦丁堡稳固的城防工事和海军新式武器,多次瓦解外敌入侵,一直保卫着这座千年古都。拜占庭军队还多次发动对外战争,征服西地中海,灭亡汪达尔人和东哥特人的国家,彻底打败波斯人,击溃斯拉夫人,抵抗住阿拉伯人。拜占庭帝国边界虽然时有变动,但是作为帝国核心地区的君士坦丁堡和色雷斯、马其顿、希腊,及小亚细亚区域基本保持完整,直到拜占庭帝国最终灭亡。

正是在君士坦丁堡为中心的拜占庭帝国领土上,自330年以后逐渐形成了以希腊人和希腊化的斯拉夫人、小亚细亚山区人为主的拜占庭人。在罗马帝国统治时代,东地中海沿岸是帝国的行省,当地居民在罗马帝国军事暴力统治下成为罗马帝国的臣民,他们将罗马人视为敌对的外族,把罗马当局看作外族统治者,因此,民族矛盾始终存在并尖锐激化,这也一直是罗马帝国社会生活中主要的矛盾之一。330年以后,东罗马帝国居民的主要成分发生本质变化,其主要成分是讲希腊语的"东方人",他们不再是被外族人统治的民族。这个时期官方文件虽然继续使用拉丁语,但是,希腊语拥有广泛的民族基础,是东地中海世界的"国际语言"①,它不仅在民间流行,而且很快成为官方语,并最终取代了拉丁语的正统地位。新国家的居民或是希腊人,或是希腊化的小亚细亚人。他们占据着拜占庭国家的统治地位。拜占庭帝国以这些居民为主体,不断融合新的成分,例如斯拉夫人和亚美尼亚人等,逐渐形成了由多民族构成的国家。这个帝国与以拉丁人为统治阶层主体的罗马帝国在民族构成上有很大区别。所谓拜占庭人就是那些接受皇帝专制的中央集权帝国统治、信奉正统基督教、以希腊语为日常用语、熟悉希腊生活和文化的人。

这里还要提到的是,330年时的基督教实质上已经成为新出现的拜占庭帝国的国教。基督教是古罗马世界的产物,它产生在罗马

---

① 最有力的证据是《圣经·新约》,其原始文本为希腊语。

拜占庭帝国史以正式启用新都为开端原因考

帝国统治下的巴勒斯坦地区,在公元1、2世纪期间,其性质发生了较大变化,社会基础、基本教义、教会组织和礼仪节日均发生变异,从被压迫、被剥削的下层民众的民间宗教逐渐发展为统治阶级的工具,日益与罗马帝国政府合流。皇帝君士坦丁一世在政治角逐中,为扩大巩固自己的势力,将基督教作为实现其政治计划的精神支柱。313年,他与李锡尼共同颁布了著名的《米兰敕令》,而后多次发布诏令,授予基督教教会以多种特权,其中包括由国库支付神职人员的开支,豁免神职人员的劳役和租税等。321年,他又特别批准教会享有接受遗产的权利。325年,君士坦丁一世亲自主持召开了尼西亚宗教大会,强行确立"三位一体"信条为正统教义,通过了基督教的基本信条《尼西亚信经》,并划定教区,明确皇帝与教会的关系,规定皇帝是基督教的最高首脑,拥有召集宗教大会、任免高级教士职务、解释教义和仲裁教会内部争端等权力。尼西亚会议是原始基督教发生质变的标志,表明基督教教会已经成为统治当局的主管官方意识形态的机构,基督教实质上已经成为拜占庭帝国的国教,并为392年进一步成为排斥其他宗教的正统国教作了准备。基督教最初的活动范围主要在东罗马帝国,当时出现的"五大教区",除罗马教区,其他如亚历山大、安条克、耶路撒冷、君士坦丁堡,教区大都集中在帝国东部境内。而罗马教区大主教也必须服从君士坦丁堡皇帝的管辖,这种情况持续到8世纪中期。随着君士坦丁堡政治、经济、文化地位的迅速提高,君士坦丁堡牧首逐步上升到东部教会世界最高地位,在拜占庭帝国各教区中,与罗马教区主教地位相当,甚至在某些方面超过罗马主教。可以说,330年的拜占庭帝国与罗马帝国在官方意识形态方面已经完全不同,那么,将这一年当作拜占庭帝国史的起点,从宗教方面考察也是合适的。

最后,由于拜占庭帝国政治相对稳定,经济比较繁荣,以及首都君士坦丁堡这一可靠的国家中心区的形成,拜占庭文化开始其独特的发展历程。拜占庭文化以希腊和希腊化的拜占庭人为主体,以希腊语为传播媒介，以古典时代的希腊罗马文化为基础，兼收并蓄古代东方文化和基督教文化，经过千余年的发展，形成了独立的、特点鲜明的、内容丰富的文化体系。拜占庭文化不仅在哲学和神学、史学和文学方面见长，而且在教育和科技、艺术和建筑、道德风俗和生活方式等方面也独具特色。其高度发展使之得以在中古地中海世界发挥重要作用，它以中古基督教的特殊方式保护古典文化不为历史的尘积所埋没，通过传教的方式启蒙了整个斯拉夫世界，极大影响了中古东地中海沿岸各民族文化和西欧文化的发展，并给意大利文艺复兴运动提供了珍贵的文化素材和资源，为新兴资产阶级提供了表达新思想的理想方式，因而在世界文化发展史上占有极其重要的地位。这样一部独立连贯的拜占庭文化发展史也应以330年为起点。不难想象，如果没有君士坦丁堡提供的军事保护，拜占庭文化不仅得不到发展，而且也注定要遭到西罗马帝国文化的噩运。同样，如果没有君士坦丁堡繁荣的经济提供的雄厚物质基础，拜占庭文化也必定因为缺少必要的物质条件而难以发展。再者，如果没有君士坦丁堡创造出来的崇尚知识的风尚、浓厚的学术气氛和优雅舒适的环境，那么地中海世界的知识分子也不会被吸引到这个文化中心来，拜占庭文化也必然失去其发展的动力，也很难形成其鲜明的特征。可见，拜占庭文化的形成与君士坦丁堡的历史息息相关。

总之，东罗马帝国在4世纪前后已经初步形成了经济、政治、文化实体，其核心疆域也基本确定，因此，将君士坦丁堡正式启用为新都的330年确定为拜占庭帝国历史的起始年份是合适的。

（原文首载于《南开学报》1987年第4期）

第三编

皇帝研究

拜占庭皇权继承制

拜占庭帝国 1120 余年历史中在位皇帝共有 93 人,其中在位时间最长的 50 年,最短的几个月。他们作为拜占庭帝国最高权力的象征和主宰,对拜占庭历史发展起了极为重要的作用。拜占庭帝国是欧洲历史上存在时间最长的专制君主国家,从公元 330 年君士坦丁一世改变罗马帝国皇帝继承传统,建立君士坦丁王朝开始,拜占庭帝国历史就揭开了"家天下"政治的篇章,从此,拜占庭皇帝将政治、经济、军事、司法、宗教等各种公共权力集于一身,通过庞大的中央和地方官僚机构控制帝国的内政外交。拜占庭皇帝的至高权力是拜占庭帝国复杂政治生活的核心,而拜占庭皇帝继承制度则构成拜占庭帝国政治制度中最重要的部分。要了解拜占庭帝国政治制度的演化,必须首先研究其皇帝继承问题。

长期以来,西方学者注重考察拜占庭皇权理论的形成与发展,或者深入探讨皇帝制度的细节,以及将注意力集中在个别皇帝的继承问题上,[1]而忽视研究拜占庭皇帝继承制度的特点,特别是在拜占庭皇帝继承制度的总体研究方面未能给以足够的重视,因此,在拜

---

[1] 著名的美国拜占庭学家 F. 德沃尔尼克的《早期基督教和拜占庭政治哲学》和希腊拜占庭学家 I. 卡拉扬诺布鲁斯的《拜占庭政治理论》均以主要篇幅分析了拜占庭皇帝制度的理论。此外,对拜占庭帝国 93 位皇帝的个体研究论文也很多,这些微观研究的成果对笔者的考察帮助极大。F. Dvornik, *Early Christian and Byzantine Political Philosophy*, Washington D. C,1966; I. Καραγιαννοπούλος, *Πολιτική θωερία των Βυζατινών*, θεσσαλονίκη, 1988, θεσσαλοήκη, 1988.

占庭与其他国家的政治生活比较研究中常常出现以偏概全的情况。① 究其原因,主要是研究方法造成的局限性。本文通过从有关拜占庭皇帝继承的史料中得出的数据分析,探讨拜占庭皇帝继承制度的主要特点,并尝试用计量分析的方法更准确地解释拜占庭皇帝继承制度的一些问题。

当我们在考察拜占庭皇帝继承问题时,不可避免地涉及很多计数和计量的资料,例如,皇帝的年龄、出生和死亡的日期、结婚的次数、子女人数、即位年龄,等等,这些来自历史资料的定量数据是本文考察问题的基础。② 我们通过计量分析这些数据材料,并将它们与其他数据材料作比较,进而把比较的结果置于其所在的特定社会环境中加以描述,概括出拜占庭帝国皇帝继承制度的主要特征。使用统计结果进行量化说明似乎比单纯的定性描述更明确、科学和直观。

一

拜占庭皇帝继承方式表现出明显的多样性,这是我们在以数量统计方法进行分析后得出的第一个结论。

拜占庭帝国 93 位皇帝中有 65 位是通过血亲继承的,即由 12 个王朝的皇室宗亲继承皇权。③ 其中长子继承的有 24 例,其他儿子继承的 11 例,兄弟继承和情人继承各 5 例,遗孀、远亲继承各 4 例,侄

---

① 德国拜占庭学家 H. 洪格尔在其主编的《拜占庭皇帝像》一书中对此有精彩的对比分析,但他缺乏对拜占庭皇帝继承问题的总体研究是一大不足。H. Hunger ed., *Das Byzantinische Herrscherbild*, Darmstadt, 1975.
② 有关拜占庭 93 位皇帝的谱牒和资料来源见陈志强:《拜占庭皇帝谱牒简表》,载南开大学历史系《南开大学历史系建系七十五周年纪念文集》,南开大学出版社,1998 年,第 361—369 页。
③ 拜占庭学界对拜占庭帝国究竟有多少个王朝存在多种意见,观点不一,原因在于对某些短命家族统治和某些王朝交叉统治的看法不同。笔者认为这一争论与本章主旨无关,故取其中较为合理的说法,并将科穆宁和杜卡斯两大家族的统治作为一个王朝。

甥、姐妹、女儿继承的分别为3例,父母和孙子继承分别为2例和1例(见表1)。有将近半数的皇帝是由皇室男女宗亲,即兄弟姐妹、女儿、女婿、孙子、父母、遗孀、侄子和外甥等亲戚,甚至皇帝继承人的情人构成。拜占庭帝国皇帝继承人成分如此混杂,就笔者所知,无论在欧洲还是在亚洲都很少见。他们中既有父死子继、兄终弟及的,也有翁婿相传、叔侄相继的,还有子亡父继、祖孙相继的,甚至有女继承人之情人登基的。这种多样性的皇帝继承方式在世界历史范围内都是极为罕见的。相比之下,我国商代的"父子继承制"和周代以后"祖孙父子直线继承制"要单纯得多,① 古代苏格兰、日本和英格兰实行的兄终弟及制,② 以及古代突厥、鞑靼、蒙古等游牧民族实行的幼子继承制③也远比拜占庭皇帝继承情况单纯。

表1 拜占庭皇帝继承统计表

单位:人

	君朝	塞朝	利朝	查朝	伊朝	伊苏朝	阿朝	马朝	科朝	安朝	尼朝	帕朝	合计
长子		1		4	4	1	2	3	1	2	6		24
其他诸子	3	1				1	3	1				2	11
女儿			1			1			1				3
兄弟				1			2						5
姐妹	1												3
遗孀			1				2						4
亲戚							1	2				1	4
父母			1		1								2

---

① 赵锡元论证商代王位继承制度的实质是父子继承,特别指出兄终弟及的现象不过是传子制中必要的补充形式。赵锡元:《论商代的继承制度》,《中国史研究》1980年第4期。
② 辛懋高先生认为,兄终弟及制度是母系氏族社会的残余,是父死子继制度形成的必经阶段。辛懋高:《苏格兰、日本、英格兰和中国的兄终弟及制》,《世界历史》1983年第4期;辛懋高:《从继承制看马克白斯在苏格兰历史上的地位》,《世界历史》1981年第6期。
③ 杨升南对幼子继承制提出异议,不仅对周公以前实行幼子继承制的意见表示否定,而且对是否存在这种继承制度表示怀疑。笔者认为,在世界范围内,幼子继承制是客观存在的历史事实。杨升南:《是幼子继承制,还是长子继承制?》,《中国史研究》1982年第1期。

(续表)

	君朝	塞朝	利朝	查朝	伊朝	伊苏朝	阿朝	马朝	科朝	安朝	尼朝	帕朝	合计
侄甥				3									3
孙子			1										1
其他								5					5
合计	4	3	3	4	5	5	2	17	7	2	3	10	65

注：表头自左至右，拜占庭帝国王朝全称为，君士坦丁王朝（君朝）、塞奥多西王朝（塞朝）、利奥王朝（利朝）、查士丁王朝（查朝）、伊拉克略王朝（伊朝）、伊苏利亚王朝（伊苏朝）、阿莫利王朝（阿朝）、马其顿王朝（马朝）、科穆宁王朝（科朝）、安格罗斯王朝（安朝）、尼西亚王朝（尼朝）、帕列奥列格王朝（帕朝）。本文后面的表格，王朝全称参见本注。

需要指出的是，拜占庭皇帝继承方式的多样性并不意味着在多样的继承形式中缺乏主从关系，事实上，父死子继在各种继承形式中占主导地位。从表 1 中不难看出，长子在拜占庭皇帝继承人中的重要地位，共有 24 例，占血亲继承人数的 36.92%，构成维系王朝世袭的主线。同时，作为皇帝权力继承制度的辅助组成部分，还存在其他多种继承方式，它们是长子继承的补充，其中最重要的是长子之外其他诸子继承，既包括了次子、幼子继承，也包括诸子共同继承的方式。一般而言，父系氏族社会解体后，随着财产和社会权力私有化程度的加深，男性在财产继承中的优先地位不断强化，而皇权父死子继的现象是财产私有在政治上的表现，这一继承制度在各国历史上呈现不断加强的趋势，这在世界上许多民族和国家发展的历史中是一种带有规律性的普遍现象。从总体分析来看，拜占庭皇权继承中，长子继承 24 例和非长子其他诸子继承 11 例，两项合计达到血亲继承皇帝总数的 53.85%，其他继承方式不足一半。据此，可以说拜占庭皇帝继承制是在父死子继基础之上表现出明显的多样性。

表 1 比较明确地显示出父死子继在拜占庭皇帝继承制度中的重要地位，而其他继承方式所占的比重也显示了它们在保障血亲继承传统中的重要性。那么，父死子继的继承方式与其他方式之间存

在的主辅关系是如何实现的？拜占庭历史上有男性继承人的合法皇帝共有41人,其中35个皇帝的男性继承人继承了皇位,其继承成功率达到85.37%。从另外的角度讲,父死子继方式排斥其他继承方式,当在位皇帝有第一顺序一亲等男性继承人时,其他皇室亲属的继承权利自动消失。只有在皇帝没有男性后嗣时,其他继承人的继承权才有可能实现。皇帝之子的继承权利被剥夺属于特殊的例外。拜占庭帝国历史上有6个男性继承人被取消了继承权,其一是君士坦丁一世的长子,因被怀疑与其年龄相仿的后母有染而被其父赐死,[①]殒命于其父之前,当然谈不上继承皇权问题。另有三人,即查士丁尼二世(Justinian Ⅱ,685—695,705—711年在位)之子、君士坦丁六世(Constantine Ⅵ,780—797年在位)之子和米哈伊尔七世(Michael Ⅶ,1071—1078年在位)之子,因其父统治被推翻而丧失皇位继承权,在这种情况下,父皇的权力已被剥夺,儿子的皇位继承权也自然丧失。这里要提到的是利奥一世(Leo Ⅰ,457—474年在位)和塞奥多利一世(Theodore Ⅰ,1205—1221年在位),他们都在生前将皇位传给外姓人。利奥一世取消其子继承皇权的原因是当时政治局势险恶,他在位期间为剪除把持朝政的日耳曼人军队领袖阿斯巴,联合伊苏利亚人军队将领泽诺,并将亲生女嫁给泽诺,临去世时指定泽诺之子继承皇位,即利奥二世(Leo Ⅱ,473—474年在位),泽诺为摄政王。显然,他预见到,如果传位于自己的儿子,则不仅江山不保,而且其子也将难逃厄运。[②] 这里,同属一个继承顺位的两个继承人,二亲等的利奥二世优先于一亲等的利奥一世之子。塞奥多利一世传位于女婿约翰三世(John Ⅲ,1221—1254年在位)而不传位于儿子则是出于对女婿的偏爱。当时,拜占庭政府流亡尼西

[①] Eusebius Werke, I, 1: *Über das Leben des Kaisers Konstantin*. Edited by Friedhelm Winkelmann, Berlin: Akademie-Verlag, 1975, pp. 60 - 78. 尤西比乌斯:《君士坦丁传》,林中泽译,北京:商务印书馆,2015年。
[②] John Malalas, *Chronicle*, Ⅲ, trans. by E. Jeffreys, M. Jeffreys & R. Scott, Australian: University of Sydney, 2006 (Melbourne 1986), P, 23.

亚,图强自救的任务十分紧迫,约翰在军政等各方面均是塞奥多利的得力助手,是重新恢复拜占庭帝国综合国力的实权人物和精明的政治家,他深得皇帝赏识,并被招为东床快婿,后成为新皇帝。① 历史证明,塞奥多利一世的这一选择是富有远见的明智之举。从法律角度看,约翰三世的即位代表第一顺序一亲等女性继承人,即塞奥多利一世女儿的继承权利,因此,在法理上并不违背拜占庭继承法的原则。显然,这几个特例并不影响父死子继方式在拜占庭皇帝继承制度中的首要地位。

拜占庭皇帝继承制度以帝国继承法为基础,其多样性的继承方式并不违背《查士丁尼法典》关于继承人法权规定的基本精神。按照《查士丁尼法典》,被继承人的直系血亲卑亲属,即死者的子女、养子女等属于第一顺序继承人,直系血亲尊亲属,即被继承人的亲父母,和全血缘的兄弟姐妹等属于第二顺序继承人,同父异母的兄弟姐妹属于第三顺序继承人,其他旁系血亲属于第四顺序继承人。② 在同一顺序中,按照继承人与被继承人之间亲等的远近来确定先后顺序,父母与子女为一亲等,祖父母与孙子女为二亲等。这个继承法原则强调了子女的继承地位,在拜占庭皇帝继承实践中得到充分体现。但是,皇权继承又有其特殊性。由于男子在履行皇帝职责中具有比女性更优越的条件,因此其在继承皇权中也优先于女性,虽然法律承认女性拥有与男性同等的继承权,但在实践中,第二顺序男性继承人仍然优先于第一顺序女性继承人。拜占庭历史上共有6位女性皇帝继承人继承了皇位,但是她们的继承只具有象征意义,其皇权多由其夫君代行,只有8世纪末9世纪初的伊琳妮女皇(Irene,797—802年在位)真正掌握皇权,可称得上是"拜占庭帝国的武则天"。

---

① Nikephoras Gregoras, *Historia Byzantine*, ed. L. Schopen and I. Bekker, Bonn, 1829, pp. 250-270.
② 周枏:《罗马法原论》,商务印书馆,1996年,第512—517页。

有的学者认为兄终弟及的继承方式是原始社会母权制残余的反映,是长子继承制发展的必经阶段,①但是在拜占庭帝国,这一继承方式则成为父死子继的补充,它不仅体现了男性继承的原则,而且维护长子继承原则,因为,它是在父死子继和长子继承无法实现的情况下才发挥作用的。例如,马其顿王朝的皇帝瓦西里二世(Basil Ⅱ,976—1025 年在位)终身未娶,去世时没有继承人,其弟君士坦丁八世(Constantine Ⅷ,1025—1028 年在位)遂按兄终弟及的原则即位,使王朝得以延续。② 同样的情况也发生在帕列奥列格王朝的末代皇帝君士坦丁十一世(Constantine XI,1449—1453 年在位)身上。其兄约翰八世(John Ⅷ,1425—1448 年在位)在位 23 年,有 3 次婚姻,无出,死时只好将皇位传给其弟,③以续皇室血统,可惜当时拜占庭帝国气数已尽,皇室宗亲继承皇位也未能挽救帝国命运,数年后拜占庭帝国灭亡。641 年,伊拉克略一世(Herakleios Ⅰ,610—641 年在位)去世,由其长子、时年 28 岁的君士坦丁三世(Constantine Ⅲ,641 年在位)即位,皇后玛尔提娜为将亲生儿子伊拉克罗纳斯(Heraklonas,641 年在位)扶植即位而毒死君士坦丁三世,因为君士坦丁三世留下了 11 岁皇子,所以伊拉克罗纳斯的即位使兄终弟及与父死子继两原则发生冲突。在这两种继承方式的冲突中,伊拉克罗纳斯代表了兄终弟及,而这位皇子代表了父死子继。最终,伊拉克罗纳斯不仅被迫加冕皇子君士坦斯二世(Constans Ⅱ,641—668 年在位)为共治皇帝,而且于同年被贵族会议废黜,兄终弟及对父死子继的挑战以失败告终。④ 可见,兄终弟及只能是父死子继的辅助方式,而不能取代后者,否则将引发政治危机,这样的例证

---

① 辜燮高先生在其《苏格兰、日本、英格兰和中国的兄终弟及制》说明了这种意见。
② Michael Psellos, *Chronographia*, ed. E. Renauld, Paris, 1926 - 1928, pp. 158 - 167.
③ Laonici Chalcocandylae, *Apodeixeis Historia*, ed. by E. Dacco, Budapest 1922 - 1927, pp. 240 - 256.
④ Nikephoras Gregoras, *Historia Byzantine*, ed. L. Schopen and I. Bekker, Bonn, 1829 - 1830, pp. 134 - 168.

还表现在安格罗斯王朝的阿莱克修斯三世(Alexios Ⅲ, 1195—1203年在位)夺取其弟皇位,但终被合法皇子阿莱克修斯四世(Alexios Ⅳ, 1203—1204年在位)在王朝内讧中推翻。① 可见,在父死子继和兄终弟及两种方式并存的情况下,前者为主后者为辅。

父死子继和兄终弟及制度的重要前提之一是在位皇帝必须有男性继承人,如果缺乏这一条件,父死子继制度就要落空。在这种情况下,为了保证血亲继承和皇权不会旁落,其他继承形式即成为必不可少的辅助形式。其中包括女儿继承、姐妹继承、遗孀继承等,继承的顺序也基本符合拜占庭继承法原则,这可从各种继承方式的成功率中得到说明(见表2)。表2中"继承次数"是指实际继承的数量,"分类总数"是指理论上应该继承皇位的数量,例如兄弟分类总数为26人,表明拜占庭合法皇帝中有26人有兄弟,但是其中仅有5人的皇位是由其兄弟继承,其成功率为19.23%。

表2 拜占庭皇帝继承方式成功率表

	儿子	兄弟	女儿	姐妹	侄/甥	孙子	遗孀	父母	亲戚	其他
继承次数	35	5	3	3	3	1	4	2	4	5
分类总数	41	26	29	45	60	15	56	39	65	/
比率 %	85.37	19.23	10.34	6.67	5.00	6.67	7.14	5.13	6.15	/

从表2不难看出,父死子继的成功率最高,达到85.37%,而其他皇室亲属继承皇权成功率相对较低。作为第二顺序继承人,兄弟继承的成功率高于姐妹继承的2/3。这里需要对遗孀继承方式作出一点说明。在拜占庭历史上,遗孀通常是作为年幼皇帝的摄政身份出现,她们继承皇权仅具有象征意义,实际权力由其再婚的夫君执

---

① Niketas Choniates, *City of Byzantium*, *Annals of Niketas Choniates*, trans. by H. Magoulias, Detroit, 1984, pp. 245-256.

掌。这一方式存在的意义是缓和由于缺少皇权继承人而产生的政治危机,防止王朝的中断。一般来说,当某个王朝因无男性后嗣而面临断绝时,女性后嗣就自然成为合法继承人;如果皇帝既无儿女,又无兄弟姐妹时,继承权就可能转移给皇帝的任何亲属,侄子、外甥、孙子、父母,等等,甚至皇后的情人也有机会登上皇位。例如,马其顿王朝皇帝君士坦丁八世(Constantine Ⅷ,1025—1028年在传)死后,其次女佐伊(Zoe,1042—1050年在位)先后将四名情人扶持上皇位,只是由于她不能生育,王朝难以为继。①

拜占庭皇帝继承制度表现出来的多样性是否反映了拜占庭政治发展的落后？答案是否定的。一般来讲,父死子继制度的产生是人类社会私有制发展的结果,"随着财富的增加,它一方面使丈夫在家庭中占据比妻子更重要的地位;另一方面,又产生了利用这个增强了的地位来改变传统(即母系——引者注)的继承制度,使之有利于子女的意图"②。皇权作为最高的社会权力,不仅可以像财富一样成为继承的内容,而且其继承的意义比财富继承的意义更大。为了确保统治权力能够长期稳定地为皇族或王室控制,父死子继制度就成为近代以前世界各国、各民族政治发展的最高形态。但是,这种制度的形成和实施需要有必要的外部条件为前提,或者说,由于外部条件的差异,父死子继制度在古代世界各国的表现有所不同。拜占庭帝国传统的婚姻制度和保守的基督教婚姻法制约了其父死子继制度的正常推行,但是也产生出多种补充形式辅助这种主要的继承方式的维系。

总之,拜占庭皇帝继承方式表现出的多样性是其他国家和民族历史上罕见的。这种多样性是拜占庭社会特定环境造成的,具体而言,是拜占庭传统的婚姻习俗使皇室缺少足够的继承人,产生了此种情况。这一缺陷对维系封建王朝"家天下"来说是致命的弱点,需

---

① John Skylitzes, *Byzanz, wieder ein Weltreich: das Zeitalter der makedonischen Dynastie*, trans. by H. Thurn, Graz, 1983, pp. 156-170.
② 《马克思恩格斯选集》第四卷,人民出版社,1972年,第51页。

要依靠其他继承方式加以克服。多样的继承方式确实从表面上保持了拜占庭王朝的延续,但是仍然不能解决皇室缺乏继承人的根本问题,更不能保证"合格"君主的上位,因此,皇权继承的结果极不稳固。

二

拜占庭皇帝继承方式实施的结果体现出该制度明显的不稳定性,这是我们通过数量分析后得出的第二个结论。

表3　拜占庭王朝皇帝统计表

	君朝	塞朝	利朝	查朝	伊朝	伊苏朝	阿朝	马朝	科朝	安朝	尼朝	帕朝
皇帝人数	5	4	5	4	6	5	3	19	10	4	4	11
代数	2	3	3	3	5	4	3	6	5	2	4	8
统治时间（年）	39	78	61	64	101	85	47	189	126	19	56	192
平均时间（年）	7.8	19.5	12.2	16	16.8	17	15.7	9.95	12.6	4.75	14	17.4

皇帝继承方式产生结果的不稳定性首先表现为王朝统治时间短暂,表3显示的数据能够说明这一点。导致王朝统治不稳定的原因很多,例如统治者实行的政策不得人心、发生严重的自然灾害,等等,这些因素多为学术界所重视,本文希望从皇帝继承制度方面作有关的探讨。拜占庭帝国1120余年历史中共经历12个王朝的统治,其中大多数是短命王朝,如表3所示:君士坦丁王朝仅经历了两代5位皇帝,其中3位同时在位,该王朝统治了39年,平均每个皇帝在位不到8年;塞奥多西王朝经历3代4帝,其末代血亲皇帝塞奥多西二世虽在位42年,终因无男性后裔,王朝终结;利奥王朝与前朝经历类似,仅经3代而亡;查士丁尼王朝曾是拜占庭帝国统治强盛

时期,但是,皇位仅传两代3帝;伊拉克略王朝经历5代6帝,比其前朝统治时间略长,其间,有3位皇帝并立时期;伊苏利亚王朝下降到4代5帝,其末代女皇废黜亲生儿子自立,终使王朝灭亡;阿莫利王朝经历3代3帝,末代皇帝两岁即位,27岁时被杀,王朝终结;马其顿王朝虽有6代19位皇帝主政,但是,其中只有9人为皇室血亲,其他10人或是篡位的军事将领或是玩弄权谋的宫廷政客,他们通过与皇族联姻获得合法地位,该王朝晚期竟有5人是以皇室公主情人身份登基的;科穆宁王朝是由两个家族构成的,一些学者又将其分为科穆宁和杜卡斯两个王朝,其5代10帝如按家族计算均没能超过4代;安格罗斯王朝则仅经历了两代4帝,皇室内讧导致首都陷落;流亡时期的尼西亚王朝只经历了4代4帝,其第二代皇帝并非皇室血亲;末代王朝帕列奥列格王朝经历8代,是拜占庭帝国历史上统治时间最长的王朝。相比之下,我国古代除了分裂时期和秦、隋两朝外,统一王朝的寿命平均在10代以上。中古时期欧洲其他各国王朝也存在寿命短暂的现象,但是很少出现像拜占庭帝国这样多个短命王朝轮番主政的现象。例如君主专制政体建立以前的法国加佩王朝,共有22代28王,均为王室血亲;实行君主专制统治的波旁王朝经历10代7王,其中路易十四(Louis XIV,1643—1715年在位)在位72年,大概是世界上在位时间最长的君主。英国于1066年建立诺曼底王朝,传世9代11王,其中被称为"金雀花王朝"创立者的亨利二世(Henry Ⅱ,1154—1189年在位)实际上是诺曼底王朝亨利一世(Henry Ⅰ,1100—1135年在位)的外孙,是前朝血亲;兰开斯特王朝的创立者爱德华三世(Edward Ⅲ,1327—1377年在位)事实上是诺曼底王朝直系血亲,传位7代。相比之下,拜占庭帝国皇权继承极不稳定。

拜占庭帝国何以会出现皇权继承不稳定、多数王朝统治时间较短的现象?笔者认为,除了许多外在的因素外,拜占庭皇室内部男性继承人较少是最重要的内在原因。而拜占庭帝国的婚姻制度又是造成皇室缺少男性继承人的决定性因素,对皇权继承产生深刻影响。拜占庭人继承罗马帝国时期的一夫一妻制婚姻法,他们接受罗马法中关于婚姻的基本含义,即如古罗马法学家莫德斯体努斯所作的定义,"婚姻是一夫一妻的终身结合,神事和人事的共同关系",罗马法反对离婚。① 早期拜占庭时代修改了罗马法关于夫权和离婚的规定,允许离婚和再婚,5—6世纪的许多法律都有类似的规定。《查士丁尼法典》允许再婚,以生儿育女,延续继承权。② 但是,随着教会法影响的扩大,社会习俗发生了变化,特别是形成了关于神圣婚姻的道德观念,只承认一次婚姻的神圣性,谴责第二次婚姻,虽然不禁止再婚,但条件是夫妻双方必须接受两年以上的独身"惩罚";至于第三次婚姻,教会法加以严格的限制,并坚决反对第四次婚姻。这些法律为包括皇帝和普通臣民在内的拜占庭帝国的信徒严格遵守。在中央集权制的拜占庭帝国,作为臣民主宰和榜样的皇帝,其婚姻更受到教会和民众的关注,他们几乎都严格遵守教会法和婚姻法的规定,因此,其结婚的次数普遍偏低(见表4)。

表4 拜占庭皇帝婚姻状况表

单位:人

未婚	一次婚姻	两次婚姻	三次婚姻	四次婚姻	无记载	无子
8	50	16	4	2	13	22

注:此表包括拜占庭帝国全部在位皇帝。

表4显示,拜占庭皇帝多数情况是一次婚姻,仅有两位皇帝结婚4次,都发生在马其顿王朝,其一是利奥六世(Leo Ⅵ,886—912年在位),其二是王朝末代女继承人佐伊公主。利奥六世的前3次婚姻曾产生1子3女,但其子早亡,他以延续王朝为借口缔结的第四

---

① 转引自周枬:《罗马法原论》,第164页。
② Justinian, *The Civil Law* Ⅴ, trans. by Scott, S. P., The Lawbook Exchange, Ltd., 2001, ix, 9.

次婚姻遭到教会的激烈反对,引发长期的教俗斗争,为此,大教长被罢免。他死后,其第四次婚姻留下的儿子君士坦丁七世(Constantine Ⅶ,913—959年在位)的合法地位经多年才得到认可。① 佐伊为君士坦丁八世的次女,先后4次结婚,终因她先天丧失生育能力,王朝难以继续。生子与结婚有必然联系,但是,结婚不能保证必然生子。在拜占庭历史上,未婚皇帝有8人,结婚而无子的皇帝有22人,还有的皇帝甚至无后,连女性继承人也没有。这样,拜占庭历史上有近1/3的皇帝由于没有结婚或无子而无法进行正常的皇权继承,这就使以父死子继为主要继承方式的多样性的皇权继承制度难以维持,进而导致频繁的、激烈的皇权继承斗争。

需要进一步指出的是,拜占庭婚姻制度对皇权继承的消极作用在拜占庭帝国专制君主制度环境中显得更加突出。由于皇帝集中了多种社会权力,成为帝国最高主宰,因此,围绕皇权继承的斗争就格外激烈。这在缺乏中央集权的中古西欧各国是难以想象的,因为,以土地封赐和层层分封为特点的西欧封建家族政治模式强化了地方贵族势力,在相当长的时间内对王位的争夺远不如拜占庭帝国那样激烈。拜占庭婚姻制度使皇权和皇权继承经常产生问题,为各种觊觎皇权的势力提供了机会,宫廷阴谋层出不穷。特别要指出的是,宫廷内讧乃至王朝更迭,在拜占庭帝国并不必然导致全国大乱,而仅仅是在首都城内发生的,或者事后引发个别贵族的叛乱,对于整个帝国的政治秩序并不产生重大影响。这是拜占庭帝国皇权争夺与古代中国王朝更迭非常不同的地方,其深刻的根源在于拜占庭基督教婚姻法的制约作用。

如果拜占庭婚姻制度能够为皇权继承提供更好的保障,皇位继承结果会更加稳定。这在同样实行君主专制的古代中国得到验证。

---

① John Skylitzes, *Byzanz, wieder ein Weltreich: das Zeitalter der makedonischen Dynastie*, trans. by H. Thurn, pp. 35-40.

我国封建王朝很早即有较为完善的妃嫔制度,以唐朝为例,皇后之下,依次设贵妃4人,贵嫔9人,婕妤9人,美人9人,才人9人,宝林27人,御女27人,采女27人,①这样的安排可以保证产生皇帝权力的继承人,但也可能加剧了皇帝子嗣之间相残的内讧。另外,拜占庭社会杜绝蓄妾,其立法源自针对罗马帝国时期蓄妾成风的情况,严禁重婚,特别是基督教立法坚决禁止重婚和蓄妾,教会公开谴责蓄妾无异于嫖娼,因此,在宗教法规规范下形成的社会习俗和道德观念也严格限制了皇帝子嗣的产生。《查士丁尼法典》也总结了君士坦丁一世以后诸帝吸收教会法、明文禁止蓄妾的法律条文,对违反者处以剥夺公民权的惩罚。② 这样,在婚姻制度不能确保产生皇帝继承人的同时,禁止蓄妾的制度又堵塞了通过非法婚外方式解决该问题的其他途径,拜占庭皇帝继承中的难题始终无法解决,常常转化为皇权继承危机。君士坦丁王朝和塞奥多西王朝因无男性继承人,被迫将皇权转交第二顺序继承人的姐妹继承;利奥王朝(457—518)和查士丁尼王朝(518—578)也因皇帝无嗣而让位于皇帝遗孀;马其顿王朝(867—1057)末期虽然由两位公主延续统治,先后有多位情人登上皇位,但最终还是无以为继。

拜占庭传统婚姻制度对皇权继承的消极影响还表现为皇帝的婚龄滞后和未成年皇帝继承人数量增多。虽然,拜占庭立法规定年满14岁的男子和年满12岁的女子为适婚人,但是,婚姻法规定合法婚姻的要件之一是"须家长或监护人等的允诺",4—6世纪的多项法律规定女子在未满25岁以前,非经其父同意不得结婚。拜占庭帝国初期的立法规定,年满25岁的男子为成年人,这一年限至查士丁尼一世时下降为20岁。事实上,合法婚姻的一系列立法限制使拜占庭人的婚龄普遍偏高,因为,家长和子女在对待结婚次数受到严

---

① 王超:《唐朝皇帝制度的发展与完善》,《南京大学学报》1985年第4期。
② Justinian, *The Civil Law V*, trans. by Scott, S.P., 2001, xxvi, 1.

格限制的婚姻时,采取十分谨慎的态度,他们要取得一致的意见需要更多的时间,会浪费大量机会。婚姻当事人也是如此,他/她们虽然拥有14/12岁结婚的权利,但很少实行早婚。晚婚在皇室中更是常见,因此,皇帝与继承人之间的年龄差距较大,例如,君士坦丁一世在误杀了其成年的长子后,与其三位继承人的年龄差为44岁、49岁和43岁;塞奥多西一世与阿尔卡迪奥斯(Arkadios,395—408年在位)的年龄差为30岁;伊拉克略一世与其继承人的年龄差37岁;利奥三世(Leo Ⅲ,717—741年在位)与其继承人的年龄差33岁;瓦西里一世(Basil Ⅰ,867—886年在位)与利奥六世的年龄差为30岁;利奥六世与君士坦丁七世的年龄差为39岁;生长在皇宫中的君士坦丁七世也实行晚婚,34岁才得子;阿莱克修斯一世与其继承人的年龄差30岁。拜占庭皇帝晚婚现象直到拜占庭帝国后期的帕列奥列格王朝(1261—1453)才有所改变,此时皇帝私生子女也逐渐地增多。[①] 拜占庭皇帝晚婚的直接结果是出现许多未成年的皇帝,查士丁尼一世以前,不足25岁的未成年皇帝即有6人。查士丁尼王朝以后,有年龄记载的皇帝中就有15位是不到20岁的未成年人,其中15岁以下的皇帝有6人。这样,处于未成年皇帝统治下的拜占庭帝国与缺少继承人的拜占庭帝国一样成为争夺皇权的是非场和改朝换代的斗争旋涡。

皇权继承人的缺乏使拜占庭社会上层政治局势经常处于动荡之中,为许多有可能篡夺皇位的势力特别是外戚集团和宫廷贵族集团及教会势力提供了机会。而屡次出现的权力真空状态直接导致皇亲国戚和高官显贵篡夺皇权的激烈斗争,进而加速帝国中央集权政治结构的解体。14世纪以后,所有皇室成员,特别是拥有皇位继承权的皇子们都要求得到封地,他们成为"专制君主",独霸一方,甚

---

① 陈志强:《拜占庭皇帝谱牒简表》,载《南开大学历史系建系七十五周年纪念文集》,第361—369页。

至在土耳其军队征服巴尔干半岛、拜占庭帝国灭亡在即的时候,仍然不能联合抗敌,继续相互厮杀,最终被各个击破。①

三

拜占庭皇帝继承制度的第三个特点是皇位继承过程的残酷凶险和继承斗争的激烈性。

就皇权继承过程而言,分为继承和被继承两个方面,去世或被废黜的皇帝是被继承者,而新皇帝是继承者,皇帝权力在两者之间的交接即是皇权继承的过程。皇帝对身后事的安排首先是保证皇权在皇室内继承,为此他们一般在生前就要确定继承人。拜占庭帝国皇帝确定继承人的习惯来源于古代罗马帝国,但是,他们部分地改变了罗马帝国皇帝"拟制血亲"继承制的内容,继承人的称号也作了较大改变。罗马帝国皇帝的继承人一般被皇帝收为"义子",他们可能是皇帝的亲属,也可能只是皇帝的得力将领。公元3世纪,戴克里先皇帝实行行政改革,在东罗马帝国国家建设方面迈出了第一步,他在皇帝之下设置"恺撒"一职,此后君士坦丁一世沿袭此制,恺撒即成为皇帝继承人,直到11世纪初以前,恺撒始终是皇帝之下最高级的贵族头衔。拜占庭帝国第一个王朝君士坦丁王朝时期,恺撒具有明确的皇帝继承人的意义,君士坦丁一世的三个儿子和朱利安均因此被任命为恺撒,后继承了皇位。4—5世纪的塞奥多西王朝以后,恺撒作为皇帝继承人的作用逐渐被"奥古斯都"这一头衔所取代,直到8世纪中期,利奥三世为其子君士坦丁五世(Constantine V,719—775年在位)加冕为"共治皇帝",恺撒头衔所包含的皇权继承者意义才消失。此后,皇帝继承人虽被称为"共治皇帝",但是在老皇帝在世时,共治皇帝不拥有皇权,只有辅助皇帝处理事务权,其

---

① 陈志强:《帕列奥列格王朝外交政策研究》,《南开学报》1997年第1期。

皇权继承人资格虽然也通过加冕方式得到确认,但是在继承皇位时仍然要举行正式的加冕仪式。共治皇帝的皇冠与皇帝皇冠的区别在于缺少皇冠顶部的十字架,意味着其权力和地位尚有待上帝的赐予。这种确定皇帝继承人的情况与我国古代一些王朝确定"太子"的制度相类似。这样,通过考察拜占庭帝国皇帝在登基前是否获得"恺撒"或"共治皇帝"的称号即可大体了解皇权继承是在自愿的还是被迫的情况下进行的,而这一考察对分析拜占庭皇权继承过程有重要意义。当然,在拜占庭历史上,不仅皇帝合法继承人要能够且必须获得继承人称号,而且非法篡位者为使其篡权行为合法化,有时也要强迫被架空或推翻的皇帝为之加冕,但是,那毕竟是个别现象。这里,我们还是通过数据分析说明问题。

表5 拜占庭皇帝被继承方式统计表

单位:人

	君朝	塞朝	利朝	查朝	伊朝	伊苏朝	阿朝	马朝	科朝	安朝	尼朝	帕朝	合计
自愿	3	2	1	3	2	4	2	8	3	0	3	5	36
被迫	2	0	2	2	8	4	1	8	6	4	1	4	42
无意愿	2	2	2	1	1	1	0	3	1	0	0	2	15
合计	7	4	5	6	11	9	3	19	10	4	4	11	93

注:此表按新王朝建立年代划分时段,包括拜占庭帝国所有在位皇帝。

表5显示,拜占庭帝国皇帝中仅有36人是按照其生前意愿传承皇权,其中还包括个别使用阴谋手段获取继承人资格的篡位者,其占皇帝总数的38.71%。而被剥夺皇权或被强迫改变、放弃传袭皇权意愿的皇帝高达42人,占皇帝总数的45.16%,其中不仅包括皇室血亲内斗,而且包括外姓强权胁迫造成的结果。例如,在拜占庭历史上统治时间最长的帕列奥列格王朝,皇帝安德罗尼库斯二世(Andronicus Ⅱ,1282—1328年在位)在其嫡孙安德罗尼库斯三世(Andronicus Ⅲ,1328—1341年在位)的军事攻击下被迫让位;同一

王朝的皇帝约翰六世(John Ⅵ,1347—1354年在位)也是如此,在其女婿约翰五世(John Ⅴ,1341—1391年在位)的军事打击下退位。表5中"无意愿"是指死于意外事件和死因不明的皇帝未能对皇权继承表示出意向。表5中数据说明,拜占庭帝国皇权继承大部分不是按照皇帝生前意愿进行的,在皇权继承过程中存在着极大的不确定因素,而被继承环节的不稳定必然为其后继承方式的残酷和继承斗争的激烈埋下隐患。

皇帝生前希望将其权力移交给最符合其心愿的继承人,必须具备几个前提条件,一是皇帝临终前权威足够大,统治地位足够稳定,足以压倒包括其亲生子嗣在内的任何势力的挑战;二是其选定的接班人有足够的能力和权势继承皇权。两者缺一不可,否则皇权便不能如其所愿实现交接,或者即便交接了也难以维系,最终还是没有按照其意愿完成交接过程。

表6 拜占庭皇帝登基手段统计表

单位:人

	君朝	塞朝	利朝	查朝	伊朝	伊苏朝	阿朝	马朝	科朝	安朝	尼朝	帕朝	合计
和平	4	2	2	3	3	4	2	9	4	0	3	6	42
兵变	2	1	1	2	5	2	1	2	3	1	0	4	24
政变	1	1	2	1	3	3	0	8	3	3	1	1	27
合计	7	4	5	6	11	9	3	19	10	4	4	11	93

注:此表按新王朝建立年代划分时段,包括拜占庭帝国所有在位皇帝。

表6比较清晰地显示出,拜占庭帝国皇帝中有半数以上使用了非法的暴力的继承方式,其中以兵变手段登基的有24人,以宫廷政变上台的有27人,两项共计51人,占皇帝总数的54.84%,亦即每两位皇帝中就有一位是采取非法手段继承皇权的。此处,列举拜占庭帝国历史上以非法手段登基最突出的事件进一步说明问题是适宜的。利奥王朝皇帝泽诺(Zeno,474—491年在位)为伊苏利亚军

队将领,为了夺取皇权,先将6岁儿子扶植上台,而后自立为皇位继承人,并最终害死儿子称帝,"子死父继"的先例因此在血腥的阴谋中出现。另一例废子夺权的事件是伊苏利亚王朝的女皇伊琳妮制造的,她曾是其亲生儿子、9岁即位的君士坦丁六世的摄政王,后因不甘心还政于成年的儿皇帝而发动宫廷政变,不仅废黜君士坦丁六世,而且将之刺瞎流放,软禁至死,她自立为帝。伊拉克略王朝末代皇帝被军事将领推翻砍头后,连续6个皇帝通过军事叛乱和宫廷政变夺权皇位,被砍头处死者达5人。皇室内斗的顶峰出现在末代王朝帕列奥列格王朝时期,为夺取皇权展开的内战此伏彼起,先有持续8年的"两安德罗尼库斯之战"(祖孙之间),后有断断续续进行了13年的"两约翰之战"(翁婿之间),终以持续6年的"约翰安德罗尼库斯之战"(父子之间)而结束。① 至于兄弟姐妹、叔侄甥舅和君臣将帅之间大动干戈、钩心斗角的夺权斗争更是层出不穷,拜占庭帝国皇权继承斗争的激烈残酷为古代世界各国王室所罕见。

启蒙运动时代的思想家对拜占庭宫廷内斗十分不耻,彻底否定也在情理之中。但是,这里笔者不得不指出的是,皇室内争的现象在11世纪以后的拜占庭帝国特别突出,原因更为复杂,其中最主要的因素在于科穆宁王朝推行的政治改革。这一改革将拜占庭帝国原有的中央集权国家政治转变为科穆宁皇家为核心的家族政治,从而加剧了争夺皇权的皇族内部斗争。家族政治的强化并没有解决皇帝专制将帝国各种公共权力过度集中于皇帝一人造成的问题,只不过将皇族外的多种矛盾集中到皇家内部,将围绕帝国诸多公共权力及其利益的争夺转移到皇族内部,从而加剧了皇家内部斗争的激烈程度。启蒙主义思想家们只是看到了问题的表象,而未能深入问

---

① Laonici Chalcocandylae, *Apodeixeis Historia*, ed. by E. Dacco, Budapest, 1922—1927, pp. 140-166.

题的实质。

最后,让我们再通过拜占庭皇帝的死亡方式和被推翻及受迫害的情况统计分析说明拜占庭帝国皇权继承过程的凶险。

表7 拜占庭皇帝死亡方式统计表

单位:人

	君朝	塞朝	利朝	查朝	伊朝	伊苏朝	阿朝	马朝	科朝	安朝	尼朝	帕朝	合计
病故	2	3	3	4	4	4	2	10	6		3	8	49
被害			1		3	2	1	5	3	1	1	1	18
处决	1			2	4	2		3	1	3			16
阵亡	2					1						1	4
意外	2	1	1					1				1	6
合计	7	4	5	6	11	9	3	19	10	4	4	11	93

注:此表按新王朝建立年代划分时段,包括拜占庭帝国所有在位皇帝。

表7显示,拜占庭帝国93个皇帝中有49人因病而死,四人死于战争,属于正常死亡的人数共为53人,占皇帝总数的56.99%,其中包括被推翻后流放软禁贫病而亡的皇帝,如伊拉克略王朝的皇帝伊拉克罗纳斯(Heraklonas,641年在位)被废黜后,病死于流放地罗得岛,又如塞奥多西三世(Theodosios Ⅲ,715—717年在位)病死于被软禁的修道院;其他40人死于暗害、死刑和原因不明的意外事故,非正常死亡占皇帝总数的43.01%,亦即平均每两个皇帝中将近一人死于非命。如果我们将表中属于正常死亡而实际上因受迫害而死亡的皇帝计算为非正常死亡,则后者所占的比例还要高。这组数据充分显示出拜占庭帝国统治阶层为争夺皇位而展开的血腥斗争的激烈程度。即便是在学者们公认的所谓拜占庭帝国的强盛时期,皇帝的处境也没有明显的改善。例如,查士丁尼王朝是所谓"重建罗马帝国"的强盛时期,但是,其末代外姓皇帝莫里斯(Maurice,582—602年在位)仍死于叛乱将领的乱刀之下;又如"拜占庭帝国黄

金时代"的马其顿王朝,将近半数皇帝死于非命,其中6人被暗害(瓦西里一世的意外死亡为历史之谜),3人被处决。根据现有历史资料明确证实,拜占庭历史上有近十位皇帝遭到削鼻剜眼的酷刑而致残。难怪启蒙主义学者孟德斯鸠以鄙视的态度写道:"希腊帝国(拜占庭帝国——引者注)的历史(以后我们就是这样称呼罗马帝国的)不外是一连串的叛变、骚乱和背信弃义的行为而已。"①孟德斯鸠的意见虽然代表了18世纪法国启蒙运动时代对拜占庭历史的看法,有失偏颇,但却形象地反映了拜占庭帝国皇权继承斗争的激烈状况。

从继承过程看,拜占庭帝国争夺皇权斗争异常残酷激烈的重要原因是皇位继承人的不确定和继承权力的分散。由于拜占庭帝国经常处于缺乏明确的皇帝继承人,或因继承人不成熟而使皇位处于实际上的虚空状态,所以使享有不同程度继承皇位权力资格的皇室血亲都有当皇帝的可能,进而增加了参与夺权斗争的势力,也增加了皇位继承斗争的激烈程度。另外,一些皇帝之所以迫不及待、不惜铤而走险以暴力和非法手段夺权,还因为其继承权受到威胁,或者其法定的继承权并不明显,迫使他们通过各种手段巩固和强化其继承权。从根本上讲,决定拜占庭帝国皇帝继承过程的因素是拜占庭国家高度中央集权的皇帝专制制度,皇帝至高无上的权力使皇帝可以根据自己的意愿确定继承人。② 但是,一般情况下,他们不会违背拜占庭继承法的规定。然而,皇帝专制制度又使他们有可能随时打破继承惯例,使拥有继承权的皇室成员经常处于丧失继承权的恐惧之中,迫使各顺位继承人从非法途径确保其合法权利。同时,"家天下"的皇位血亲世袭原则使皇室内拥有继承权的成员都有夺取皇权的欲望和可能,加剧了皇权继承的复杂性。拜占庭历史上几乎所

---

① Montesquieu, *Considerations sur les causes de la grandeur des Romains et de leur decadence*, New York, 1882, p.437. 孟德斯鸠:《罗马盛衰原因论》,第119页。
② 参见周枏:《罗马法原论》,第436页。

有继承权受到威胁的皇室成员都发动过军事叛乱和政变,因此,大大小小、成功与失败的政变叛乱、宫廷阴谋充斥了整部拜占庭历史。

综上所述,拜占庭皇权继承制具有的继承方式多样性、继承结果不稳定性,以及继承过程凶险残酷性和继承斗争激烈性,是拜占庭帝国社会特殊环境的产物。拜占庭皇帝专制制度需要稳定的皇权继承制强化高度的集权化统治,但是,拜占庭社会的婚姻制度和习俗却不能为实行稳定的皇权继承制提供保障,因此,形成了拜占庭皇权继承制的上述特点。王权是古代世界各国最高的权力,成为各种政治势力争夺的焦点,为此展开的殊死斗争和血腥阴谋活动在古代世界历史上并不鲜见,也成为传统史学研究关注的重点。但是,像拜占庭帝国历史上皇帝继承过程中出现的这些情况似乎并不多见。如果说世界各国的古代王权历史给人们留下了争权夺利残酷激烈的总体印象的话,那么通过以上数据统计分析可以进一步使人们对拜占庭帝国皇权继承过程的特点有更明确的认识。

(原文首载于《中国社会科学》1999年第1期)

拜占庭皇帝谱牒研究

本文基本史料出自拜占庭历史作品,恕不一一注出。

涉及早期拜占庭历史的主要包括:恺撒利亚主教尤西比乌斯(Eusebius)的两卷本编年史(记述到325年为止),该作品在拜占庭帝国产生了重要影响,著名的《君士坦丁大帝传》也冠以他的名字;①4世纪最重要的历史学家阿米亚努斯·马西林努斯(Ammianus Marcellinus)撰写的《编年史》,涉及353—378年历史的第14—31卷被保留下来;②萨尔迪斯的尤纳比乌斯(Eunapius of Sardes)的作品涉及270—404年的历史,但现仅存残卷;底比斯的奥林匹奥多鲁斯(Olympiodorus of Thebes)的作品仅剩的残卷涉及407—425年的历史;③左西莫斯(Zosimus)的著作从奥古斯都写到410年为止,戴克里先以后的历史写得更详细;④普里斯库斯(Priscus)书写的历史

---

① Eusebius Pamphilus, *Church History*, *Life of Constantine*, *Oration in Praise of Constantine*, edit. By Schaff, P., New York: Christian Literature Publishing Co., 1890.
② Marcellinus, *The Chronicle of Marcellinus: a translation and commentary (with a reproduction of Mommsen's edition of the text*, Sydney, 1995.
③ Eunapios of Sardis, *The Fragmentary Classicising Historians of the Later Roman Empire: Eunapius, Olympiosorus, Priscus, and Malchus*, ed. by R. Blockley, Liverpool, 1981–1983.
④ Zosimus, *New History*, trans. and commentary by Ronald T. Ridley, Canberra, 1982.

作品涉及433—468年的历史;①苏格拉底(Socrates)的作品涉及306—439年的历史;②索左门(Sozomen)的作品涉及324—415年的历史;③"卷胡子的"塞奥多利特(Theodoret of Cyrrhus)的著作涉及325—428年的历史;④埃瓦格留斯(Evagrius)的作品也具有相当重要的价值;⑤以弗所的约翰(John of Ephesus)的作品;⑥亚历山大的阿塔纳修斯(Athanasius of Alexandria)、纳坚祖斯的格列高利(Gregory of Nazianzus)、恺撒利亚的瓦西里(Basil of Caesarea)、尼撒的格列高利(Gregory of Nyssa)和"金嘴"约翰(John Chrysostom)的作品;⑦朱利安(Julian)皇帝的作品。⑧ 涉及查士丁尼(Justinian)时代的历史作家是恺撒利亚的普罗柯比(Procopius of Caesarea),他撰写了多卷本的战史,于551年完成,而8卷的增补本问世于553年,他还撰写了著名的《秘史》,554年他完成了描述查士丁尼时期建

---

① Priscus, *The Fragmentary Classicising Historians of the Later Roman Empire: Eunapius, Olympiosorus, Priscus, and Malchus*; C. Gordon, *The Age of Attila: Fifth Century Byzantium and the Barbarians*, University of Michigan Press, 1960.
② Severus of Antioch, *A collection of letters from numerous Syriac manuscripts*, Edited and translated by E. W. Brooks, London, 1915.
③ Sozomen, *The Ecclesiastical History*, translated by Chester D. Hartranft, New York: Christian Literature Publishing Co., 1890.
④ Theodoret of Cyrrhus, *A History of the Church, in Five Books from AD 322 to the Death of Theodore of Mopsuestia, AD 427*, London 1843.
⑤ Evagrius Scholasticus, *Ecclesiastical History of Evagrius with the Scholia*, ed. by J. Bidez and L. Parmentier, London 1898; rp. Amsterdam 1964.
⑥ John of Ephesus, *The Third Part of the Ecclesiastical History of John, bishop of Ephesus*, trans., R. Payne Smith, Oxford 1860.
⑦ Athanasius, *The Life of Antony and the Letter to Marcellinus*, trans. by Gregg, New York 1980. Gregory of Nazianzen, *Select Orations, Sermons, Letters; Dogmatic Treatises*, NPNF2-07, pp. 299-709, general editor Philip Schaff, New York, 1893. Gregory of Nyssa, *Dogmatic Treatises; Select Writings and Letters*, NPNF2-05, general editor Philip Schaff, New York, 1892. John Chrysostom, *On the Priesthood, Ascetic Treatises, Select Homilies and Letters, Homilies on the Statutes*, NPNF1-09, general editor Philip Schaff, New York, 1886.
⑧ Julian, *The Works of the Emperor Julian*, trans. by W. C. Wright, Harvard University Press, 1996.

筑活动的《建筑》一书;①阿卡塞亚斯(Agathias)的作品涉及552—558年间的历史;②"护民官"曼南德尔(Menander Protector)的作品涉及558—582年历史;③塞奥非拉克特·西蒙卡特(Theophylact Simocattes)撰写了8卷本的莫里斯皇帝(Maurice,582—602年在位)时期的历史;④编年史作品有约翰·马拉拉斯(John Malalas)的世界编年史。⑤

涉及中期拜占庭历史的包括:塞奥发尼斯(Theophanes)和牧首尼基弗鲁斯(Nicephorus)撰写的两部编年史;⑥"宗座秘书"乔治(George the Syncellus)未完成的世界编年史的续篇;教廷图书馆馆长阿纳斯塔修斯(Anastasius)将塞奥发尼斯的编年史翻译为拉丁文,使该书在西方闻名遐迩;⑦小尼基弗鲁斯的神学作品和一部简史著作涉及602—769年的历史;⑧尼基乌主教约翰(John of Nikiu)的一部世界编年史;⑨"文法家"利奥(Leo the Grammarian)的一部编

---

① Procopios, *The Wars, the Buildings, the Secret History*, trans. by H. Dewing, London, Loeb Classical Library, 1914 – 1935.
② Agathias, *The Histories*, trans. by J. D. Frendo, in Corpus Fontium Historiae Byzantinae 2A, Berlin, 1975; A. Cameron, "Agethias on the Sassanians", *Dumbarton Oaks Papers* 23 – 24(1969), pp. 67 – 183.
③ Menander, *The History of Menander the Guardsman*, trans. by R. Blockley, Liverpool, 1985.
④ Theophylact, *The History of Theophylact of Simocatta: An English Translation with Introduction and Notes*, trans. by Michael Whitby and Mary Whitby, Oxford, 1986.
⑤ John Malalas, *The Chronicle of John Malalas*, trans. by Elizabeth Jeffreys, Michael Jeffreys, Roger Scott, et al, Melbourne, 1986.
⑥ Theophanes, *The Chronicle of Theophanes*, trans. by H. Turtledove, Philadelphia, 1982. Nikephoras Gregoras, *Historia Byzantine*, ed. L. Schopen and I. Bekker, Bonn, 1829—1830; *Historia Rhomaike Nikephoros Gregoras*, trans. by J. van Dieten, Stuttgart, 1973.
⑦ *Georgii Syncelli Ecloga Chronographica*, ed. A. Mosshammer, Leipzig, 1984.
⑧ Nikephoros the Younger, *Materials for a History*, trans. by Paul Gautier, Brussels, 1975.
⑨ John of Nikiu, *The Chronicle of John, Bishop of Nikiu*, ed. with English trans. by R. H. Charles, London, 1916.

年史;①"长官"西蒙(Symeon Logothetes)的一部编年史;②塞奥发尼斯编年史续编(Theophanes Continuatus);③约翰·斯西里兹斯(Scylitzes)的《编年史》;④"助祭"利奥(Leo the Deacon)的一部历史作品;⑤米哈伊尔·颇塞罗斯(Michael Psellus)的名著《编年史》;⑥皮西迪亚的乔治(George of Pisidia)的作品主要部分的副本;⑦约翰·左纳拉斯(John Zonaras)撰写的世界《编年史》。⑧

涉及晚期拜占庭历史的包括:米哈伊尔·颇塞罗斯的《编年史》,还有颇塞罗斯的大量书信、演讲和其他作品,此外还有米哈伊尔·阿塔雷亚特(Michael Attaleiates)撰写的历史著作;⑨前引约翰·斯西里兹斯《编年史》的最后部分也涉及这个时期;前引约翰·左纳拉斯的《编年史》对这一时期的历史也有重要研究价值。科穆宁王朝时期的重要史料包括安娜·科穆宁(Anna Comnena)、约翰·辛纳穆斯(John Cinnamus)和尼西塔斯·侯尼亚迪斯(Nicetas

---

① Leo the Grammarian, *Chronographia*, ed. by Bekker, I., (*Corpus Scriptorum Historiae Byzantinae*), Bonn, 1842.
② Symeon Magister (Logothete), *Chronicle*, ed. by Bekker, I., (*Corpus Scriptorum Historiae Byzantinae*), Bonn, 1838.
③ Theophanes Continuatus, *Historia*, ed. by Bekker, I., (*Corpus Scriptorum Historiae Byzantinae*), Bonn, 1838.
④ Scylitzes, John., *Excerpta ex breviario historica*, ed. by Bekker, I., (*Corpus Scriptorum Historiae Byzantinae*), Bonn, 1838-1839.
⑤ Leo the Deacon, *Historiae*, ed. by Hasius, C. B., (*Corpus Scriptorum Historiae Byzantinae*), Bonn, 1828.
⑥ Michael Psellus, *Chronographia*, ed. by Sathas, C., (*Bibliotheca Graeca Medii Aevi*, Ⅳ), Paris, 1874.
⑦ George of Pisidia, *De expeditione persica*, ed. by Bekker, I., (*Corpus Scriptorum Historiae Byzantinae*), Bonn, 1836.
⑧ John Zonaras, *Epitome Historiarum*, ed. M. Pindar, (*Corpus Scriptorum Historiae Byzantinae*), Berlin, 1841; English trans. by M. Dimaio, Missouri-Columbia, 1977.
⑨ Michael Attaliates, *Historia*, ed. by Bekker, I., (*Corpus Scriptorum Historiae Byzantinae*), Bonn, 1853.

Choniates)等人的作品;①安娜的丈夫尼基弗鲁斯·布林尼乌斯(Nicephorus Bryennius)也是一位历史学家,但他的作品一直没有完成;还有君士坦丁·马纳塞斯(Constantine Manasses)的《编年史》、米哈伊尔·格里卡斯(Michael Glycas)的《编年史》和卓依尔(Joel)的《编年史》。② 约翰·辛纳穆斯和尼西塔斯·侯尼亚迪斯的作品还包含安格罗斯王朝的历史,后者的作品还涉及拉丁人统治的最初几年的历史。涉及尼西亚王朝历史的有乔治·阿克罗保利特斯(George Acropolites,1217—1282)的《编年纪》,其价值十分突出;③还有西基库斯的塞奥多利·斯库塔留特斯(Theodore Scutariotes of Cyzicus)的《编年史》,其中描写了1261年收复君士坦丁堡的历史;④再还有乔治·帕奇美雷斯(George Pachymeres,1242—约1310年)的作品,具有极高的历史价值;⑤最后有尼基弗鲁斯·格里高拉斯(Nicephorus Gregoras,1295—1360年)的历史作品。⑥ 晚期史料除了包括乔治·帕奇美雷斯、尼基弗鲁斯·格里高拉斯,还有约翰·

---

① Anna Comnena, *The Alexiad*, trans. by E. Dawes, London 1928; trans. by E. Sewter, N. Y. Penguin, 1969. John Cinnamus, *Historia*, ed. by A. Meineke, (*Corpus Scriptorum Historiae Byzantinae*), Bonn, 1838, London, 1928. Nicetas Choniates, *Historia*, ed. by Bekker, I., (*Corpus Scriptorum Historiae Byzantinae*), Bonn,1835.
② Constantine Manasses, *Breviarium Historiae metricum*, ed. by Bekker, I., (*Corpus Scriptorum Historiae Byzantinae*) Bonn, 1837. Michael Glykas, *Annals*, ed. by Bekker, I., (*Corpus Scriptorum Historiae Byzantinae*) Bonn, 1836. Joel, *Chronographia*, ed. by Bekker, I., (*Corpus Scriptorum Historiae Byzantinae*) Bonn,1836.
③ George Akropolites, *Chonike Syngraphe*, trans. by R. Macrides, Oxford; New York: Oxford University Press, 2007.
④ Theodore Skoutariotes, *Chronicle*, ed. K. Sathas, Paris, 1894.
⑤ George Pachymeres, *De Michaele et Andronico Paleologus*, ed. I. Bekker, Bonn, 1835; *Relationes historicas*, (*Corpus Scriptorum Historiae Byzantinae*), trans. by V. Lautent, Paris,1984.
⑥ Nikephoras Gregoras, *Historia Byzantine*, ed. L. Schopen and I. Bekker, Bonn 1829—1830; *Historia Rhomaike Nikephoros Gregoras*, trans. by J. van Dieten, Stuttgart,1973.

坎塔库震努斯(John Kantakouzenos)的作品;①劳尼库斯·查尔克康迪拉斯(Laonicus Chalcocondyles)、杜卡斯、乔治·斯弗兰齐斯(George Sphrantzes)和克里托布鲁斯(Critobulus)的作品涉及拜占庭帝国瓦解时期的历史。②另外,外国目击者威尼斯人尼科洛·巴尔巴洛(Nicolo Barbaro)的记载也十分重要;③主教莱奥纳多(Leonard of Chios)的书信;④最重要的史料是乔治·斯弗兰齐斯(George Sphrantzes)的作品、⑤杜卡斯(Michael Ducas)的作品、⑥佛罗伦萨商人加科莫·特达尔迪(Florentine Giacomo Tedaldi)的作品,这些作品都是在史料极度缺乏的末代王朝记载的。⑦

君士坦丁一世(Constantine Ⅰ,324—337年在位) 273年生于尼斯,306年7月5日为帝,324年即位,有2次婚姻,4子2女,337

---

① John Cantacuzene, *Historiae*, ed. by L. Schopen, (*Corpus Scriptorum Historiae Byzantinae*) Bonn,1828 – 1832.
② 引自 J. P. Migne, *Patrologia Graeca* 159, cols. pp. 375 – 397,注者还对比了 Darko, Budapest,1922年版。见 J. R. Melville Jones 翻译的 *The Siege of Constantinople* 1453: *Seven Contemporary Accounts*, trans. by J. R. Melville Jones, Amsterdam: Adolf M. Hakkert Publisher,1972,pp. 43,44. George Sphrantzes, *The Fall of the Byzantine Empire*, *A Chronicle by G. Sphrantzes*,1401 – 1477, Amherst: The University of Massachusetts Press, p. 11. Critobulus, ed. by C. Muller, (*Fragmenta historicorum graecorum*, Ⅴ.) Paris,1870.
③ Nicolo Barbaro, *Diary of the Siege of Constantinople*,1453, trans. by J. R. Jones, New York: Exposition Press,1969.
④ 根据 Vatican ms. Lat. 4137号档案整理出来的 J. P. Migne, *Patrologia Graeca* 159, cols 923 – 943,以及意大利文版本 F. Sansovino, *Historia Universale dell'Origine et Imperio de Turchi*, Book Ⅲ, pp. 304 – 313., *col.* 927.
⑤ Georgius Sphranzes, *Historia*, ed. Ⅴ. Grecu, Thesaurus Linguae Graecae from Homer to the fall of Byzantium in AD 1453, no. 3143, work 001, Mich 3. 18. 2, XXXV, 6; George Sphrantzes, *The Fall of the Byzantine Empire*, *A Chronicle by G. Sphrantzes*,1401 – 1477, p. 70.
⑥ Doukas, *Ducae Historia Turcobyzantina* (1341 – 1462), ed. and tr. Ⅴ. Grecu, Thesaurus Linguae Graecae from Homer to the fall of Byzantium in AD 1453, no. 3146, XXXVIII, 3 – 4; Doukas's *Decline and Fall of Byzantium to the Ottoman Turks*, an annotated translation of "Historia Turco-Byzantina" by Harry J. Magoulias, Wayne State University, Detroit: Wayne State University Press,1975.
⑦ *The Siege of Constantinople* 1453: *Seven Contemporary Accounts*.

年5月22日病死于尼科米底亚,其子即位。

君士坦丁二世(Constantine Ⅱ,337—340年在位) 317年2月生于阿尔雷斯,君士坦丁一世的私生子,317年3月1日被册封为恺撒,337年9月9日继位,340年与其同父异母的弟弟君士坦斯交战死于阿奎利亚。

君士坦斯一世(Constans Ⅰ,337—350年在位) 323年生于君士坦丁堡,君士坦丁一世与福斯达之幼子,333年12月25日被册封为恺撒,337年9月9日成为奥古斯都,350年1月被马格南提乌斯领导的政变推翻并被杀死于菲兰尼斯要塞。

君士坦提乌斯二世(Constantius Ⅱ,337—361年在位) 317年8月7日生于君士坦丁堡,君士坦丁一世和福斯达之子,324年11月8日被册封为恺撒,337年9月9日成为奥古斯都,353年击败马格南提乌斯,有3次婚姻,无嗣,355年册封其妹夫朱利安为恺撒,361年11月3日在西里西亚患小病而亡,朱利安即位。

朱利安(Julian,361—363年在位) 332年5月/7月生于君士坦丁堡,355年被册封为恺撒,361年即位,363年6月26日在对波斯作战中被暗算而亡,君士坦丁王朝绝。

卓维安(Jovian,363—364年在位) 331年生于辛吉杜努姆(Singidunum),蛮族军事贵族之子,363年6月27日被一小股部队拥立为帝,7个月10天后在返回君士坦丁堡途中意外死亡。

瓦伦提尼安(Valentinian,364—375年在位) 321年生于潘诺尼亚,原为朱利安部将,364年2月26日被部下拥立为帝,同年给其弟瓦伦斯加封,两人为共治皇帝,有2次婚姻,2子,375年11月17日因狂怒中风而死。

瓦伦斯(Valens,364—378年在位) 328年生于潘诺尼亚,因其兄瓦伦提尼安一世而晋升,成为东部罗马帝国皇帝,378年8月9日在亚得里亚堡平息西哥特人起义时阵亡。

塞奥多西一世(Theodosios Ⅰ,379—395年在位) 347年1月

11日生于西班牙加里西亚军事贵族之家,379年1月19日被拥立为帝,有2次婚姻,2子2女,395年1月17日在平息尤格尼乌斯叛乱时病死于米兰,其子即位。

阿尔卡迪奥斯(Arkadios,395—408年在位) 377年生于君士坦丁堡,塞奥多西一世与艾丽亚之子,383年被封为奥古斯都,394年为摄政,其父死后担任东部帝国皇帝,有1次婚姻,1子4女,408年5月1日病死于君士坦丁堡,其子即位。

塞奥多西二世(Theodosios Ⅱ,408—450年在位) 401年4月10日生于君士坦丁堡,402年1月10日被册封为奥古斯都,408年5月1日即位,有1次婚姻,2女,450年7月28日死于意外事故。

马尔西安(Marcian,450—457年在位) 392年生于色雷斯,在蛮族将领阿斯巴摄政时期升迁迅速,塞奥多西二世死后,与普尔海里亚公主结婚,450年8月25日继承帝位,457年1月27日于君士坦丁堡暴病而亡。

利奥一世(Leo Ⅰ,457—474年在位) 400年生于伊利里亚的达吉亚,457年2月7日被立为皇帝,有1次婚姻,1子2女,474年1月18日病死于君士坦丁堡,其外孙即位。

利奥二世(Leo Ⅱ,473—474年在位) 是利奥一世的外孙,467年生于君士坦丁堡,473年被封为恺撒和奥古斯都,同年即位,474年为其父泽诺加冕,数月后去世,疑为其父所害。

泽诺(Zeno,474—491年在位) 生于伊苏利亚,利奥一世的女婿,474年被其子封为奥古斯都,利奥二世死后,在伊苏利亚军队帮助下登基,有1次婚姻,1子早亡,491年4月9日病死于君士坦丁堡。

瓦西里斯库斯(Basiliskos,475—476年在位) 利奥一世之内弟,利用政变称帝,泽诺重新称帝后流亡,476年8月在流亡卡帕多西亚的途中饿死。

阿纳斯塔修斯一世(Anastasios Ⅰ,491—518年在位) 430年

生于都拉基乌姆,教士之子,曾任安条克主教,491年4月11日被泽诺遗孀阿利亚德尼选为皇帝,并与之结婚,518年7月10日病死于君士坦丁堡。

查士丁一世(Justin Ⅰ,518—527年在位) 450年生于达尔达尼亚一户农民之家,518年7月9日被军队拥立为帝,有1次婚姻无嗣,527年8月1日病死于君士坦丁堡。

查士丁尼一世(Justinian Ⅰ,527—565年在位) 482年生于达尔达尼亚,查士丁一世之外甥,527年4月1日被册封为奥古斯都,同年8月1日称帝,有1次婚姻无嗣,565年11月14日病死于君士坦丁堡,其外甥即位。

查士丁二世(Justin Ⅱ,565—578年在位) 查士丁尼一世的外甥,565年11月15日即位,574年12月7日册封提比略为恺撒,统治末年患精神病,有1次婚姻无嗣,578年10月4日/5日病死于君士坦丁堡。

提比略一世(Tiberios Ⅰ,578—582年在位) 生于色雷斯,574年受皇后索菲亚青睐,被册封为恺撒和奥古斯都,578年9月26日称帝,582年8月14日病死,传位于女婿。

莫里斯(Maurice,582—602年在位) 539年生于阿拉比索斯或亚美尼亚,582年夏被册封为恺撒,同年8月14日即位后结婚,602年11月23日福卡斯叛乱期间,被处死。

福卡斯(Phokas,602—610年在位) 547年生于色雷斯,602年10月在军队起义中被拥立为总督,后称帝,610年10月5日被叛军伊拉克略推翻斩首处死。

伊拉克略一世(Herakleios Ⅰ,610—641年在位) 575年生于卡帕多西亚,迦太基总督之子,610年10月5日称帝,有2次婚姻,9子4女,641年2月病死于君士坦丁堡,皇位留给了指定的两个儿子。

君士坦丁三世(Constantine Ⅲ,641—641年在位) 612年5月

3日生于君士坦丁堡,613年1月22日被封为奥古斯都,632年为执政官,641年1月11日以长子身份即位,641年4月20日(5月24或26日)被后母玛尔提娜毒死,同父异母之弟即位。

伊拉克罗纳斯(Heraklonas,641—641年在位) 626年生于君士坦丁堡,641年4月(或5月)9日即位,同年被贵族起义推翻,流放罗得岛,具体死亡日期不详。

君士坦斯二世(Constans Ⅱ,641—668年在位) 630年11月7日生于君士坦丁堡,君士坦丁三世之子,641年9月加冕称帝,有1次婚姻,1子,668年3月在意大利,被叛敌将领买通内宫仆人在浴室中刺杀身亡,其子即位。

君士坦丁四世(Constantine Ⅳ,668—685年在位) 650年生于君士坦丁堡,君士坦斯二世之子,654年4月被其父任命为共治皇帝,681年废黜其弟伊拉克略和提比略,并将他们致残,有1次婚姻,2子,685年7月10日死于痢疾,由其子即位。

查士丁尼二世(Justinian Ⅱ,685—695,705—711年在位) 668年生于君士坦丁堡,君士坦丁四世之子,685年即位,27岁时被推翻下台,705年在保加利亚岳父的帮助下重登帝位,有2次婚姻,1子,711年11月7日再被军事政变推翻,被处死。

利昂提奥斯(Leontios,695—698年在位) 生年不详,伊苏利亚人,695年发动起义,称帝,698年被提比略二世发动政变推翻,705年被重登帝位的查士丁尼二世斩首处死。

提比略二世(Tiberios Ⅱ,698—705年在位) 亚美尼亚蛮族人将领,698年称帝,705年8月被查士丁尼二世推翻处死。

腓力皮克斯(Philippilos,711—713年在位) 军队将领,711年11月称帝,并率起义部队占领君士坦丁堡,713年6月3日被推翻,714年1月20日死于达尔马图修道院。

阿纳斯塔修斯二世(Anastasios Ⅱ,713—715年在位) 贵族出身,713年6月4日被拥立为帝,715年被推翻流放,719年被斩首处死。

塞奥多西三世(Theodosios Ⅲ,715—717年在位) 哥特贵族出身,715年被发动军事叛乱的部队拥立为帝,717年3月25日被推翻下台,携子逃入修道院,754年死于以弗所。

利奥三世(Leo Ⅲ,717—741年在位) 685年生于小亚细亚一户牧民之家,后因向查士丁尼二世进献500只羊而受赏识,因军功而步步高升,官至阿纳多利亚军区将军,717年3月25日称帝,718和720年分别为其妻与儿加冕,有1次婚姻,1子1女,741年6月18日病死于君士坦丁堡,其子即位。

君士坦丁五世(Constantine Ⅴ,741—775年在位) 718年生于君士坦丁堡,720年被封为共治皇帝,741年即父位,有3次婚姻,5子,775年9月14日死后,其子即位。

利奥四世(Leo Ⅳ,775—780年在位) 750年1月25日生于君士坦丁堡,1岁时被封为共治皇帝,776年为子加冕,有1次婚姻,1子,780年9月8日病死,其子即位。

君士坦丁六世(Constantine Ⅵ,780—797年在位) 771年1月14日生,776年被封为共治皇帝,9岁即位,母后摄政,790年12月夺取正位,792年还政于母,797年4月19日被母后废黜,双目被刺瞎,流放,有2次婚姻,2子,在805年之前死于君士坦丁堡。

伊琳妮(Irene,797—802年在位) 752年生于雅典,768年入宫,769年12月与利奥四世成婚,780年为君士坦丁六世的摄政王,790年被夺权软禁在君士坦丁堡郊外,792年重新入朝,797年废子夺权,成为拜占庭帝国第一位女皇,802年被政变推翻,流放,803年8月9日死于莱斯博斯岛。

尼基弗鲁斯一世(Nikephoros Ⅰ,802—811年在位) 760年生于塞鲁西亚,802年10月31日通过政变篡权称帝,811年7月26日在对保加利亚人作战中失败阵亡,其子即位。

斯达乌拉焦斯(Stauracios,811年在位) 803年被父亲封为共治皇帝,811年7月26日在亚得里亚堡战役中受重伤,28日即帝位,10月1日因伤势严重不能视事而让位于其妻子,后者旋即让位于皇帝的妹夫米哈伊尔,812年1月11日斯达乌拉焦斯病逝。

米哈伊尔一世(Michael Ⅰ,811—813年在位) 官僚出身,794年成为尼基弗鲁斯皇帝的女婿,811年10月即位前被刺瞎,813年7月11日被将军利奥发动政变废黜,后关入修道院直至去世。

利奥五世(Leo Ⅴ,813—820年在位) 亚美尼亚人,813年7月22日被部下拥立为皇帝,820年12月25日在圣索菲亚大教堂举行的圣诞节仪式上被其将领派人暗杀,后被暴尸于大竞技场。

米哈伊尔二世(Michael Ⅱ,820—829年在位) 生于阿莫利一户贫困农民之家,曾得宠于利奥五世,820年12月因涉嫌政变而判死刑,其部下暗杀利奥五世助其夺权,25日加冕称帝,有1次婚姻,1子,821年将其子封为共治皇帝,829年10月2日病死于君士坦丁堡,其子即位。

塞奥非罗斯(Theophilos,829—842年在位) 812年/813年生于君士坦丁堡,821年被其父封为共治皇帝,829年即位,有1次婚姻,2子5女,842年1月20日死于痢疾,其子即位。

米哈伊尔三世(Michael Ⅲ,842—867年在位) 840年1月19日生于君士坦丁堡,同年被其父封为共治皇帝,2岁即位,母后摄政,其16岁时,即856年3月15日夺权,废除母后摄政,866年封瓦西里为共治皇帝,有1次婚姻,867年9月23日/24日被瓦西里杀死在宫中。

瓦西里一世(Basil Ⅰ,867—886年在位) 836年5月25日生于马其顿一户农民家庭,因战功卓越又善于钻营受米哈伊尔三世青睐,866年被封为共治皇帝,867年9月23日/24日弑君称帝,建立马其顿王朝,有2次婚姻,4子4女,870年为次子加冕为共治皇帝,879年封第三子为共治皇帝,886年8月29日死于狩猎中的意外事故,其子即位。

利奥六世(Leo Ⅵ,886—912年在位) 886年9月19日生于君士坦丁堡,瓦西里一世的次子,870年1月6日被封为共治皇帝,886年7月30日即位,有4次婚姻,引发危机,2子3女,908年将其子封为共治皇帝,912年5月11日病故时,其弟亚历山德尔即位。

亚历山德尔(Alexander,912—913年在位) 870年生于君士坦丁堡,879年被封为共治皇帝,912年5月11日即位,有1次婚姻,2女,913年6月6日病死于首都,传位于其侄。

君士坦丁七世(Constantine Ⅶ,913—920,945—959年在位) 利奥六世与第四位皇后佐伊之子,905年5月17日/18日生于君士坦丁堡,908年5月15日被封为共治皇帝,8岁时即位,其母摄政,919年5月与海军司令罗曼努斯之女海伦结婚,920年其岳父加冕称帝,945年7月27日罗曼努斯父子被废后,重登帝位,有1次婚姻,1子1女,946年4月6日为其子罗曼努斯加冕为帝,959年10月9日病死于君坦丁堡,其子即位。

罗曼努斯一世(Romanos Ⅰ,920—944年在位) 870年生于亚美尼亚一户农民之家,废黜佐伊摄政后,919年成为皇帝的岳父,被封为恺撒,920年12月17日加冕称帝,并将其2个儿子也封为共治皇帝,944年12月20日被其子策划实施的政变推翻下台,作为修道士流放至死。

斯蒂芬和君士坦丁(Stephen,Constantine,944—945年在位) 罗曼努斯一世之第二、三子,944年被封为共治皇帝,同年两人发动政变,12月16日兄弟二人称帝,945年6月15日被君士坦丁七世下令逮捕并流放,最终被杀。

罗曼努斯二世(Romanos Ⅱ,959—963年在位) 939年生于君士坦丁堡,君士坦丁七世之子,946年4月6日加冕为帝,959年11月9日即位,960年其子被封为共治皇帝,有1次婚姻,2子1女,963年3月15日病死于首都,其子瓦西里二世即位,由皇后摄政。

尼基弗鲁斯二世(Nikephoros Ⅱ,963—969年在位) 912年生

于军事贵族之家,战功显赫,963年4月在部下的拥立下发动政变称帝,8月16日入主君士坦丁堡,并与皇后塞奥发诺结婚,969年12月11日被谋害而亡。

约翰一世(John Ⅰ,969—976年在位) 925年生于亚美尼亚军事贵族之家,尼基弗鲁斯二世的外甥,969年12月11日通过政变称帝,并与君士坦丁七世之女塞奥多拉公主结婚,统治末年还政于瓦西里,976年1月10日因感染伤寒而亡。

瓦西里二世(Basil Ⅱ,976—1025年在位) 958年生于君士坦丁堡,罗曼努斯二世之子,960年被封为共治皇帝,5岁即位,其母摄政,976年亲政后仍受大贵族控制,直到985年放逐权臣瓦西里后,才真正掌握皇权,终身未娶,死后其弟即位。

君士坦丁八世(Constantine Ⅷ,1025—1028年在位) 瓦西里二世之弟,960年生,962年3月30日被封为共治皇帝,有1次婚姻,3女无子,1028年11月12日病故于君士坦丁堡,传位于次女婿罗曼努斯三世。

罗曼努斯三世(Romanos Ⅲ,1028—1034年在位) 968年生于贵族之家,君士坦丁八世去世前娶佐伊公主即位,1034年4月11日/12日佐伊与其情夫将他谋害于皇宫浴室。

米哈伊尔四世(Michael Ⅳ,1034—1041年在位) 小亚细亚银行家出身,后成为皇后佐伊的情人,1034年4月12日被宣布为帝,无子,1041年退位,同年病死,其甥即位。

米哈伊尔五世(Michael Ⅴ,1041—1042在位) 造船工人之子,1035年因受佐伊青睐而被封为恺撒和帝位继承人,1041年12月14日宣布为帝,1042年4月11日赶走佐伊引发大规模起义,4月21日被推翻废黜,刺瞎,关入修道院直至死去。

佐伊(Zoe,1042—1050年在位) 978年生于君士坦丁堡,君士坦丁八世之女,因不能生育,多次寻求情人,1042年4月被流放,后被请回君士坦丁堡,与其妹一起即位,但旋即又与君士坦丁九世结婚,1050年病故于君士坦丁堡。

君士坦丁九世(Constantine Ⅸ,1042—1055年在位) 1000年生于显贵之家,佐伊情人,1042年6月11日回首都与重新登基的佐伊结婚,次日加冕为帝,1055年1月7日/8日病死于君士坦丁堡。

塞奥多拉(Theodora,1042—1056年在位) 君士坦丁八世的第三女,佐伊的妹妹,1042年4月21日贵族势力发动政变,其与佐伊一起被拥立登基,1055年君士坦丁九世去世后再度掌控皇权,1056年8月31日病故于首都,因无继承人,其濒死之时任命老臣米哈伊尔六世为帝,马其顿王朝断绝。

米哈伊尔六世(Michael Ⅵ,1056—1057年在位) 贵族出身,塞奥多拉去世时被任命为帝,1057年6月8日东部军区叛乱,他被迫封授依沙克"恺撒"称号和承认依沙克为帝位继承人,8月30日贵族政变,他被迫退位,同年底病死于修道院。

依沙克一世(Isaac Ⅰ,1057—1059年在位) 1007年生于一个军事贵族之家,1057年6月8日发动起义,9月1日加冕称帝,有1次婚姻,1子1女,1059年11月在狩猎中患重病退位,让位于其亲戚君士坦丁十世,他及全家成为修道士和修女,1060年去世。

君士坦丁十世(Constantine Ⅹ,1059—1067年在位) 1006年出生于大贵族杜卡斯家族,1059年11月23日/24日迫使依沙克退位,加冕称帝,有1次婚姻,4子3女,1067年5月22日/23日病逝于君士坦丁堡,其子即位,其妻摄政,与罗曼努斯四世结婚。

罗曼努斯四世(Romanos Ⅳ,1068—1071年在位) 为多瑙河边防军指挥官,1068年1月1日与皇帝遗孀结婚即位,后封授其2子为共治皇帝,1071年在与塞尔柱突厥军队的曼兹克特战役中失败被俘,被贵族乘机发动政变推翻,由少帝主政,1072年8月4日因眼伤过重去世。

米哈伊尔七世(Michael Ⅶ,1071—1078年在位) 1050年生于君士坦丁堡,君士坦丁十世长子,16岁即位,母后专权,1071年主政,有1次婚姻,1子,1078年3月31日因叛乱退位,进修道院,1090年病故于君士坦丁堡。

尼基弗鲁斯三世(Nikephoros Ⅲ,1078—1081年在位) 1001年生于大贵族家庭,1077年10月发动叛乱,推翻米哈伊尔七世,1078年4月3日入主君士坦丁堡称帝,7月2日加冕,次年与皇后结婚,1081年4月4日迫于叛乱压力退位,进入修道院,同年病故。

阿莱克修斯一世(Alexios Ⅰ,1081—1118年在位) 1057年生于科穆宁皇族,依沙克一世的侄子,1081年2月14日起兵叛乱,4月1日占领首都,4日称帝后他与杜卡斯皇族公主结婚,实现皇室联合,有1次婚姻,4子5女,1118年8月15日死于首都,其子即位。

约翰二世(John Ⅱ,1118—1143年在位) 1087年9月13日生于君士坦丁堡,阿莱克修斯一世之子,1118年8月15日即位,有1次婚姻,4子4女,1143年4月8日死于狩猎的意外事故,也有一说是被暗杀,其最小的儿子即位。

曼努埃尔一世(Manuel Ⅰ,1143—1180年在位) 1118年11月28日生于君士坦丁堡,约翰二世最小的儿子,1143年称帝,6月27日入主君士坦丁堡,11月28日加冕,1171年封其子为共治皇帝,有2次婚姻,1子2女,1180年9月24日病故,其子即位。

阿莱克修斯二世(Alexios Ⅱ,1180—1183年在位) 1169年9月14日生于君士坦丁堡,1171年2岁时被封为共治皇帝,1180年3月2日与法兰克公主结婚,11岁时即位,母后专权,1182年4月发动政变推翻母后摄政,5月16日重新加冕,1183年9月被勒死。

安德罗尼库斯一世(Andronicus Ⅰ,1183—1185年在位) 是阿莱克修斯二世的堂叔,1118/1120年生于君士坦丁堡,1182年4月任摄政王,1183年9月被封为共治皇帝后弑君篡位,有2次婚姻,3子2女,1185年9月12日首都爆发骚乱,其被愤怒的民众抓获处死。

依沙克二世(Isaac Ⅱ,1185—1195年在位) 1156年生于大贵族家庭,1185年9月12日借助首都民众骚乱称帝,有2次婚姻,1子2女,1195年被宫廷政变推翻,刺瞎监禁,1203年被其子扶植上台为共治皇帝,1204年1月18日死于君士坦丁堡。

阿莱克修斯三世(Alexios Ⅲ,1195—1203年在位) 1153年出生,依沙克二世之弟,1195年发动政变将其兄废黜,有1次婚姻,3女,1203年7月17/18日第四次十字军猛然攻击君士坦丁堡,其弃城出逃。后流窜至小亚细亚地区,1211年被尼西亚政府抓获,关押在修道院,老死终生。

阿莱克修斯四世(Alexios Ⅳ,1203—1204年在位) 1182年出生,依沙克二世之子,1195年其父被废后流亡西欧,1201年开始游说德、意、法和教宗发动第四次十字军,1203年7月17日登基,与其父成为共治皇帝,8月初加冕,1204年1月28/29日迫于民众起义而出逃,被抓获,死在监狱中。

阿莱克修斯五世(Alexios Ⅴ,1204—1204年在位) 贵族出身,1204年1月27—29日借助首都民众起义篡位,2月2日登基,4月12日君士坦丁堡陷落,流亡色雷斯,同年夏被十字军抓获处死。

塞奥多利一世(Theodore Ⅰ,1205—1221年在位) 1174年出生,1199年与安娜公主结婚,1203年7月携带家眷流亡小亚细亚,建立尼西亚政府,1205年称帝,1208年3月加冕,有3次婚姻,2子3女,1221年11月死于尼西亚,传位于女婿约翰三世。

约翰三世(John Ⅲ,1221—1254年在位) 1192年生于一个军事贵族家庭,是塞奥多利一世的女婿,1221年12月15日即位,有2次婚姻,1子,1244年与德意志霍亨斯陶芬王室的公主结婚,1254年11月3日病故于南菲宏皇宫(Nymphaion,今土耳其凯末尔帕夏),其子即位。

塞奥多利二世(Theodore Ⅱ,1254—1258年在位) 1221年11月生于南菲宏,约翰三世的独子,1254年11月3日即位,有1次婚姻,1子2女,1258年8月16日死于南菲宏,其子即位。

约翰四世(John Ⅳ,1258—1261年在位) 1250年12月25日生于南菲宏,是塞奥多利二世的独子,1258年8月即位,此时还不满8岁,被贵族米哈伊尔·帕列奥列格所控制,1261年被刺瞎并被废黜,流放且囚禁在小亚细亚的比提尼亚,1305年病故。

米哈伊尔八世(Michael Ⅷ,1261—1282年在位) 1224年/1225年生于帕列奥列格家族,1258年9月任摄政王,1258年11月13日晋升为专制君主,1259年1月1日被加冕为共治皇帝,1261年7月解放君士坦丁堡,8月15日入主首都,再度加冕,12月派人刺瞎约翰四世,有1次婚姻,4子3女,1282年12月11日病死于色雷斯皇庄,其子即位。

安德罗尼库斯二世(Andronicus Ⅱ,1282—1328年在位) 1259/1260年生于皇族,米哈伊尔八世次子,1281年加冕为共治皇帝,有2次婚姻,6子,1328年5月24日被其孙安德罗尼库斯三世废黜,进入修道院,1332年2月13日病死。

米哈伊尔九世(Michael Ⅸ,1294—1320年在位) 1277年生于君士坦丁堡,是安德罗尼库斯二世的儿子,1281年被安德罗尼库斯二世封为共治皇帝,1294年5月21日正式加冕,1296年1月结婚,仅有1次婚姻,2子2女,1320年10月12日因家庭问题伤心过度而死亡。

安德罗尼库斯三世(Andronicus Ⅲ,1328—1341年在位) 1297年3月25日生于君士坦丁堡,1308—1313年为共治皇帝,1320年因争风吃醋指使人误杀胞弟曼努埃尔,引起其父米哈伊尔九世伤心死亡,被废,1321年起兵反叛,1328年5月24日废黜其祖父,称帝,有2次婚姻,3子2女,1341年6月15日死于首都,其子即位。

约翰五世(John Ⅴ,1341—1391年在位) 1332年6月18日生于君士坦丁堡,1341年6月15日即位,时年9岁,母后摄政,1347年约翰六世称帝并成为其岳父,1354年他通过战争迫使约翰六世退位,有1次婚姻,4子1女,1391年2月16日病死,次子即位。

约翰六世(John Ⅵ,1347—1354 年在位)　1295 年生于大贵族之家,1341 年发动内战,1347 年 2 月 8 日称帝并占领君士坦丁堡,5 月 21 日加冕,成为约翰五世的岳父,1352 年内战再起,1354 年 12 月 3 日被废黜,1383 年 6 月 15 日病死于米斯特拉修道院。

安德罗尼库斯四世(Andronicus Ⅳ,1376—1379 年在位)　1348 年 4 月 11 日生于皇室,约翰五世长子,1366 年和 1369—1371 年代理皇帝主政,1373 年发动叛乱,1377 年 10 月 8 日加冕,1379 年被其父推翻,有 1 次婚姻,1 子,1385 年 6 月 25 日去世。

约翰七世(John Ⅶ,1390—1390 年在位)　1370 年生于皇室,1373 年因其父叛乱被株连而被刺瞎,1385 年继承其父封地,1390 年 4—9 月占领君士坦丁堡称帝,1399—1403 年代理皇帝职,后被任命为专制君主,有 1 次婚姻,1 子,1408 年 9 月 23 日病故。

曼努埃尔二世(Manuel Ⅱ,1391—1425 年在位)　1350 年 7 月 27 日出生,约翰五世次子,1373 年被封为共治皇帝和皇位继承人,1376—1379 年被囚禁,1382—1387 年在塞萨洛尼基称王,1391 年 2 月即皇帝位,次年加冕,有 1 次婚姻,6 子,1422 年突发脑出血,1425 年 7 月 21 日死于君士坦丁堡,其子即位。

约翰八世(John Ⅷ,1425—1448 年在位)　1392 年 12 月 17 日/18 日生于皇室,曼努埃尔二世的长子,1408 年前被封为共治皇帝,1425 年 7 月 21 日成为皇帝,有 3 次婚姻,无嗣,1448 年 10 月 31 日死后,其弟即位。

君士坦丁十一世(Constantine XI,1449—1453 年在位)　1405 年 2 月 8 日生于皇室,曼努埃尔二世的第四子,1428 年任专制君主,因其兄长先死,故于 1449 年 1 月 6 日加冕称帝,3 月 12 日入主君士坦丁堡,有 2 次婚姻,无嗣,1453 年 5 月 29 日在君士坦丁堡阵亡。

(原文首载于《南开大学历史系建系 75 年周年纪念文集》,南开大学出版社,1998 年)

开国皇帝君士坦丁一世研究

东罗马帝国或拜占庭帝国皇帝君士坦丁一世在位30余年,[①]其间,推行了多项旨在统一和强化帝国国家建设的改革措施,其中的基督教政策意义重大,影响深远,但后人对此评价不一。虽然君士坦丁一世直到337年病故前的弥留之际才在尼科米底亚接受洗礼,按照后世基督教礼仪观念看,此时他才正式成为一名基督徒,但是从312年以后他就一直自称基督徒的保护人,多次颁发有利于基督教发展的法令,并亲自主持具有重大意义的尼西亚宗教会议,制定信经,解决教义纷争。正是在他的直接支持下,基督教获得了合法地位,也是在他亲自主持召开的尼西亚宗教会议上,基督教获得了实质性的国教地位。因此,后代学者不仅承认他是"第一位信奉基督教的皇帝"[②],而且认为"君士坦丁完成了一场波澜壮阔的宗教与社会革命"[③],"自此以后,多神信仰的旧帝国就逐渐地演变为基督教帝国"[④]。可以说,君士坦丁一世是基督教史上转折发展的关键性人物,也因此成为在古代君王中众多学者长期研究的热门人物。

长期以来,西方学者对君士坦丁一世(以下简称君士坦丁)的基

[①] 君士坦丁一世是否为东罗马帝国又称拜占庭帝国的皇帝,学术界意见不一,这一争论涉及拜占庭帝国历史开端问题,本书第二章亦有所讨论。
[②] G. Ostrogorsky, *History of the Byzantine State*, p. 43.
[③] 约翰·麦克曼勒斯主编:《牛津基督教史》,张景龙等译,贵阳:贵州人民出版社,1995年,第59页。
[④] A. A. Vasiliev, *History of the Byzantine Empire* vol. Ⅰ, p. 43.

督教政策的研究偏重于信仰和神学,具有浓厚的神秘色彩。一些史学家和神学家认为君士坦丁皈依基督教是出于虔诚的信仰,甚至连当代著名的罗马史专家琼斯也相信,与君士坦丁同时代的作家尤西比乌斯对这位皇帝在神迹指引下信奉基督教的记载。① 一些学者指出,在4世纪初帝国内的基督徒人数占当时人口总数的比例较低,且没有发挥任何政治作用的情况下,君士坦丁能够皈依基督教,应该是由于自身的信仰。② 如果我们充分了解君士坦丁生活的时代是宗教和迷信盛行的时代,那么这种观点也许有一定的合理性。但是如果仅仅把君士坦丁皈依基督教的原因归于信仰问题就很难解释他的许多"反常"行为,特别是其宗教政策中的许多问题就不能得到合理的解答。比如,他在保护基督教的同时,一直未放弃多神教"大祭祀长"的头衔,并在其发行的钱币和使用的印章上留下多神教信仰的标记;又如,他先是利用尼西亚宗教会议宣判阿里乌派为异端并加以迫害,但不久又重新支持该派,甚至其亲信教士尤西比乌斯就是该异端派信徒,这种出尔反尔的政策似乎是矛盾的;再如,他作为基督徒的保护者,直到临死前才受洗,这似乎不是一个虔诚的基督徒所应采取的举动。因此,笔者认为,君士坦丁一世推行基督教政策还有更深层次的政治动因。作为拜占庭帝国早期历史上杰出、精明的政治家,君士坦丁在推行其各项政策时必然首先从政治角度考虑问题,必然以对实现其政治目标是否有利为取舍原则,其基督教政策也不例外,必然为其政治目的服务。

有些学者也认识到君士坦丁的基督教政策的政治因素,如著名学者布克哈特、神学家哈纳克和路瑞认为,君士坦丁的基督教政策

---

① A. H. M. Jones, *The Later Roman Empire 284 - 602: A Social, Economic, and Administrative Survey* vol. Ⅰ, p. 80.
② A. A. Vasiliev, *History of the Byzantine Empire* vol. Ⅰ, p. 48.

主要出于其政治需要,他的一切行为都是为其世俗利益服务的。①美国学者罗斯托夫采夫也断言:君士坦丁的基督教政策"最根本的动机还是从国家角度来考虑问题的"②。可惜这些学者的分析过于笼统概括,不够具体。由于君士坦丁的基督教政策对拜占庭帝国长期基督教化产生了决定性影响,因此,不弄清其推行基督教政策的政治考量,就无法清楚地了解拜占庭帝国社会从上古向中古社会转型的历史事实,也无法深刻把握欧洲历史这一极为重要的转变时期的发展脉络。本文试图对君士坦丁基督教政策的政治动因作一些细致的分析,以期对上述问题的理解有所帮助,进而能准确地认识拜占庭帝国早期社会发展的过程和基督教早期发展的历史。

一

综合考察君士坦丁一生的政治活动,我们可以大致将其划分为三个阶段,即306年至312年,巩固皇帝地位和增强其割据实力;312年至324年,扩张势力进而统一帝国;324年至337年,强化君士坦丁王朝中央集权。他推行的基督教政策即围绕上述三个阶段的政治,为实现其政治目标服务。

第一个阶段,他受制于人,不敢鲁莽行事,故而暗中笼络基督教徒,积蓄力量。306年7月25日,君士坦丁的父亲君士坦提乌斯一世(Constantius,305—306年在位)去世,作为太上皇戴克里先人质的君士坦丁偷偷溜回英格兰的约克郡,被其父的部下拥立为帝。③

---

① 布克哈特认为君士坦丁的一切努力"都是为增加其个人的权力",哈纳科也认为像君士坦丁这样精明的政治家必定关注基督教事务,他们的意见在瓦西列夫的《拜占庭帝国史》中有比较全面的总结。A. A. Vasiliev, *History of the Byzantine Empire* vol. I, pp. 47–48.
② M. 罗斯托夫采夫:《罗马帝国社会经济史》,马雍等译,商务印书馆,1985年,第695页。
③ 尤斯比乌斯:《君士坦丁传》,北京:商务印书馆,2015年,第1章。Zosimus, *New History*, trans. and com. By R. T. Ridley, Canberra, 1982, I, ii, p.79.

开国皇帝君士坦丁一世研究

君士坦丁登基后面临着险恶的形势,一系列紧迫问题亟待解决,各地军阀割据势力此消彼长,他在高卢地区的权力随时受到帝国东部统治者李锡尼(Valerius Licinianus Licinius,309—323年在位)的威胁,其帝位安危系于毫发。这里简略回顾一下君士坦丁即位前后的总形势,对理解他所处的危险境地是必要的。3世纪,晚期罗马帝国社会爆发了全面的危机,经济衰退,政治混乱,精神颓废,中央集权制的帝国政府几乎陷入瘫痪状态。群雄崛起,逐鹿地中海世界,武装割据日益加剧,甚至出现了所谓"三十僭主"并存的政治局面,一段时期有26个军阀在不到半个世纪里自立为帝。284年,铁腕人物戴克里先(Diocletianus,284—305年在位)登上皇位,在推行多项改革的同时,实行"四帝共治",①任命马克西米安(Maxinianus,293—305年在位)为副皇帝,任命伽勒利(Galerius)和君士坦提乌斯为共治恺撒,分别治理帝国东、西部四个大区,事实上是以制度形式承认了帝国四分五裂的既成事实。君士坦提乌斯虽然受命统领高卢大区的军队,独立治理高卢大区事务,但是其子君士坦丁却被送往戴克里先的宫廷中,名为培养教育,实为充当人质。正是在随同戴克里先征战南北的过程中,君士坦丁显示出卓越的军事指挥和政治领导才能,受到皇帝的赏识,但同时也受到更严密的监视。戴克里先于305年宣布退位后,控制帝国东部的伽勒利和君士坦提乌斯分别升任为帝国东、西部皇帝,前者为制约后者,千方百计阻止君士坦提乌斯与君士坦丁父子二人的汇合。君士坦丁作为继承人原则上应被封为新的恺撒,但是在幕后操纵的太上皇戴克里先却另外选择了马克西米努斯(Maximinus)(是伽勒利的外甥、养子)和塞维鲁(Severus)分任帝国东、西部恺撒,继续将君士坦丁作为人质扣留在

---

① 戴克里先皇帝实行的行政改革措施,即在皇帝之下设立副皇帝一人和恺撒两人,协助皇帝分别治理帝国四个大行政区。A. H. M. Jones, *The Later Roman Empire 284 - 602: A Social, Economic and Administrative Survey* vol. 1, Oxford: Basil Blackwell, 1964, pp. 43 - 51.

伽勒俐的宫中，以此制衡君士坦提乌斯的力量。

这一削弱和打击君士坦提乌斯实力的做法必然引起他们父子二人的不满，他们多次与伽勒俐商谈，要求将君士坦丁放回高卢，均未能如愿，甚至在君士坦提乌斯病重时，伽勒俐也不同意君士坦丁前往探视。于是，君士坦丁便于306年设法摆脱伽勒俐的控制，逃回了高卢。① 君士坦提乌斯死后，君士坦丁虽然被其父亲的军队拥立为帝，但是，其地位并不稳固。首先，在军阀割据的几大势力中，君士坦丁控制的高卢地区资源最贫瘠，力量相对弱小，一则该辖区比帝国的伊利里亚、东方和意大利等大区相比疆域小，开发得晚且相对落后贫穷，二则其控制的军队人数比较少，士兵的素质远不能与其他大区训练有素的军队相比。其次，其权力是通过非法途径获得的，被其他皇帝视为"篡权"，他必须获得太上皇戴克里先等人的认可。可见，君士坦丁面临的形势相当严峻，其政治地位也很脆弱，他必须在诸强中找到雄厚的支持力量，作为其坚强后盾。可以说，巩固称帝的成果，加强称帝后的政治地位是君士坦丁在这一时期最重要的政治目标。

君士坦丁为了实现其政治目标，采取各种高明的外交手段。他以十分恭敬的口吻致信皇帝伽勒俐，称其为"我的主子"，以表明自己承认伽勒俐最高皇帝的地位，在通报君士坦提乌斯病故的同时，提出继承其父职权的要求。而后，他积极发展与退位皇帝马克西米安的联盟关系，争取其在帝国东部部分省区和意大利的强大的势力支持，甚至娶了马克西米安之女福斯达为妻，通过政治联姻提升实力，终于获得合法皇帝对其地位的正式认可。② 他在积极加强军队建设和在高卢地区推行发展经济措施的同时，通过多项保护基督徒的法令，明令辖区军政官员在对基督教徒的执法中减少流血冲突，

---

① Zosimus, *New History* Ⅰ, ii, p. 79.
② Zosimus, *New History* Ⅰ, ii, pp. 79—80.

争取民众支持。他继位后立即在不列颠、高卢和西班牙等辖区废除了前朝皇帝颁布的各项迫害基督徒的法令,下令各地军政官吏停止迫害行动,要求他们尊重基督徒的信仰自由。他还利用各种场合针对其他大区的士兵仅仅因为信仰不同而对人民采取野蛮残暴的行径给予了严厉的斥责。"在君士坦丁对这几个高卢省份实行有限统治的时期,他的信奉基督教的臣民一直受到这位君王的权威和他所制定的法律的保护。"①事实上,君士坦丁之所以采取保护基督教的政策并不像一些西方学者所说的,是纯粹出于虔诚的信仰或因信仰而产生的仁慈,而是当时社会变革的总形势使然。

当晚期罗马帝国在经济、政治、文化和道德上发生总崩溃的时候,社会精神生活也陷入危机,传统的自然神和多神教信仰失去了吸引力,人们对摆脱现世的困苦感到绝望,多神教那些"空洞含糊的观念不能吸引群众",各种传统的多神教仪式无法为民众提供心灵上的抚慰,"在各种宗教团体中,基督教会在这一方面是无与伦比的,它不仅有助于精神上的安慰,而且还对实际生活的灾难许以支持和给予真正的援助"。② 这成为基督教迅速发展的重要因素。基督教产生于公元1世纪初的巴勒斯坦地区,它作为一神教,适应了当时罗马帝国的政治现实,其最初提倡的宗教礼仪节俭的变革、信徒平等的观念比多神教更充分地满足了社会各阶层特别是下层人民的需求,由此在300年间迅速发展,成为跨国界、多民族、阶级成分复杂的世界性宗教。3世纪末时,基督教已具有成熟的教义,组织严密的教会,信徒人数众多。仅据249—251年的统计,罗马教会主教就管理着46名长老、7名会吏、7名副会吏和42名低级神职人员。③ 这一统计数据说明基督教此时不仅拥有众多信徒,还有专门

---

① 爱德华·吉本:《罗马帝国衰亡史》第1卷,第436页。
② A. H. M. Jones, *The Later Roman Empire 284 – 602: A Social, Economic and Administrative Survey* vol. 1, pp. 694 – 695.
③ Eusebios of Caesarea, *The History of the Church from Christ to Constantine*, trans. by G. Williamson, New York, Penguin, 1965, xliii, p. 11.

的神职人员,并已形成教阶制度,可见基督教已发展成为重要的宗教组织。在罗马帝国的东部,基督教的势力更为强大,基督教早期历史上出现的五个大教区,除了罗马教区,其他大教区都在帝国东部,其中安条克教区和亚历山大里亚教区的教会权势最大,成为独立于国家权力之外的社会团体,特别是在巴勒斯坦地区,甚至有整个乡村居民信仰基督教的情况。在帝国百余个行省中分散着数千名高级教士。[1] 而在君士坦丁时代,大批信仰基督教阿里乌派教义的哥特人进入帝国军队,他们构成了君士坦丁军事力量的重要部分。在此形势下,君士坦丁作为精明的政治家,必定会敏锐地注意到基督教是可利用的重要社会力量,一定经过了反复权衡,最终确定将基督教作为其政治斗争的重要筹码。

君士坦丁采取保护基督教政策的另一个重要因素是他吸取了其前任皇帝镇压基督徒失败的教训。基督教对帝国社会生活的影响随着其信徒人数的增加而日益扩大,引起统治当局的恐慌,罗马帝国政府以各种借口对基督徒进行迫害,企图将基督教尽快地扼杀。例如,戴克里先曾在伽勒俐的挑唆下,放弃最初的宗教自由政策,大肆逮捕基督徒,焚烧教会书籍,捣毁教堂,在全帝国范围内展开一场被基督教史学家称为基督教诞生以来最严重的迫害运动。但是,帝国政府的扼杀政策并没有达到预想的目的,对基督教的镇压使得社会秩序更加不稳定,多神教信徒与基督徒的冲突愈演愈烈。特别是在帝国东部地区,政府以强制手段解决宗教信仰问题的做法引起上自朝野贵族下至黎民百姓的思想分裂,正常的社会生活受到严重干扰。连伽勒俐也承认其迫害基督教的政策遭到彻底失败,因为"任何暴政即使尽最大的努力也不能使一个民族彻底灭绝或者完全消除他们的宗教迷信"[2],他被迫颁布承认基督教是合法宗

---

[1] 爱德华·吉本:《罗马帝国衰亡史》第1卷,第470—471页。
[2] 爱德华·吉本:《罗马帝国衰亡史》第1卷,第363页。

教的敕令。共治帝国的四帝之中只有君士坦提乌斯在其高卢辖区内实行保护基督徒的政策。他虽然不敢公开拒绝执行戴克里先捣毁教堂的法令,但是指示部下尽量避免流血事件的发生。① 君士坦提乌斯温和的宗教政策使高卢辖区内的各省在遍及帝国的大迫害中相对享有一份安宁,与伽勒俐迫害基督教政策引起的混乱形成鲜明的对比。这使君士坦丁认识到,一味迫害基督徒是政治策略上的重大错误,只有保护基督教才能使社会趋于稳定,才能赢得民众的支持,才能在剑拔弩张的割据争雄中逐渐壮大,占据优势。

需特别注意的是,君士坦丁保护基督教政策的直接原因还与稳定军心、鼓舞士气有着密切关系。3世纪末到4世纪初,在帝国政治生活中发挥重要作用的军队基督教化的倾向越来越明显。据尤西比乌斯记载,随着士兵中基督徒人数的增多,基督教在帝国军队中的影响迅速扩大,由于信仰基督教的哥特人士兵作战勇敢,他们组成的帝国"霹雳兵团"在多瑙河流域多次打败日耳曼人部落军队。至286年,基督徒士兵已经构成帝国东部西班牙兵团的主要成分。② 马克西米安在执行迫害基督徒的法令时,仅在其塞比安人的军团中就处死了6000名基督徒士兵,几乎引发大规模兵变。③ 当时,主要由笃信基督教的蛮族人组成的近卫军推翻君主的事变时有发生,军队在皇帝的废立上发挥着举足轻重的作用。正反两方面的事实使君士坦丁认识到,若要巩固其政治地位,就必须取得军队的支持,"若无军队作他的后盾,他的生命即将难保"④。君士坦丁的宗教宽容政策在高卢等统治区内易于推行是以君士坦提乌斯的政策为基础的,在后者统治时期,高卢和不列颠军队中的基督徒与多神教徒和平共处,并肩作战,特别是日耳曼人士兵对其将领和指挥

---

① T. D. Barnes, *Constantine and Eusebius*, Cambridge: Harvard University Press, 1981, p. 28.
② 杨真:《基督教史纲》上册,北京:生活·读书·新知三联书店,1979年,第78页。
③ Eusebios of Caesarea, *The History of the Church from Christ to Constantine*, iv, p. 7.
④ 威尔·杜兰:《世界文明史》第3卷,第860页。

官的宗教信仰并不在意。① 因此,君士坦丁推行以保护基督教为主的宗教宽容政策是稳定军心,进而巩固其辖区统治的最好措施。

总之,君士坦丁即位前后采取包括保护基督教在内的所有信仰的宗教宽容政策,目的在于争取民心军心,实现其巩固皇帝权力、扩大割据势力的政治目标。这一政策在其后清除割据分裂力量,统一帝国的第二阶段政治实践中又作了调整。

二

君士坦丁统一帝国的斗争始于312年,前后分为两个阶段,前期以扫除马克辛迪乌斯和马克西米努斯割据势力为主,后期以剪除李锡尼为主,最终于324年实现帝国统一。在此期间,君士坦丁巧妙地利用基督教作为其建立政治联盟、分化政治对手以图各个击破和瓦解敌军、消除分裂割据势力的工具。换言之,君士坦丁的基督教政策在统一帝国的战争中成为克敌制胜战略的重要组成部分。

统一战争开始之时,君士坦丁就注意要利用基督教。312年,君士坦丁进军意大利,揭开了统一帝国战争的序幕。内战爆发时,帝国的政治格局极为复杂。按照戴克里先"四帝共治制",帝国最初的正副皇帝分别为戴克里先和马克西米安,伽勒利和君士坦提乌斯为两个恺撒。305年,戴克里先、马克西米安两人退位,原来的两个恺撒晋升为正副皇帝。戴克里先于306年任命马克西米努斯和塞维鲁为恺撒。心怀不满的君士坦丁和马克西米安之子马克辛迪乌斯

---

① Jacob. Burchhardt, *The Age of Constantine the Great*, trans by Moses Hadas, California, 1983, p.294. 雅各布·布克哈特:《君士坦丁大帝时代》,宋立宏等译,上海:上海三联书店,2006年,第250页。

立即反叛,自立为帝,后者还杀死率兵前往意大利镇压叛乱的塞维鲁。① 307年,皇帝伽勒俐计划起兵赴意大利征讨马克辛迪乌斯,因准备不足而作罢,但是他说服太上皇戴克里先于308年册封李锡尼为西部帝国副皇帝,君士坦丁为恺撒。这一任命遭到帝国西部实际主宰者君士坦丁和马克辛迪乌斯的反对,因此并未落实。君士坦丁通过高超的谋略,于310年被合法皇帝伽勒俐确认为西部皇帝。311年,伽勒俐去世,帝国政局立即发生重大变动,马克西米努斯出兵占领东方大部地区,而李锡尼则控制巴尔干半岛的伊利里亚地区;在帝国西部,君士坦丁继续统治高卢大区,而马克辛迪乌斯则统治意大利,罗马帝国政治分裂局势再度出现。君士坦丁采取各个击破的战略,首先选择马克辛迪乌斯作为统一帝国的突破口,主要因为后者是四大割据势力中唯一缺少合法名分的皇帝,且其残暴统治导致了民怨沸腾,统治地位最不稳固。

为了实现击败马克辛迪乌斯的政治目标,君士坦丁利用基督教扩大统一帝国的力量。首先,他大力支持基督教的发展来强化与李锡尼的联盟,从而对马克辛迪乌斯构成两面夹击之势。君士坦丁将其妹妹君士坦提娅(Constantia)嫁给李锡尼,并与后者共同采取保护和支持基督教的措施。事实上,君士坦丁当时尚未强大到足以统一整个帝国,因此,他必须联合盟友而后各个击破政治对手。他之所以要寻找可靠的盟友,一方面是为了加强统一帝国的联合武装力量,另一方面是防止敌对势力结成联盟。他选择李锡尼则主要因为其基督教政策与自己的比较一致,可以借此壮大反对马克辛迪乌斯的共同力量。313年,君士坦丁在米兰会晤李锡尼,主动示弱,消除李锡尼对其政治野心的警惕性,两人共同颁发《米兰赦令》,明确宣布:"从今以后,所有希望共同遵守基督教信仰的人都将无条件地被许可自由信仰基督教,其信仰将不受任何骚扰和侵害,我们认为下

---

① 李雅书、杨共乐:《古代罗马史》,北京:北京师范大学出版社,2004年,第296页。

述各点有助于以最完整的方式表明你们所关心的事情,像你们可能了解的那样,我们已经完全地无保留地给予所谓基督教权威人士施行其信仰的权力",此后他们还首次允许基督教教会拥有独立财产。① 正是在李锡尼的有力支持下,君士坦丁击败了马克辛迪乌斯,也是在李锡尼的直接打击下,割据帝国东部大区的马克西米努斯战败逃亡,于313年客死小亚细亚的塔尔苏斯。

其次,君士坦丁利用基督教作为攻击敌人的舆论工具,旨在瓦解敌军斗志。他公开指责马克辛迪乌斯在意大利残酷迫害基督徒,并劝说李锡尼派兵参加对马克辛迪乌斯的战争。他紧紧抓住马克辛迪乌斯犯下的暴行,严厉攻击后者违背神意,必遭上帝的惩罚,从而在道义上和心理上瓦解敌人的士气。与此同时,君士坦丁对帝国东部马克西米努斯迫害基督徒的政策却不予批评,这不仅是因为东部事务对于君士坦丁来说鞭长莫及,而且也是出于对割据势力各个击破的战略需要。君士坦丁联合李锡尼进攻意大利,组建了一支由90000名步兵和8000名骑兵构成的军队,最终在罗马城附近的米尔维安大桥彻底击溃并杀死马克辛迪乌斯,清除掉帝国西部的割据势力,②实现了其统一帝国西部的阶段性政治目标。

再次,君士坦丁利用基督教鼓舞士气,统一全军官兵的思想,振奋士兵的精神。君士坦丁在进军意大利途中,谎称看到夕阳中上帝的启示,编造了上帝显灵托梦的神话,③公开举起标有基督教符号的拉布兰旗(Labarum),以基督教信仰统一全军将士的思想。所谓的拉伯兰旗是一面长方形旗帜,旗帜上方的横杆与旗手所持的竖杆及

---

① Eusebios of Caesarea, *The History of the Church from Christ to Constantine*, iv, p. 5.
② Zosimus, *New History* Ⅰ,ii, trans. and commentary by Ronald T. Ridley, Canberra, 1982, pp. 86—88.
③ 这个神话描述了他在夕阳下看到天空中上帝显灵的十字架,以及当晚上帝再度托梦给他的详细情节,这使笔者联想到中国秦朝末年陈胜、吴广在发动农民起义前精心编造的一系列神迹。Eusebios of Caesarea, *The History of the Church from Christ to Constantine*, iv, pp. 28—30.

其顶端形成 XP 的抽象符号,教会史学家认为这是希腊文"基督"的前两个字母组合。事实上,XP 的字母组合在古罗马军队中很常见,X 可能是古代高卢某种宗教的象征,代表着太阳或者雷电;P 则意味着太阳神的鞭子。君士坦丁将其军旗赋予基督教的含义,并作出上帝显灵的解释,无非是企图使他发动的统一帝国的战争具有神圣的色彩,让这次劳师远征的战争行为归于天意,是执行上帝的旨意,以此掩盖其称霸整个帝国的政治野心,使普通士兵和广大民众都能支持这场战争。他选择拉布兰旗作为军旗,充分表明其宗教策略老谋深算,因为拉布兰旗既包含了基督教信仰的象征,又继承了古老的宗教传统,基督徒和多神教徒都可以在 XP 这个意义广泛的符号中找到适合自己信仰的解释,基督徒可以把它看作象征耶稣基督的十字架,多神教徒则可以把它理解为旧信仰的复兴。① 在这一旗帜下,不同信仰的将领士兵都可以实现其为神灵献身的理想,都心甘情愿地去战斗。君士坦丁利用宗教信仰为其战争服务的目的清楚地表现在他为全军将士确定的星期日祈祷词中,"我们只把您看作上帝与国王,我们祈求您给我们帮助,通过您我们赢得胜利,通过您我们战胜敌人,我们感谢您过去给我们的恩惠……我们祈祷您永远保佑我们不受伤害,保佑皇帝君士坦丁的胜利"②。这里的所有宗教说辞都是为君士坦丁发动的统一战争服务的。

最后,君士坦丁利用基督教拉拢上层贵族官吏。言及于此,有两个情况必须进一步说明。其一,基督教在经过数百年的发展后,其教义中原有的代表下层受压迫、受剥削民众的思想内容逐渐被逆来顺受、强调服从的教义所替代,"主教制与教阶制的萌芽,说明教会已经牢固地被控制在富有阶级手中。此后,基督教通过教会的领导人和教父进一步向罗马奴隶主政权靠拢","他们在组织上实行主

---

① J. M. Hussey ed., *The Cambridge Medieval History* Ⅳ: The Byzantine Empire, Cambridge, 1978, p. 4.
② Jacob Burchhardt, *The Age of Constantine the Great*, p. 298.

教制……在思想上神化罗马皇帝和奴隶制度,从理论上论证基督教与罗马帝国利益的一致性……在行动上,不断向罗马皇帝写效忠信,表明基督教会要忠于帝国政府"①。基督教会与罗马帝国统治阶级的合流促成许多元老、贵族、富人和各级官吏成为信徒,这使君士坦丁逐渐认识到,基督教在民众中传播的仁爱、道德和无条件服从与依顺的福音精神,正是他可以利用的思想工具,也是他借以拉拢帝国上层阶级的手段。其二,基督教在此前多次帝国官方的迫害中,特别是在意大利地区,非但没有销声匿迹,反而更加茁壮成长。众多基督徒没有迫于政府的淫威而屈服,他们或公开或秘密地保持着自己的信仰。特别是殉道者的事迹更加坚定了大多数教徒的信心,赢得了广泛的尊重。事实上,普通基督教和多神教信徒并不赞成官方残酷的迫害行径,他们反对破坏原有的平静的宗教生活,反对暴力流血事件。② 与高卢辖区相对和平的环境相比,帝国东部和意大利的民众以各种方式反抗统治当局的宗教政策,当各种暴行不断加诸基督徒时,许多的多神教徒也甘冒生命危险保护他们。基督教不仅信徒人数增加,而且发展成为更加团结、凝聚力更强、成分更加复杂的群体,以及成为最"有活力的宗教",③吸引越来越多的上层人士皈依基督教。君士坦丁的宫廷设在高卢特里尔城中,这里有许多重要官员已信奉基督教,神学家拉克坦提乌斯(Lactantius)担任君士坦丁长子克里斯普斯(Crispus,303—326)的家庭教师,并成为君士坦丁身边无话不谈的密友。④ 现代考古学家发现,位于罗马古城内最古老的基督徒墓地即属于当时皇族阿契利的别墅花园。自戴克里先以后的多位皇帝,包括君士坦丁一世在内,其家眷大多是基督徒或基督徒的保护人,在皇帝的宫廷和军队中,很多基督徒也

---

① 于可主编:《世界三大宗教及其流派》,长沙:湖南人民出版社,1988年,第32—34页。
② Jacob Burchhardt, *The Age of Constantine the Great*, p. 273.
③ A. J. Toynbee, *An Historian's Approach to Religion*, Oxford University Press, 1979, p. 107.
④ T. D. Barnes, *Constantine and Eusebius*, p. 74.

担任重要的军政官职。正因为如此,君士坦丁推动基督教的发展并充分利用的政策得到了帝国社会上层军政贵族的支持。

君士坦丁于312年战胜马克辛迪乌斯,李锡尼于313年战胜马克西米努斯,标志着帝国统一战争第一阶段的结束。但分别统治帝国东、西部的两个盟友之间的友谊并没有维持很久,因为君士坦丁统一帝国的总任务尚未完成。312年戴克里先的去世使控制帝国霸权的两巨头之间的矛盾逐渐激化,上升为帝国政局的主要焦点。314年,君士坦丁与李锡尼之间爆发了战争,两人的联盟随即瓦解,雄心勃勃的君士坦丁开始扫除建立君主专制的最后障碍,进而完成统一帝国大业的第二阶段政治任务。

君士坦丁虽然与李锡尼共同颁布了《米兰赦令》,但是,他只是把双方的合作看作各个击破政治对手的权宜之计。314年,君士坦丁将其另一个同父异母的妹妹阿纳斯塔西娅嫁给他册封的恺撒瓦西亚努斯(Bassianus),随即向李锡尼提出巴尔干西部地区的领土要求,致使二人之间的矛盾进一步激化。当李锡尼拒绝君士坦丁的要求时,后者立即派遣数万大军进攻伊利里亚地区,并在西巴利斯战役和马尔迪亚战役中重创数万敌军,使李锡尼军队主力的元气大伤,被迫求和。① 李锡尼忍痛将伊利里亚大区的大部分土地割让给君士坦丁。失败后的李锡尼不甘沦落为君士坦丁的副皇帝,"他不再追随好人,而是疯狂地干起残忍暴君之邪恶的所作所为",并将其失败归罪于基督徒,特别是对君士坦丁大力支持的基督教恨之入骨。② 李锡尼表面上继续保持与君士坦丁的友好关系,暗中却将其宫中的基督徒流放他乡,或投入监狱,并下令清洗军队中的基督徒将士,剥夺所有曾持有基督教信仰的贵族和军官的头衔和军阶,指令任何人不得探视基督徒囚犯,否则将遭到同样的监禁。他要求所

---

① Zosimus, *New History* Ⅰ, ii, pp. 90 – 94.
② Eusebios of Caesarea, *The History of the Church from Christ to Constantine*, viii, pp. 2 – 6.

有官员参加多神教献祭,否则将被解职,还秘密处死许多德高望重的基督徒贵族,以惩罚他们对君士坦丁的崇拜和追随。据尤西比乌斯记载,许多人被利剑杀死,身上留下千疮百孔,不少人被扔进大海喂鱼,帝国东部的基督教教堂大多被捣毁或关闭。① 不得不说,李锡尼比君士坦丁的政治智慧差了太多。

谋略过人的君士坦丁在控制了帝国的大部分地区后,并不急于发动最后的统一战争,他在等待时机,等待李锡尼犯错误。李锡尼推行的迫害基督教的政策给君士坦丁提供了继续战争的借口,换言之,基督教成为君士坦丁最终完成帝国政治统一的工具。他大力支持基督教教会,修建教堂,给予教会一系列特权,包括司法权,这与李锡尼的所作所为形成了鲜明对照。如果说君士坦丁在取得314年军事胜利后没有立即消灭李锡尼是出于亲情和友情,因为李锡尼毕竟是他的妹夫和盟友,那么从政治上考察,君士坦丁蓄势待发,等待了9年才发动攻势,目的就是让李锡尼在基督教政策上犯错误,使其获得消灭最后一个政治对手的口实。君士坦丁以惩罚"强迫基督徒献祭的人"为借口,向李锡尼宣战。② 于是,君士坦丁发动的战争被看作是基督教圣战,甚至连李锡尼的基督教臣民也在为君士坦丁的胜利祈祷。这样,君士坦丁就为其统一帝国的战争找到了合理的解释:战争不是争权夺利的侵略,而是保卫基督教的圣战,其本人也成为基督徒的解放者。323年,君士坦丁挥师东进,7月3日在亚得里亚堡战役中大败李锡尼,同时派遣其长子克里斯普斯在海战中全歼李锡尼的海军。而后,君士坦丁继续追击李锡尼,在东方大区阿纳托利亚地区的克里索波利斯战役中彻底打败李锡尼。324年,李锡尼被迫投降,后被处死于塞萨洛尼基城。

君士坦丁在统一帝国的战争中合理巧妙地利用基督教,壮大打

---

① Eusebios of Caesarea, *The History of the Church from Christ to Constantine*, viii, 1节; ix, p.3.
② T. D. Barnes, *Constantine and Eusebius*, pp.70-71.

击分裂割据势力的阵营,按照其统一战争的政治需求,有步骤地采取支持基督教的政策,最终达到了建立统一的中央集权的专制君主政治的目的。在君士坦丁专制皇权统治下,基督教从被利用的工具逐渐变成被控制的对象,成为其维护帝国集权的工具。

三

君士坦丁在完成帝国统一,建立君士坦丁王朝专制统治之后,其政治生涯达到鼎盛时期。这一时期的基督教政策围绕着维护专制皇权的政治需要又进行了调整。此时的基督教政策的核心是维护帝国统一,缓和宗教矛盾,防止发生动乱,强化中央集权。如果我们将观察的视野扩大,将其统一帝国后的宗教政策置于拜占庭帝国国家建设中,那么该政策还是他强化官方正统意识形态、以完善新帝国臣民身份认同的重要举措。

君士坦丁致力于消除分裂割据势力和统一帝国的事业,目的在于实现其家天下君主专制统治的政治野心。早在317年5月,他就凭借强大的军政实力,不在乎李锡尼的抱怨,册封两个儿子为恺撒,而后又封另外两个儿子为恺撒。[1] 他成为帝国唯一专制皇帝后,首先考虑的是如何强化其皇权,为此,他将基督教当作实现政令统一和专制统治的工具。在一封信中他明确表达了这种愿望:"我渴望您(上帝)的子民和平相处,为了我们共同的世界和所有人的良知不要彼此分裂。让那些迷失在错误中的人与笃信上帝的人同样享有和平与安定。让所有的人复归友爱,这足以使他们走上正路。不要让任何人再扰乱他人,让每个人做他想做的事……朕本人拥有您最荣耀的真理的宝库,这是您赐予我的自然财富,而朕祈求他人也通

---

[1] A. H. M. Jones, *The Later Roman Empire 284—602: A Social, Economic, and Administrative Survey* vol. 1, pp. 110-115.

过普遍的和谐得以享受快乐。"①作为统一帝国的皇帝,君士坦丁一改其与对手征战时的面孔,大谈"和平""安定""和谐"和"友爱",借用基督教实现中央集权统治的目的表现得非常明显。在这一思想指导下,君士坦丁积极地推动基督教教会来协助恢复帝国的行政管理系统,他将1800名主教分派到120多个行省,其中1000名在东部,800名在西部,行使官方任命的司法和宗教权力,从而使"一种新的永久性的、始终受人尊敬但有时十分危险的神职官员在教会和国家内产生了"②。他利用这样一套管理机构有效地控制了庞大帝国社会的精神生活,具体表现在主教之下的各级神职人员的活动范围直接深入到村庄基层。

彻底消除分裂割据残余势力也是君士坦丁统一帝国后面临的紧迫任务,为此,他对李锡尼的政策进行大刀阔斧的改革,废除了李锡尼颁行的各项法令,恢复基督教教会的所有免税权、财产继承权、司法审判权、接受捐赠权等各种特权,大批遭到流放的基督教徒从流亡的穷乡僻壤、矿井盐场回到自己家乡,监狱中的基督教徒也荣归故里,被贩卖为奴的基督徒成为民众热烈欢迎的信仰英雄。③ 他还使被解雇的基督徒官员恢复原职,并解除对军队中基督徒士兵的禁令。同时,君士坦丁利用基督教问题大规模镇压李锡尼的部下,其中许多人被判处死刑,有的甚至未经审判便遭杀戮。④ 曾经一度受到李锡尼支持的多神教也受到牵连遭到压制,而长期控制君士坦丁堡及安条克两大教区的基督教阿里乌派,因为曾经支持李锡尼而被君士坦丁主持召开的尼西亚基督教大会宣判为异端。事实上,他对阿里乌派那些晦涩的神学所知甚少,"这位皇帝的行为完全为一

---

① 该书作者还指出:"他必须关心其良好治下的6000万或8000万臣民对基督的崇拜。" R. MacMullen, *Constantine I*, London, 1970, p. 165,169.
② 爱德华·吉本:《罗马帝国衰亡史》第1卷,第460页.
③ R. MacMullen, *Constantine I*, p. 161.
④ T. D. Barnes, *Constantine and Eusebius*, p. 210.

时冲动所决定,而并无任何宗教指导原则"①。

君士坦丁利用基督教统一民众的思想,推行以基督教信仰为核心的官方意识形态,强化专制皇权的精神统治。他千方百计地使臣民中大批的基督徒拥护其皇权。据布克哈特统计,3世纪末,帝国东部的基督徒已占当时人口总数的十分之一,西部的基督徒占十五分之一。②君士坦丁继承了戴克里先时代流行的君权神授理论,只不过将多神崇拜改为上帝崇拜,将对阿波罗的信仰变为对耶稣基督的信仰,宣称其对世界的统治权来自上帝,"公众认为他是被上天派来统治人世的说法满足了他的虚荣,他的成功又使他有理由相信自己享有的最高统治权来自神授,而这种权利却是以基督启示的真实性作为基础的"③。在选择和新建东罗马帝国首都(拜占庭)时,他再次祭起基督教上帝的灵旗,宣称他是按照"上帝的意旨"确定"新罗马"在博斯普鲁斯海峡的拜占庭古城。在他亲自跑马圈定新都城址时,他对大批随从官员宣称,他的选择跟从了"在(我)前面引路的不可见的神灵(上帝)"④,这为他大兴土木建立新都的行为蒙上了神圣的色彩,他本人则成为上帝意志的执行者。新建的君士坦丁堡中心广场上耸立着一个巨大石柱,石柱的顶部是高大的君士坦丁皇帝雕像,雕像的右手不仅持有象征统治世界的宝球,而且有象征君权神授的十字架。⑤

君士坦丁虽然是拜占庭帝国历史上少有的精明强悍的政治家,但是他的前半生主要致力于从军作战,因此他并不像其后的许多学者型皇帝那样满腹经纶,对基督教神学也仅知皮毛。不少西方学者

---

① 爱德华·吉本:《罗马帝国衰亡史》第1卷,第485—486页。
② 雅各布·布克哈特:《君士坦丁大帝时代》,第124页,这里仅是大概的估计,例如在迦太基的人口登记中,基督徒人数超过10%。
③ 爱德华·吉本:《罗马帝国衰亡史》第1卷,第451页。
④ R. MacMullen, *Constantine I*, p.149 和 A. A. Vasiliev, *History of the Byzantine Empire*, vol. I, p.59. 这两本书中都描写了有关的事件,但是他们的资料都来自拜占庭教会史作家的宣传性作品。
⑤ R. MacMullen, *Constantine I*, p.150.

对其大肆吹捧,认为是他确定了基督教的基本教义,这实在是带有拔高偏见的误导。事实是,他是从维护帝国统一的政治需要出发,加强对基督教的控制和利用,无论是主张三位一体信条的基督教正统派,还是主张基督神性高于人性的阿里乌派,甚至是多神教徒,只要拥护君士坦丁的王朝统治,只要效忠皇帝本人,都将获得他的保护和重用。他公开致信基督教各派,认为他们都是"共有同一个上帝、同一种宗教、同一种礼拜仪式的基督教教徒,没有理由因为如此无关紧要的一点意见分歧而分裂为几派"。在他看来,帝国东部如火如荼的宗教争端已经严重影响了其臣民的思想统一。为了减少因神学争论造成的社会分裂,君士坦丁在宣判阿里乌派为异端的尼西亚会议之后不到三年,就暗中解除了对该派的迫害,"表现出了同情,甚至纵容。放逐令被撤销了……(阿里乌派领袖)尤西比乌斯也官复原职,仍旧登上了他被屈辱地赶下台的牧首的宝座",阿里乌本人则成了基督教的英雄。① 对于君士坦丁在阿里乌派问题上的朝令夕改,包括吉本在内的许多西方学者认为他是受了其身边宠臣的影响,笔者则认为,这恰恰说明了君士坦丁是因其政治需要才来处理基督教神学争端,为了缓和神学争端引发的教派对立和社会矛盾,他禁止教派争论,并将基督教教士视为立命之本的神学教义玩弄于股掌之间。

同样道理,君士坦丁在大力扶植基督教时并没有严厉地迫害多神教,特别是在他成为帝国唯一皇帝后,主动调整了对多神教的政策,颁布法令允许多神教徒"定期实施肠卜祭祀活动",他的皇帝"纹章上都铸有朱庇特、阿波罗、玛斯和赫丘利的图像和象征"②。帝国各地的多神教神庙仍然可以拥有大量的财富,享有帝国贵族公开的

---

① 爱德华·吉本:《罗马帝国衰亡史》第1卷,第485—487页,吉本原著中"the episcopal throne"在中译本中作"教皇"("教宗"),这是错译,应为"牧首",因为教宗仅指天主教的最高首脑,东正教最高首脑称"牧首"(或称大教长)。
② 这里提到的4个神分别为罗马主神、太阳神、战神和大力神,爱德华·吉本:《罗马帝国衰亡史》第1卷,第435—436页,可惜中译本多有错译,本文引用中作了适当修改。

馈赠和特权,其信徒甚至还可以公开举行传统的宗教仪式和祭祀。①君士坦丁力图使多神教徒和基督徒之间能和睦相处。他针对帝国东部基督教的势力相对较大而西部则是古罗马传统多神教势力占优的实际情况,采取对两者支持力度和方式有所区别的宗教措施。②显然,君士坦丁对当时帝国社会多种宗教信仰流行的现状有清醒的认识,因此,在推行宗教政策中君士坦丁力图保持一种没有倾向性的最高仲裁权,在实际行动中极力消除各种宗教对立。这也可以解释他为何宣称皈依基督教而没有受洗,直到临终前才接受洗礼,其重要原因在于,他以此来防止因其公开表明自己的宗教倾向而要引发的动乱,防止任何教派利用为皇帝受洗的机会在宗教争端中占据优势地位。③ 因此,他成为帝国的唯一皇帝后一直在强调信仰中立,不使自己成为任何一派的教徒,而是超乎所有派别的最高仲裁者,对他们进行总体控制。另外,君士坦丁一再推迟受洗也是为了保证世俗政权的独立性和统治权的完整性。因为,他一旦接受洗礼,就成为受到教会控制的基督徒,其至高无上的皇权将受到教会的制约,教会就有凌驾于皇权之上的危险,这是与其建立君主专制的愿望背道而驰的。

君士坦丁在扶植基督教的同时,还对其严加控制,使教会成为国家机器的一部分,他亲自过问教义神学、礼仪活动、人事安排,所有基督教的重大事务都必须有利于他对统一帝国的统治。在325年召开的尼西亚宗教会议上他不仅直接干预《尼西亚信经》的制定,还确立了皇帝对教会的"至尊权",包括主持召开宗教大会权、任免高级教士权、神学教条解释权、教义争端仲裁权,等等。基督教吸引

---

① T. D. Barnes, *Constantine and Eusebius*, p. 246.
② 雅各布·布克哈特:《君士坦丁大帝时代》,第124页。
③ 爱德华·吉本试图从道德方面解释这个事件,拜占庭作家左西莫斯则认为此事源于君士坦丁错杀其子的自我悔恨,而一些教会学者还认为他这样作是因为既可纵情享乐人世又可死后升入天堂,这些意见均缺乏历史唯物主义的眼光。爱德华·吉本:《罗马帝国衰亡史》第1卷,第453—455页。

君士坦丁关注的不是它的教义,而是它的统一性,而统一的教会能够为统一的帝国带来稳定的、和平的精神生活方式,这对于一心强化专制皇权的君士坦丁来说是极其需要的。统一与稳定是君士坦丁统治帝国所追求的目标,他确信假如能引导臣民在信念上联合起来,"公共事务的处理将相当的容易"①,所以他对控制教会倾心竭力。当他得知亚历山大教区发生神学争端后,立即进行干预,而他真正关心的不是神学上的是非,而是对统一稳定的教会的管理;当宗教争论出现失控的迹象时,他立即主持召开宗教会议,会议的核心任务不是解决纷争,而是统一信仰和宣布皇帝在教会中的最高地位及至尊权。② 在尼西亚会议上,君士坦丁以基督教首脑的身份端坐在主席台中央主持会议,并致以简短的开幕词,呼吁各地主教恢复教会团结,因为只有上帝的信徒团结在和平的环境中,帝国才能长治久安。③ 他严密地控制会议的进程,并将其意志变成会议的主题,一切均按他预先安排的进行。尼西亚会议的召开,表明君士坦丁已经在神学教义、教会组织等根本问题上控制了基督教,使基督教在实质上完全成为君士坦丁统治帝国的精神工具。换言之,君士坦丁已经为拜占庭帝国初步确立了正统的官方意识形态,帝国臣民在此可以逐步找到其精神家园。一些学者因此认为"尼西亚会议标志着原始基督教的质变,实质上已成为罗马帝国的国教"④。

总而言之,君士坦丁的基督教政策虽然灵活多变,但万变不离其宗,即为其建立和维护君主专制统治的政治目的服务。纵观其政治生涯,他在不同时期、不同地区执行不同的宗教政策,但是,所有的这些政策都紧紧围绕着不同的政治目标而展开。由于他建立和维持统一帝国的君主专制在不同阶段的政治任务不同,其对基督教

---

① 威尔·杜兰:《世界文明史》第10卷,第328页。
② 陈志强:《拜占庭文明》,北京:中国青年出版社,1998年,第290—292页。
③ T. D. Barnes, *Constantine and Eusebius*, p. 215.
④ 于可主编:《世界三大宗教及其流派》,第38页。

的需求也不同,因此,他的基督教政策似乎也有所调整。在其登基前后,为了减少政治威胁,稳定其脆弱的政治地位,因此他宽容基督教;在统一帝国的内战时期,为了扩大政治联盟,瓦解敌人,他支持基督教;在帝国实现统一后他成为唯一的皇帝时期,为了缓和各种矛盾,强化专制皇权的精神统治,维护君士坦丁王朝的长治久安,他控制基督教,使之成为其专制皇权统治的工具。君士坦丁将基督教当作能使"自己一跃而为罗马世界专制皇帝的最好手段"。[①] 正是在君士坦丁建立家天下帝国的过程中,基督教也成为其打造拜占庭帝国的官方正统意识形态,在帝国初期中央集权制国家建设中发挥了重要作用,并对后世产生了深远的影响。

(原文由笔者与马巍合作撰写,首载于《南开学报》1999年第6期)

[①]《马克思恩格斯全集》,第19卷,第328页。

阿莱克修斯一世研究

阿莱克修斯一世统治时期（1081—1118 年在位）的拜占庭帝国历来受到学界高度关注，因为人们普遍认为，这个时期是处于衰败阶段的拜占庭帝国的"复兴"时期，而阿莱克修斯一世也被后人视为一位"中兴"君主。很多学者认为，1077 年曼兹科特战役的失败是拜占庭帝国经历马其顿王朝"黄金时代"之后走向衰落的标志，而阿莱克修斯一世力挽狂澜，一度扭转帝国颓势，无论内政还是外交方面，帝国都呈现出重振雄风的"复兴"景象。学者们从不同角度研究这个时期，认为阿莱克修斯一世统治时期的拜占庭帝国社会在各个领域均出现了重要变化，以科穆宁家族为核心的贵族精英重新团结在皇帝周围，牢牢地控制了帝国政治、经济和军事的主导权，从而为稳固帝国大厦打造了新的支柱，使帝国在新的皇族政治基础上得以复兴。①

---

① 半个世纪以来最著名的拜占庭通史专家乔治·奥斯特洛格尔斯基将这一时期称为"拜占庭帝国的复兴"。乔治·奥斯特洛格尔斯基：《拜占庭帝国》，第 302 页。G. Ostrogorsky, *History of the Byzantine State*, p. 316. 有关这一"复兴"时期更多的学者研究可见：Michael Angold, *The Byzantine Empire*, (1025 - 1204): *a political history*, London, 1984. M. Angold, *Church and Society in Byzantium Under Comneni*, 1081 - 1261, Cambridge University Press, 1995. Michael Angold, *The Byzantine Aristocracy IX to XIII Centuries*, Oxford, 1984. A. P. Kazhdan & Ann Wharton Epstein, *Change in Byzantine Culture in the Early Eleventh and Twelfth Centuries*, University of California Press, 1985. Rosemary Morris, *Monks and Layman in Byzantium*, 843 - 1118, Cambridge, 1995. John Haldon, *Warfare, State and Society in the Byzantine World*, 565 - 1204, University College London Press, 1999. J. W. Birkenmeier, *The Development of the Komnenian Army*: 1081 - 1180, Boston: Brill 2002. 李秀玲：《安娜·科穆宁娜及其笔下的拜占庭帝国:〈阿莱克修斯传〉研究》，北京：燕山出版社，2014 年。

学界广为认可的"复兴论"其实只是看到了历史的表面,而未能深入科穆宁王朝政治改革的实际内容,因而只能在拜占庭帝国特定时段内说明问题。正是由于这种观点流于现象的梳理,因此很难回答何以拜占庭帝国的"复兴"成果如此短命,其衰败之势并未停止;更不能回答在帝国"复兴"之后,其衰亡反倒加速了,以至于1204年将繁华的首都君士坦丁堡丢失,数千西欧骑士就将其占领。对于科穆宁王朝的政治改革,必须从拜占庭帝国政治秩序的角度加以考察,从改革对帝国中央集权国家体制的深刻伤害进行细致探讨,因为正是阿莱克修斯一世的政治改革将拜占庭帝国的国家政治改变为科穆宁王朝自身的家族政治,才使得帝国中央集权变性为家族地方集权政治模式。后者就是人们在西欧中古时期看到的封土建制,那种以家族和家族间关系为纽带的地方集权模式。毫无疑问,四分五裂的西欧封建制就是从科穆宁王朝开始移植到拜占庭帝国,导致帝国从此走上了灭亡的不归路,在奥斯曼土耳其中央集权制帝国打击下最终土崩瓦解。

最全面反映这一时期复兴"盛况"的史料就是科穆宁王朝公主安娜·科穆宁娜撰写的《阿莱克修斯传》,其他史料可为佐证。安娜·科穆宁娜(1083—1153)是传主阿莱克修斯一世的长女,自幼在宫中接受系统的皇家教育,其父死后,因卷入推翻其亲弟弟约翰二世统治的宫廷阴谋而获罪,被关入修道院。长期的囚禁生涯阻断了她的野心,但却成就了她名垂青史著书立说的事业。她撰写的《阿莱克修斯传》不仅以第一手记载见长而具有重要的史料价值,且因著史风格别具贵族女性特点,文笔细腻而感情丰富,受到后人高度赞扬。① 安娜亲身参与了科穆宁王朝的许多重大事件,且其要强的

---

① 马歇尔称她是"杰出的拜占庭历史学家之一",罗伯特·布拉克评价她"是拜占庭文学史上最杰出的女作家"。N. H. Baynes and H. St. L. B. Moss, *Byzantium: an introduction to East Roman Civilization*. Oxford, 1948, p. 232; Robert P. Blake, "*Anna Comnena, A Study* by Georgina Buckler", *The American Historical Review*, Vol. 35, No. 2 (1, 1930), pp. 323 - 324. 著名的拜占庭学家瓦西列夫甚至认为她是当时世界上最伟大的女作家,"直到19世纪,世界历史上的女史学家仍旧凤毛麟角,安娜理应受到后世的(转下页)

个性促使她早早参与了宫廷政治事务,她拥有的政务经验和广泛的人脉是接触拜占庭上流社会人士的结果,因此得以获得大量帝国政治信息。然而,透过其字里行间对父亲阿莱克修斯一世的颂扬,我们还是能够了解许多历史的真实情况,进而分析阿莱克修斯一世的"治国"之道。毫无疑问,这位皇帝推行的帝国政治改革是其各项施政业绩的核心,也是帝国似乎一度"复兴"的最重要因素,因此,笔者集中探讨这个问题。

一

阿莱克修斯一世的帝国政治改革最重要的组成部分是所谓"精英治理",即大力推进贵族等级制度的改革,重新确定帝国高级贵族的原则和等级序列,突出皇族及其亲信对帝国政治的控制权,即将帝国官制与皇室血亲结合,按照皇帝亲属间亲疏远近分置帝国重要权力,与皇族没有亲戚关系者不再具有进入帝国公共权力机构的资格,从而阻断了拜占庭社会精英的垂直流动通道,也断绝了社会下层进入帝国权力机构的途径。以血缘关系和政治联姻来强化帝国贵族阶层的团结,最终稳固科穆宁王朝的统治基础。安娜认为这是皇帝最大的贡献,因为他改变了前朝贵族精英阶层的混乱状况,确定以皇帝为核心的亲疏远近贵族等级秩序,将与之血缘关系最近且能力最强的亲属紧密团结在皇帝周围,并以此为中心按照亲缘关系

(接上页)尊敬"。A. A. Vasiliev, *History of the Byzantine Empire*, p. 489. 还有人盛赞其作品"比其同时代的任何一部西方拉丁语著作都更优美和生动。"Anna Comnena, *The Alexiad of Anna Comnena*, Translated by E. R. A. Sewter from the Greek, London: Penguin Books, 1969, pp. 14 - 16. 另见前引 G. Ostrogorsky, *History of Byzantine State*, p. 311. 我国外国史学史专家都十分重视其作品,在他们的著作中都给予高度的正面评价。郭圣铭:《西方史学史概要》,上海:上海人民出版社,1983年,第70页;戚国淦、马克垚主编:《外国历史大事集》(古代部分第二分册),重庆:重庆出版社,1986年,第22页;郭小凌:《西方史学史》,北京:北京师范大学出版社,1995年,第169页;张广智主编:《西方史学史》(第二版)第3卷,上海:复旦大学出版社,2012年。

建立多层外围贵族阶层,明确排除了非皇帝亲属的贵族染指帝国公共权力的机会。这一调整减少了非皇族觊觎皇权的可能性,使所有皇族成员根据与皇帝的亲属关系确定各自的地位,暂时理顺了拜占庭帝国上层贵族的等级秩序,似乎消除了此前围绕皇位争权夺利的内斗。

科穆宁王朝统治之前,拜占庭帝国政治生态环境恶化,以大地产为经济后盾的军事贵族势力日益强大,不仅各霸一方为所欲为,而且积极干预和左右朝政。这种局面的形成并非一朝一夕,而是源于7世纪开始推行的军区制产生的深层矛盾。由于军区制将原来由中央控制的政治军事权力下放到地方,且将决定政局走向的军事权和行政权委托给皇帝任命的军区首脑"将军"来执掌,因此埋下了削弱中央集权的伏笔。虽然皇帝通过多种监控渠道密切掌握"将军"的动向并能够依据中央政府掌控的地方官吏任免权和军区划分权随时撤换将军,但要使这种理论上的权力关系得到落实,前提条件是朝廷拥有强大的皇权。在中央政局不稳、皇位更迭变动时,过度下放的地方权力就会出现脱离中央控制的现象,而没有监控和其他权力制约的"将军"就可能利用有利时机和法定权力获取最大的好处,包括经济利益和家族权势。军区制数百年的发展将中央和地方政治关系的深层矛盾扩大了,并且是朝着有利于地方势力的方向倾斜。而中央政府则不断削弱将军的权力,将大军区划分为小军区,以抗衡地方分裂倾向。到了11世纪,拜占庭帝国形成了众多以大地产为基础的军事贵族家族,他们比前一个世纪安纳托利亚地区两大军事贵族家族即福卡斯家族和斯科莱鲁家族更为强大。[①] 先后发动叛乱的军队将领奈司脱(Nestor)、白里乌尔的鲁塞尔(Roussel of Bailleul)和尼基弗鲁斯·伯塔奈亚特斯(Nikephoros Botaneiates)

---

① Paul A. Blaum, *The Days of the Warlords: A History of the Byzantine Empire: AD. 969—991*, University Press of America, 1994, p.57.

背后均有强大的军事贵族支持,其中伯塔奈亚特斯成功夺取了皇位,成为尼基弗鲁斯三世。① 此后,军事贵族发动叛乱成为常态,在尼基弗鲁斯三世仅三年的统治期间,就先后爆发了老尼基弗鲁斯·布林纽斯、尼基弗鲁斯·迈里西努斯、瓦西拉西乌斯和科穆宁家族的多次大规模叛乱,②皇帝本人也在军事叛乱中下台,科穆宁家族取而代之。

有鉴于此,阿莱克修斯一世有针对性地开展其"精英贵族"调整措施,不仅成功地化解了多达8次的军事贵族叛乱,而且通过联姻、镇压等多种手段重新整理了拜占庭帝国的精英贵族体制,稳定了王朝统治的上层贵族基础,维护了其长达37年的统治。阿莱克修斯帝国贵族改革措施最主要的特征是任人唯亲。他登基后不久便开始慷慨地把"君主"以下各种称号广泛赐予皇室家族成员,那些与皇族有血缘关系或者婚姻关系的贵族都在此番调整中获利不菲。③ 例如,其幼弟尼基弗鲁斯·科穆宁被赐予"大贵族"(sebastos)头衔,而其兄长依沙克·科穆宁则被赐予"首席大贵族"(sebastosocrator)的头衔,后者的地位仅次于皇帝,所谓一人之下万人之上。④ 而原来处于皇帝一人之下万人之上者的"恺撒"(caesar)头衔则被顺次降低等级。按照这种任人唯亲的原则,皇室和皇族成员先后得到了高级贵族爵位的封赐和重要官职的任命,阿莱克修斯的儿子们、亲兄弟们、

---

① 鲁塞尔于1073年在小亚细亚宣布独立,起兵反叛米哈伊尔七世。Anna Comnena, *The Alexiad of Anna Comnena*, pp. 32 - 37. 尼基弗鲁斯·伯塔奈亚特斯原为安纳托利亚的军事贵族,1078年初发动军事叛乱并登基为帝。Anna Comnena, *The Alexiad of Anna Comnena*, pp. 58 - 59.

② 老尼基弗鲁斯·布林纽斯发动叛乱,后来被阿莱克修斯镇压,并被刺瞎。Anna Comnena, *The Alexiad* of Anna comnena, pp. 37 - 46. 迈里西努斯于1080年末以尼西亚为中心发动兵变,并自立为帝,后被阿莱克修斯收服。Anna Comnena, *The Alexiad of Anna Comnena*, pp. 92 - 94. 瓦西拉西乌斯叛乱也被阿莱克修斯平息,兵败后被刺瞎。Anna Comnena, *The Alexiad of Anna Comnena*, pp. 46 - 52. 安娜关于阿莱克修斯的叛乱则是从正面叙述的,后者于1081年4月4日登基称帝。Anna Comnena, *The Alexiad of Anna Comnena*, pp. 73 - 102.

③ Michael Angold, *The Byzantine Empire* (1025—1204):*a political history*, p. 106.

④ Anna Comnena, *The Alexiad of Anna Comnena*, p. 112.

父辈的叔伯们等皇帝血亲亲属都晋升为"大贵族"。阿莱克修斯在推行"任人唯亲"政策的同时，逐步建立起新的等级秩序，理清了贵族官僚的尊卑关系，并通过制度来加以保证。阿莱克修斯在沿袭旧制加大对皇族亲属封授的同时，还采取了两方面改革。首先，他设立了一个以"塞瓦斯托贵族"（Sebastos）头衔为基础的新等级，并确定这个等级只能由皇帝的直系亲属担任。事实上，该等级头衔由来已久，甚至早于罗马帝国时代的"奥古斯都"，①后来在11世纪中叶开始被授予君士坦丁九世的情妇斯科莱琳娜。② 曾作为帝国将领的阿莱克修斯也因为战功卓越而被前任皇帝尼基弗鲁斯三世授予这个头衔。③ 阿莱克修斯登基后，立即明确限定"塞瓦斯托贵族"这个称号只能赐予皇室家族直系亲属成员，排除了其他非直系亲属进入这个等级的可能性，无论是皇帝情人还是其他亲信都不再允许领受该头衔，更不用说非皇亲国戚的其他贵族成员了。其次，确定该称号等级位于皇帝和恺撒之间，成为皇帝以下各个高级贵族之首，从而确定了它在整个核心贵族群体中的最高地位，传统上位于皇帝之下的恺撒被依次排挤到"塞瓦斯托贵族"之下。④ 为了充实该等级，他设立了一系列"塞瓦斯托贵族"，譬如"首席大贵族"（sebastocrator）、"上等大贵族"（panhypersebastos）、"头等大贵族"（protosebastos）等。⑤ 这种由"塞瓦斯托贵族"为词根组合而成的头衔被安娜认为是最有创意的，为此称赞阿莱克修斯为了重建帝国精英政治秩序和确认各自官职和权责方面进行了大胆革新，展示了高

---

① 该头衔起源于1—2世纪的希腊语 δεβαδιόs。A. P. Kazhdan, editor in chief, *The Oxford Dictionary of Byzantium*, vol. 3 (2), p. 1862. 又见陈志强：《拜占庭文明》，第186页。
② 乔治·奥斯特洛格尔斯基：《拜占庭帝国》，第278页。
③ Anna Comnena, *The Alexiad of Anna Comnena*, p. 52.
④ Michael Angold, *The Byzantine Empire* (1025—1204): *a political history*, p. 106.
⑤ A. P. Kazhdan, ed. in chief, *The Oxford Dictionary of Byzantium*, vol. 3(2), p. 1863.

超的统治技能。①阿莱克修斯一世在位的37年期间,依照"塞瓦斯托贵族"的原则,还依次设立了其他几个贵族等级,比较有效地理清了此前出现的贵族关系混乱,也平息了帝国政治精英中一度形成的乱局。

阿莱克修斯一世将与自己有血缘关系的亲属都纳入其贵族精英阶层的最高等级,他们构成了皇帝周围最可靠的群体,成为治理帝国的团队,也是皇帝最信赖的臣子。在这个核心精英群体周围,阿莱克修斯一世又打造了另一个贵族等级集团,他们是由与上述皇室和皇家其他成员构建了婚姻关系的亲属组成的,例如皇帝的女婿、妻弟、连襟以及因这种关系形成的兄弟、叔伯等人,他们被赐予"君主"(despotes,gambrol)这一贵族头衔。他们与第一等级的皇亲形成梯队,成为最高级贵族的辅助阶层。也许这部分贵族集团将会凭借各自与皇室的姻亲关系,更为努力、忠诚地服务于第一等级贵族。在第二个等级之下,阿莱克修斯一世还吸收了其他亲属,包括由侄子、外甥、表亲、堂兄弟等构成的第三等级贵族和与他们结成姻亲关系的第四等级贵族。② 这四个贵族等级构成了庞大的上层贵族群体,人数多达数百人,他们分散在拜占庭帝国中央和地方各级权力要害位置上,有效地为皇权服务,并使帝国权力机构在一个时期内得以正常运转。但是,值得注意的是,皇室成员和各级皇亲贵族成员并非铁板一块,在巨大的利益和权势诱惑下,亲情纽带很容易断裂,其后的历史也证明了这一点。

在拜占庭帝国历史上,赏赐高级贵族爵位头衔的现象一直存在,历任皇帝都对自己的亲信委以重任,这似乎是皇权专制的必然做法。但是,阿莱克修斯一世将颁授高级贵族头衔和官职的资格只

---

① Anna Comnena, *The Alexiad of Anna Comnena*, p.112.
② 这位在生育方面"高产"的皇帝有9个子女,他们都成为阿莱克修斯一世"贵族治理改革"的受益者,也是推行其新政的工具,帮助他建立起"家天下"的贵族关系网,使拜占庭帝国此后数百年的政治生活完全笼罩在科穆宁家族巨大的阴影中。

限定在皇家及其亲戚的范围内,并将两者结合起来,这与拜占庭的政治传统有着重要区别。如前所述,军区制经过数百年发展,在拜占庭社会中形成了权重势大的贵族家族。如果仔细观察这些家族的来源,人们就会发现其中不仅有前代皇族和世袭贵族,也有许多来自社会下层的军功人士。拜占庭社会精英的这种垂直流动有助于聚拢社会各个阶层的力量,但也增加了帝国最高统治权的不稳定性。特别是在内忧外患危机严重的时期,这种社会精英纵向交流加剧了帝国专制体制的脆弱性。阿莱克修斯登基以前,拜占庭社会政治精英的竞争极为激烈,几个大家族为夺取皇权展开了血腥的较量,致使整个帝国政治生活环境极为险恶。阿莱克修斯的"任人唯亲"政策着力于促使帝国上层贵族精英重心的转移,阻断了社会各阶层精英垂直流动的渠道,强化皇族及其亲属构成的横向网络,并将这种精英改革措施制度化。他首次将帝国最高权力的核心精英群体封闭在皇族范围之内,从而从体制上降低了中下层贵族参与帝国最高权力斗争的可能性,也降低了以皇帝为核心的统治阶层的风险,弱化了觊觎皇权之大家族之间的对抗。

然而,从历史发展的长远角度看,阿莱克修斯一世极力打造的"家天下"帝国,进一步将皇帝专制的中央集权聚拢到少数贵族特别是皇族之内,反而加剧了皇族内的争权夺利。虽然阿莱克修斯一世统治时期,帝国统治精英似乎暂时安稳下来,但是随着上层贵族人数的扩张,争夺帝国最高统治权的斗争越来越频繁,越来越激烈。换言之,原来广泛存在于贵族各个阶层的夺权斗争逐渐集中到皇族内部。拜占庭帝国以皇帝专制为核心的中央集权成为一切夺权斗争的关键所在,阿莱克修斯一世不可能拔除这个深埋于中古帝国政制内的祸根,也就不可能从根本上化解争夺皇权的危机。他极力调整的只不过是皇权统治贵族结构的形式,而无法解决皇权专制深层次的矛盾。正因为如此,阿莱克修斯一世的诸多政治改革措施在他去世后不久就暴露出自身的弱点,并成为拜占庭帝国晚期历史上皇族内乱的制度性根源。

二

与上述贵族改革措施相配套的是阿莱克修斯一世的官僚体系改革,即对原有的帝国国家机构进行全面改革。他在稳固了以皇族及其亲属为核心的高等贵族统治基础上,着手全面整顿官僚体系,开展吏治改革。其吏治改革可以概括为八个字:按需设岗,简政收权。重点在于根据政治治理的需要重新设立重要官职,公开削弱脱离皇权控制的行政机构和减少官僚人数,在强化皇帝为首的中央集权的前提下,建立新官僚体制。具体措施包括打压宦官势力、加强对皇族政治联姻的中小贵族的选任,尤其对特别忠诚能干的"新"贵族委以重任,破格提拔,授予高级官职,从而建立起更加效忠王朝的官僚队伍,最终实现了帝国政治改革的预定目标。

在拜占庭帝国早期,大多数荣誉头衔是与特定的官职联系在一起。由于统治者在臣属中慷慨颁授这些头衔,导致头衔数量逐渐增加,头衔越来越没有价值,因此,必须为新晋升到高位的官僚设置新的官阶头衔,这意味着旧头衔逐渐丧失了原有意义,失去了重要性,有的随着时代的发展废弃不用,有的则被不断出现的新头衔所代替。例如,"首席佩剑贵族"和"佩剑贵族"在10世纪时曾是重要的两个头衔,到11世纪中期便只赐予一些小贵族,11世纪末就废弃不用了。在11世纪之前存在的官职头衔中,只有"恺撒"、"大贵族"和"宫廷总管"三个头衔侥幸在头衔的贬值退出大潮中保存了下来。

阿莱克修斯一世推行的吏治改革严格依据按需设岗的原则,也就是根据贵族数量和事务所需决定是否保留某个官职,如果不需要就坚决废止其权限,降低其层级。如果需要则重新设立,并将其与前述贵族等级挂钩,相应的贵族担任相应的官职。但是此处需要注意的是,这里的"需要"不是帝国行政合理化的要求,而是阿莱克修斯帝国政治调整的需求。在登基之初,阿莱克修斯便确定将朝廷全部官僚统归首相(λογοθέτης των σεκρετών)管辖,各部官员都需服从首相统一管理,以简政的原则理清政出多头的政府混乱关系。① 同样,针对各军区指挥官军衔"贬值"的情况,阿莱克修斯也采取统一编制的措施,将 10 世纪末还在继续使用的三个军衔:"将军"(στρατέγης)、"首长"(χατέπαυο)和"司令"(δοὺξ)②全部做了调整。在其统治后半期,沿用了几个世纪的地方军事首脑的旧称"将军"几乎彻底废弃,在当时的文献中完全消失了。科穆宁王朝时代的"司令"军职适用于所有军区总督,他们的下属则被称为"首长"。③ 这种变化体现了军事辖区的变动和不同军区重要性的变化。例如,从 10 世纪下半叶开始,军队的最高指挥权由东部司令和西部司令共同分担,但自 11 世纪中期之后,它们经常被合并为"军队总司令"(μέγαsδουξ)。阿莱克修斯下令这个官职由更为重要的海军军官担任,即由指挥整个帝国海军舰队的司令官担任。这样的调整有其合理性,因此一直沿用到帝国末期。

那么,阿莱克修斯是如何使吏治改革满足帝国贵族精英改革的需要呢？根据安娜的记述,就是将皇帝的亲属安插到所有新创建的重要官职岗位上。例如,在宫廷官职结构中,最高等级的官职均属皇族成员,与在位皇帝的关系越亲近的人越能享有更多受任官职的优先权。这样,在皇帝之下,官职高低序列就按照皇帝血亲关系远近排序:处于最顶端的是皇帝的儿子、兄弟以及父系叔伯,紧随其后的是皇帝的侄子、堂兄弟及大小舅子等姻亲,而下面则是皇帝的远亲或皇室家族中受尊敬但非亲属的成员。只有低级官职才对普通

---

① 乔治·奥斯特洛格尔斯:《拜占庭帝国》,第 310 页。
② 希腊语为 δοὺξ,拉丁语为 dux。该军衔最早出现在 3 世纪戴克里先皇帝的统治时期,从 10 世纪后半叶开始,它重新授予较大地区的军队指挥官。A. P. Kazhdan, editor in chief, *The Oxford Dictionary of Byzantium*, Vol. 3 (2), pp. 658 - 659.
③ 乔治·奥斯特洛格尔斯基:《拜占庭帝国》,第 310 页。

人开放,而他们是没有任何进一步升迁希望的。阿莱克修斯在近亲中任命海军和陆军将领,委任亲属担任行省指挥官,因为只有与之有亲戚关系的地方大家族掌控地方权力才能令他放心。在阿莱克修斯统治的前半期,除了希腊和伯罗奔尼撒两地军区还保留着原行省管理的某些传统特色,继续存在文职总督,其他地方的文职总督均被头衔为司令或首长的军职总督所取代,他们大多与皇族有某种亲属联系。新建立的军队不再以农兵为主,官兵多来自阿莱克修斯控制下的中央军分支部队,这对地方稳定起着关键性的作用。为确保国内政局安定,阿莱克修斯把重要行省的总督职位都委任给皇家亲属或姻亲家族成员。例如,巴尔干地区西部重要城市第拉休姆在防御西部敌人入侵的战争中作用极端重要,他在收复该城后,便派其小舅子约翰·杜卡斯和侄子约翰·科穆宁担任此地总督。① 维洛亚是控制通往塞萨洛尼基的交通要塞,他便委任约翰·科穆宁的兄弟担任其总督。同样,色雷斯地区的重要城市亚得里亚堡则由其长女安娜·科穆宁娜的婆家布林纽斯家族进行辖制。② 阿莱克修斯还派其父的忠实奴仆之子利奥·凯发拉斯于1082年前往拉里萨去守卫这座具有战略意义的城市。③ 此类任命贯穿了阿莱克修斯整个统治期间。

阿莱克修斯简政收权的突出例证是剥夺宦官权力,消除宦官干政的弊端。宦官原本是皇帝专制的必然产物,他们构成了皇帝私人奴仆的主体,为皇帝生活起居服务。但是在拜占庭宫廷宦官长期的发展史上,一度出现了宦官干政的趋势。自首位拜占庭皇帝君士坦丁大帝以后,他们的权势不断地增长,甚至在后来一度出现负责皇帝服装鞋帽的宦官竟然掌管皇帝出行的全部事务,而专管皇帝信件

---

① Anna Comnena, *The Alexiad of Anna Comnena*, Ⅹ, p. 314.
② Michael Angold, *The Byzantine Empire* (1025-1204): *a political history*, pp. 129-130.
③ Anna Comnena, *The Alexiad of Anna Comnena*, Ⅴ, p. 167.

收发的宦官竟能负责帝国的"外交"事务。到了阿莱克修斯登基前,拜占庭宦官制度发展到了顶峰。这位皇帝上台后,采取措施限制宦官权力。根据专家统计,11、12世纪的史料中出现过55位宦官的名字,其中52%在阿莱克修斯成为皇帝前担任高级行政职位。而在阿莱克修斯统治的37年间,他们中仅有五分之一左右仍在宫中,其他人大多丧失了原有的权力。① 安娜的著作提到了几位宦官,如利奥·尼基里特斯、两个同名的米哈伊尔、瓦西里·皮斯鲁斯、君士坦丁和一个负责皇帝寝室的宦官,②但他们中只有个别人还继续担任官职,除了四个担任低级官职外,其他全都重操服务皇帝起居的旧业。③ 阿莱克修斯通过采取限制宦官权力的种种措施,将此前从皇权中逐渐分散下放的权力和权利陆续收回,并集中委派给新任命的亲属贵族,从而进一步强化了皇室及其亲属的权力地位,使得新建立的上层贵族核心精英阶层更加忠诚。

为了扩大皇帝专制统治所依赖的贵族群体和社会精英基础,阿莱克修斯大力推进了积极的政治联姻。一般而言,西方中古时代的王室联姻都是为了增强国王统治的政治力量,利用联姻的血缘和亲戚关系不仅可以确保家族的薪火延续、人丁兴旺,而且可以通过横向联系维持或扩展家族的影响,既可化解与宿敌间的恩怨,也可巩固家族间的政治联盟,提高家族地位。④ 这一点在阿莱克修斯推行的政治改革中得到充分体现。他本人便通过与前朝"恺撒"约翰·杜卡斯的孙女伊琳娜的婚姻,与当时势力强大的杜卡斯家族(也有学者将这个家族的统治归为拜占庭历史上的一个"王朝")结成政治

---

① Henry Maguire, *Byzantine Court Culture from 829 to 1204*, p. 179.
② 利奥·尼基里特斯作为皇帝的亲信曾长期担任军职。两个同名的米哈伊尔一个是教师,一个是医生。瓦西里·皮斯鲁斯则是皇帝寝宫侍从。君士坦丁是负责皇帝餐饮的随从。Anna Comnena, *The Alexiad of Anna Comnena*, pp. 221, 267, 510, 397, 452.
③ A. P. Kazhdan & Ann Wharton Epstein, *Change in Byzantine Culture in the Early Eleventh and Twelfth Centuries*, p. 70.
④ 黄春高:《西欧封建社会》,北京:中国青年出版社,1999年,第93页。

联盟,确保其军事叛乱获得成功,同时也强化了自己皇位的合法性。他的所有同辈或者儿女辈的女眷几乎都成为政治联姻的工具,被用来加强和巩固与其他强大贵族家族的关系,甚至其侄子、侄女和孙子、孙女的婚姻也是为这一目的服务。① 为了控制色雷斯地区最重要的战略枢纽城市亚得里亚堡,他将女儿嫁给了控制该地、实力强大的布林纽斯家族的首领尼基弗鲁斯·布林纽斯的儿子,不仅化解了两大家族之间的宿怨,而且赢得了布林纽斯家族的支持,更重要的是化敌为友,将布林纽斯家族纳入其核心精英体制中。② 他将另一个女儿玛利亚嫁给了卡塔卡隆·尤弗本努斯,后者的家族是拜占庭帝国的另一个强大家族。阿莱克修斯的妹妹塞奥多拉和兄长曼努伊尔都与迪奥格尼斯家族的成员结婚,另外两个姐妹也分别嫁给了迈利西努斯家族和塔罗尼特斯家族,他的哥哥依沙克则娶了前皇后玛利亚的堂妹。显然,阿莱克修斯的政治联姻计划执行得非常成功,当时几乎所有强大的家族都与科穆宁王朝建立了政治联姻关系,杜卡斯、迪奥格尼斯、迈利西努斯、塔罗尼特斯、伯塔奈亚特斯、布林纽斯、库尔提基、尤弗本努斯、西纳得奥斯等家族都在其名单中,帝国的政治军事行政等重要权力因此都在他的掌握之中。他不仅扩大了皇帝统治的政治基础,有计划地构建起与皇帝具有血缘关系的精英群体队伍,而且逐步编制了等级有序的官僚体制。

阿莱克修斯的政治改革紧紧围绕着强化皇帝专制集权这一中心任务,从扩大皇帝血缘亲属和皇室贵族队伍入手,全面整顿帝国高层贵族精英群体,建立原则清晰、结构稳定的贵族等级体系,同时在简政收权、重整官僚队伍中,加强皇室及其亲属贵族集团对公共权力的掌控,削减分散皇权的不利因素,消除拜占庭社会精英垂直流动带来的混乱局面,

---

① Paul Magdalino & R. Nelson, "The Emperor in Byzantine Art of the Twelfth Century", *Byzantinische Forschungen*, 8/1982, p. 144.
② 两个家族曾因阿莱克修斯平息布林纽斯家族叛乱并刺瞎老布林纽斯眼睛而结仇,后通过联姻化敌为友,老布林纽斯成为皇帝的重要军事顾问之一。

并通过政治军事改革取消宦官等对皇权潜在的威胁,通过政治联姻壮大科穆宁王朝统治的政治基础,化解各个实力强大的家族间的矛盾冲突,使科穆宁王朝时期的拜占庭帝国暂时恢复了中央集权的政治格局。

但是,我们不得不指出在阿莱克修斯的政治改革中,他将拜占庭帝国国家权力转变为以科穆宁家族为核心的家族权力,或言之,就是将原本属于帝国的公共权力私相授受,将拜占庭官僚之间的公务关系变为家族亲属之间的血缘关系,将几个世纪逐步完善的国家机构变成科穆宁家族成员效忠皇帝的组织,消解了拜占庭帝国中央集权的国家实质。这就为此后拜占庭帝国国家权力迅速瓦解开启了恶劣的开端,也加速了拜占庭帝国的衰落与灭亡。

三

阿莱克修斯政治改革未能触及拜占庭皇帝专制的核心问题,贵族反叛伴随其统治始终。他登基之时,面临的政治局势极为复杂,主要威胁来自势力已经坐大的军事贵族。根据安娜推测,阿莱克修斯对面临的危险非常清楚,因为他本人就是军事贵族的一员,而且是通过政变夺取的皇权。没有成为皇帝的时候他觊觎皇权,一旦成为皇帝,他就注意吸取前朝的教训,千方百计保护和加强皇权。换言之,在阿莱克修斯的帝国政治治理中,当务之急就是毫不犹豫地打击军事贵族的反叛,消除贵族异己势力,平息任何敢于挑战皇权的潜在威胁。同时,通过多种措施增强皇帝的经济实力,实施土地改革和财政货币调整,迅速聚敛财富,以消弭战端和充盈国库为旗号,将皇帝的实力提升到任何贵族都无法达到的程度。他深知皇权的实力最终要凭借军事实力说话,因此精心搜刮聚集的钱财不是用于宫廷挥霍,也不是用于大兴土木,而是整军备战,建立效忠于皇帝的武装部队,在逐渐增强拜占庭帝国军事实力的同时,也加强了皇帝自己的武装力量。可以说,阿莱克修斯的"富己、强军"措施取得了良好效果,一度中止了拜占庭皇帝轮流坐庄的恶性循环,皇权确实得到了强化。安娜对此也大加赞扬。

为了消除皇权的直接威胁,阿莱克修斯恩威并济,巧妙地挫败了接二连三的军事贵族叛乱阴谋。譬如,阿莱克修斯在察觉到留守君士坦丁堡的凯尔特人胡姆伯特普鲁斯的叛乱阴谋后,顺藤摸瓜逮捕了多位贵族,迫使他们策划的宫廷阴谋流产。[1] 而在阿莱克修斯挫败的这些阴谋中最危险的要数几位皇亲国戚组织的行动,他们对阿莱克修斯以政变方式登上皇位十分仇恨,同样也认为他们自己的反叛行为无可厚非。例如皇帝的侄子约翰·科穆宁就因为不满于自己的父亲依沙克受到的不公正待遇而发难,拉拢了一批同样敌视皇帝的贵族,策划推翻阿莱克修斯并拥立依沙克为帝。此事幸得保加利亚主教揭发,阿莱克修斯以智取胜,通过皇室家族会议,化解了政变阴谋。更详细的过程是,阿莱克修斯在对达尔马提亚人发动战事离开首都后不久,便收到保加利亚主教来信,后者指控约翰·科穆宁的政变阴谋。阿莱克修斯很清醒地知道这个年轻人虽然受封第拉休姆公爵,但是对其父首席大贵族依沙克的处境一直心怀不满,因此决定立即挫败其反叛图谋,防止局面失控。他委任足智多谋的亚吉鲁斯·卡拉泽斯(Argyrus Karatzes)全权处理此事,并为此召集了皇帝家族近亲会议,不仅化政变阴谋于无形,而且留下了"看在你老爹即我的哥哥的面子上,我不会听信这些谣言"这样的名句。[2] 同样,前朝遗老的后人尼基弗鲁斯·迪奥格尼斯曾多次策划兵变,但阿莱克修斯与之有着复杂的亲缘关系,碍于情面而未加严肃处理。阿莱克修斯还希望通过改善他们家庭的待遇和封授其高

---

[1] 此事发生在阿莱克修斯战胜帕臣涅格人以后,参与叛乱者包括凯尔特人胡姆伯特普鲁斯(Humbertopoulos)、亚美尼亚人亚里比斯(Ariebes)等一些优秀勇敢的军官,还有部分心怀不满的贵族。由于证据确凿,迫使他们只能招供。但是阿莱克修斯并未处死他们,而是剥夺其全部财产后加以流放。Anna Comnena, *The Alexiad of Anna Comnena*, pp. 261-262.
[2] Anna Comnena, *The Alexiad of Anna Comnena*, pp. 262-265.

级贵族及显赫官职的方式,争取尼基弗鲁斯效忠自己。但是后者秉性冷酷凶残,并不接受皇帝的好意,不仅公开拉拢其他贵族参与政变,而且铤而走险亲自上阵,连续两次图谋刺杀阿莱克修斯。在粉碎了尼基弗鲁斯的阴谋后,阿莱克修斯在全体将领大会上宣判其罪行,刺瞎其双眼,把其他重要的政变参与者流放到远恶军州,他们的财产也被悉数没收。这一惩处具有象征意义,由此断绝了尼基弗鲁斯·迪奥格尼斯成为皇帝的梦想,因为依照拜占庭宫廷惯例,身体残疾者不可为帝。① 对于谋反的贵族,阿莱克修斯根据不同情况,采取多种不同的处理方法,有的低调惩戒,有的游街示众,有的流放外省,有的刺瞎剜眼,但是大多不处以死刑,仅为一律没收财产。例如,对黑海边陲城市特拉布宗叛乱首领格里高利·塔罗尼特斯(Gregory Taronites)公爵,皇帝就下令剃掉其头发和胡须并在广场上游街示众。② 在处理亚尼马斯兄弟的政变阴谋时,阿莱克修斯也采取了同样的方式。亚尼马斯四兄弟和其他重要的叛乱者被判处瞽目惩罚的同时,支持密谋活动的其他贵族则被游街示众,他们被剃了光头,剪掉胡子,头上披满了牛羊的内脏,打手们开路叫骂,配合以滑稽短歌。而政变幕后黑手米哈伊尔则被囚禁在君士坦丁堡西部郊区布拉赫奈宫附近城墙上的一个塔楼中。③ 值得注意的是,阿莱克修斯在平息贵族叛乱中,并没有滥用重典,大肆杀戮,而是在

---

① 尼基弗鲁斯是前朝皇帝罗曼努斯四世的儿子,早年便被剥夺了穿皇家红色靴子进而继承皇位的资格。阿莱克修斯登基之初为笼络皇室亲属将罗曼努斯遗孀尤多吉亚(Eudokia Makrernbolitissa)及其孩子们纳入皇族。他特别对身材高大仪表堂堂的尼基夫鲁斯青睐有加,委任这个年轻人为塞浦路斯岛总督,让其享有这个富庶岛屿的一切。但后者一直怀有夺取皇位的野心,游说许多重要人物参与其政变阴谋,甚至说动了皇帝的妹夫米哈伊尔·塔罗尼特斯(Michael Taronites)。尼基弗鲁斯还两度试图亲自实施谋杀计划,一次在皇帝御帐前被侍女阻止,一次在皇帝浴室被侍卫塔提西乌斯识破。Anna Comnena, *The Alexiad of Anna Comnena*, pp. 278-291.
② 格里高利·塔罗尼特斯多次接获皇帝劝说的来信,但他对此置若罔闻。最终,他因密谋反叛而被惩罚囚禁,但后来还是被宽恕释放。Anna Comnena, *The Alexiad of Anna Comnena*, pp. 386-388.
③ Anna Comnena, *The Alexiad of Anna Comnena*, pp. 382-386.

掌握充分证据后,采取相对缓和的处理措施。例如在亚伦案的处理上,阿莱克修斯只是集中判处了政变领袖,将他们流放外地严加看管。① 对地方军事将领米哈伊尔组织的叛乱也是如此,在迫使后者悔罪后加以赦免。② 在惩罚君士坦丁堡元老院成员密谋反叛的时候,阿莱克修斯没有处罚其他任何人,只是剥夺了叛乱主谋贵族的财产并将其流放。③ 安娜认为阿莱克修斯的宽厚仁慈决定了这种处理方式,体现了其统治和执法的温和与充满人性。笔者以为此论似有偏颇,事实上阿莱克修斯的真实意图旨在减少对立面,化解帝国高层贵族间的矛盾,特别是大家族间的是非恩怨,进而为其帝国政治生态创造一个有利的环境,这是一个精明君主的正确选择,在大家族林立的帝国,造成的敌对仇恨是很难化解的。

阿莱克修斯深知皇帝权威最终要凭借实力来维持,而实力的关键在经济富足和武力强大。因此,他在强化皇权的过程中,通过多种措施千方百计增强皇家的经济基础,大力推行土地改革,加快财政货币调整进程,竭尽所能聚敛财富,最终使其实力提升到超越所有大贵族的地步。他登基之初,国库空虚,财政税收体制全面崩坏,贪官污吏大肆买官卖官。特别严重的是,自7世纪以来成功实施的军区制遭到瓦解,帝国赖以维系的农兵及小农正在消失,国家无税可收。安娜认为皇帝对此十分清醒,她惊恐地写道:"事实是帝国没有钱——国库已经被他的前任皇帝尼基弗鲁斯三世挥霍一空,钱也没有用在正确的地方。国库彻底空了,以至于国库大门都不用上锁,任何想要进入大门的人绝不会受到阻拦,因为所有钱财都已经被挥霍一空",她认为经济形势确实令人绝望,因为"经过了长期的

---

① 这个叫亚伦(Aaron)的人与他的弟弟塞奥多鲁斯(Theodorus)策划了刺杀皇帝的计划,但被其部下检举揭发,阿莱克修斯掌握了充足的证据后,将他们及其母亲全部流放。Anna Comnena, *The Alexiad of Anna Comnena*, pp. 396-398.
② 米哈伊尔来自阿马斯特里斯(Amastris),其兵变被平息后,皇帝最终将其赦免。Anna Comnena, *The Alexiad of Anna Comnena*, p. 446.
③ Anna Comnena, *The Alexiad of Anna Comnena*, pp. 186-187.

衰弱之后，罗马帝国已经被贫穷压垮了"①。阿莱克修斯在强化皇权中抓住了克服危机的要点，即调整帝国经济运作方式，充分调动物质资源，使得皇帝集权制稳定地建立在富足的财政基础上。为此，他首先从最基础性的农村土地制度改革入手，针对当时拜占庭军区制瓦解的情况，致力于建立新型的土地关系，将因战乱造成的大片荒芜农田重新置于有系统地管理之下，进而带动对边远地区的开发，扩大农耕种植规模，增加农村劳动力投入，最终促进农业资源总量的增加。阿莱克修斯没有试图改变既定的发展趋势，而是顺应现实大力推行土地的"普洛尼亚化"。"普洛尼亚"(προνοία)最初是一种颁授土地的名称，它的接受者被称为领主(προνοίαρ)，②与这种土地相关的制度被称为"普洛尼亚制"。在这种土地上劳作的农民被称为帕拉克(πάροικοί)，他们实质上是大地主的农奴，要向大地主纳税和服劳役，并丧失了人身自由。这种有条件的土地封授制度在兴起之初确有其积极的一面。作为为帝国服役的报酬，皇帝将地产连同附属其上的税收一起赐予地主，使地主对土地拥有终身使用权，这有助于保证土地经营权的稳定性，进而有利于土地的复垦和资源开发利用，至少能够使撂荒的耕地重新进入生产流程。由于当时的帝国法律明令禁止贵族参与贸易和手工业等经济活动，所以客观环境也加速了权贵阶层将剩余资金投向固定资产，而重点投资土地的行为自然加速造就了一批土地贵族。③ 无论如何，阿莱克修斯合理利用农村荒芜土地资源，对于拜占庭军事征用体制和税收制度

---

① Anna Comnena, *The Alexiad of Anna Comnena*, pp. 156 – 157.
② *The Cambridge Medieval History*, Vol. Ⅳ, part Ⅱ, ed. by J. M. Hussey, p. 76. 皇帝赏赐地产的特权最初仅限于允许地主拥有一定数量的免税农民，并需得到皇帝定期颁布黄金诏书加以确认，国家税收官员则定期审查，以确保对其免税农民的数量进行严格控制。Alan Harvey, "Financial crisis and the rural economy", *Alexius I Comnenus*, *Papers I*, ed. by Margaret Mullett and Dion Smythe, Belfast: Belfast, 1996, pp. 168 – 169.
③ Nicolas Oikonomides, "Title and Income at the Byzantine Court", *Byzantine Court Culture from 829 to 1204*, ed. by Henry Maguire, Washington, D. C.: Dumbarton Oaks Research Library and Collection, Harvard University Press, 1997, p. 207.

而言都是非常重要的。

在此基础上,阿莱克修斯加大了税收和货币制度改革,力图进一步巩固其"财政"调整的成果。从制度建设的角度看,阿莱克修斯的税制整顿措施包括大力推进包税制、强制税款货币化和规范税种等。根据安娜记载,当时帝国财税状况直接关系到军费开支。为了消除迫在眉睫的财政危机,①皇帝放心大胆地将财税调整和日常经济事务全权委托给了更善于理财的太后安娜·达拉西妮。② 在财税体制调整中,阿莱克修斯施行的另一项重要措施是采取货币化税收,新税制要求统一使用新货币纳税,这种新货币价值为 8 克拉黄金,相当于此前足值金币诺米斯马的三分之一,不足的税额则用铜币征收。③ 税率的稳定以及新货币大量进入流通领域代替旧币,有利于结束改革以前税收体制中的混乱局面,使纳税者可以根据占有的土地面积和耕作者的数量,使用统一货币按统一税率纳税,帝国税收因此大幅度增加。阿莱克修斯的财税整顿起到了立竿见影的效果,包括土地制度的"普洛尼亚化"、税收私人承包制、发行新货币等各项措施也达到了预期的成效。与此同时,他也没有放弃任何有助于增加国库收入、夯实皇室财政基础的机会。从这个时代的另一位作家约翰·仲纳拉斯的作品中,我们了解到,当阿莱克修斯认为有必要时,会毫不犹豫地削减官员的薪俸,剥夺元老院成员和其他

---

① 阿莱克修斯为解经费不足之难,不顾教会反对,两度征用教会财产;为雇佣威尼斯舰队,还不得不出让诸多重要的商业特权。见 Anna Comnena, *The Alexiad of Anna Comnena*, pp. 157 - 158,191.
② 阿莱克修斯的母亲安娜·达拉西妮拥有主管帝国财政的权力,皇帝为此下令"财政官员或者其下属提交的关于免除公共债务的买卖契约书的审批……法庭和国库官员的提升和换任……不动产的捐赠、提高俸禄、增加礼物、减免税收或缩减费用等事宜,将由朕的母后全权处理"。Anna Comnena, *The Alexiad of Anna Comnena*, pp. 117 - 118.
③ Michael Angold, *The Byzantine Empire* (1025 - 1204):*a political history*, p. 132.

贵族的财产,①罚没政变叛乱者的产业,甚至征用教会的贵金属圣器。② 经过这位皇帝的不懈努力,拜占庭帝国的财政经济状况出现了好转。难怪奥斯特洛格尔斯基称其为一位"精明的"君主。③

阿莱克修斯千方百计搜刮钱财,不是用于自己奢靡的生活,而是建立皇帝指挥下的强大武装力量。阿莱克修斯整顿军队的措施包括:重新提高军队地位,调整战争理念,扩大军队规模,大力征召新兵,恢复建设海军,提高部队素质,继承传统的拜占庭战争艺术,改变兵员结构,尽力恢复公民兵,降低对雇佣兵的依赖程度,加大使用雇佣兵的灵活性。其中扩军改制成为强军措施的抓手,核心举措是提高部队战斗力,而影响更为深远的则是改变军队结构,建立本土将士构成的精锐部队。为了征集到足够的兵力,阿莱克修斯可以说无所不用其极,想尽一切办法增加将士人数,扩大军队的规模。例如,阿莱克修斯尽力改变前朝的恶习:即借口节省军费开支,战时临时招募军队、战后即行解散军队。他甚至采取欺骗的方法将一部分摩尼教移民编入军队,还派遣亲信塔提西乌斯(Taticus)带着大量现金到各地征募新兵。为了加快征兵进度,阿莱克修斯亲自上阵督查,以至于耽误了对拉里萨的救援。④ 为了组建其"精锐部队",阿莱克修斯亲自策划创建了"英豪后裔军团",并逐一面试招募士兵,特别是从那些战死沙场的将士后人中挑选忠勇之士,并为该军团配备全副精良武装。他亲自指挥训练,将这支2000人的军团打造成战无不胜的英雄之师。他还常常教诲该军团将士要学习其祖先高贵和勇武的业绩,牢记"英勇无畏的搏杀精神",勇往直前。⑤ 根据安娜

---

① G. Buckler, *Anna Comnena: A Study*, Oxford: Oxford University Press, 1929, p. 269.
② Anna Comnena, *The Alexiad of Anna Comnena*, pp. 262, 286, 384.
③ 乔治·奥斯特洛格尔斯基:《拜占庭帝国》,第305页。
④ Anna Comnena, *The Alexiad of Anna Comnena*, pp. 182-184, 214, 167.
⑤ 也是在此战中,约300人英勇战死,皇帝为此悲痛了很久。Anna Comnena, *The Alexiad of Anna Comnena*, p. 231.

的记载,皇帝亲自前往操场训练新兵,不仅向将士们宣讲为帝国而战的神圣意义和伟大使命,①而且指导新兵进行战术训练,亲临现场督察他们进行射箭、投掷标枪和骑马拼杀等技能的演练。② 他通过树立典型鼓舞士气,许多将领都因为作战勇敢而受到皇帝的嘉奖和称赞。除了降低雇佣兵在拜占庭军队中的比例外,阿莱克修斯还加强对雇佣兵的控制,将他们始终置于严密的监视下。同时,强化雇佣兵使用中的临时性和在战争中的辅助性作用,尽量不将决定性战事交给雇佣兵去执行。当战事结束后,即行完结雇佣合同,遣散雇佣兵并欢送其回国。正是经过自己的不懈努力,阿莱克修斯身边逐渐形成了强悍的武装力量,无论在平息内乱还是对外作战中屡屡获胜。

强化的皇权为阿莱克修斯进一步推行帝国政治治理措施创造了条件,反对的势力越来越弱,其各项改革措施执行的力度也越来越大,效果愈加明显。无论科穆宁王朝的政治改革存在多少问题,作为王朝创立者的阿莱克修斯还是取得了诸多政绩,在拜占庭历史上是一位智慧的明君。虽然他留给后世的也有糟糕的政治遗产,但是很难责怪他的短见,因为笔者的后见之明也只是一家之言,在他生前至少取得了其预料之中的帝国治理成效。研究这个时代的拜占庭史家从帝国旧传统的立场出发,认为他没有关注到帝国其他阶层的要求,还不能代表整个帝国臣民的利益,故而"不能被视为严格意义上的皇帝",这种看法对阿莱克修斯过于严苛,有待商榷。③

[原文由笔者与李秀玲合作撰写,首载于《华中师范大学学报(人文社会科学版)》2016年第1期]

---

① Anna Comnena, *The Alexiad of Anna Comnena*, p. 398.
② Anna Comnena, *The Alexiad of Anna Comnena*, pp. 471, 478.
③ John Zonaras, *Epitome Historiarum*, vol. 3, pp. 766 - 767. Patricia Karlin-Hayter, "Alexios Komnenos: 'not in the strict sense of the word an emperor'", Margaret Mullett and Dion Smythe, *Alexius I Comnenus*, *Papers*, I, p. 134.

末代皇帝君士坦丁十一世研究

有关拜占庭帝国末代皇帝君士坦丁十一世的传说在当时以及后世都是人们绕不开的话题,几乎所有的拜占庭历史作品都或多或少谈到了这位皇帝的末日,它似乎成了这部精彩的拜占庭历史最完美的句号。但人们在谈及这位末代皇帝最后的命运时多有不同,出现了多种相差较大的说法,有的说这个皇帝"英勇战死"在城头,也有的说他城破之际"仓皇逃亡",甚至"上吊自杀",还有的说他"不知所终"。现代拜占庭史作品中对此问题阐述最详细的是英国当代拜占庭学专家尼克,他在其著名的《永恒的皇帝》中梳理了有关这位皇帝的所有的历史文献,逐一分析了这些史料的价值及其可信度,正如人们评价的那样,此书"现在成为权威的传记,取代了一个世纪前塞尔维亚外交官君士坦丁·米贾托维奇所写的那本外行但刻意政治化的作品(《君士坦丁,希腊人最后的皇帝》,1892 年)"。① 虽然尼

---

① W. E. Kaegi, "Review", *The American Historical Review*, Vol. 98, No. 4 (Oct., 1993), p.1223. 他的作品中有章节涉及这个问题。D. M. Nicol, *The Last Centuries of Byzantium*, Cambridge: Cambridge University Press, 1993. 另见 Donald M. Nicol, *The Immortal Emperor: The Life and Legend of Constantine Palaiologos, Last Emperor of the Romans*, Cambridge: Cambridge University Press, 1992. 著名学者巴科尔十分赞赏尼克的这本传记,称"尼克这位多产而老到的学者,可能是英国拜占庭学传统写作者中最杰出的贡献者,以前是仁西曼引领着这种传统,意味着要有坚实可靠的大量文献考据和典雅精深又非常有可读性的英国散文风格写作"。John W. Barker, "Review", *Speculum*, vol. 69, no. 3 (Jul., 1994), pp. 853–854.

克分析详尽,但他显然倾向于"英勇战死"说。这从他大段引证的史料都是这位末代皇帝的正面描述中就可以看出,有关君士坦丁十一世的负面描写只是一笔带过而已。事实上,关于末代皇帝最后时刻的表现,目前尚未找到1453年战役幸存目击者的记载,所有的第一手信息都来自传闻,都需要我们认真加以分析,以便得出客观的结论。①

最常见的说法是关于拜占庭帝国末代皇帝君士坦丁十一世的正面描述,说他为了保卫帝国首都君士坦丁堡,不畏奥斯曼土耳其苏丹率领的数十万大军的攻击,英勇奋战在城头,最终战死,为保卫帝国捐躯,捍卫了皇帝的荣誉。但我们细查此役幸存者的记载发现,文献提供的信息多种多样,"英勇战死"说大多出于当时人和后人的"合理"推测和"生动"想象,实在不足为凭。

末代皇帝"英勇战死"的说法见之于大多数后世撰写的拜占庭史。例如约翰·弗瑞利就描写道:苏丹穆罕默德二世发动总攻那天战斗异常激烈,天色渐渐放亮,"这时,人群看到晨星和弯月旗帜在科尔克城门塔楼上飘扬,于是大叫城市失守了,消息传播开来,当守军退却时土耳其人开始涌入城墙。君士坦丁极力阻止逃亡的人流,最后看到他时,他还坚守在穆鲁斯·巴察图流斯的据点上,与其忠实的将领达尔马提亚人约翰并肩英勇地搏杀着。皇帝的尸体后来再也没有被认出来,有传言说他被一些忠诚的希腊人悄悄地埋葬在现今称为维发广场的一个教堂里了"②。此处,末代皇帝奋勇杀敌的英雄形象跃然纸上,因为他始终坚守指挥者的岗位,"英勇地搏杀"直至战死。

但是,我们在诺维奇的描述中看到的却是另一种景象,他写道,"几乎可以肯定,就是他们[巴什巴祖卡先锋部队(bashi-bazouks),奥斯曼土耳其帝国的非正规军,由阿尔巴尼亚武士组成的部队]而不是加尼沙里(禁卫军团)第一个冲入这座城市。而且,此时奥斯曼

---

① 陈志强:《拜占庭帝国末代皇帝的最后传说》,《史学集刊》2014年(总151期)第2期,第86—91页。
② John Freely, *Istanbul, the Imperial City*, London: Penguin Books, 1996, p.176.

人所有部队都通过了破损的缺口冲入君士坦丁堡,君士坦丁抛掉了其皇帝的徽章,投身到搏杀最为激烈的人群。此后人们再也没有看到过他"。① 这里的一个细节值得注意,他"抛掉了其皇帝的徽章",也就是那个镀金的双头鹰徽章。他为什么这样做,是担心自己的皇帝身份被土耳其人识别出来,还是因为帝国快要灭亡,他的皇帝身份也没有必要再保持下去了? 这种行为是胆怯、懦弱还是勇敢无畏? 作者接着给出的描述似乎是在肯定后者,因为他最终"投身到搏杀最为激烈的人群"中去了。

特里高德也含蓄地写道:君士坦丁十一世"战斗到死","5月29日天亮以前,苏丹下令总攻。这时土耳其人最大的加农炮已经严重破坏了布拉赫奈城区南边一处的城防工事。护城河也被碎石瓦砾填满了,内墙和外墙都部分地坍塌了。穆罕默德于是派出三批部队冲击城防最薄弱之处,但是他们遭到了沉重的伤亡而未能冲入君士坦丁堡之中。这时他们重伤了热那亚人指挥官乔万尼。当乔万尼被抬下城墙时,其部队开始逃亡,土耳其人从附近的城门冲入城市。当敌人涌入君士坦丁堡,大部分意大利人都逃往他们的舰船,但是几乎所有的拜占庭将士都战斗到死,皇帝君士坦丁就在他们中间"。② 这里,作者还加上了一句注释性的解说,"由于君士坦丁穿着普通士兵的甲胄,因此不同版本的故事讲到了他的尸体,或是如何被辨认,或是没有得到辨认,但是他在战斗中阵亡是没有太多争议的"。作者在此没有说明皇帝何以穿着普通士兵的甲胄,之所以产生疑问是因为拜占庭帝国皇帝的铠甲都装饰着特殊的徽章,他特地脱去皇帝的铠甲换上了普通士兵的甲胄是担心被人认出身份吗?

奥斯特洛格尔斯基在作品中描述了这位皇帝最后时刻即将"战死"的心理活动,"在这决定性的关头,与皇帝并肩作战的贵斯亭尼

---

① John Julius Norwich, *A Short History of Byzantium*, New York: A Division of Random House, Inc., 1999, p.380.
② Warren Treadgold, *A History of the Byzantine State and Scoiety*, p.800.

安尼①不幸受了重伤,被迫撤出战斗。这个损失造成了守城一方阵脚大乱,加速了土耳其军队的突破。首都不久就落入土耳其人之手,君士坦丁十一世战至最后,如其所愿,在战斗中被杀阵亡。"②这种心理活动可以解释为"与城市共存亡"的豪迈情怀,也可以解释为"不想活着落入土耳其人之手"的无奈追求。著名的拜占庭史专家瓦西列夫也清楚无误地肯定了末代皇帝的"英勇战死",并且是"英雄般"的阵亡,他叙述道:"城墙缺口越来越多失守。皇帝像个普通战士一样英雄般地搏杀,并倒在了战场上。"③

布莱赫尔的描写虽然并不详细,但是君士坦丁"英勇战死"的定性却非常明确,"这时乔万尼胸部受伤,从持续搏杀的战场撤出,在他撤走后这里的战斗更加激烈。被围困的战士仍坚守着阵地,这时他们突然看到苏丹的旗帜在城楼上飘扬,土耳其人成功地突入科尔克城门,这个地点距离塞奥多西城墙与伊拉克略城墙结合处的亚得里亚城门不远。圣罗曼努斯城门的战斗继续进行着,守军的指挥就是皇帝,但是他们遭到来自背后的冲击,显然被土耳其人的人流压倒淹没了。就在太阳升起的那一刻,缺口被横扫。也就是在这一刻,君士坦丁十一世与两三个忠实的随从被冲入混战搏杀的人群之中,攻击的敌人和强大的力量压垮了他,在这里他光荣地战死,以适合于拜占庭帝国末代皇帝的方式阵亡"。④ 布莱赫尔在描述中不仅指出末代皇帝最终"光荣地战死",而且强调其行动"适合于拜占庭末代皇帝的方式"。

上述这些后世作家的描写并非完全出自他们各自的想象,而是有原始材料作为依据,即此役亲历者的记载。正是这些所谓的"目击者"证词给"英勇战死"说提供了史料证据。但是,我们仔细考察

---

① 这里提到的贵斯亭尼安尼即守军总指挥乔万尼(Giovanni Giustiniani Longo)。
② 乔治·奥斯特洛格尔斯基:《拜占庭帝国》,第470页。
③ A. A. Vasiliev, *History of the Byzantine Empire*, vol. II, p. 652.
④ Louis Brehier, *The Life and Death of Byzantium*, p. 370.

这些史料就会发现,它们的描述并不一样。斯弗兰齐斯这样记载:"当我们不幸的主人皇帝看到发生的一切,便泪流满面地祈祷上帝,鼓舞战士们勇敢战斗。已经没有援救的希望了。他猛踢坐骑,驸马冲向土耳其人大批涌入的地点。他英勇战斗如同参孙大战菲利斯丁人一样。在他第一次攻击下,他从城墙上推下了邪恶的敌人。对于旁观者而言,这真是令人惊讶神奇的场面:他咆哮着如同雄狮,用右手挥舞出鞘的长剑,他杀死了许多敌人,这时鲜血从他的臂膀和腿上流淌下来。"[①]这里记载人说君士坦丁骑在马上,挥舞长剑,生动地再造了一位古代英雄帝王的形象。斯弗兰齐斯这样写是可以理解的,因为作为皇帝的亲随和助手,他要为末代皇帝保留一个美好的名声。

另一位拜占庭作家杜卡斯也力图使末代皇帝的形象更丰满、更真实,"皇帝绝望而无助地持剑而立,拿着盾牌,尖声高喊'这里还有基督徒来砍下我的头颅吗?'他被遗弃了,孤立无助。这时一个土耳其人冲过来砍伤了他,他也反手给了这个土耳其人一击。第二个土耳其人从背后给了他致命的一击,皇帝倒在了地上。他们像杀死普通士兵一样杀死了他,并离他而去,因为他们并不知道这就是拜占庭的皇帝。"[②]杜卡斯笔下的末代皇帝缺少了高大英雄帝王的形象,将他从马上挪到了地上,从坐姿变为站立,手中的宝剑不再挥向敌人,而是"持剑而立",他最后的阵亡和普通的将士没有什么区别,这样的描写似乎更接近真实情况,但显然与斯弗兰齐斯的描述并不相同。

还有一个希腊作家劳尼库斯也正面描写了末代皇帝的"英勇无畏","皇帝返回到坎塔库震努斯(Kantakouzenos)及其周围的一小群将士中,说道'那么让我们无论如何向这些野蛮人进攻吧'。英勇的坎塔库震努斯被杀死,皇帝君士坦丁被击退,直到他被迫后撤,并

---

① *George Sphrantzes*, *The Fall of the Byzantine Empire*, *A Chronicle by G. Sphrantzes*, 1401—1477, p. 128. 这个与皇帝并肩守城的贵族在战后留下了回忆录。
② *Decline and Fall of Byzantium to the Ottoman Turks*, by Doukas, an annotated translation of "Historia Turco-Byzantina" trans. by Harry J. Magoulias, Wayne State University, Detroit: Wayne State University Press, 1975, XXXVIII, 13, p. 224.

肩部受伤,伤重身亡。"① 劳尼库斯的描写无疑是认为末代皇帝在此战的最后时刻,仍旧在英勇搏杀敌人,认为君士坦丁在抵抗敌人进攻的战斗中度过了生命的最后一刻。

  细心的读者看到这里一定会注意到,笔者所提及的原始文献几乎都出自拜占庭人,即当时人们所称的"希腊人"的记载,几乎没有非希腊人的作品。在 1453 年战役困守君士坦丁堡的守军中没有"外邦人"吗?非也。笔者在调研正面描写末代皇帝的文献中,发现所有相关叙述的原始记载都出自拜占庭人。细思之下,对于拜占庭人歌颂自家皇帝的倾向感到可以理解,他们对于本国的亡国之君百般褒奖也情有可原。以斯弗兰齐斯为例,他是拥有拜占庭贵族家庭背景的高官,根据后世对其他史料的研究,他还被称为弗兰齐斯(Phrantzes)。他不仅是末代皇帝的亲戚,而且还因具有过人的才能,受到皇帝青睐,成为君士坦丁十一世的亲信。他的妹妹是皇族王公马莫纳斯(Mamonas)的妻子,他本人也是皇族公主海伦(Helene)的丈夫,长期任职于朝廷,为三任皇帝的近臣。在君士坦丁堡保卫战的最后日子里他成为皇帝最信任的人之一,时刻不离皇帝左右,参与调动部署全城防务。他对君士坦丁十一世的忠诚是不容置疑的。特别重要的是,他在围城期间受皇帝委托处理了许多重大事务。他留下的文字和相关信息尽一切地维护皇帝的形象是可以理解的。问题在于,在君士坦丁堡陷落的最后时刻因其他紧急任务他暂时离开了皇帝,换言之他并没有亲眼看见皇帝是如何失踪的,因此,他留给后人的记载只是一种带有推测性质的追忆。再来看杜卡斯,他也是拜占庭作家,与皇族有远亲关系,是君士坦丁十一世推行教会合并计划的坚定支持者,并与彻底执行亲西方路线的这位末代皇帝关系密切。作为皇帝的心腹,他撰写的《拜占庭史》当然要偏护皇帝,我们没有理由置疑他对末代皇帝的忠心,也能理解他

---

① *The Siege of Constantinople* 1453: *Seven Contemporary Accounts*, p. 50。

的颂扬。经过对其他史料记载的分析,我们有充分证据表明他也不是末代皇帝最后时刻的陪伴者,即不是末代皇帝英雄传说的目击证人。至于希腊史家劳尼库斯·查尔克康迪拉斯更是远离战场的作家,他不是君士坦丁堡战役的参与者,没有亲历现场,也不是皇帝最后时刻的见证人。虽然他没有亲身参加这次战役,但是其出生于雅典文人之家,其父兄均为拜占庭作家,而他本人也接受过系统的拜占庭文化教育,特别是他对拜占庭帝国这个希腊人国家走向衰亡痛心疾首,使得他在写作中会不由自主地为末代皇帝说些好话。正是这些拜占庭作家塑造了末代皇帝的英雄形象,他们不自觉地将其对末代皇帝的敬意融入各自的作品之中,而这些作品便成为后世人探究历史真相的原始记载。他们的用意不仅在于怀念已经逝去的帝国和末代皇帝,而且在于保留帝国的传统记忆和希腊人的自豪感,以便为后代复兴民族文化提供根据。在他们的记载中,我们自然找不到对希腊人和末代皇帝的贬低之词。然而,他们作为非目击证人,其记载为后世研究者的一种说法提供了史料依据,这就不能不受到怀疑了。

有关君士坦丁堡战役的原始材料除了拜占庭幸存者的记载,还有主要来自拉丁幸存者的叙述。根据多种文献证明,此次战役中守军主力是来自意大利的热那亚、威尼斯、佛罗伦萨等城市共和国的雇佣军和罗马教宗的增援部队,他们英勇奋战的原因很复杂,关于末代皇帝的说法与上述拜占庭人的观点也完全不同。

"仓皇逃亡"说和"上吊自杀"说大多出自西欧的一些著名史家,而他们的描述又为其他后世作家提供了某些依据。爱德华·吉本在描写拜占庭末代皇帝时写道:"在绝望中经过审慎思量,君士坦丁脱掉了其皇帝的紫袍,在乱军中,被一个不知名的人杀死,他的尸体被埋在堆积如山的死尸下。"①吉本说君士坦丁脱掉了皇袍是不是意

---

① Edward Gibbon, *The History of the Decline and Fall of the Roman Empire*, Ⅶ, pp. 322.

味着他在设法逃跑呢?毕竟战败的将军脱去军装换上普通士兵的衣服而逃亡的案例史不绝书。仁西曼的描述更为详尽:"当皇帝正在安抚乔万尼时,他被告知土耳其人通过科尔克城门进入了君士坦丁堡。他立即跳上马,但他来得太迟了。恐慌情绪在那里的一些热那亚人中蔓延。在混乱中城门是无法关闭的。土耳其人涌向这里,伯西阿德将士们此时所剩无几,无法击退土耳其人的进攻。君士坦丁调转马匹,急速冲向里库斯谷地和外墙缺口处。和他在一起的有勇敢的斯潘尼阿德(Spaniard),后者声称自己是皇帝的表弟,还有托莱多人弗朗西斯科(Don Francisco of Toledo)、皇帝的表兄塞奥非鲁斯(Theophilus Palaeologus)和忠诚的武士约翰·达尔马塔(John Dalmata)。他们一起重整希腊人士气,但最后也是毫无效果,敌人的人数太多了。他们下马,四个人几分钟便接近了乔万尼被抬走的那个城门,但是此时这里的城防工事被突破。城门之处拥挤着大量基督教将士,他们都在设法逃命,同时追击他们的加尼沙里士兵也越来越多。塞奥非鲁斯高喊着他宁可战死也不愿苟活,而后便消失在越积越多的人群中。君士坦丁本人此时也清楚帝国就要灭亡了,他再也不抱拯救它的希望了。于是他抛弃了皇帝徽章,与还在他身边的弗朗西斯科和约翰·达尔马塔一起跟随塞奥非鲁斯而去。人们再也没有看到过他。"[1]这两位作家的描述非常明显地褪去了末代

---

[1] 他解释道:"我的这段描述根据多种资料:首先是目击者的,包括 Phrantzes, op, cit. pp. 280 - 287; Barbaro, op. cit. pp. 51 - 57; Leonard of Chios, coll. 940 - 941; Tetaldi, coll. 1822 - 1823; Pusculus, op. cit. pp. 80 - 81; Montaldo, op. cit. pp. 335 - 338; Richerio, La Presa di Constantinopoli, in Sansovino, Dell' Historia Universale, Ⅱ, pp. 64 - 66;'The Polish Janissary', pp. 132 - 134. Critobulus, op. cit. pp. 67 - 71 和 Ducas, op. cit. XXXIX, pp. 351 - 361,后者肯定引自幸存目击者的描述。土耳其的史料都非常简单,浓缩在 Saad ed-Din, pp. 21 - 28 中,而 Chalcocondylas, op. cit. pp. 354 - 356 没有任何新意。Slavic Chronicle, pp. 124 - 125 只是增加了搏杀的混乱描述。杜卡斯的细节得到了 Saad ed-Din 的证实而已。1453 年 5 月 29 日这一天是历史的转折点。它标志着旧故事也就是拜占庭文明的历史终结。" S. Runceman, The Fall of Constantinople, 1453, Cambridge: Cambridge University press, 1965, pp. 139 - 140.

皇帝英雄主义的色彩，在他们的笔下君士坦丁既没有英勇杀敌的举止，也没有战死阵亡的表现了。我们从"脱掉紫袍""丧失希望""随着逃亡人流而去"等描写中，分明看到了一个大难临头时仓皇逃命的形象。

他们写作依据的主要史料或许是来自几个拉丁人幸存者的记载。首先是佛罗伦萨人特达尔迪，他的记载虽短，但提到了末代皇帝最后的结局，"皇帝君士坦丁被杀。有些人说，他的头颅被砍掉了，还有人说他在城门里被压死了，这两种说法都非常真实"①。此处所说"在城门里被压死"就是指城破之际守军大溃逃时，从防御战的外墙向内墙逃散时拥挤到城门里而发生的踩踏事件。对于这个情节，莱奥纳多记载得更为详细。"很多守军在此之后都被杀死，他们都拼命涌向（内墙）城门逃跑。皇帝也被卷入这股人流，摔倒了又爬起来，而后又摔倒，就是在这股人流中，这个拜占庭的统治者丧了命。就是在这个地方，守军大约有800人被杀害，在城门附近尸体一个摞着一个。"②从他们的叙述中，人们了解到末代皇帝在最后时刻的仓皇逃窜，不幸遇难。还有一个传闻说末代皇帝逃出了陷落的都城，15世纪末一位亚美尼亚修士写作了一篇"君士坦丁堡陷落的挽歌"，其中提到君士坦丁十一世是乘坐法兰克人的船只逃跑了，"当皇帝看到土耳其人冲入城门，他在战斗中独木难支毫无援助，便决定退却，因为上帝的愤怒惩罚着他。一个来自法兰克民族的船主接待了他与跟随的贵族上船，他们逃往到大海上去了。"③这个来自君士坦丁堡战役之后半个多世纪作家的传说未必可信，但它似乎在印证着上面两位幸存者的说法。

---

① *The Siege of Constantinople 1453：Seven Contemporary Accounts*, p. 8.
② *The Siege of Constantinople 1453：Seven Contemporary Accounts*, p. 37。
③ N. Polites, *Proverbs and Traditions of the Greek People*, Athens 1904, 2：660. 有人推测这个东正教修道士之所以极力诋毁末代皇帝源于对君士坦丁的仇视，在正统的东正教史叙事中，君士坦丁十一世一直因为其以牺牲东正教信仰换取罗马教廷军事援助的政策而被认为是东正教的叛徒和异端。

与这种说法几乎同样有损末代皇帝形象的"上吊自杀"说主要来自威尼斯人巴尔巴洛,他是这样记载的:"没有任何人听到皇帝的消息,他干了些什么?或者他是死是活?但是有些人说,他的尸体被发现在尸体堆中,有人说他在土耳其人攻破圣罗曼努斯城门之际上吊身亡"。为了解释这种说法,他在正文描述坊间传闻皇帝自杀的说法后,又加了一段注释,说"皇帝祈求其朝臣杀了自己,而后发疯一般抓起他的宝剑冲出去拼杀,倒下去,又站起来,而后再次倒下去,就这样死去了"。① 从这段文字中,我们看不出皇帝是个"奋勇杀敌"的英雄,反而是个绝望之下的自杀者。

这些与希腊人记载大相径庭的原始文献全都出自参与战役的"外邦人",那么这些幸存的"外邦人"(拉丁人)的背景是什么样的呢?加科莫·特达尔迪是个佛罗伦萨商人,对拜占庭皇帝并无好感。莱奥纳多则是天主教迈提莱内教区的一位主教,因为希腊-罗马教会合并遭到拜占庭民众反对而厌恶他们,自然不会为皇帝说好话,还指责拜占庭人两面三刀,不遵守两大教会合并协议,因此遭到了上帝惩罚。尼科洛·巴尔巴洛这个威尼斯外科医生,在其日记的字里行间透露出他对拜占庭人的厌恶,他也不会赞扬那位末代皇帝。他们无一例外地嘲讽挪揄君士坦丁十一世,还说这个皇帝是个毫无主见的人,不仅赏罚不明,任何时候都"稀里糊涂不知如何是好",而且动辄便"绝望痛哭",毫无"男人气"。显然,衰亡中的拜占庭帝国早就遭到了周围民族的鄙视,正在兴起并取代希腊人称霸地中海的意大利商业城市共和国也把这个衰老的帝国当成了任人宰割的羔羊,拉丁作家在其作品中自觉或者不自觉地蔑视希腊人就是再自然不过的事情了。只不过,他们杜撰出来的"仓皇出逃"说和"上吊自杀"说与"英勇战死"说一样,都不是目击者的记载,同样不可全信。

---

① Nicolo Barbaro, *Diary of the Siege of Constantinople*, 1453, pp. 67 – 68.

事实上，根据现有君士坦丁堡战役幸存者的记载看，没有任何活着的人看到过末代皇帝在最后时刻的表现，他的四个贴身护卫，即斯潘尼阿德、托莱多人弗朗西斯科、塞奥非鲁斯和约翰·达尔马塔均在战役中死去，没有一个幸存下来，而其最亲信的大臣斯弗兰齐斯写道，"在那一刻也没有与我的主人皇帝在一起，而是根据他的命令去君士坦丁堡的其他部分巡视了"。① 前引劳尼库斯在推测末代皇帝的英雄壮举后也承认"不知所终"说，因为没有人清楚这位皇帝的情况，他这样写道："当时，有个加尼沙里士兵带着希腊人皇帝的头颅来见苏丹，他得到了礼物奖赏，被委任为一个省区的长官之职。但是没有任何加尼沙里将士能够说清楚这个皇帝是以什么方式遭遇死亡的。他死在了其许多人马所在的城门处，如同所有普通人一样"。② 因此，无论是"仓皇出逃"说还是"上吊自杀"说抑或"英勇战死"说，都不是真正目击者的记载，而是各有写作目的的想象。笔者认为，最合理的描述应该是"不知所踪"说。

这样的说法也见诸个别史书，如吉本就模糊处理了末代皇帝死亡的传说，他写道："在人流中，皇帝履行了作为将军和战士的全部使命，有人还一度长时间看见了他，但最终消失了。那些贴身护卫他的贵族都战斗到了最后一息，捍卫了帕列奥列格家族和坎塔库震努斯家族的荣誉。有人听到了皇帝悲哀地叫喊：'难道再没有一个基督徒能来砍下我的头颅吗？'他最后的恐惧是活着落入那些不信神的人手中。在绝望中经过审慎思量，君士坦丁脱掉了其皇帝的紫袍，在乱军中，被一个不知名的人杀死，他的尸体被埋在堆积如山的死尸之下"。③《牛津拜占庭史》涉及这个话题时更是含糊其词，"随着君士坦丁十一世在那个悲哀日子的阵亡和穆罕默德胜利进入圣

---

① George Sphrantzes, *The Fall of the Byzantine Empire*, *A Chronicle by G. Sphrantzes*, 1401—1477, p. 129.
② *The Siege of Constantinople 1453: Seven Contemporary Accounts*, p. 52。
③ Edward Gibbon, *The History of the Decline and Fall of the Roman Empire*, Ⅶ, pp. 322.

索菲亚教堂——以后它成为君士坦丁堡最大的清真寺,拜占庭国家的核心区就永远被消除了。此后米斯特拉于1460年和特拉布宗于1461年被攻陷都只不过是余震。然而,穆罕默德的胜利并没有摧毁一种文化、一种信仰,或一个民族。拜占庭生活的基本节奏仍将在奥斯曼秩序的框架之内和以外继续保持"。① 瓦西列夫在给出了末代皇帝"英勇战死"的描述后,自感心虚,加上了一句比较客观的说明,"关于拜占庭末代皇帝的阵亡没有任何准确的信息;由于这个原因,他的死成为传说的主题,这些传说掩盖着历史的真相"。② 对此话题意见表达最明确的是巴尔图斯,他写道:"至于君士坦丁十一世,虽然有许多关于这个末代皇帝死亡的传说在流传,但是没有任何目击者报道他的下场。他的尸体也从来没有被找到。人们不应过高估计他的品性以接受他阵亡的普遍说法,即手持利剑,像一个普通战士一样搏杀在他曾经统治的这个城市的城墙上。"③

笔者认为,在没有找到新证据的情况下,后世研究者不应完全听信上述各位战役幸存者但非目击者的记述,与其采取"英勇战死"说、"仓皇出逃"说或"上吊自杀"说等带有偏见的描述,不如采用更为客观中性的"不知所终"说,从而保持深入探讨拜占庭帝国灭亡原因的兴趣。

同时,在考虑末代皇帝最后时刻的表现问题时,除了要依据第一手的原始资料,还要参考他平时的言行,以便从中得到有关其人品秉性的信息,进而可以更为准确推测其最后的举止言行。对末代皇帝的研究还不能仅仅聚焦于他个人,更应该将他置于拜占庭帝国末期的整体状况和地中海世界的大背景中。从许多君士坦丁堡战役的幸存者留下的记载看,帝国末期民众普遍缺乏信仰,没有明确

---

① Cyril Mango, ed., *The Oxford History of Byzantium*, p. 283.
② A. A. Vasiliev, *History of the Byzantine Empire*, vol. II, p. 652.
③ M. C. Bartusis, *The Late Byzantine Army, Arms and Society, 1204—1453*, Philadelphia: University of Pennsylvania Press, 1992, p. 134.

的生活目标,基本丧失了对美好未来的希望。而造成这种思想颓废的重要原因是,末代王朝尤其是末代皇帝一再强制推行的天主教和东正教两大教会合并的政策,这一政策将帝国民众心中仅存的一丝理想"追求"抹杀掉,使他们失去了思想方向。在"合并派"和"分裂派"的激烈争论中,普通信徒不理解他们一直诚心信奉的东正教"真理"为什么突然错了,并向他们一直反对的天主教"邪说"屈服,民众普遍感到无所适从,圣索菲亚教堂崇高的地位荡然无存,神圣的教堂甚至无人光顾。① 这样一个丧失了"正确"信仰和理想追求的民众群体,必然陷入严重的思想混乱。信仰危机和思想混乱,也一定严重影响民众挽救民族危亡的信心,而对宗教问题的争论更加剧了人心的离散,不仅打击了有识之士的救国之心,制约了他们能力的发挥,而且加剧了整个社会麻木不仁、得过且过的氛围,帝国末期的首都成为是非不分,奖罚不明的场所,使得小人当道,恶行频发。这样的场景在君士坦丁堡战役幸存者的记载中比比皆是。② 有些后世研究者片面地认为末代皇帝是个治国能手,为了挽救帝国尽心竭力,但终因帝国气数已尽而无力回天。这种想当然的描述与战役幸存者的记载不符,也与他平时的表现不吻合。根据一些记述,我们看到的是一个平庸无能、优柔寡断、意志脆弱、陷入绝望、缺少阳刚之气和杀伐决断能力的皇帝,在其统治末代帝国的三年多时间里,主要忙于

---

① 莱奥纳多生动记载了东正教信徒抵制两大教会合并的场景。Vatican ms. Lat. 4137 号档案整理出来的 J. P. Migne, *Patrologia Graeca* 159, cols 923—943,以及意大利文版本 F. Sansovino, *Historia Universale dell'Origine et Imperio de Turchi*, Book Ⅲ, pp. 304 - 313., col. 927. 转引自 *The Siege of Constantinople* 1453: *Seven Contemporary Accounts*, pp. 13, 19, 25. 杜卡斯记载,某些大贵族甚至在重兵围城的时候喊出了"宁可看到首都中心区出现土耳其人的缠头巾,也不愿看到拉丁人的三重法冠"这样的话。*Decline and Fall of Byzantium to the Ottoman Turks*, by Doukas, an annotated translation of "Historia Turco-Byzantina" trans. by Harry J. Magoulias, Wayne State University, Detroit: Wayne State University Press, 1975, XXXⅧ, 3—4, pp. 207, 208, 209, 210.
② 不仅莱奥纳多而且其他人,甚至拜占庭自己人斯弗兰齐斯都作出了负面的报道。George Sphrantzes, *The Fall of the Byzantine Empire*, *A Chronicle by G. Sphrantzes*, 1401—1477, pp. 99, 103.

寻找富有的新娘,与其对手苏丹穆罕默德二世的举止形成鲜明对照,也恰好成为末代帝国的形象。"兵怂怂一个,将怂怂一窝",我们不能指责拜占庭末代王朝君臣,但其消极应战、坐以待毙,只会空谈虚无缥缈的"荣耀",将自己的命运完全寄托于上帝的"神迹",盼望救世主在一夜之间使其脱离苦难,是气数已尽的老迈帝国的真实写照。

(原文首载于《史学集刊》2014年第2期)

第四编

官制研究

6 世纪官职考
——以《秘史》为据

一

拜占庭帝国是欧洲中古时期历史最为长久的君主专制国家。其政治生活的一个明显特征是国家官僚机器完备庞大。长期以来,国际拜占庭学专家对此展开了深入细致的研究,取得了大量成果,其中,英国学者布瑞的专著对9世纪拜占庭官职进行了全面考察,是为这一研究领域的开山之作。① 此后,伊格诺米基斯、斯坦因、道格、圭兰德、顿拉普、埃温斯、哈尔顿和马克斯莫维奇的成果也相继问世,② 使人们基本上弄

---

① J. B. Bury, *The Imperial Administrative System in the Ninth Century*, London: Pub. For the British academy by H. Frowde, Oxford University Press, 1911.
② G. A. Oikonomides, *Diplomatikes histories*, Athena: Ekdoseis Gema, 2009. N. Oikonomides, "The Etymology of Theme", *Byzantina XVI*, 1975. E. Stein, *Studien zur Geschichte des byzantinischen Reiches*, Stuttgart: Metzler, 1919. F. Dolger, *Das Kaiserjahr der Byzantiner*, Munich: Verlag der Bayerischen Akademie der Wissenschaften, 1949. F. Dolger, "Rom in der Gedankenwelt der Byzantiner", *Zeitschrift fur Kirchengeschichte*, LVI, 1937, pp. 1 – 42. R. Guilland, "Les Eunuques dans l'Empire Byzantin", *Etudes Byzantines*, I, 1943, pp. 197 – 238; Ⅱ (1944), pp. 185 – 225; Ⅲ (1945), pp. 179 – 214. J. E. Dunlap, *The Office of the Grand Chamberlain in the Latter Rroman and Byzantine Empires*, New York: Macmillan, 1924. A. E. R. Boak and J. E. Dunlap, *Two Studies in Later Roman and Byzantine Administration*, New York, London: Macmillan, 1924. J. A. S. Evans, *The Age of Justinian: The Circumstances of Imperial Power*, New York: Routledge, 1996. J. F. Haldon, *Byzantine Praetorians. An administrative, institutional and social survey of the Opsikion and Tagnata*, Bonn: R. Habelt, 1984. I. J. Maksimovic, *The Byzantine Provincial Administration*, Amsterdam: A. M. Hakkert, 1988.

清了拜占庭帝国官僚体系的全貌。但是,在他们的研究中,6世纪和末代王朝的拜占庭官职似有缺漏,至少比较薄弱。究其原因,在于官职研究所依据的史料,诸如《职官图》《仪式指南》等,在这两个时期不够充分和系统。笔者在阅读6世纪拜占庭帝国著名作家普罗柯比的《秘史》中,发现其中涉及的大量官职可以提供相关的信息,结合前人的研究和推论,似乎可以为上述研究做出补充。①

《秘史》作者普罗柯比早年追随著名军事将领贝利撒留东征西讨,作为这位将军的法律秘书和密友参加了查士丁尼时代的各次主要战争,回朝后长期担任朝廷重要官职。由于他参与和接触了当时拜占庭帝国政治生活的重大事件和核心机密,因此其大量作品被后人认为具有极为重要的史料价值。后来,他因贝利撒留涉嫌"谋反"事件而受牵连,对皇帝查士丁尼和皇后塞奥多拉心生怨恨,进而对他们的政策和品行进行无情的鞭笞与指责,这些看法集中在《秘史》一书中。该书在他去世后秘密流传,直到10世纪才被认定是他的作品。由于《秘史》完全不同于普罗柯比其他作品的政治倾向,使得后人一度怀疑他不是该书的作者。今天,学者们完全能够理解普罗柯比秘密写作和死后公开《秘史》的理由,也没有人对该书的可靠性表示疑问了。②

首先我们来看"皇帝"这一拜占庭帝国最高权力的象征。《秘史》提到次数最多的称谓是"皇帝",全书几乎每章都提到这个称谓,但使用的方法有不同。这里仅举出数例以说明问题:

ὕστερον δὲ καὶ εἰς βασιλέα ἐλθὼν, αὐτόν τε καὶ τὴν βασιλίδα ἱκετεύων
(I.40)(后来,他甚至到皇帝那儿恳求皇帝和皇后)

---

① 笔者曾以"拜占庭官职考辨"为题做过专门研究,见彭小瑜、张绪山主编:《西学研究》第一辑,北京:商务印书馆,2003年。
② 关于《秘史》版本和内容的研究指南,读者可以参考洛布古典丛书《秘史》所作的前言,还可以参考中文版前言。Procopius, *The Anecdota*, trans by H. B. Dewing, Cambridge, Massachusetts: Hurvard University Press, 1998. 普罗柯比:《秘史》,吴舒屏、吕丽蓉译,上海:上海三联书店,2007年。

> γράμματα γὰρ αὐτοῖς ἀνελέξατο, ἅπερ ἔναγχος ἡ βασιλὶς τῷ Ζαβεργ
> ἂν Ἐτύγχανε γράψασα (Ⅱ.32)(他为他们阅读了皇后最近写给扎伯佳尼的信件)

> βασιλεῖ δὲ Ἰουστινιανῷ χαλεπώτατα νοσῆσαι ξυνέβη (Ⅳ.1)(皇帝查士丁尼身染重病)

> καὶ Θεοδώρας βασιλείαν (XXIII.23)(和皇后塞奥多拉)

这里多次提到 βασιλέα 和 βασιλίδα，可见，βασιλεύς 在当时是对皇帝最常见的称呼。这个称呼来源于古代希腊人对国王的称呼，并在古希腊文献和当地人的日常用语中经久不衰。罗马帝国时代在民间流行的政治思想倾向于反对君主专制，迫使当时的政治家将皇帝专制政治隐藏在 imperator 等称呼之后，因为在这个强调"军事指挥""命令者"的称谓字面上并不包含政治上的专制。虽然 imperator 也指皇帝，但是它更多具有军事领袖的意思，因此，奥古斯都在其诸多头衔中首先挂出这个称号，并没有遭到罗马人的反对。但 βασιλέ 则具有突出的政治含义，是古希腊人对于专制政体首脑的指称。拜占庭帝国开国皇帝君士坦丁一世强化了君主专制政治的合法性，利用基督教神学和希腊政治哲学奠定了皇帝专制制度的理论基础，βασιλέ 也因此被广泛使用，取代其他名字成为皇帝的主要称呼了。[1]

拜占庭帝国早期是一个多种政治理念混杂的时期，这一时期的历史反映着这个庞大帝国从上古社会向中古社会的转变。政治转型的深刻变化也表现为"皇帝"称呼的多样性。普罗柯比有时在一章行文中使用 βασιλεύς，而在另一章中使用 αὐτοκράτωρ，有时则在同一章中使用两者

> πολλοὺς μὲν οὖν ὁ δὲ αὐτοκράτωρ ἐν τοῖς αὐτῷ καταλέγων ἐπιτηδε-

---

[1] 当时的御用文人和基督教思想家就大力地论证皇帝专制政治的合理性，认为上帝创造的生命世界自然存在着"王"，皇帝就是人类的"王"，如同蜜蜂世界的"蜂王"。Francis Dvrink, *Early Christian and Byzantine Political Philosophy: origins and background* vol. 2, Washington: Dumbarton Oaks Center for Byzantine Studies, 1966, p. 611.

ίοις(X. 20)(皇帝以同样的方式使很多人成为他的亲信)

Πολλάκις δὲ τά τε ⟨τῇ⟩ συγκλήτῳ βουλῇ καὶ τῷ αὐτοκράτορι δεδοκιμασμένα(XIV. 7)(但是,元老院和皇帝的决定经常相互提交讨论并作最终决定)

δικάζοντα λελέξεται δὲ ὅστις ἀνὴρ πρῶτος δωροδοκεῖν τὸν βασιλέα τοῦτον ἀνέπεισε(XIV. 15)(我必须提及那个首先贿赂皇帝出售其决定的人)

事实上,βασιλεύς在希腊人中泛指所有的国王,但是在罗马帝国统治东地中海时期,这个名称常指大国的君主,例如波斯国王可以称为βασιλεύς,而其他小国的君主则被称为 rex,当然,它们之间用法上的区别是微小的,不是非常明确。αὐτοκράτωρ这一名称是皇帝拉丁语称呼 imperator 正规的希腊语翻译,它具有军事首脑和政权主宰的意义,它与βασιλέ混用反映出皇帝专制制度发展的现实。普罗柯比作为著名作家,不仅在对皇帝称呼的混用方面真实反映了当时的语言习惯,而且在行文中表达了对皇帝专制的不满和仇视。他以尖刻的语言攻击查士丁尼和塞奥多拉独断专行、残暴无情,说他们将整个帝国玩弄于股掌之间,包括达官显贵在内的其他人全都丧失了尊严。显然,他作为拜占庭贵族知识分子的代表,不能接受这种社会转型的政治现实。

除了上述称呼外,《秘史》还使用了其他名称。

οἱ Ῥωμαίων βεβασιλευκότες ἐν τοῖς ἄνω χρόνοις(XXIV. 12)(罗马皇帝们在帝国所有边疆)

βεβασιλευκότες ἐκ τοῦ δημοσίου χορηγεῖσθαι(XXVI. 5)(过去皇帝们从国库)

ταῦτα μαθὼν Ἰουστινιανὸς Ῥωμαίων αὐτοκράτωρ τὴν(XXVI. 30)(当罗马皇帝查士丁尼听说这个)

Βουλεύσας δὲ Ἥφαιστος οὗτος ὅπως τὴν βασιλέως

διάνοιαν πολλᾷἔτι μᾶλλον ἐξελεῖν δύνηται, προσεπετεχνή σατο τάδε. Διοκλητιανὸς Ῥωμαίων γεγονὼς αὐτοκράτωρ (XXVI.40,41)(这个赫菲斯托斯想得到皇帝更多宠爱,便又策划了下面这个新的阴谋。罗马人以前的皇帝戴克里先)

ὁ μὲν οὖν Σεβαστὸς ἐς ἄγαν διατεινόμενος τὸ πρᾶγμα ἐν σπουδῇ ἐποιεῖτο(XXVII.23)(于是,这位奥古斯都便千方百计地安排了这件事)

ἀλλὰ Βιγίλιος τηνικάδε παρὼν εἴκειν βασιλεῖ τὸ τοιοῦτον(XXVII.24)(但是,当时正在都城的维吉留决定在这件事上不服从皇帝)

这里多次出现 Σεβαστὸς 这个称呼。该称呼始见于公元初期几个世纪希腊作家的作品之中,用以拉丁语名字 augustus。在普罗柯比生活的6世纪,只有熟悉古希腊语的作家才在写作中使用它。它具有特殊的社会地位和司法含义。

这样,人们从《秘史》中了解到,6世纪拜占庭人对皇帝的称呼主要有以上三种以及它们的变体形式。从中又可以进一步了解到,皇帝在拜占庭历史早期逐步发展成为集政治、军事、宗教、司法等多种权力于一身的最高权力的代表,其权势渗透到拜占庭社会各个方面。皇帝被神化为上帝在人间的代表,无论在军队、元老院,还是在公民中,都受到顶礼膜拜和山呼万岁。为了体现其特殊的神圣地位,太阳成为皇帝的象征,沉默是皇帝保持庄严的方式。自从君士坦丁大帝以后,皇帝就拥有了对教会的"至尊权",不仅掌握着召集宗教大会和任免高级教士的权力,而且拥有对教义的解释权和对宗教争端的仲裁权。皇帝还是法律的制定者。皇帝的这些权力理论上来自皇帝对帝国全部土地的所有权,由此产生的财政税收权和上帝"委派"的人世主管权,实践上则来自对军队的控制。为了推行皇帝的意旨并保持皇帝专制制度的运行,皇帝拥有庞大的官僚机构,并逐步使所有的官吏成为只对皇帝个人负责的国家工具。

二

按照传统,皇帝身边地位最高的是元老们。元老院曾在晚期罗马帝国政治生活中发挥过重要作用,拜占庭帝国初期元老政治虽然逐渐衰落,但拜占庭人仍然在名义上沿袭旧制,直至普罗柯比所在的6世纪,这在《秘史》中有明确的反映。罗马帝国时代,元老院是权力最大、声誉最高的议事会和咨询机构,积极参与国家重大决策,包括决定政治首脑和军事领袖的任免,其所代表的贵族群体充分发挥着制衡皇帝和民众两种势力的作用。戴克里先在强化皇帝权力的改革中,采取多项措施限制其权力,剥夺了元老院大部分行政职能。君士坦丁一世继承了戴克里先的改革精神,但是加强了元老院参与市政工作的作用,他不仅保留了罗马城的元老院,而且在君士坦丁堡建立了新的元老院,指令他们在城市金库收支计划、城市粮食和其他食品供应,以及城市建筑规划等方面协助市长展开工作。因此,普罗柯比在《秘史》中有相关记载。

Πολλάκις δὲ τά τε ⟨τῇ⟩ συγκλήτῳ βουλῇ καὶ τῷ αὐτοκράτορι δεδοκιμασμένα ἐς ἑτέραν τινὰ ἐτελεύτησε κρίσιν(XIV.7)(但是,元老院和皇帝经常相互提交讨论他们的决议并作最终决定)

ἀλλὰ δόγμα ἐγεγόνει τῆς συγκλήτου βουλῆς μηδὲ ὄνομα τοῦ βασιλέως τούτου(Ⅷ.13)(但元老院还是以皇帝的名义通过了一项法令)

οἱ μὲν οὖν ἐκ τῆς συγκλήτου βουλῆς τὴν διάγνωσιν(XXVII.29)(于是元老院调查了此事)

ἥ τε σύγκλητος βουλὴ τὴν διάγνωσιν ποιουμένη τῶν πεπραγμένων

(XXIX.10)(元老院依据这一案件的事实判定……)

显然,尽管元老院的权力缩小,但在行政和司法方面继续参与工作,他们还经常讨论皇帝作出的决议,并向皇帝提交他们自己的建议。特别是他们承袭自古代的立法权在6世纪仍然保留,只是普罗柯比没有进一步指出元老院决策和立法的范围究竟有多大,他们是否能够对皇帝的意见终于否定,即他们的政治权力是否仍旧有效。

普罗柯比还指责皇帝独断专行,指出

> οὐ μὴν οὐδέ τις ἐκ τῆς συγκλήτου βουλῆς τὸ αἶσχος τοῦτο ἀναδουμένην τὴν πολιτείαν(X.6)(没有一个元老院的元老敢于反对和阻止他……)

这里提到的事情是有关查士丁尼修改法律,以便他作为元老可以与妓女出身的塞奥多拉结婚。如此重大且敏感的事情当然使元老们不敢表态反对。有些学者认为,查士丁尼时代的元老院只是保留了理论上的立法与决策权,他们的实际作用是表决通过皇帝的法令,元老院议事大厅则成为皇帝颁布立法的场所。① 《秘史》的记载证明这种观点并不完全正确,第27章和第29章提到的事件涉及对元老福斯丁的指控和一桩命案,均属于司法范畴,可见在司法领域,元老院还是发挥着相当重要的作用。

根据现有的资料,人们知道在拜占庭帝国早期历史上,不仅旧都罗马城和新都君士坦丁堡各自有独立的元老院,而且各个大城市也保留着地方元老院。

> οὗτος ὁ Φαυστῖνος ἔς τε βουλῆς ἀξίωμα ἦλθε καὶ τῆς χώρας τὴν ἀρχὴν ἔσχεν(XXVII.27)(这个福斯丁曾成为当地的元老和总督)

> Ἀνατόλιός τις ἦν ἐν Ἀσκαλωνιτῶν Ἀνατόλιός τις ἦν ἐ᾽ Ἀσκαλωνιτῶ

---

① Αικ. Χριστοφιπροπούλου, Η Συγκλέτος στο Βυζατινού ράτου, Αθήνα, 1949, σ.46.

ν τῷ λευκώματι τὰ πρωτεῖα ἔχων(XXIX.17)(阿什凯隆元老院中有一个最为重要的人物名叫阿纳托里乌斯)

从以上这两段文字看,至少在巴勒斯坦存在地方元老院。有材料显示,君士坦丁大帝建立新都元老院后,明确授予它仅次于罗马元老院的全帝国第二位的地位,为了区别两地元老,罗马的元老称为clarissimi,而君士坦丁堡的元老称为clari,最初的人数有50名。随着罗马城在动荡局势中的地位不断下降,君士坦丁二世于357年至361年间颁布法令,授予君士坦丁堡元老院具有第一位的地位。后来,在查士丁尼一世的法令中提到,罗马元老院只有监督物价和度量衡的权力。而君士坦丁堡元老院不仅继续发挥皇帝咨询会议和典礼仪仗队的作用,而且还参与司法工作。①

与罗马帝国时代相比,拜占庭帝国的元老院已经失去了政治中心的地位,皇帝取代了其原有的地位,元老院的成员"元老"逐渐成为荣誉头衔。但是,他们作为一个利益集团,在政治生活中形成一种势力,拥有最高的社会地位,成为拜占庭等级社会中的最高等级。为了扩大皇帝专制的阶级基础,君士坦丁一世取消了戴克里先只允许少数达官显贵成为元老的法令,承认西部新增加的元老数额,鼓励东部名门大户和高级官吏进入元老阶层。同时,他推动"元老"的"头衔化",减少其实际权力,成为皇帝控制下的荣誉地位的象征。元老头衔被正式划分为"杰出者"(Illustris)、"显赫者"(Spectabiles)和"辉煌者"(Clarissimus),这三者在《礼仪指南》中的位置依此排列。其中地位最高的"杰出者"只授予大政区总督、执政官、首都市长、总理大臣和君士坦丁堡牧首。但是,随着元老名号的大量授出和元老人数的增加,上述的头衔逐渐贬值,只有"杰出者"一直被用于元老,并采用了新的拉丁语形式 Magnifiei,到6世纪时又改称为

---

① Justinian, *The Novels of Justinian*, *a complete annotated English translation* vol. Ⅰ, by David J. D. Miller and Peter Sarris, Cambridge University Press, 2018, pp. 471-475.

"荣耀者"(Gloriosus),获得者除了上述达官显贵外,还增加了陆军司令、司法大臣和皇宫宦官大总管,而贬值了的 Magnifiei 则授予下一级别的各部门或省区伯爵。① 值得注意的是,上述头衔只能终生享用,而不能世袭继承。资料显示,在 7 世纪初被皇帝福卡斯的血腥镇压政策消灭的元老家族,是在君士坦丁大帝于大贵族和大地主中发展的大量元老以后,存在的最后一批早期元老家族。元老阶层是否一直存在,这是个学术界争论不休的问题,但我们在 11 世纪以后科穆宁王朝政治改革中,仍可见元老的身影,特别是阿莱克修斯一世授予其百余个亲戚的官职与名号中,有很多名为元老,只是后人很难了解他们与 6 世纪的元老是否一样,没有疑问的是拜占庭的元老们与其罗马帝国时代的同行有着本质区别。

在《秘史》中,人们仍然可以发现普罗柯比笔下的许多家世显赫的元老。

> ἄνδρα ἐκ βουλῆς, τοξεύματι βληθέντα πεσεῖν(XXIX. 32)(名叫达米安的元老院成员因箭伤而死)
>
> ἀλλ' ἀνέκαθεν αἵματος τοῦ πρώτου ἔν γε τῇ συγκλήτῳ βουλῇ γεγονυῖαι(XVII. 7)(而且她们的祖先也曾是整个元老院最重要的家族的成员)
>
> Θεοδόσιον ὄνομα, καίπερ ἐς ἀξίωμα βουλῆς ἥκοντα(III. 9)(一名叫塞奥多修的元老)

这些元老在当时可能还是一些大家族的成员。但是,人们在普罗柯比的记载中还注意到一些出身低微的人后来成为高官和元老。第 27 章提到的被"提升至元老院阶层"的福斯丁就是来自当时在拜占庭帝国倍受歧视和迫害的犹太人家族。

而一旦获得元老头衔,无论他们原来的出身和地位如何,都可

---

① M. T. W. Arnheim, *The Senatorial Aristocracy in the Later Roman Empire*, Oxford: Clarendon Press, 1972, pp. 46 - 102.

以保持其特殊身份,其财产不受侵犯,他们随时可以进宫觐见皇帝,表现出其政治上的特权,其社会地位则反映在婚姻生活中。对此,普罗柯比在行文中有记载。

> ἀδύνατον δὲ ὄν ἄνδρα ἐς ἀξίωμα βουλῆς ἥκοντα ἑταίρα γυναικὶ ξυνοικίζεσθαι(IX. 51)(作为有元老地位的男人,他是不可能娶一位妓女为妻的)
>
> καίτοι οὐδεπώποτε δημόσιον ἢ βασιλεὺς ἀφ' οὗ γεγόνασιν ἄνθρωποι χρημάτων βουλευτικῶν μετασχεῖν ἔσχε(XXIX. 20)(在人们记忆中从未有过国库和皇帝分享元老地产的事情)

元老们在政治上的特权只是相对于普通民众而言,事实上,在皇帝是最高权力的君主专制统治下,元老已经丧失了与皇帝平等的传统地位,他们都成为皇帝的臣民,只是地位比其他臣民更高些而已。这一点明显地表现在他们觐见皇帝礼仪上的不同。

> πάλαι μὲν ἡ σύγκλητος βουλὴ παρὰ βασιλέα ἰοῦσα τρόπῳ τοιῷδε προσκυνεῖν εἴθιστο(XXX. 21)(在古代,元老晋见皇帝时习惯于遵循下述方式)

即以手捂在右胸向皇帝致敬,同时皇帝要亲吻元老的头顶。其他等级的晋见者则必须右膝跪地向皇帝致敬。但是,查士丁尼要求所有元老和贵族在晋见皇帝和皇后时必须五体投地,分别亲吻皇帝和皇后的两脚,这称为"吻靴礼"。这种宫廷礼仪上的变化反映了元老身份性质上的改变。

元老阶层在丧失其政治立法特权的同时,其称号转变为贵族的荣誉头衔。查士丁尼就给所有"杰出者"元老授予贵族头衔。但是,贵族在查士丁尼时代得不到应有的尊重,《秘史》第15章中涉及贵族受侮辱的场面。

> καί ποτε [ἦν] τις τῶν πατρικίων γέρων τε καὶ χρόνον πολὺν ἐν ἀρχῇ

γεγονὼs(XV.25)[有一次,一位年迈的贵族,他曾供职多年(依惯例吻了她的脚)]

该章节还记载了另一件事:在一次会见活动中,皇后精心安排了嘲弄一位元老贵族的场面,指使随身宫女高唱低俗歌曲,

ἡ δὲ γυνὴ ἀ πεκρίνατο ἐμμελῶs, „πατρίκιε ὁ δεῖνα"(XV.34)(宫女们应和唱道:"贵族大人某某某"您的疝气真让您心烦)

在讲求公共场合礼仪的罗马拜占庭宫廷,举手投足都有严格的规定,言谈话语都必须符合宫廷要求,更不用说污言秽语、下流举止都将受到惩处。但是,出身于下层农民的查士丁尼和市井贫民的塞奥多拉,完全无视或者说有意为之,明目张胆公开打破宫廷惯例,显然是对旧规制的挑战,而宫女们大唱下流歌曲侮辱大贵族元老,显然是有皇后撑腰。这令贵族出身的作者大为气愤。

除了元老的地位下降外,还有一些高级贵族的权力也被削减。综观拜占庭历史上的尊号头衔,大体分为 7 世纪以前的传统体系、前科穆宁王朝的头衔体系、后科穆宁体系和晚期拜占庭体系四种。《秘史》的记载只涉及第一个阶段的尊号头衔体系。元老阶层从实权派向荣誉头衔的拥有者转变反映了其实际政治地位的下降。

拜占庭帝国君主专制制度的重要内容是庞大的国家官僚机构。普罗柯比还提及了多种官职,反映了拜占庭政治生活的这种特点。

Ἡμαρτάνετο δὲ τοιοῦτο κἀν τῇ τοῦ μαγίστρου καλουμένου ἀρχῇ κἀν τοῖς Παλατίνοις, οἳ δὴ ἀμφί τε τοὺς θησαυροὺς καὶ τὰ πριβᾶτα καλούμενα τότε πατριμώνιον ἐπιτελεῖν ἀεὶ τὴν ὑπουργίαν εἰώθασιν, ἐν πάσαις τε συλλήβδην εἰπεῖν ταῖς ἐν Βυζαντίῳ καὶ πόλεσι ταῖς ἄλλαις τεταγμέναις ἀρχαῖς(XXII.12)(相同的弊病也同样发生在人们所说的总理大臣和那些专门管理国库和皇帝产业的官员(身上),总而言之,不仅包括首都拜占庭而且还有其他所有城市的常设官吏)

这里分别提到了总理大臣、国库官员和皇帝产业官员。

三

一般而言,拜占庭帝国官僚机构具有庞大完备、等级森严的特点。拜占庭官制大体上分为行政、军事和教会三个系列。[①] 各级官吏都有自己的办公地,其中高级官员的任免权控制在皇帝手中。《秘史》对此有所记载。

> οἵ τε οὖν ἄρχοντες διοικούμενοι τὰ εἰωθότα ἐν τοῖς καταγωγίοις τοῖς αὑτῶν ἔμενον (XXX. 29)(因此过去的行政官员都忙于他们自己管理的事务,待在各自的衙门)
>
> τάς τε γὰρ ἀρχὰς καὶ ἱερωσύνας ἐχειροτόνει (XVⅡ. 27)(世俗和教会官员的任免都操纵在她手里)。

由于拜占庭帝国官职名称复杂多样、变化不定,本文不可能一一探讨,只对《秘史》提到的内容略证一二。

第一,执政官。执政官产生于罗马共和国时期,到晚期罗马帝国时失去行政职能,逐渐转变为荣誉称号。拜占庭帝国时期,执政官头衔继续保留,其拉丁语为 Consul,希腊语为 ὕπατος。《查士丁尼法典》第105条第1款规定,皇帝每年任命两名执政官,其中一名在帝国西部都城,另一名在帝国东部君士坦丁堡。[②] 正如《秘史》所记载的:

> ὕπατοι Ῥωμαίων ἀνὰ πᾶν ἔτος ἐγίνεσθην δύο, ἅτερος μὲν ἐν Ῥώμῃ, ὁ δὲ δὴ ἕτερος ἐν Βυζαντίῳ (XXVI. 12)(每年选出两名罗马人的执政官,一个在罗马城,另一个在拜占庭城)

[①] J. B. Bury, *The Imperial Administrative System in the Ninth Century*, pp. 36 - 39.
[②] Justinian, *The Novels of Justinian, a complete annotated English translation*, vol. Ⅱ, pp. 690 - 691.

这里 ὕπατοι 是 ὕπατός 的复数形式。当选为执政官在当时是一种极大的荣誉,通常由皇帝提名任命。但执政官的主要来源是富有的贵族,因为获得这个头衔需要有大量的资产为后盾。当选的执政官必须负责出资安排大型公共欢庆宴会和庆典活动,向穷苦市民发放救济,在大竞技场组织赛车活动,并向市民免费提供观礼票。普罗柯比估计,仅每年用于比赛活动的开支就高达 2000 金镑,当然,皇帝也要为此支付一定的开支。他写道:"其中一小部分出自他自己的钱财,大部分则由皇帝支付"。①

他还谈道:

> Εὐδαίμων ὄνομα, ἔς τε τὸ τῶν ὑπάτων ἀξίωμα ἣκων(XXIX.4)(名叫尤佰莫斯,曾官至执政官)
>
> οὐκ ἐκ πατρός τε καὶ τριγονίας ὑπάτων μόνον(XVII.7)(不仅她们的父亲和祖父都曾担任执政官)
>
> καὶ ὁ Βούζης οὖν εἰς τὸ βάραθρον τοῦτο ἐμβέβληται, ἐνταῦθά τε ἀνὴρ ἐξ ὑπάτων γενόμενος ἄγνωστος(IV.8)(所以,布泽斯被投入这个密牢,尽管他拥有执政官的头衔)
>
> ἔς τε ὑπάτων ἀξίωμα ἣκεις καὶ πλούτου περιβέβλησαι τοσόνδε χρῆμα (II.7)(你已经晋升至执政官地位,并拥有了如此巨大的财富)

这些记载表明,虽然执政官的头衔贬值,但是当时的拜占庭社会上层仍然认可执政官的荣誉地位。由于 6 世纪前后,像查士丁尼及其舅父查士丁这样一些来自社会下层的人进入上流社会,甚至爬上皇帝宝座,执政官成员中也增加了许多并非出自名门大户的人物,使得这一头衔逐渐失去了原有的特殊社会地位的象征。特别是,执政

---

① ὅστις δὲ ἐς τὴν τιμὴν ἐκαλεῖτο ταύτην πλέον ἢ κεντηνάρια χρυσοῦ εἴκοσι ἐς τὴν πολιτείαν ἀναλοῦν ἔμελλεν, ὀλίγα μὲν οἰκεῖα, τὰ δὲ πλεῖστα πρὸς βασιλέως κεκομισμένος. Procopius, *The Anecdota*, XXVI.13.

官的传统义务使它成为一个花费巨大的头衔,因此,洞悉其中弊端的上流社会没有人乐于接受这个"徒有虚名而必使倾家荡产的光荣头衔",以至于"执政官名表的最后一段时间所以常有缺漏"。① 目前所知,拜占庭文献中有关"执政官"的记载到7世纪上半期即消失了,也就是说在查士丁尼去世后几十年,执政官就退出了历史舞台。

第二,大政区总督。大政区总督又称为大区长官,其拉丁语全称为Praefectus praetorio,其希腊语为ἐπάρχος των πραιτωρίων,在实际使用中常有简化形式。从这个名称上人们就可以看出,它起源于晚期罗马帝国奥古斯都或恺撒控制下的御林军。自4世纪拜占庭帝国初期,它成为对御林军事务负责的行政官职。查士丁尼主持编撰的《罗马民法大全》公法部分对大政区总督有如下规定:"有必要简要讲述一下大区长官(Praefectus praetorio)是从哪里起源的,根据某些文献的记载,在古时,设立大区长官是为了代替骑兵队长,因为,如同以往一样,把最高治权暂时地赋予独裁官,独裁官自行任命骑兵队长,骑兵队长作为其军队管理方面的助手,位于独裁官之后行使职务,与骑兵队长相似,大区长官也由皇帝任命。并且皇帝赋予其在修改公共规章方面更广泛的权力。"②《秘史》对这一名称涉及不多,只有两处:

> πρὸς δὲ τούτων πραιτωρίων ἐπάρχου ἀνὰ πᾶν ἔτος πλέον ἢ τριάκοντα κεντηνάρια πρὸς τοῖς δημοσίοις ἐπράσσετο φόροις (XXI. 1)(大政区总督每年除公共税收之外还要上缴皇帝3000镑)
>
> ὄνομα ταύτῃ ἐπιθεὶς πραίτωρα δήμων (XX. 9)(定其官名为"庶民总督")

普罗柯比没有进一步说明该官职的职责,也没有解释为什么总督要向皇

---

① 爱德华·吉本:《罗马帝国衰亡史》下册,第213页。
② 斯奇巴尼选编:《民法大全选译·公法》,张洪礼译,北京:中国政法大学出版社,1999年,第97页。

帝另外缴纳金钱。作为帝国政府高级官吏,大区长官应该领取国家俸禄,那么这里所说的3000磅金币是用来做什么的,显然不是赋税的一部分,因为文献明确指出这笔钱是在公共税收之外提交的。它也不是大区长官管理城市贸易关税所得的部分,因为这部分关税通常是包含在公共税收中的。那么,根据作者写作上下文时满怀抱怨指责的情绪看,可能是作为被任命为大政区总督而报答皇帝的感恩费,其暗含对查士丁尼买官卖官收取回报的谴责。只是这部分钱财可能并未进入皇帝的私人腰包,而是投入了公共工程,这在普罗柯比后文相关叙述中成为重点。查士丁尼在位时期,一直提倡为官清廉,禁止卖官鬻爵,他公开收取大政区总督"好处费"的可能性极低。作者缺乏进一步的解释,后人只能就此存疑了。

　　大政区是由几个省区组成,最初是在皇帝戴克里先改革划分四大区的基础上形成的。君士坦丁统一帝国以后,削弱该官职的权力,取消其军事权力,保留其行政司法权力。在拜占庭帝国早期历史上,东方、伊利里亚、意大利和加利亚四大政区设立总督。查士丁尼时代,继续保留了伊利里亚和东方大政区总督,分别驻扎塞萨洛尼基和君士坦丁堡,534年和537年又重新恢复了意大利和非洲大政区,分别以拉文纳和迦太基为首府。大政区总督作为皇帝和副皇帝的助手,其地位仅次于皇帝和副皇帝。该官员经常以皇帝和副皇帝的代表在其所辖区域内行使行政司法职权,负责辖区内的税收、司法、公路、邮政驿站、公共建筑、食品供应、士兵征募、军械兵器生产、区内贸易、商品物价和官办高等教育等各项事务的管理,代表皇帝和副皇帝处理上诉至帝国最高法庭的案件。他们有权按照皇帝的意旨起草和公布法规。为了完成工作,大政区总督设立各自的府邸,其属下官员大体可以分为行政司法事务官吏(schola exceptorum)和财政官吏(scrinarii)两大类。由于大政区总督权力极大,君士坦丁大帝以后的历代皇帝,采取逐步削权的措施,将其部分职权转交给总理大臣。但是到6世纪时,大政区总督继续保留的权力必定给其带来很大经济上的利益,从而成为时人争相取得的肥缺。

大政区存在的时间不长,因为这种体制不利于管理,特别是不能及时应对边境区域的外敌入侵活动。因此,在查士丁尼统治时期,省长的作用在日益加强,在一些特殊地区如北非和拉文纳实行总督区制,也许这些地区是查士丁尼有针对性的"试验特区"。大政区总督在普罗柯比去世后的几十年,即在7世纪上半期被取消,代之以军区长官,总督也提升为权力更大的军区首脑"将军"。换言之,军区制是以总督区的成功经验为基础的。

第三,司法大臣。司法大臣曾是拜占庭帝国早期历史中的高级官吏,由君士坦丁一世开始设立,当时称为 Quaestor sacri palatii,负责起草皇帝法令,并具有向皇帝呈递奏折和司法诉状等职责。该官职的希腊语为 κοιαίστωρος。《秘史》中多处涉及:

> ὄνομα ταύτ᾽ἐπιθεὶς πραίτωρα δή⟨μων⟩(XX. 9)(称这个官职为"司法大臣")
>
> οὐ τῷ τὴν κοιαίστωρος ἔχοντι τιμὴν(XIV. 3)(不交给担任司法大臣的官员)
>
> μόνος ὁ Πρόκλος τὴν τοῦ καλουμένου κοιαίστωρος(IX. 41)(只有担任司法大臣的普罗柯洛……)
>
> τὴν τοῦ καλουμένου κοιαίστωρος Πρόκλος ὄνομα(Ⅵ. 13)(名为普罗柯洛的司法大臣)

司法大臣的重要性最初并不明显,其协助皇帝的作用大体上与法律秘书相似,但是,作为皇帝心腹的法律顾问,其影响力极为广泛,且具有很强的发展潜力。随着皇帝专制统治的强化,中央政府各部门权力得到发展,包括司法大臣、总理大臣在内的高级官吏日益重要,地位不断提高。查士丁尼统治时期,最著名的司法大臣是具体主持《罗马民法大全》编纂的特利伯尼安。由于他的权势太大,在朝野树敌过多,故君士坦丁堡"尼卡起义"中的民众迫使查士丁尼将其罢免。《秘史》中提到的普罗柯洛可能是他的后继者。史料记载,查士丁尼为了加强司法管理,曾增设君士坦丁堡司法总监一职,称为 Quaesitor,处理首都政治与司法事务,特别是管理日益增多的外来定居者。司法大臣直到 8 世纪以后地位才下降,最终成为普通法官。

司法大臣治下有许多法官,《秘史》也多处提及法官一职:

> οἵ τε δικάζοντες τὰς ὑπὲρ τῶν ἀντιλεγομένων(Ⅶ.32)(那些作出司法判决的法官们)
>
> καὶ στρατιῶται οἱ τὴν ἐν Παλατίῳ φρουρὰν ἔχοντες ἐν τῇ βασιλείῳ στοᾷ παρὰ τοὺς διαιτῶντας γενόμενοι βιαίᾳ χειρὶ τὰς δίκας ἐσῆγον(XIV.13)(担任宫廷侍卫的士兵在帝国法庭法官们升堂时参与审判,强制提出意见)
>
> καὶ δικασταὶ ξυνελέγοντο πρὸς αὐτῆς ἀγειρόμενοι(XV.21)(会审的法官们被她召集起来)

拜占庭立法和司法体系完备,法官培养与执法水平较高,他们必须接受 5 年以上法学专门教育,全面掌握罗马民法后,通过严格的国家考试,取得证书,方可从事司法工作。[①] 拜占庭帝国早期历史上,法官享有广泛的司法权,他们中的许多人同时担任行政或财政官职。查士丁尼推行的司法改革要求法官专职化,《新律》第 82 条第 1 款规定建立专业法官团体,其目的在于将执法的法官与立法的法学家区别开来。[②]《秘史》提到的这个官职名称即来自《新律》,它与以前的称呼有所区别。[③]

第四,市政长官。市政长官可以简称为"市长"。君士坦丁堡市长起源于罗马帝国时期的罗马市长 Urban Prefect,其希腊语为ἐπάρχῳ τῆς πόλεως。罗马市长属于高级官吏,排名在大政区总督

[①] A. H. M. Jones, *The Later Roman Empire*, 284 – 602: *A social, Economic, and Admini-strative Survey* vol. 1, pp. 499 – 507.
[②] Justinian, *The Novels of Justinian, a complete annotated English translation*, vol. Ⅰ, pp. 564 – 566.
[③] Fritz Schulz, *History of Roman Legal Science*, Oxford: Clarendon, 1953, pp. 36 – 67.

之后。他的职责是管理罗马城的治安与维护秩序,打击罪犯。君士坦丁一世确定其辖区为罗马城方圆100英里,并增加了其权限,即除了负责首都治安外,还要管理都城内外贸易,组织提供食品供应,规划公共建筑,安排城市大型活动。该官员因为掌握治安权,故需控制一定数量的军队,是罗马帝国政治生活中的重要人物。在多数情况下,他还担任元老院首脑。君士坦丁一世建立帝国东都后,其后人于359年设立君士坦丁堡市长一职,赋予其相当于罗马市长的权力,使其地位与一人之下万人之上的大政区总督一样。他的职责包括君士坦丁堡及其郊区范围内的所有事务,举凡市政建设与修缮工程的设计与实施、食品和饮用水供应、城市卫生与消防、罪犯惩罚与监管、治安与秩序维护、工商业管理、商品物价的平抑、高等教育机构的管理等,都在其职权范围内。他还是君士坦丁堡的最高法官,对司法纠纷和疑难案件要作出终审判决。

《秘史》虽然没有详细列举市长的工作,但是其行文反映了市长的特殊地位。

> τότε δ᾽ ὁ βασιλεὺς τῷ τῆς πόλεως ἐπάρχῳ ἐπέστελλε τῶν πεπραγμένων(IX.37)[皇帝于是下令首都市长对(各种罪犯)进行惩罚]
>
> Πρῶτα τῷ δήμῳ [οἱ] ἔπαρχον ἐν Βυζαντίῳ ἐκ τοῦ ἐπὶ πλεῖστον ἐφίστη(XX.1)[首先,他在拜占庭城任命了市长(授予他批准店主任意定价出售商品的权力)]
>
> πρότερον τὰ ἐγκλήματα ἡ τῷ δήμῳ ἐφεστῶσα ἀρχή(XX.7)(以前,首都市长按惯例处理所有申述)
>
> ταύταις τε καὶ τῇ τῷ δήμῳ ἐφεστώσῃ ἀρχῇ πάντων ὁμοίως(XX.13)(命令这些官员和首都市长需同时审理所有犯罪指控)

这些记载清楚地向人们展示出,君士坦丁堡市长在其辖区内的巨大权力,不仅在商业领域,而且在司法领域。当然,他的权力来自皇帝的授予,首先要贯彻执行皇帝的命令。事实上,首都地区的司法审判原来是属于司法大臣的职权范围。当皇帝对司法大臣的工作发生怀疑时,就指派首都市长和其他官员参与司法审判工作。普罗柯比对此颇不以为然,攻击这种安排是对司法大臣权力的剥夺,目的在于通过案件审理聚敛钱财。

早在罗马帝国时期,首都市长的人选多为当地大户和权势家族的代表,后来查士丁尼确定君士坦丁堡市长时仍然挑选当地势力强大的市绅代表人物。《秘史》提到的隆基努斯就是这样的人。

ὃς καὶ τὴν τοῦ δήμου ἀρχὴν ἐν Βυζαντίῳ ὕστερον ἔσχεν (XXVIII. 10)

(他后来还担任过拜占庭城的市长)

他正是凭借强大的地方势力,不仅可以全面控制首都事务,顺利开展工作,而且在担任市长期间,甚至对皇帝插手的司法案件也敢于提出否定意见,在争议某个案子的判决结果时,一时恼怒,竟然公开掌掴了皇帝亲信一个耳光。

第五,总理大臣。总理大臣或被翻译为"执事长官",[①]其拉丁语为 Magistre officiorum,其希腊语为 μαγίστρος τῶν οφφικίων。这一官职最早见于 320 年的文献,是由君士坦丁一世设立的,目的在于制衡大政区总督权力的发展。最初,该官职是半军事性质的,负责行政事务。后来,大政区总督的部分权力转交给总理大臣。该官员要参与重大国事的决策,与大政区总督、军队司令和司法大臣等一样成为御前会议伯爵。[②] 查士丁尼时代,总理大臣仍然是朝廷最重

---

① 博克对总理大臣有专题详细研究,A. E. R. Boak and J. E. Dunlap, *Two Studies in Later Roman and Byzantine Administration*, pp. 240-245. 徐家玲:《早期拜占庭和查士丁尼时代研究》,第 62—67 页。
② 御前会议是皇帝的咨询机构,起源于罗马帝国时代的议事会,由于与会者均站立开会而得名。君士坦丁一世确定的御前会议成员包括大政区总督、总理大臣、司法大臣、圣库伯爵、皇家私产长官和军队司令官,以及部分职能部门的顾问和办事官员。A. H. M. Jones, *The Later Roman Empire, 284-602: A social, Economic, and Administrative Survey* vol. 1, pp. 333-341.

要的高级官吏,《秘史》多处提及该官职:

> οὐ γὰρ θέμις τινὰ ἐκ Βυζαντίου ἀνάγεσθαι οὐκ ἀφειμένον πρὸς τῶν ἀνδρῶν, οἳ τῇ τοῦ μαγίστρου καλουμένου ἀρχῇ ὑπουργοῦσι (XXV.3)(因为任何人如果没有获得那个担任"总理大臣"官职的人同意就从拜占庭城运出货物将是犯法的)
>
> καὶ Πέτρος δὲ τὸν ἅπαντα χρόνον ἡνίκα τὴν τοῦ μαγίστρου καλουμένου εἶχεν ἀρχήν (XXIV.22)(在整个这一时期,彼得担任总理大臣)
>
> Ἡμαρτάνετο δὲ τοιοῦτο κἂν τῇ τοῦ μαγίστρου καλουμένου ἀρχῇ (XXII.12)(总理大臣的权力同样如此)
>
> τὸν Ἑρμογένους τοῦ μαγίστρου γεγονότος [ἐπὶ μνηστῇ] (XVII.32)(总理大臣埃勒莫耶诺斯的儿子)
>
> καὶ ἀπ' αὐτοῖ ἔς τε τὸ τοῦ μαγίστρου ἀξίωμα ἦλθε καὶ ἐπὶ πλεῖστον δυνάμεώς τε καὶ μάλιστα πάντων ἔχθους (XVI.5)〔他(彼得)因此被提升为总理大臣的官阶,获得了巨大的权力也招致普遍的仇恨〕

7世纪初以前,总理大臣的职权包括指挥禁卫军团,检查巡视东方边境部队,派遣稽查使全面监督各级官员,监管全国各级公路和驿站,签发通关文牒(如《秘史》第25章提到的),主持外交活动,参与对外谈判和缔结条约,安排外宾接待,掌管宫廷庆典仪式,参与审理重大案件,处理宫廷日常事务,管理皇宫内外全部照明事务等。①

查士丁尼时代总理大臣的人选主要是那些能力超群且忠诚于皇帝的中下层人士,其职责的特点决定了这一选任的标准。从皇帝的角度看问题,起用中下层能干之士,比使用大贵族更放心,不仅因为他们缺少家世背景而对皇帝忠心耿耿,而且执行皇帝旨意不必瞻

---

① Manfred Clauss, *Der magister officiorum in der Spätantike*, München: C. H. Beck, 1980, pp. 122 - 160.

前顾后考虑家族关系。《秘史》中提到的此类人均非贵族出身。有学者认为,在选任总理大臣时不注重其贵族出身和相应头衔,反映了当时的皇帝消除古代罗马共和传统、削弱元老政治势力的意图。①事实上,查士丁尼时代起用的许多高级军政官员都没有深厚的家族背景,举凡能力超群者均会受到皇帝的青睐,这可能与这位皇帝也出身底层有关。7世纪期间,总理大臣的权力被逐步剥夺,最终仅保留其官职名,能受邀参加宫廷仪式而已。

第六,地方总督。地方总督是拜占庭帝国在某些特殊地区或城市设立的高级官吏,他们不隶属于省区行政机构,而是直接对皇帝或中央政府负责。诚如上文指出,他们作为皇帝试验特区的总管,自然与皇帝关系密切。《秘史》提到的地方总督涉及埃及、巴勒斯坦等地。

> τοῦτον δ'ἐξεπίτηδες ἄρχοντα ἐπ' Αἰγύπτου καταστησάμενοι ἔστελλον (XII.1)(他们有意任命这个人为埃及总督,而后派他去那里)

> ὅσπερ παραλαβὼν τὴν Ἀλεξανδρέων ἀρχὴν τὸν (XXVI.35)(他成为亚历山大的总督)

> ἐτύγχανε δὲ Ῥόδων τις, Φοῖνιξ γένος, ἔχων τηνικάδε τὴν Ἀλεξανδρείας ἀρχὴν (XXVII.3)(某位腓尼基出生的罗得斯当时担任亚历山大的总督)

> Λιβέριον οὖν τῶν ἐκ Ῥώμης ἄνδρα καταστησάμενος ἐπὶ τῆς Ἀλεξανδρέων ἀρχῆς (XXVII.17)(他任命罗马的一位贵族利维留担任亚历山大总督)

> οὗτος ὁ Φαυστῖνος ἔς τε βουλῆς ἀξίωμα ἦλθε καὶ τῆς χώρας τὴν ἀρχὴν ἔσχεν (XXVII.27)(这位富斯迪诺斯已经晋升为元老阶层,并成为这个地区的总督)

---

① 徐家玲:《早期拜占庭和查士丁尼时代研究》,第67—69页。

βασιλεῖ τεῷμίλειἐπίτροπόs τε καταστὰs τῶνἐν Παλαιστίνῃτε καὶ Φοινίκῃβασιλικῶν χωρίων(XXVⅡ.31)(当他被任命为帝国在巴勒斯坦和腓尼基的总督)

埃及地区早在罗马帝国时期地位就十分特殊,当时它是皇帝直接控制的行省。戴克里先统治时期,该地区被重新划分为六个行省。由于埃及盛产粮食和农产品而成为君士坦丁堡等帝国中心地区城市的主要食品供应地,所以拜占庭帝国初期,朝廷在埃及设立民事和行政机构,直属中央政府。埃及地方政府机构的首脑称为"埃及总督",其官署设在首府亚历山大城,属下官员包括"将军"(Duces)等武将和"长官"(Praesides)等文臣。382年立法,确定埃及为高于一般普通省区的政区Diocese,其下分为若干地区。查士丁尼于538年的立法再度进行行政区划的调整,为强化民事行政和军事权力,特别规定埃及各省省长Doux总揽各自辖区的军事行政权力,同时地方税收则指派专门官员根据特殊方法征收。拜占庭帝国在埃及地区推行特殊的政治经济和宗教文化政策,因此,在该地区一直设有特殊统治机构。①

拜占庭帝国时期的巴勒斯坦较今天包括的地域范围更广泛,约旦、叙利亚都在其辖区内。5世纪初,巴勒斯坦地区被划分为三个省区,称为"巴勒斯坦甲、乙、丙",省会分别为恺撒利亚、埃鲁撒和斯基多堡。至查士丁尼时代,该地区统治者地位提升,等同于总督,因为查士丁尼认为巴勒斯坦是上帝之子降临人世的圣地,应该在皇帝的直接控制下,并使它更加繁荣。事实上,查士丁尼加强控制该地区是为对抗波斯人对远东国际贸易的垄断,大力发展东地中海和阿拉伯半岛沿海商业区,以求通过海上贸易突破波斯人的封锁。正是在查士丁尼的特殊政策支持下,巴勒斯坦地区进入繁荣发展阶段。

但是,埃及和巴勒斯坦地区的基督教信徒坚持独立信仰,与拜

---

① 陈志强:《拜占庭学研究》,第294—310页。

占庭帝国官方支持的东正教的正统信仰发生了长期对立,中央政府在这两个地方多次推行宗教迫害政策,导致地方离心倾向日益增强,最终造成7世纪中期这些地区在伊斯兰军事扩张中完全脱离拜占庭帝国,成为哈里发国家的领土。类似于埃及总督和巴勒斯坦总督这样的官吏在帝国其他地方,如北非和意大利的个别地区也可以发现,因此《秘史》也有涉及。

> τά τε πρὸς τῶν ἀρχόντων καὶ τῶν ἄλλων ἁπάντων πανταχόθι πρασσόμενα τῆς Ῥωμαίων ἀρχῆς (XXX. 1)(罗马帝国各地总督和所有其他人的活动)
>
> καίτοι οὐδεπώποτε δημόσιον ἢ βασιλεὺς ἀφ' οὗ γεγόνασιν ἄνθρωποι χρημάτων βουλευτικῶν μετασχεῖν ἔσχε(XXIX. 20)(无论国库长官还是皇帝以前都从来没有瓜分某个元老地产的事例)
>
> καὶ χρήματα περιβεβλημένος πολλὰ ἐπίτροπος τέως τῆς βασιλέως οὐσίας ἰδίας(XXIX. 4)(他非常富有,并一度担任皇家私产长官)
>
> μόνος δὲ ἀεὶ ὁ τῶν θησαυρῶν ἄρχων ἐνεργολαβῶν τὸ ἐμπόλημα τοῦτο μοῖραν μὲν βασιλεῖ(XXV. 26)(但是国库长官始终是这一事务的唯一管理人)
>
> ἄρχει δὲ ταύτης ἔν γε Ῥωμαίοις τῆς ἐργασίας ὁ τοῖς βασιλικοῖς ἐφεστὼς θησαυροῖς(XXV. 19)(但是,控制这一特殊事务的至少在罗马人中间是负责帝国国库的官员)
>
> Οὕτω γοῦν καὶ τοῦτον τὸν Ἰωάννη ὁ Πέτρος ἐκδεξάμενος θησαυρῶν τε τῶν βασιλικῶν προύστη(XXII. 36)(彼得接替这个约翰负责帝国国库)
>
> οἱ δὴ ἀμφί τε τοὺς θησαυροὺς καὶ τὰ πριβᾶτα καλούμενα τό τε πατριμώνιον ἐπιτελεῖν ἀεὶ τὴν ὑπουργίαν εἰώθασιν(XXII. 12)(和那些专门管理国库和皇帝产业的官员)

ἰσχυρίζοντο γὰρ οἱ τοῖς θησαυροῖς τε καὶ ταμείοις καὶ ἄλλοις(XIX. 7)(那些负责国库所有事务和帝国其他所有金钱的官员)。

上述《秘史》提供的信息并不能使人非常清楚地了解拜占庭帝国财政管理体系及其负责的官职,因为其中提到的官吏既有国库长官,也有管理皇家私产的官员,他们之间的关系如何,各自的职能如何,都没有明确的描述。根据学者研究,①6 世纪拜占庭帝国财政管理机构被置于三个部门长官监管之下,即大政区总督、圣库伯爵和皇家私产长官。

大政区总督控制与公共工程、军队后勤供应和谷物贸易有关的财政事务,因此,他掌管大政区金库(ἄρχα)。该金库分为"总银行"(γενικέ τραπέζα)和"专属银行"(ἰδικέ τραπέζα)两个部门。国库长官在财政上的职责是征收辖区内工商业税金,各种税金测定和薪俸测定。测定的结果由大政区总督下发给政区首脑和省区首脑,最后各地方任命的官员负责向纳税人公布税额和具体要求,完成税收。原则上,大政区总督负责管理税金的征收和使用。政区财政部门中有多种官吏分头管理,大政区总督则派遣省级巡视员对地方工作进行监督。

第七,国库长官,也称圣库伯爵。圣库伯爵主要负责管理国家金银矿、铸币厂和国家手工作坊,后者包括军械武器生产,高级服装的贵金属装饰、丝绸染色和成衣制作,圣库伯爵还负责发放军饷。为了完成其复杂工作,圣库伯爵主管十个司,分别为教会事务司、岁入统计司、邮驿司、军饷司、铸币司、政区财政事务司、矿务司、工场司、军械司、皇帝服装司。圣库伯爵在各个政区和省区设立办事处或代表,并有独立的运输系统。圣库伯爵还监管国外贸易长官的工作。各司内部管理体系完备,例如,铸币司司长作为铸币司首脑直

---

① J. F. Haldon, *Byzantium in the 7th Century*, Cambridge: Cambridge University Press, 1990, pp. 173 - 214.

接控制各铸币厂。查士丁尼时代,设立了君士坦丁堡、萨洛尼卡、迦太基和拉文纳四大金币厂,设立了塞萨洛尼基、尼科米底亚、安条克、希吉库斯、亚历山大等地的铜币厂。①

皇家私产长官负责国家土地的管理和地租的征收。所谓国家土地理论上包括所有国土和附属国捐赠给帝国皇帝的土地。有些地区,例如卡帕多西亚和比塞尼亚,几乎整个属于皇帝私产。皇家私产长官后来被称为皇家私产伯爵,其下属官员再分为若干专门司,如土地转让司、地租司、土地出租司等。他们在各省建立自己的工作机构,监督所属职权范围内的事务。皇家私产部门设立独立的金库,其收入主要用于皇家各项开支,有时皇帝从该金库提取金钱用于公共事业。由于拜占庭帝国早期历史上政府部门变动频繁,财政官员及其名称和职责时常变化,后人难于掌握。据566年的资料,皇家私产部门分为五个司:私产司、私产库、卡帕多西亚皇产司、意大利皇产司、(其他地区)皇产司。意大利皇产司显然是查士丁尼获得意大利战争胜利的结果。② 总之,《秘史》提到的国库长官包括上述三类官员。

第八,秘书,或称书记官。秘书是一种专门从事文字工作的职员,在拜占庭各级政府中广泛使用秘书,只是因其服务的对象级别不同而地位有别。《秘史》对此多有涉及。

> τοῖς δὲ ἀσηκρῆτις καλουμένοις οὐκ (XIV.4)(长期履行书记职责的秘书官不再被信任起草皇帝的秘密指令)
>
> Τοῖς δὲ ῥεφερενδαρίοις καλουμένοις(XIV.11)(被称为秘书官的那些人)
>
> ἦν δέ τις Ἰουστινιανῷ ἐπιστολογράφος, Πρίσκος ὀνόματι(XVI.7)

---

① 拜占庭帝国铸币厂最多时达到20余个。参见 A. H. M. Jones, *The Later Roman Empire, 284-602: A Social, Economic, and Administrative Survey* vol. 1, pp. 374, 437.
② J. F. Haldon, *Byzantium in the 7th Century*, pp. 173-175.

(查士丁尼有个秘书，名叫普里斯柯斯)

καὶ Λέοντα, ὅσπερ ῥεφερενδάριος ἦν τὴν τιμὴν(XVⅡ.32)(包括担任秘书官职的利奥)

τις ἐγεγόνει ἐν Κίλιξι Λέοντος ἐκείνου γαμβρὸς, ὅσπερ εἶπεν, ὥσπερ μοι ἔμπροσθεν εἴρηται, τὴν τοῦ καλουμένου ῥεφερενδαρίου τιμὴν(XXIX.28)(在西西里，前面提到那个担任秘书官职的利奥有个女婿)

普罗柯比频繁提及的多种秘书等级不同，种类繁多，反映了拜占庭帝国官僚文牍工作的繁重。但总体上看，秘书分为皇帝的秘书和普通秘书两类。前者专门为皇帝个人服务，起草各种文书，《秘史》中提到的主要是他们。后者则多为行政和军队长官的副手，也发挥重要作用。例如，普罗柯比就是贝利撒留的法律秘书，而据史料记载，皇帝近臣"道路秘书"后来成为邮驿大臣的副官，相当于邮政部副部长。①

第九，使节与驿站。《秘史》中也多次提道：

τὰ ἐς δρόμον τε αὐτῷ τὸν δημόσιον καὶ τοὺς κατασκόπους εἰργασμένα δηλώσει(XXX.1)(将说明他对公共邮驿和间谍的所作所为)

ἐς ἡμέρας ὁδὸν εὐζώνῳ ἀνδρὶ σταθμοὺς κατεστήσαντο(XXX.3)(在一天顺畅旅途的距离内建立驿站)

Χοσρόης μὲν οὖν μείζους, ὥσπερ φασὶ, πεποιημένος τὰς τῶν κατασκόπων ξυντάξεις προμηθείας τῆς ἐνθένδε ἀπήλαυσεν(XXX.13)(据说侯斯罗伊斯提高其间谍的薪俸，并得益于这一深谋远虑的措施)

ἄνδρες πολλοὶ ἐν δημοσίῳ τὸ ἀνέκαθεν ἐσιτίζοντο(XXX.12)(自古

---

① Raymond Chevallier, *Roman Roads*, Berkeley: University of California Press, 1976, pp. 82-90.

以来有很多人被派往敌国)

αὐτίκα ταίνυνἀναπείθει τὸνἄνδρα, Πέτρον μόνον αὐτὸνἅτε πρεσβε ὑσονταἐς᾽Ιταλίαν πέμψαι(XVI. 2)(派遣彼得单独出使意大利)。

拜占庭帝国对外活动频繁,外交活动多由使节承担。使节的地位一般比较高,多为皇帝心腹。他们既包括世俗官员,有时也包括教士,完全依据其担负的外交使命而定。

驿站来源于罗马帝国时代遍布全国各地的邮驿制度。拜占庭帝国早期,皇帝重新组织规划国家邮驿系统,君士坦丁一世下令将道路分为用于商旅的商道和用于信使军旅的官道两大类。前者因侧重于商货运输,规定使用牛车,而后者强调时间紧迫且通行规模大,规定使用马车和骡子。除了信使外,官道上禁止任何其他人骑马疾行。沿国家公路,设立了大量国家驿站。《秘史》记载,一般信使在一天内可以骑马通行5—8个驿站。驿站中备有过往人员所需要的粮草和休息的房间,以及国家信使换乘的马匹。驿站和道路最初由大政区总督下的邮驿官管理,后来转交总理大臣掌控,至7、8世纪专门处理邮驿事务的邮驿长官就上升为邮驿大臣(Λογοθετές τὸυ δρόμου)。驿站一度成为国家征收紧急物资的工作站。由于驿站所需马匹、粮草等开支成为地方政府的沉重负担,这一体制后来难以为继。①

第十,宫廷管家。《秘史》只有一处涉及宫廷管家,但是,拜占庭帝国皇宫中设立了许多类似的官职。

ὄνπερ ταμίαν αὐτὴκαταστησαμένηἐτύγχανεν(XVI. 11)〔她(塞奥多拉)找了个机会亲自任命他为管家〕

此处的管家与先前的管家有所不同。早在君士坦丁一世时就设立

---

① Raymond Chevallier, *Roman Roads*, pp. 90 - 106.

了宫廷大总管(Πραιπόσιτος τοῦ εὐσεβεστᾶτου κοιτῶνος)以取代过去的管家(Cubiculo),他的职责是安排与管理皇帝的内室,如寝宫、书房、服装室,并负责安排晋见皇帝的时间表。最初,他的官职地位虽然不高,但是,作为皇帝的亲信,可参与许多重要的事务。到了5世纪,宫廷管家在官职表中就上升到与司法大臣相当的地位。作为皇后的塞奥多拉可以任命自己的管家,但与皇帝的管家权力范围不同。宫廷管家权势的扩大也增大了其他官僚的怨恨,其职权遂被逐渐削弱。由于宫廷生活繁杂,宫廷大总管管理一大批以宦官为主的管家,除了负责内宫生活的管家外,还有负责皇帝坐骑、皇家游艇、狩猎、放鹰等各方面事务的管家。但是,由于内宫管家与皇帝联系更密切,其地位普遍高于其他管家,例如服装管家被称为"圣装伯爵"(comes sacrae vestis)。①

值得注意的是,在拜占庭帝国领取薪俸的官职表中,还名列医生和教师。《秘史》也证明了这一点。

> Ἀλλὰ καὶ τοὺς ἰατρούς τε καὶ διδασκάλους τῶν ἐλευθερίων τῶν ἀναγκαίων ἀπορεῖσθαι πεποίηκε (XXVI. 5)(他还停止自由人儿童的医生和教师所必需的薪俸)

显然,部分医生和教师被确定为领取薪俸的国家公职人员。晚期罗马帝国的教师大多在各市镇学校教书,拜占庭帝国初期继承了这一传统。由于教师工作的官办性质,他们从国库领取薪俸,并享有免除劳役和税收的经济特权。查士丁尼继续将教师编入国家官吏序列,《查士丁尼法典》第10卷第53条明确规定教师享有的经济特权。② 但是《秘史》却指责查士丁尼取消了教师的薪俸。此处两种史料提供的信息出现矛盾,应该如何解释?根据其他史书记载,拜占

---

① A. E. R. Boak and J. E. Dunlap, *Two Studies in Later Roman and Byzantine Administration*, pp. 178 – 223.
② Justinian, *The Novels of Justinian, a complete annotated English translation*, vol. Ⅰ, pp. 161 – 162.

庭帝国的教师分为初级学校和高级学校两种教师,前者主要从事相当于今天初中以下的教育工作,收入较低,而后者多为高中和大学教师,由于他们大多是著名学者或科技专家,故收入较高。医生的情况与教师相似,他们在拜占庭帝国初期也属于国家"干部",直到7世纪中期以后,医生和教师才逐渐失去其传统的特权,只有大学教授、宫廷医生和军队医生继续保持在国家官职名单中。①

四

军队是拜占庭帝国国家机器的重要组成部分,军队中的官职在拜占庭帝国官职体系中始终占有重要地位。特别是在7世纪军区制推行到帝国各地以前,拜占庭国家军、政权力相对独立,军职也因此具有独立性。

首先,司令官。《秘史》多处涉及"司令官"。

> μετρεῖν τε τοῖς τῶν στρατιωτῶν χορηγοῖς, οὐκαθάπερ πᾶσιν ἀνθρώποις νόμος, ἀλλ' ἧ περ ἐκείνοις ἂν βουλομένοις εἴη (XXIII. 12)
> (他们还要将粮草卖给军队司令官,不是按天下通行的方式,而是按司令官的意愿)
>
> καὶ ἀπ' αὐτοῦ ἔς τε τὸ τοῦ μαγίστρου ἀξίωμα ἦλθε καὶ ἐπὶ πλεῖστον δυνάμεώς τε καὶ μάλιστα πάντων ἔχθους (XVI. 5)(他为此被晋升为禁军团司令作为奖励,得到了极大的权力,也招致怨恨)
>
> Διὸ δὴ Βελισάριος ἄρχων τῶν βασιλικῶν καταστὰς ἱπποκόμων ἐς τὴν Ἰταλίαν (IV. 39)(于是,贝利撒留因此被再度任命为皇家

---

① Paul Lemerle, *Byzantine Humanism: the first phase: notes and remarks on education and culture in Byzantium from its origins to the 10th century*, Canberra: Australian Association for Byzantine Studies, 1986, pp. 286 - 298; L. C. Mackinney, *Medical Illustrations in Medieval Manuscripts*, Berkeley: University of California Press, 1965, illus. pp. 1,5.

驻意大利的军队司令)

Βελισάριος μὲν οὖν ἀρχὴν τε ἀπολαβεῖν τὴν οἰκείαν ἠξίου καὶ στρατηγὸς τῆς ἑῴ ας ἀποδειχθεὶς πάλιν (Ⅳ.38)(现在,贝利撒留被要求恢复其原来的军职,即东方前线军司令)

τῶν τε ἀρχόντων καὶ τῶν ἐν Παλατίῳ εὐνούχων τισὶν ἐπέστειλε διαδ άσασθαι (Ⅳ.13)(分配给某些司令将军和宫廷宦官)

这里,普罗柯比使用了多种表达方式,表明当时这一军职因所在地区或级别不同而在名称上有所区别。他提到的贝利撒留是拜占庭帝国历史上最杰出的军事将领之一,参与指挥了查士丁尼时代的各次重大战役。贝利撒留出身于日尔麦亚的富裕农民之家,青年时期弃农从军,受到同样出身农民的皇帝查士丁尼的赏识。他先是被当作禁卫军士兵留在皇宫中,后升任禁卫军团团长。529年,年仅24岁的贝利撒留被任命为东方军队司令,负责对波斯人的战事,这就是《秘史》提到的军职。此后,他在查士丁尼的调遣下,东征西讨,打败波斯人,灭亡汪达尔王国,击溃东哥特人,立下卓越战功。但是,他同时也受到查士丁尼的猜忌,后者罗织"谋反"罪名对他进行迫害,只是由于皇后的保护才被无罪开释。这一事件在《秘史》中却给出了完全不同的解释。然而,贝利撒留后来官复原职,重新担任东方军队司令却是事实。①

拜占庭帝国初期军队沿袭罗马军队旧制,其司令官也继续使用过去的称呼 Magister Militum。君士坦丁一世为了防止地方分裂势力发展,将大政区总督的军事指挥权力转交给禁卫军团长官,并将骑兵和步兵分为两种部队。事实上,骑兵和步兵的区别只是理论上的,实践中它们常相互混编。君士坦丁二世时期,确定在东方军、加利亚军和伊利里亚军设立司令官。此后,直到6世纪,司令官人数

---

① 爱德华·吉本:《罗马帝国衰亡史》下册,第216—220页。刘榕榕、董晓佳:《查士丁尼与贝利撒留:拜占庭帝国皇权与军权关系的一个范例》,《世界历史》2016年第6期。

几经增减。由于4、5世纪期间日耳曼各部落大举迁徙进入原罗马帝国境内,军队的成分发生变化。特别是君士坦丁一世起用许多日耳曼将领的政策使拜占庭帝国初期军事将领多来自下层和日耳曼人。5世纪以后大贵族势力一度崛起,司令官也以名门望族和传统军事世家子弟为主。查士丁尼被认为是来自于下层农民的皇帝,他任用军政官员时不注重其出身,而看重其能力和忠诚的程度。除了在主要的防御地区设立军队司令官外,他还任命远征军司令官。各大政区军队司令官只拥有对其辖区内的军事指挥权,他们还被授予征兵权和对属下将士的司法权。自查士丁尼开始,军队司令官的数量再度增加,其作用也逐渐降低。在拉文纳和迦太基总督区,军事和行政权力合一,军队司令官总揽地方各项权力,为7世纪以后推行军区制奠定了基础。军区最高首脑"将军"逐渐取代了司令官。①

其次,禁卫军团长。随着拜占庭帝国皇帝专制统治制度的发展,国家权力更加集中于皇帝为首的中央政府。同时,皇帝及其家族越发频繁地卷入争权夺利的旋涡,其人身安全显得更加突出。君士坦丁一世完成统一帝国的事业后,立即按照戴克里先的设想,在帝国西部宫廷设立五个禁卫军团,在帝国东部设立七个禁卫军团,每个军团编制为500人。史料表明,他的禁卫军团以法兰克人和其他日耳曼人为主,而4世纪后期的法律规定,禁卫军团将士必须信仰基督教。由于禁卫军团与皇帝保持密切而特殊的关系,它成为贵族子弟升迁的必要阶梯,许多贵族子弟通过购买方式进入禁卫军团。这也使禁卫军团在频繁的宫廷斗争中成为各方争夺的力量,查士丁尼的舅父查士丁即由此成为皇帝。

6世纪时,查士丁尼为了增加国库收入,增设四个禁卫军团,他还打算派遣禁卫军团士兵参战,普罗柯比对此大加批评。《秘史》以后的禁卫军团已经丧失了原有的军事作用,成为礼仪兵,其保卫皇

---

① A. E. R. Baok, "The Roman Magistri in the Civil and Military Service of the Empire", *Harvard Studies in Classical Philology*, vol. 26(1915), pp. 117 - 164.

帝人身安全的职能转移给由300人组成的宫廷侍卫队。

> ἄρχοντα γὰρ αὐτὸν Ἀναστάσιος βασιλεὺς κατεστήσατο τῶν ἐν Παλατίῳ φυλάκων(VI.10)[皇帝阿纳斯塔修斯任命他（查士丁）为宫廷禁军团长]
>
> καὶ στρατιῶται οἱ τὴν ἐν Παλατίῳ φρουρὰν ἔχοντες ἐν τῇ βασιλείῳ στοᾷ παρὰ τοὺς διαιτῶντας γενόμενοι βίᾳ χεῖρί τὰς δίκας ἐσῆγον(XIV.13)(担任宫廷侍卫的士兵在帝国法庭法官们升堂时参与审判，强制提出意见)
>
> ἐν δὲ τοῖς τῶν ὑπάρχων στρατιώταις καταλεχθεὶς(XXⅡ.5)(当他应征入伍成为宫廷侍卫队成员时)
>
> ὕστερον καὶ τῶν ἐν Παλατίῳ φυλάκων τινὲς ἀνὰ πᾶσαν στελλόμενοι τὴν Ῥωμαίων ἀρχὴν(XXIV.8)(后来，一些禁卫军团将士被派往整个罗马帝国各地)
>
> τὰ ἐξ ἀρχῆς ἐπὶ φυλακῇ τοῦ Παλατίου κατέστησαν, οὕσπερ σχολαρίους καλοῦσι(XXIV.15)(原属皇宫卫队的禁卫军被称为"禁卫军团")
>
> Ἐς μέντοι τοὺς ἐντὸς τούτων σχολαρίων ἀριθμοῦ ὄντας ἐπενόει τάδε(XXIV.21)(他计划这样对待属于禁卫军团正规卫队的士兵)
>
> τοῖς σχολαρίοις πολλάκις ξυνηνέχθη παθεῖν(XXIV.21)(这种事多次偶然发生在禁卫军团)
>
> Ἰταλίαν γὰρ Θευδέριχος ἑλὼν τοὺς ἐν τῷ Ῥώμης Παλατίῳ στρατευομένους αὐτοῦ εἴασεν(XXVI.27)(因为塞奥多里克占领意大利后离开驻扎地，而将罗马宫廷卫队留下)

这里反映出，禁卫军团将士似乎还享有某些特殊的司法权，但是，目前还缺乏其他材料的佐证，姑且存之。

再者，军需总监。《秘史》中提到的"总监"（Λογοθετής）在当时还没有正式列入官职表,而只是作为军队中负责财政事务的下级军官。

> οἷς δὴ τοὺς ⟨πονηροτάτους⟩ ἐπέστησεν ἀνθρώπων ἁπάντων χρήματα σφᾶς(XXIV.1)(他在士兵之上任命了一个权力很大的军需总监)
>
> οὑ δὴ Ἀλέξανδρος ὁ λογοθέτης σταλεὶς(XXIV.9)(当军需总监亚历山大被派到那时)

这里涉及的军需总监就是在查士丁尼时期增设的。根据拜占庭印章(铅封)学家劳伦特的研究,该官职在6、7世纪时经常见于拜占庭的印章,表明是常见的一种官职。但是,它最初被授予许多下级职能部门的军官。后来,随着大政区总督地位的下降,专职总监,例如道路总监、畜牧总监、水务总监、军需总监权力增加。①《秘史》提及的总监,依据上下文,是指军需总监。

最后,宦官。宦官是专制皇权统治下的产物。宦官虽然出身低下,但是在宫廷生活中、包括政治斗争中发挥着特殊作用。《秘史》涉及的宦官不仅参与宫闱秘事,而且代表皇帝执行抄没罪臣家产的使命,并受到皇帝宠幸而得到赏赐。

> καί τις ἄρχων γεγονὼς τῶν ἐν Παλατίῳ εὐνούχων ὄνομα Εὐφρατᾶς (XXIX.13)(他名叫尤发拉达斯,曾任宫廷宦官大总管)
>
> Ἀμάντιον τῶν ἐν Παλατίῳ εὐνούχων ἄρχοντα(VI.26)(宫廷宦官大总管阿曼条斯)
>
> πέμψασα τῶν ἐν Παλατίῳ εὐνούχων τινὰ κεκόμισται πάντα(IV.17)((皇后)就派遣一个宫廷宦官前去全部没收带回宫廷)
>
> καὶ τῶν οἰκετῶν εἴ τις ἐν πολέμῳ δόκιμον ἦν, τῶν τε ἀρχόντων καὶ τῶν ἐν Παλατίῳ εὐνούχων τισὶν ἐπέστειλε διαδάσασθαι(IV.13)

---

① J. B. Bury, *The Imperial Administrative System in the Ninth Century*, pp. 70-90.

>　（将他那些在战争中勇敢出色的仆人分配给某些军官和宫廷宦官）
>
> Φώτιος δὲ κατὰ τάχος ἐς τὴν Ἔφεσον στέλλεται, τῶν τινα εὐνούχων, Καλλίγονον ὄνομα(Ⅲ.2)（这时，愤怒的佛条斯匆匆赶到以弗索，押解着名叫卡里乔诺斯的宦官同行）

这里提到的宦官参与了许多高层事件，显示出他们作为皇帝身边亲信群体享有的特殊地位，发挥着皇帝私人武装力量的作用。拜占庭帝国历史上，有许多重要人物系宦官出身，例如，牧首日耳曼努斯一世（715—730年在任）、麦瑟迪乌斯（843—847年在任）、伊格纳条斯（847—858，867—877年在任）和尤斯特拉条斯（1081—1084年在任）等。还有许多宦官经过多年钻营晋升高官，诸如"宫廷大管家"和"同寝人"之类的高级内宫官员在许多世纪里都是由宦官担任。君士坦丁一世统治时期，皇宫中宦官的数量还比较少。但是其后，宦官与效忠于皇帝的官僚机构同步发展起来，成为拜占庭专制皇权统治的重要标志之一。

（原文首载于《西学研究》，商务印书馆，2002年）

第五编

政策研究

拜占庭军区制研究

拜占庭军区制又称塞姆制,是公元 7 至 12 世纪在拜占庭帝国境内推行的军事和行政制度,即按军区、师、团、营等军队序列管理帝国各级行政区域①。这种军政兼容,兵农合一的制度促使拜占庭农兵阶层的形成和发展,对加强拜占庭国防力量,稳定社会经济均起到极为重要的作用。但是,迄今为止,中外拜占庭学者对军区制问题仍有待深入,特别是对军区制的重要历史作用认识不足,因此,需要对之开展必要的宏观研究。本文试图从军区制的起源入手,对军区制的发展和农兵阶层的形成,特别是对这种制度的历史作用作初步探讨。

一

拜占庭军区制的发展大体经历了试行和推行两个阶段。7 世纪中期以前,军区制还仅在拜占庭帝国个别地区施行,此后便在整个帝国境内推广。目前,已有大量历史资料证实拜占庭军区制形成于 7 世纪,学者们对此意见也比较一致,尽管还存在某些质疑的声音。② 然而关于拜占庭"军区制"名称的来源,学者们的意见却不尽

---

① 拜占庭军队名称复杂,难以解释,这里使用读者易懂的师、团等名称。
② 西里尔·曼戈:《牛津拜占庭史》,序言。Cyril Mango ed., *The Oxford History of Byzantium*, pp. 132 – 133.

相同。有学者认为"塞姆"(θέμα)一词源于阿尔泰语"杜曼"(Tuman),意为"万人"。① 这种意见之不可靠性在于,阿尔泰语对希腊语的影响,一般认为是从8世纪以后开始的,而军区制在7世纪末已经在拜占庭境内全面推行。更有力的证据表明,这是一个具有希腊语词源的名词,来源于希腊语Θέδης一词。据著名的拜占庭学者伊科诺米基斯考证,该词原意为"花名册"或"士兵名册"。② 拜占庭皇帝君士坦丁七世在其《论军区》一书中也明确指出"塞姆"一词来源于希腊语。③

军区制是由6世纪下半叶拜占庭的"总督区"(exarchates)演变而来。当时,帝国大部分地区推行省区管理,仅有迦太基和拉文纳两城由总督统辖。这两个总督区是拜占庭帝国中央政府控制西地中海霸权的立足点和重要的贸易港口。早在4世纪,迦太基即发展成为仅次于罗马的西地中海第二大城市。533年,拜占庭军队重新控制该城以后,它更一跃成为非洲大政区的首府和当地谷物出口的集散地。④ 而位于意大利中部的拉文纳在4、5世纪日耳曼各部族入侵西罗马帝国的战乱中逐步取代罗马和米兰的地位,成为意大利首府和东罗马帝国(即拜占庭帝国)在意大利的前哨站。540年,拜占庭军队重新控制此城之后,更确定了该城在西地中海的重要地位。⑤ 由于两城重要的政治经济地位和特殊的地理位置,它们均于6世纪中期被确定为总督区。其管理上的特征是军政权力合一,由总督区首脑"总督"控制。这种体制有别于查士丁尼一世统治时期拜占庭地方军政权力分离的省区管理。其特征之二是两区均受到外来民

---

① Ann Moffatt, *Classical, Byzantine and Renaissance Studies for Robert Browning*, Canberra, 1984, pp. 189 - 197.
② Nikolaos Oikonomides, "The Etymology of Theme", *Byzantina* 1975, XVI, pp. 5 - 6.
③ Constantine Ⅶ, *De Administrando Imperio*, trans. by J. Jenkins, Washington DC, 1967, p. 5.
④ J. H. Humphrey, *The Archaeology of Vandal and Byzantine Carthage*, *New Light of Ancient Carthage*, ed. J. Pedley, Annapolis, 1980, pp. 85 - 120.
⑤ R. A. Markus, "Ravenna and Rome", in *Byzantium*, (51)1981, pp. 566 - 578.

族入侵的巨大威胁,拉文纳总督区面临伦巴德人的军事压力,而迦太基的外部威胁主要来自汪达尔人。总督区的管理形式有利于总督的一元化领导,使总督统一指挥,便于应付战时的紧急军务。①

总督区之所以能够发展成为军区,并在拜占庭帝国全境广泛推行,是与当时拜占庭面临周边民族军事入侵的巨大威胁、边关吃紧的形势密切相关。皇帝查士丁尼一世统治时期,拜占庭帝国边疆地区,特别是东部边境遭到外族不断入侵。查士丁尼一世死后,局势进一步恶化。当时,波斯军队从东面侵入拜占庭帝国的亚洲属地,先后夺取了叙利亚、大马士革、耶路撒冷等重镇,兵抵博斯普鲁斯海峡。同时,阿瓦尔人和斯拉夫人部落从北面大举南下,侵入帝国腹地。西哥特人则在西面夺取了拜占庭帝国的西班牙属地,伦巴德人也迫使拜占庭帝国在意大利的势力收缩于拉文纳城内。② 7 世纪中期,随着阿拉伯人的兴起和扩张,拜占庭帝国的东部局势更加紧张,四面告急,战事不绝,朝野上下惶惶不可终日。据当时的史家记载,人们以为"世界末日来临了"。③

正是在这种艰难危急的背景下,皇帝伊拉克略一世开始逐步建立军区。最先建立的军区有亚洲领土上的亚美尼亚和奥普西金军区,其后,基维莱奥冬、阿纳多利亚和色雷斯军区也分别建立。上述几个亚洲军区在反击波斯人入侵的战争中发挥了重要作用,成为皇帝伊拉克略一世屯兵东征,最终击败波斯人的基地。自 7 世纪中期以来,军区制在帝国境内逐步推行,至 8 世纪中期,拜占庭大部分国土均被置于军区制管理之下,全国共建立六大军区,即除了上述五个军区外,还有位于巴尔干半岛的希腊军区。此后不久,又逐步组

---

① A. Guillou, *Regionalisme et independance dans l'Empire byzantin au VIIe siecle*, Roma, 1969, ch. 2.
② I. Καραγιαννοπούλος, Ιστορία Βυζατινού Κράτου, θεσσαλονίκη, 1992, το. 2, σσ. 20 – 35.
③ Ιωάννης, Εκκλησιατική Ιστορία, ed. by E. Miller, Oxford, 1860, p. 3.

建起海上军区,辖治爱琴海上的大小岛屿。①

军区虽然是从总督区演化而来,但是与后者又有所区别。其一,它们的管理结构不同,总督区各级权力机构与其他省区无异,仍然保持军事系统与行政系统的相对独立性,只是由总督区的最高首脑总督总揽军政权力。而在军区内,管理机构采取战时体制,不仅军政权力由将军控制,而且军区的各级权力机构也按军事建制设立,行政权力附属于军事系统。与总督相比,军区首脑"将军"拥有更大的权力。其二,总督区制度下没有出现稳定的农兵阶层,军队主要是由领取军饷的职业军人组成。但是军区制下则形成了相对稳定的农兵阶层,他们成为拜占庭帝国中期(7—11世纪)的社会中坚力量,对于加强拜占庭国力,稳定形势起了相当重要的作用。

二

拜占庭军区制的推行不是通过皇帝的一道命令完成的,而是经历了摸索和试行的过程。军区制在行政管理和军事指挥方面的优势并不是从一开始即为统治集团所认识。当时,拜占庭帝国受到四面之敌的压力,原驻守北非、两河流域、巴尔干半岛北部地区和意大利的军队纷纷撤向帝国腹地。这就促使君士坦丁堡附近地区的驻军和防务重新进行部署,②军区制的推行由此逐步展开。同时,7世纪前半期的边疆危机和拜占庭帝国在北非、西亚和巴尔干部分领土的丧失,也使拜占庭原有的社会经济结构发生重大变化,不仅作为国家税收和兵力主要来源的小农大量破产,小农经济全面衰退,而且作为国家统治阶级基础的贵族及其大地产也遭到毁灭性打击。因此,军区制的推行意味着拜占庭社会经济结构的重新调整。在此

---

① I. Καραγιαννοπούλος, *Χαρτά μέσης Βυζατινής περιόδου*, Θεσσαλονίκ, 1992, σ.9.
② M. F. Hendy, *Studies in the Byzantine Monetary Economy*, C. 300—1450, Cambridge, 1985, pp.619-620.

过程中,拜占庭帝国采取了三项重要步骤,最终确立了军区制,也完成了社会经济的变革。

第一,各地区分别建立新军区。拜占庭军区制首先是在帝国亚洲属地上出现的。7世纪初,由于波斯人入侵,拜占庭帝国东线吃紧。随着边防部队的后撤,皇帝伊拉克略一世在帝国小亚细亚地区首先建立了亚美尼亚和奥普西金军区。此后,其他皇帝又建立了基维莱奥冬、阿纳多利亚军区和位于巴尔干半岛的色雷斯军区。根据9世纪的资料记载,亚美尼亚军区建立于629年,它包括从幼发拉底河上游和黑海西南岸至小亚细亚中部卡帕多西亚的广大地区,辖治17个防区,统兵不足万人。① 亚美尼亚军区以西,自阿里斯河中下游至博斯普鲁斯海峡和达达尼尔海峡地区为奥普西金军区,该军区可能先于亚美尼亚军区几年建立,所辖防区略少,地位也略低于亚美尼亚军区,统兵约6000人。② 亚美尼亚军区的西南至爱琴海沿岸地区为阿纳多利亚军区,由于它地处波斯人进兵之要冲,地位重要,故与亚美尼亚军区列同一等级,该军区有34个要塞,统兵15000人。色雷斯军区的辖区位于首都君士坦丁堡西侧,其重要性在于防御斯拉夫人的侵扰,由于其作用与上述三个军区相比较低,故史料记载不详。根据在该地区出土的拜占庭印章,有的学者甚至认为它不是独立的军区,或是附属于奥普西金军区,或是由奥普西金军区将军兼任该军区首脑。基维莱奥冬军区为拜占庭帝国小亚细亚沿海军区,负责防御来自海上的敌人入侵,管理沿海要塞和海军基地,兵力仅3000人。由于当时阿拉伯海军羽翼未丰,尚未对拜占庭帝国构成威胁,故而海上军区的作用也不甚重要,其将军的年薪仅10

---

① Theophanes, *The Chronicle of Theophanes*, trans. by H. Turtledove, Philadelphia 1982, vol. 2, p. 89.
② 亚美尼亚军区的将军年薪为40金镑,而奥普西金军区将军年薪为30金镑。M. F. Hendy, *Studies in the Byzantine Monetary Economy*, C. 300—1450, pp. 178-179.

金镑。①

这里要特别指出的是,军区的设立是在紧迫的环境下进行的,而不是在和平的氛围中从容不迫完成的。早在 4 世纪,君士坦丁一世就在晚期罗马帝国皇帝戴克里先改革的基础上对帝国军队进行调整,将原罗马军团按军事功能重新编制。到 5 世纪,帝国军队五大主力中,两支驻守多瑙河一线,一支沿幼发拉底河巡逻,还有两支驻扎首都地区,听候皇帝调遣。至 6 世纪,由于查士丁尼一世西征的需要,野战军的人数略有增加。但是,6 世纪末和 7 世纪前半期的边疆危机使拜占庭军队遭到一连串的失败,损失极为严重,帝国西部军队约三分之二被击溃,东部军事力量也有七分之一被摧毁。②帝国的军事防务体系遭到彻底破坏,漫长的边境防务线被撕开,大片的领土落入敌手。残余部队零零散散地撤向内地,并在驻扎地建立起军区。军区的建立使混乱的局面得到初步整顿,为后两个步骤的实施奠定了基础。

第二,建立军区内部组织系统,理顺军事等级关系。拜占庭军区内军队序列基本上沿袭 5、6 世纪的旧制,但在拜占庭军队遭到重创、节节败退之际,军队内部的组织系统也被破坏。因此,各军区建立后,首先着手重新确定军事等级编制,调整军队内各级官兵的关系。由于各军区建立的时间有先后,其人数也有不同,因此在编制上也不一样。但是,一般看来,军区是由 2—4 个师(Τούρμα)组成。师由 5—7 个团(Βανδὸν)组成,其下还设有营、队等下级单位,基层团队的长官称为"十夫长",相当于今天的班组。团级单位依据不同兵种人数又有区别,若为骑兵,则人数在 50—100 人,若为步兵,人数在 200—400 人之间。依此推算,人数最多的师级单位大约有

---

① H. Ahrweiler, *Byzance et la mer*: *La marine de guerre*, *la politique et les institutions maritimes de Byzance aux Ⅶe - Xve*, Paris, 1966, pp. 81 - 85, 131 - 135.
② A. H. M. Jones, *The Later Roman Empire 284 - 602*: *A Social*, *Economic*, *and Administrative Survey*, vol. 3, p. 355.

3000人。①

军事等级关系的确立有两点重要意义。其一,自上而下地取代了地方行政管理系统,使过去行省、地区和村社的行政管理机构或是向军队序列靠拢,或是被军事机构所取代。地方行政管理的军事化和单一化为军区制提供了行政管理制度上的保证。其二,在此基础上,各级经济关系得以确定。根据7世纪阿拉伯作家的记载,军区将军的年收入为40—36金镑,师长的年收入为24金镑,团长、营长和队长的年收入分别为12、6、1金镑,一般士兵年收入为12—18索里德,相当1/6—1/4金镑。② 当然,各军区地位不同,将军的年薪也有区别。最重要的亚洲各军区为一级,其将军年薪为40金镑,二级军区将军年薪为30金镑,最低级军区将军年薪为10—20金镑,仅相当或低于一级军区师级军官的收入。③ 经济等级关系的确立也有助于军区制的确立。但是,拜占庭帝国军事失利、领土减少,以及战乱导致的经济衰退,使中央政府入不敷出,无力逐年支付军饷,于是在军区成立之初,采取每隔三年或四年分批发放军饷的办法,这一点为多种资料所证明。④ 上述第二个步骤为此后实施第三个步骤创造了条件。

第三,以田代饷,建立军役地产,进而形成农兵。这一步骤是军区制最终形成的关键,因为军役土地制造就了一个农兵阶层,他们成为军区制的基础。应该指出,以田代饷是拜占庭帝国中央政府有地无钱而被迫实施的不得以之举。7世纪上半期,拜占庭帝国国土丧失严重,特别是在帝国财政收入中占极大比重的北非、西亚领土的丧失,使国库年收入减少了一半以上。虽然埃及行省的收入历来

---

① J. F. Haldon, *Byzantine Praetorians. An administrative, institutional and social survey of the Opsikion and Tagnata*, Bonn, 1984, pp. 172、276.
② M. F. Hendy, *Studies in the Byzantine Monetary Economy, C. 300—1450*, p. 182.
③ Constantine Ⅶ, *De Administrando Imperio*, vol. 2, pp. 494、696—697.
④ Constantine Ⅶ, *De Administrando Imperio*, vol. 1, p. 493; M. F. Hendy, *Studies in the Byzantine Monetary Economy, C. 300—1450*, p. 182.

占帝国财政总收入不到一半,但是加上伊利里亚地区的收入就可占帝国总收入的一半。因此,仅北非地区陷落阿拉伯人之手就使拜占庭损失了三分之一的收入。据粗略的估算,伊拉克略一世统治初期的年收入仅相当于查士丁尼一世时代收入的三分之一。① 如果按查士丁尼时代年收入 11 万金镑计算,伊拉克略时代的年收入为 36667 金镑,相当于 2640024 索里德。这笔收入远不能弥补拜占庭国家财政预算的赤字,因为仅阿纳多利亚一个军区的年度军事预算就超过 123 万索里德,几乎占了国家年收入的一半。② 显然,拜占庭中央政府根本无力支付军区的军饷,迫于无奈,只好以田代饷,将大量闲散弃耕土地充作军饷,按照军种和级别颁授给各级官兵。

亚洲诸军区首先采取以田代饷的办法,其主要原因,一则是该地区首先建立起军区,二则是该地区有大量弃耕农田。小亚细亚和埃及地区曾是罗马帝国和早期拜占庭帝国的谷仓,这里水系丰富,平原地区土地肥沃,气候适于农耕,因此农业一直比较发达。但是 6 世纪末、7 世纪初的战乱和瘟疫使当地人口锐减,劳动力奇缺,大量土地被抛弃。这些土地就成为军区制下军役田产的主要来源。

军役土地是负有军役义务的田产。不论何种兵种、军阶的士兵都把经营军役田产的收入作为他们支付军事开支的经济来源。他们定居在其部队驻守的地区,平时经营田产,军区将军以下各级官兵自给自足、自备兵器装备。在服役期一般为 15 年内,其土地不可剥夺,享有免税权。这种"士兵田产"(Στρατιωτικὰ κτήματα)一旦颁给士兵,即可永久占有,士兵可自由处理,可以买卖,也可以赠送他人,还可以将田产连同军役义务一同转给继承人。履行兵役土地义务可以采取两种形式:第一种是直接服役,即由经营田产的士兵

---

① M. F. Hendy, *Studies in the Byzantine Monetary Economy*, C. 300—1450, pp. 620, 626.
② 这一时期每金镑等于 72 索里德。M. F. Hendy, *Studies in the Byzantine Monetary Economy*, C. 300—1450, p. 183.

亲自服役,或参加边境防御战和军事远征,或修筑军事要塞,架桥修路,或营造舰船。第二种是间接服役,即由一户或几户提供足够维持一个士兵的给养。这种形式的军役义务与前一种一样,在文献中被称为Στρατει。① 经营军役田产的农兵仍然拥有军队编制,随时听从军区将军的命令,随时集中,从事军事工程劳役或随军作战。

综合考察军区制的经济结构和行政管理方式,我们可以得出两点印象。第一,由于军役土地制赋予农兵更大的自由、更少的税务负担,因而激发了农兵的生产积极性,为军区制下小农经济的复兴创造了条件。第二,军区的将军凭借军事和行政权可以有效地控制军区内经济的发展。他们可以利用颁发军役田产的权力,将辖区内的优质土地据为己有,也可以通过增加军事劳役的手段,迫使辖区内小农就范,以扩充自己的田产,从而为军区制的瓦解埋下了祸根。

三

军区制的推行使拜占庭帝国以巴尔干半岛和小亚细亚地区为中心的疆域逐步稳定,国力有所恢复,不仅在对波斯人的战争中取得了决定性胜利,而且迫使已经进入巴尔干半岛的斯拉夫人臣服,成为拜占庭帝国的臣民。同时,拜占庭凭借逐步恢复的经济实力和外交活动,实现了与阿瓦尔人等其他民族之间的和平。以此为起点,拜占庭军队在其中期历史中获得多次重要的军事胜利,其中又以瓦西里二世的赫赫战绩为军事实力发展的顶点。显然,军区制的推行对扭转拜占庭帝国的危急形势起到了主要作用,表现有以下两点。

第一,军区的军事化结构解决了拜占庭帝国面临的人力资源短

---

① A. H. M. Jones, *The Later Roman Empire 284-602: A Social, Economic, and Administrative Survey*, p. 377, M. F. Hendy, *Studies in the Byzantine Monetary Economy, C. 300—1450*, p. 619.

缺和财源枯竭的困难。根据历史资料的记载,学者们估计,4、5世纪时的拜占庭军队总数可达65万人。① 但是,由于连年战争,人力资源消耗严重,至6世纪查士丁尼一世统治末期,军队人数已减至15万人,以至于拜占庭人在对波斯人的战争中投入的总兵力还不足6400人。② 为了补充军队人力资源的巨大缺口,早期拜占庭帝国政府不得不大量招募日耳曼人雇佣兵,财政收入的大部分也被迫充作雇佣兵的军饷。③ 巨额军饷连同其他开支就成为拜占庭国库难以承受的沉重负担。查士丁尼一世时期,拜占庭帝国年收入约为11万金镑,其中80%用于军费开支。④ 军区制将本国公民作为军队的主要兵源,使军队建立在本国广大的人力资源基础上。这一制度将成年公民按照军队的编制重新组织起来,屯田于边疆地区,平时垦荒种地,战时应召出征,平时以生产为主,战时以打仗为主。这样就使军队具有广泛而稳定的兵源。另外,拜占庭帝国政府为补充人力资源的不足,还长期推行移民政策,如7世纪末年,迁入奥普西金军区的斯拉夫人达7万人,仅762年迁入小亚细亚军区的斯拉夫人就多达21万之众。⑤ 军区制下的农兵大多屯田于边疆地区,因此其参战的目的具有保家卫国的性质,战斗力明显提高。而且农兵占用的军役田产可以世袭,故使拜占庭军队的兵源世代维系。并且军区中除高级将领,如将军,从国库领取薪俸外,其他各级官兵均自备所需的武器、装备和粮草,而不依靠国库供给,从而减轻了中央政府的财政负担。

---

① Agathias, *The Histories*, trans. by J. D. Frendo, *Corpus Fontium Historiae Byzantinae* vol. 2A, Berlin, 1975, V, xiii.
② I. Καραγιαννοπούλος, Ιστορία Βυζατινού Κράτου, Θεσσαλονίκη, 1992, το. 1, σσ. 638 - 639; A. H. M. Jones, *The Later Roman Empire 284 - 602: A Social, Economic, and Administrative Survey*, pp. 607 - 686.
③ A. H. M. Jones, *The Later Roman Empire 284 - 602: A Social, Economic, and Administrative Survey*, pp. 619 - 623.
④ Steven Runciman, *Byzantine Civilization*, London, 1959, p. 96.
⑤ Theophanes, *The Chronicle of Theophanes*, trans. by H. Turtledove, Philadelphia, 1982, p. 432.

第二,军区制下军事首脑的一元化领导也极大地提高了地方管理的效率和军队的应急能力。早期拜占庭国家曾在罗马军团的基础上进行过军事改革,组建起边防军、野战军和御林军三种类型的武装力量。边防军(Limitanei)驻扎于特定的边疆地区,野战军(Comitatenses)为机动部队,随时奉旨调动,而御林军(Praesentales)则驻守都城,负责皇室和朝廷的安全。① 但是,在地方行政管理中,军权和行政权分离,军队首脑仅负责战事而不介入行政事务。行政长官则控制政权机构,管理行政事务。这种军政权力分立是戴克里先和君士坦丁一世改革的突出特点,曾有效地消除了罗马帝国后期军阀割据的局面。但是,在6世纪后期,由于军事行政权力相互斗争,拜占庭帝国地方管理陷于混乱,常常出现军队出征御敌而得不到行政长官支持的现象,至于两权内讧、相互掣肘的事情更是屡见不鲜,著名战将贝利撒留征战意大利前线时就遭遇宫廷贵族的诬陷而陷入进退两难的尴尬境地。② 一方面,军区制的推行扫除了地方管理中的扯皮现象,将权力集中于将军一身,使之能集中处理辖区内一切事务,集中精力应对战场紧急军情。而行政长官或作为将军的幕僚听命于将军,或被挤出权力机构。地方统治管理的一元化和军事化极大地提高了地方管理的效率。另一方面,早期拜占庭帝国皇帝旨在削弱地方势力、增强中央集权的行政改革也曾扩大了朝廷各部门的权力,形成庞大的官僚体系。但是,在外敌入侵的紧急时刻,庞大的官僚体系运作迟缓,难以对随时变化的军情作出及时反应。特别是当大规模入侵令某一驻守边关的部队难以应付时,军队中枢指挥机构不能立即抽调其他部队前往增援,经常贻误战机。而军区制是依据防务需要建立的,军区首脑按本区实际情况统筹谋划,或调动军队或组织生产,并以其控制的军、政、

---

① I. Καραγιαννοπούλος, Ιστορία Βυζατινού Κράτου, τo. 1, σσ. 292–294.
② Procopios, *The Secret History*, trans. by Richard Atwater, N. Y. 1927, XVIII, p. 215.

财、司法等掌控权,相对独立地指挥,故可使下情及时上达,也可迅速执行中央命令,提高了军队的应急能力,加强了拜占庭帝国的国防力量。现代拜占庭学者高度评价了军区制,认为它是"赋予拜占庭帝国新活力的大胆改革,其意义极为深远"。①

军区制的发展产生了两个最重要的结果。

其一,农兵阶层的形成。这个阶层的兴衰对于拜占庭历史的演化影响深远。拜占庭国家是一个农民占主体、农业为主要经济部门的农业社会,因此,尽管帝国具有特殊地理位置而使工商业收入很可观,但是其农业生产仍然是国家收入的主要来源,农业经济的盛衰决定拜占庭国力的强弱。早期拜占庭帝国的土地占有形式分为国有和私有地产两大类。其中前者成分复杂,包括皇产、教产、市产、军产,而私产地多为大地主的庄园。② 在国有地产上的主要生产者是小农,他们也是拜占庭国家的主要纳税人。6世纪后半期,由于连年的战争和自然灾害,小农大量破产,纷纷逃亡,弃耕荒地日益增多,特别是在战事最频繁的小亚细亚地区,昔日盛产谷物的田地被战祸夷为荒野。这种小农大量破产的现象已被学者们公认为是5、6世纪拜占庭社会的一个特点。③ 为了稳定小农阶层,保持国家税收来源,查士丁尼一世通过大量法令,强迫小农固着于土地,取消他们原有的迁徙自由,甚至明确规定农民之子必须继承父业,不可从事其他职业。④ 然而,查士丁尼一世的强制措施并未奏效,大地产主对小农土地的兼并和日益恶化的军事形势加速了小农破产的过程。

军区制则为小农的复兴创造了条件。军役土地制实际上造就了一个承担军役义务的小农阶层。农兵在分得土地的同时也有从

---

① G. Ostrogorsky, *History of the Byzantine State*, p. 86.
② I. Καραγιαννοπούλος, *Ιστορία Βυζατινού Κράτου*, το. 1, σσ. 396 – 402.
③ G. Ostrogorsky, *Quelques problemes d'histoire de la paysannerie byzantine*, Bruxelles, 1956, ch. 3.
④ John Kanonas, "Chronikon", in Immanuel Bekker ed., *Corpus Scriptorium Historiae Byzantinae*, Bonn, 1838, pp. 417 – 420.

军作战的义务,他们以小农的经营方式,以家庭为单位从事农业生产。这种小农生产就成为农兵经济的主要形式。农兵除了担负赋税以外,还要为从军作战做好一切准备。当农兵的长子继承其父的军役义务和军事田产后,其他的儿子便补充到负有军役义务但不从军作战的自由小农中。因此,农兵和自由小农并肩兴起,他们在经济和社会地位方面没有本质的差异,故而帝国法令也将两者同等看待。据此,现代拜占庭学者认为"农兵和自由小农属于同一阶层"。①

自7世纪军区制推广以后,拜占庭的农兵阶层逐步形成,与自由小农同步发展。小农阶层在军区制带来的相对安定的环境中,经过100年左右的发展,不断壮大。7、8世纪颁布的《农业法》反映了当时拜占庭农村中小农迅速发展的真实情况。该部法律共有85条,其中三分之二的条款涉及小农问题。② 小农数量的增加还与拜占庭帝国长期推行的移民政策有关。移民之举经济意义重大,既可开发利用大片荒地,进而为恢复国力扩大物质基础,又能充实小农阶层,扩大税收来源。由于小农经济的恢复和繁荣,拜占庭国家税收大幅度增长,财政状况根本好转。9、10世纪的年收入最高时可达58.4万金镑,相当于查士丁尼一世时期年收入的5.31倍。③ 以军区制下兴起的农兵为主体,包括自由小农在内的小土地占有制经济在9、10世纪之交达到其发展的最高阶段。这一时期,拜占庭帝国的某些皇帝已经认识到小土地占有者对国家经济的重要性。皇帝利奥三世曾在其法令中提道:"朕以为有两种职业对国家长治久安极为重要,一为农民,一为兵士。朕以为此二业当在各业之首"。④

---

① M. M. Postan ed., *The Cambridge Economic History of Europe from the Decline of the Roman Empire*, Vol. 1, *Agrarian Life of the Middle Ages*, Cambridge: Cambridge University Press, 1966, p. 208.
② *Farmer's Law*, trans. by Walter Ashburner, *Journal of Hellenic Studies*, vol. 32, 1910, 87–95.
③ Steven Runciman, *Byzantine Civilization*, p. 96.
④ Leo Ⅵ, *Basilicorum libri LX*, ed. H. Scheltrma and N. van Wal, Groningen, 1988, XI, 2.

皇帝罗曼努斯一世也明确指出:"此种小土地占有者予国利甚巨,因其缴纳国家税收,提供军队服役之故。倘若此类农民数量减少,其利必失。"①

其二,以大土地为后盾的军事贵族势力兴起。6世纪末,随着小农大量破产和外敌长驱直入帝国腹地,拜占庭大土地贵族也几乎全部消失,以至于至7世纪时,拜占庭帝国不存在世袭大贵族。军区制的确立为新兴军事大地产和贵族势力的重新发展创造了条件。拜占庭皇权统治的阶级基础是地主阶级,国家统治集团依靠的主要阶级力量是大贵族。为了获得大地产贵族的支持,拜占庭帝国历代皇帝都在贵族中扶植亲信,委以重任。军区制的推行就使地方贵族获得了发展的机会。9世纪中期,在拜占庭文献中开始出现大贵族家族的记载。他们以祖辈获得的封赐为基础,以大地产和军事权力的结合为特点。至10世纪,在小亚细亚和巴尔干半岛北部地区即出现了一大批"权贵者"(Δυνατός),他们主要是由军队高级军官,如军区将军和中央高级官吏构成,其官职和爵位均由大家族的成员世袭。② 这个以大地产为后盾的军事贵族阶层的兴起必然在经济上侵害小农经济利益,构成对小农阶层的巨大威胁。

事实上,贵族的大土地经济具有比小农经济更优越的外在发展条件。拜占庭社会的直接劳动者基本上是农民,他们又因纳税的不同方式被称为国有农民和私有农民。国有农民在国有土地上耕作,受国家的直接控制,成为国家税收的主要来源。他们之中相当大部分在7世纪以后即转化为军区制下的农兵。他们本应直接缴纳给国库的租税也随之转化为军役义务。而私有农民则在大地主土地上耕作,因此,大地主控制着私有农民的经济,并以各种手段将农民本应上缴国家的租税截流下来,只将其中很少一部分上缴政府。他

---

① I. Zepos, *Jus Graeco-Romanum* vol. 2, Athens,1931, p. 209.
② I. Zepos, *Jus Graeco-Romanum* vol. 1, Athens,1931, p. 201.

们常常获取某种特权,逃避国家税收,从而将私有农民的劳动成果全部侵吞。同时,他们还掌握着军区内农兵的命运。在大地产主千方百计扩大田产,增加私有农民数量,进而减少国家税收的同时,中央政府为维持原有的税收量,就必然加重对国有农民的剥削,导致小农经济因负担过重而难以维持,直至破产。在大地主和小农、大地产和小地产这两种经济势力的消长与较量的过程中,天平必然倾向前者。

从本质上看,大地产所有和小地产经营是拜占庭社会的基本矛盾,大地主始终是以小地产为其兼并扩张的主要对象。虽然,由于小农负担国家主要赋税和兵役而使小农经济成为拜占庭帝国统治的经济基础,但是,军区制下的小农经济仍然十分脆弱,经受不住自然灾害和战争的打击。特别是当占有大地产的军事贵族兴起之后,小农经济瓦解的过程即大大加速。大地主利用小农破产之机,以提供庇护权为代价,吞并小农土地,并对小农的自由权利实行控制,使小农人身部分依附于大地主。10世纪以后的资料表明,小农日益丧失独立性,迅速沦为大地主的农奴。① 到11世纪,拜占庭国有小农几乎完全消失。

以农兵为主体的拜占庭小农经济的瓦解过程是与军区制的解体过程同时发生的。军事贵族势力的兴起,对拜占庭帝国中央集权造成直接威胁,有些军区将军的叛乱甚至造成王朝的倾覆。因此,9、10世纪的拜占庭皇帝们不断采取措施,将原有的军区划分为更多更小的军区,以便加强控制。7世纪建立的全国六大军区至8、9世纪即分立出另外四个军区。到10世纪时,军区的数量增加到25个,到11世纪时,这一数字上升为38个,仅在原亚美尼亚军区境内就分划出10个小军区。② 同时,中央政府重新委派行政官员分担军区将

---

① G. Ostrogorsky, *Quelques problemes d'histoire de la paysannerie byzantine*, ch. 4.
② I. Καραγιαννοπούλος, *Χαρτά μέσης Βυζατινής περόδου*, σ. 30.

军的行政权。这种分权措施实际上将军区制下合一的军、政权力重新分离,恢复了军区制以前的军、政二元化领导体制,①军区制名存实亡。至12世纪时,军区制被完全取消,"军区"和"将军"等有关军区制的"名称从此几乎完全消失了"。②

四

拜占庭军区制从其出现到瓦解共经历了大约500年的时间。在此期间,军区制对拜占庭的历史发展起了相当重要的作用。宏观考察军区制改革在拜占庭史上的作用具有重要意义。

第一,军区制适应拜占庭帝国对外战争频繁、边防危机日益严重的形势,通过国家机构和社会组织军事化,部分地解决了兵源和财源枯竭的困难,缓和了外族入侵的危机,为拜占庭军事力量的复兴创造了条件。7世纪,拜占庭帝国军队击败波斯人,打垮阿瓦尔人,征服斯拉夫人,并将处于极盛时期的阿拉伯大军扩张的势头阻止在小亚细亚和东地中海一线,使危如累卵的形势发生根本好转。这一系列军事上的成就不能不被认为是推行军区制的结果之一。不仅如此,以7世纪的胜利为基础,拜占庭军事力量得到调整和加强,因而,8、9世纪期间在对阿拉伯人的战争中获得多次重要胜利。现代拜占庭学者高度评价这些胜利,认为"保护欧洲免遭阿拉伯人侵略之主要屏障的荣誉无疑应归于拜占庭军队"。③ 同时,拜占庭军队在防御斯拉夫人入侵和征服保加利亚人的长期战争中也屡屡获

---

① John V. A. Fine, *The Early Medieval Balkans: A Critical Survey from the Late Sixth to the Late Twelfth Century*, Ann Arbor, 1983, p. 350.
② G. Ostrogorsky, *History of the Byzantine State*, p. 368.
③ N. H. Baynes and H. St. L. B. Moss ed., *Byzantium: an Introduction to East Roman Civilization*, p. 303.

胜,并最终击垮称雄一时的保加利亚王国。①一些西方学者将7—11世纪拜占庭帝国军队的多次胜利归功于某些皇帝,如尼基弗鲁斯二世和瓦西里二世的卓越军事才能,或归功于拜占庭军事艺术的改进,如步兵和骑兵混同作战等。②这些意见均忽视了军区制为拜占庭国家武装力量复兴提供的制度和经济方面的重要保证。

军区制衰败之后,拜占庭军队一蹶不振,以本国兵源为主体的农兵日益减少,代之而起的是罗斯人和诺曼人雇佣兵。为这些雇佣兵提供的军饷成为晚期拜占庭帝国巨大的财政负担。而且,雇佣兵作战的目的与本国农兵不同,他们极易发生哗变,在拜占庭帝国境内肆意妄为。12世纪期间,诺曼人雇佣兵的反叛就给拜占庭帝国中心地区的巴尔干半岛造成持续数十年的兵祸。③至13世纪初,拜占庭帝国几乎衰落到兵不能战或无兵可用的地步,因而在数千十字军骑士的攻击下,城防坚固的君士坦丁堡便轻易落入敌手。从此,拜占庭帝国就沦为东地中海的一个小国,失去了昔日雄风,只能在强国之间周旋,苟延残喘,直到灭亡。

第二,军区制的推行促使小农经济勃兴,国家税收增加,同时,军区制带来的安定局面又为以君士坦丁堡和其他城市为中心的工商业的繁荣发达创造了有利的外部环境。小农经济是拜占庭帝国的基础经济部分和税收主要来源,"小农在国家税收方面成为拜占庭帝国财政的脊柱"。④ 学者们估计,拜占庭国家收入的95%来自农业,仅5%来自城市工商业。⑤ 纵观拜占庭历史,国家年收入的数

---

① Robert Browning, *Byzantium and Bulgaria: A comparative study across the early medieval frontier*, Berkeley, 1975, pp. 355 - 360.
② C. W. Oman, *The History of the Art of War*, London,1898,Book Ⅳ, ch. 3.
③ P. Aube,*Les Empires nomands d'Orient*, XI-XⅢ e siecle,Paris,1983, ch. 4,5.
④ M. M. Postan ed. , *The Cambridge Economic History of Europe from the Decline of the Roman Empire*, Vol. 1, *Agrarian Life of the Middle Ages*, p. 208.
⑤ M. F. Hendy, *Studies in the Byzantine Monetary Economy*, p. 157; Angeliki E. Laiou, ed. , *The Economic History of Byzantium, from the seventh through the fifteenth century*, vol. 3, p. 1155.

量时有起伏，但以军区制推广的几百年为收入最高的时期。在拜占庭历史的早期，税收是以戴克里先和君士坦丁改革为基础的，主要包括土地税和人头税。这两种税直到拜占庭帝国末期仍没有发生根本性的变化，只是征收的形式有所改变。① 作为国家主要纳税人的小农除定期缴纳土地税和人头税外，还负担各种不定期征收的非常规税。军区制促进了小农生产率的提高，使他们有能力完成苛捐杂税。在年景不利的时候，连保制也能帮助经营不善的农民渡过难关。② 学者们估计，军区制发展最完善时期的政府财政年收入比查士丁尼一世时代的年收入高四倍以上，比拜占庭帝国末期年收入高40余倍。③ 这里，我们还应考虑到拜占庭帝国疆域缩小的因素。查士丁尼一世时代，拜占庭帝国的疆域不仅包括巴尔干半岛、小亚细亚，还包括亚、非、欧洲的其他省区，而9、10世纪时拜占庭帝国的年收入仅来自小亚细亚和巴尔干半岛。换言之，军区制的推行使拜占庭帝国在较小的领土上获得了较多的收入，这从另一个侧面说明军区制对拜占庭农业经济产生的有利影响。

军区制的推行对拜占庭工商业发展也起了间接的促进作用。一方面，小农经济的复兴为工商业的发展创造了物质基础。拜占庭农村与帝国境内大小城镇均保持密切联系，小农不仅从城镇市场上获得必需的手工业品，而且为城市手工业者提供农副产品。小农经济的复兴意味着城乡间更频繁的物质交流，同时也意味着工商业获得了更大的国内市场。另一方面，军区制下相对安定的环境有助于工商业的发展。拜占庭工商业在8世纪以后趋于繁荣，城市发展更加迅速，君士坦丁堡、塞萨洛尼基、特拉布宗等城市均名列中古欧洲大型城市之列。特别是首都君士坦丁堡，由于其工商业投资环境得到改善，这座连接

---

① G. Ostrogorsky, *Quelques problemes d'histoire de la paysannerie byzantine*, p. 235.
② 该项制度规定，荒芜农田的税金由其邻居和所在村社代缴。I. Καραγιαννοπούλος, *Βυζατινό Κράτος*, θεσσαλονίκη, 1983, σσ. 87 – 99.
③ Steven Runciman, *Byzantine Civilization*, p. 96.

东西方贸易的"金桥"充分发挥出它的地理优势,成为地中海世界最大的商业中心,百业俱兴,商贾云集。8世纪,"拜占庭商业经济史才真正开始","而9、10世纪,其商业活动处于鼎盛"①。

军区制衰落以后,拜占庭经济出现持续滑坡,财政危机不断,国库入不敷出。中央政府为维持税收总量,采取增加税收量和新税种等手段,加重对税户的剥削。这无异于杀鸡取卵,加速了晚期拜占庭经济的恶性循环。14世纪时,拜占庭国家年收入不足10000金镑,仅相当于中期拜占庭年收入的2.18%。皇室已无力举办任何庆典,甚至皇帝约翰五世的婚礼也不得不因陋就简,操办得十分寒酸。当时的史官记载,整个皇宫"连金银杯盘都没有,一些杯盘是锡制的,其余的用陶土制成","婚礼上皇帝穿戴的衣帽礼服也仅有黄金宝石的样子,其实都是皮制的,或染上金色,或饰以彩色玻璃……到处可见类似具有天然魅力的宝石和绚丽多彩的珍珠一样的东西,但是,这些都骗不过众人的眼睛"。②

第三,军区制通过推行军役土地制和屯田稳定了拜占庭社会各阶层,使人口流动中的无组织状态得到控制,缓和了尖锐的社会矛盾。查士丁尼时代,拜占庭政府便采取措施限制人口流动,以稳定社会各阶层。《查士丁尼法典》严格规定军人的后代只能当兵,农民的子孙必须从耕,并以取消隶农迁徙自由的方式将农民固着于耕地。③ 但是,这一政策并未奏效,破产的小农大量逃亡,或涌入城市寻求生路,或避走山林结草为寇,或铤而走险聚众起义,社会矛盾空前激化。当时规模最大、几乎推翻查士丁尼一世统治的尼卡起义就

---

① M. M. Postan ed., *The Cambridge Economic History of Europe from the Decline of the Roman Empire*, Vol. 2, *Trade and Industry in The Middle Ages*, p. 132; Steven Runciman, *Byzantine Civilization*, p. 167.
② A. A. Vasiliev, *History of the Byzantine Empire*, vol. Ⅱ, p. 680.
③ I. Καραγιαννοπούλος, Ιστορία Βυζατινού Κράτου, το. 1, σσ. 415 - 430.

是以来自各地的破产农民为主要力量发动的。① 类似的大规模城市民众起义和暴动在当时不是个案。军区制则通过军事和经济制度的改革,使农民有地可种,有家可归,在安定的环境中从事生产。这一制度从解决小农生计和加强地方管理入手,重新调整拜占庭社会各阶层的关系。我们从这一角度考察拜占庭帝国政府移民政策,也可以得出同样的结论。6世纪中期以后,斯拉夫人各部落从多瑙河一线南下巴尔干半岛,如果这也被视为一种盲目的人口流动的话,那么,拜占庭帝国政府采取的移民政策便是将这种无组织的人口流动重新组织于军区中,并通过保留和推行斯拉夫人的农村公社制,因势利导地化解了斯拉夫人大规模流动引起的社会问题。军区制不是以严酷的立法实现社会各阶层和居民职业的固定化,而是通过制度的创新改革,着重解决占人口大多数的小农的生存环境问题,进而为社会稳定创造了有利条件。

军区制瓦解之后,拜占庭社会再度出现人口流动的无政府状态,不仅本国的小农破产逃亡,而且外国的移民大量涌入,如土耳其人、诺曼人、瓦兰吉亚人等,在拜占庭帝国境内造成兵匪横行的局面。而这一点也成为拜占庭帝国最终灭亡的主要因素之一。

第四,军区制的推行促进了以大地产为后盾的军事贵族的兴起,他们形成了与中央政府抗衡的地方分裂势力,甚至凭借军事和经济实力左右朝政或改朝换代。这是军区制对拜占庭帝国政治生活产生的消极影响。如前所述,大地主对小农土地的侵吞是小农经济衰败的重要因素,但是,小农经济的破产同时也刺激了大土地占有经济的发展。这种互为因果的关系在10世纪的拜占庭帝国政治生活中表现得十分明显。当时,一些皇帝认识到保护小农对于维持统治的重要意义,因此采取立法措施限制大地主的扩张。他们以小

---

① 532年,在拜占庭帝国首都君士坦丁堡爆发了大规模人民起义,因以"尼卡"(Νικα 意为胜利)为口号而得名。Procopios, *The Wars*, *the Buildings*, *the Secret History*, XXIV, 1-41.

农保护者的形象出现,斥责大地主"像瘟疫和坏疽一样降临到不幸的村庄,吞食土地,侵入村庄的肌体,将它们逼近死亡的边缘"。①922年的法令明确规定,小农及其所在公社享有优先购买、租用田产和农舍的权利,严禁大地主以任何方式,包括遗赠、捐赠、购买和承租等,接受贫困小农的田产;法令还规定,过去30年间以任何方式得自于农兵之手的军役土地必须无条件归还其原来的主人。② 996年,拜占庭帝国政府再次颁布类似的法令。实际上,这些法令具有瓦解地方分裂势力,加强中央集权的政治意义。然而,拜占庭统治者未能真正采取措施打击大地主,一方面,皇帝们要借助大军事贵族的政治势力,维护其统治;另一方面,打击大军事贵族意味着削弱军区制,小农经济也难保存。特别是在大地主贵族势力已经相当强大的情况下,对他们的真正打击就等于取消军区制,以农兵为主的小农亦将同归于尽。因此,上述立法并未得到真正贯彻,而皇帝们对小农经济的瓦解也无能为力。他们对小农处境的恶化听之任之,只是发布几项法令而已。这样,小农的地位无法得到加强,他们在各种灾变动乱的打击下,处于随时破产的境地,即便法令暂时为他们提供种种优先权,也只能自动放弃或转让给大地主。

大军事贵族凭借经济实力拥兵自重,直接参与皇室内争,有的甚至爬上皇帝宝座。自10世纪末,军事贵族便形成强大的政治势力,与中央政府的官僚势力争权夺利,明争暗斗。这两大政治势力之间的较量就构成了拜占庭历史晚期国家政治生活的主线。10世纪末,羽翼已丰的军事贵族就以小亚细亚军区为基地发动叛乱,其中又以瓦西里二世统治时期的"两瓦尔扎斯叛乱"影响最大。③ 11世纪期间,军事贵族的叛乱愈演愈烈,他们不仅兵临首都城下,而且

---

① I. Zepos, *Jus Graeco-Romanum*, vol. 1, pp. 210, 233. Eric McGeer, *The Land Legislation of the Macedonian Emperor*, pp. 51-54.
② I. Zepos, *Jus Graeco-Romanum*, vol. 1, pp. 210-211. Eric McGeer, *The Land Legislation of the Macedonin Emperor*, pp. 51-54.
③ I. Καραγιαννοπούλος, *Ιστορία Βυζατινού Κράτου*, το. 2, σσ. 430-441.

推翻当朝皇帝,自立为帝。这一时期,至少有五位皇帝是以哗变的方式登上皇位的军事贵族。① 拜占庭帝国末代王朝统治时期,最有实力的军事贵族约翰·坎塔库震努斯左右朝政数十年,他曾以其雄厚的家资帮助安德罗尼库斯三世在王朝内战中击败老皇帝,登上帝位。安德罗尼库斯三世死后,他重金雇佣土耳其人,击败对手,自立为皇帝。② 显然,以大地产为基础的军事贵族对中央集权的削弱是晚期拜占庭内乱不断,最终灭亡的另一个重要因素。

综上所述,军区制是拜占庭帝国在其早期长期动荡的政局中进行的大规模改革,是军事和政治经济管理制度大幅度调整的结果,是拜占庭统治阶级通过种种尝试而渐臻成熟的创造性治理成就。由于军区制适应了当时内外形势发展的需要,缓解了外敌入侵引发的危机,因此,成为推行于全国的管理方式。特别重要的是,军区制促进了以农兵为主体的小农经济的复兴,从而为军区的发展和帝国的强盛奠定了坚实的基础。但是,军区制的发展也有助于以大地产为后盾的军事贵族的产生,这种侵蚀小农经济、与中央集权相对抗的武装割据势力的兴起是推行军区制的必然副产品。因此,军区制从其形成之初自身内部就孕育着深刻的矛盾。拜占庭帝国统治者要通过推行军区制有效地应付外敌入侵,就不能不依靠和重用军事贵族,这就为军事贵族势力的壮大创造了条件。同时,随着军区制的演化和军事贵族的发展,小农土地必遭吞并,小农经济必然趋于衰败,从而瓦解了军区制存在的经济基础。拜占庭统治阶级越是企图通过相对自主的地方管理有效地保证中央集权统治,就越是不可避免地产生扩大地方权力、削弱中央集权和瓦解小农经济基础的后果。拜占庭统治者无法克服中央集权和地方分裂、大地产占有和小

---

① 即塞奥多拉(Theodora,1042 年在位)、依沙克一世(Isaac Ⅰ,1057—1059 年在位)、米哈伊尔七世(Michael Ⅶ,1071—1078 年在位)、尼基弗鲁斯三世(Nikephoros Ⅲ,1078—1081 年在位)和阿莱克修斯一世(Alexious Ⅰ,1081—1118 年在位)。
② D. M. Nicol, *The Byzantine Family of Kantakouzenos*, Washington, 1968, pp. 35 - 103.

地产经营、大地主和以农兵为主的小农之间的矛盾。换言之,军区制发展的同时也准备了自身毁灭的条件。正是由于这些不可调和的深层次矛盾的演化,才使军区制这种适合拜占庭帝国统治需要的制度归于衰败,进而也促使了拜占庭国家走向灭亡。

(原文首载于《历史研究》1996年第5期)

拜占庭农业政策

拜占庭《农业法》(Νόμος γεωργικός)，英文译作 Rural Code 或 Farmer's Law，是拜占庭农业发展史上最重要的法律文件，反映出拜占庭帝国的农业政策。拜占庭学者研究的一般结论认为，7—8 世纪期间是拜占庭农业经济发生重要变化的阶段。在这个时期，拜占庭帝国统治者放弃了查士丁尼一世致力于在古罗马帝国旧体制内重建帝国的经济政策，在全国范围内推行军区制，从而在客观上促进了对拜占庭帝国生存极为重要的小农经济的发展，并奠定了拜占庭帝国此后数百年强盛的物质基础。但是，这一时期拜占庭农业经济发生的变化却没有留下很多的法律资料供后人研究，我们所掌握的文献资料和考古文物均比较零散，而伊拉克略、伊苏利亚和阿莫利诸王朝的皇帝在涉及农村、农业和农民问题方面的立法都不系统，当时的历史作家塞奥发尼斯（Theophanes, Greek：Θεοφάνης ο Ομολογητὴς, 752—818）的《编年史》和君士坦丁堡牧首尼基弗鲁斯（Nicephoras, Greek：Νικηφόρος, 758—829）的《简史》也仅仅提供了有关的补充材料。正因为如此，《农业法》的史料价值就显得更为突出，可以说，要考察拜占庭农业问题必须了解《农业法》，不研究这部法律就无法研究拜占庭农业史，更难以理解帝国的农业政策。拜占庭经济史专家格外注意研究这部法律，对其形成年代、性质和反映的客观情况进行多方面的探讨，并因观点各异而争论不休。《农业法》共有 85 条，我国学者整理翻译出来的仅有 37 条，且是从俄文版本转译,存在不少需要斟酌的地方。笔者在30余年前曾参照希腊语原文和英译本作过全文翻译,近些年,笔者在对拜占庭经济问题的研究中,深感这部法律文献的重要,因此,本文试图就国际拜占庭学界在该法研究中关注的重要问题作粗浅的研究。

一

《农业法》的版本及形成年代是拜占庭学术界争论最多的问题之一,而这个问题的解决关系着对其揭示出的拜占庭农村生产生活状况的时间定位,进而关系着对拜占庭农业发展史及帝国农业政策的整体认识。

最早发现的《农业法》版本是作为14世纪拜占庭帝国法学家颁布的法律汇编《六书》的附录文件,当时发现的《农业法》既无标题,也未署名作者。因此,一些学者推测该部法律可能是由《六书》的编者完成。《六书》由时任拜占庭帝国第二大城市塞萨洛尼基的大法官君士坦丁·哈门诺布罗斯(Κωνσταντιίνος Αρμενοπούλος,1320—1383)编纂,1345年、1349年和1359年先后三次修订签发。[1]由于这部法律汇编是按照适合14世纪社会生活的新体系编辑以前历代皇帝颁布的法律条款,便于使用,因此受到广泛欢迎,不仅在拜占庭帝国各地使用,而且在斯拉夫各国和土耳其人中使用,直到20世纪初其部分条款仍在希腊使用。但是,《农业法》首先出现在1349年《六书》第二版于1352年的复本附录中,而没有出现在1345年的第一版中,这使从事拜占庭法律研究的学者大感不解,因此,有人提出疑问,质疑哈门诺布罗斯是《农业法》的作者,认为他并没有将《农业法》编入《六书》,而是由其后人在使用过程中或在复制《六书》过

---

[1] 《六书》传于后世的手抄本共有70余部,19世纪中期经德国法律史专家G.E.海姆巴赫整理出版(莱比锡1851年版),百余年后希腊拜占庭学者K.G.比察基斯重作整理注释出版(雅典1971年版)。

程中添加进去,《农业法》的成文时间也因此被推算为 14 世纪。《六书》因其与《农业法》的特殊关系而受到学者们格外关注。

最先从事《农业法》研究的德国学者扎哈利亚·冯·林根绍尔在追踪《农业法》成书时代的问题上获得突破性进展,他在其著名的《希腊罗马法律手稿史》中提出,《农业法》是由哈门诺布罗斯大法官本人根据前代立法编入《六书》之中,而非其后人杜撰的。他同时根据对 12 世纪拜占庭帝国的《皇帝法律选编》一书的研究,①认为哈门诺布罗斯不是《农业法》的作者,他编入《六书》中的《农业法》来自更早的法典,因为其部分条款早在 8 世纪就已经被编入当时的《法律选编》中。② 林根绍尔的观点得到大多数拜占庭学家的赞同,他们几乎一致认为《农业法》成书于 8 世纪末或 9 世纪初,理由是该法律的文本风格与这个时期的立法和当时使用的语言相符。但是,林根绍尔在数十年后又改变了自己的观点,认为《农业法》的内容和行文更多涉及查士丁尼一世以后斯拉夫人大举迁徙进巴尔干半岛时代的农村社会,更接近拜占庭帝国伊苏利亚王朝皇帝利奥三世和君士坦丁五世时期颁布的《法律选编》的内容,并因此推断《农业法》是这两位皇帝在位时期,即 8 世纪中期成文的。③ 这一观点引起很大争论,并激发学者们就有关问题进行多方面探索,此后,几乎所有的拜占庭学家都在这个问题上表明了自己的态度,他们对《农业法》提出的

---

① 《皇帝法律选编》是由无名氏法学家于 1142 年编辑的,其资料来源为更早的《皇帝立法》,从其注释中反映,选编者的目的是对《皇帝立法》60 卷进行全文整理,但是,主要内容只包括《皇帝立法》前 10 卷的内容。此外,《皇帝法律选编》对《皇帝立法》其他内容作了意译,并选编了 6—11 世纪的一些法律,选编的方式为意译、举例和简短介绍,其中对司法程序的举例最为详细。Leo Ⅵ, *Basilicorum libri LX*, ed. H. Scheltrma and N. van Wal, Groningen, 1988.
② 《法律选编》为伊苏利亚王朝皇帝颁布的法典,整部法典共分 18 章,主要包括适用于当时社会生活的前代皇帝的法律,在离婚、战利品分配和刑罚方面作出新的规定,其对拜占庭帝国司法活动的强大影响持续了约 200 年。Leo Ⅵ, *The Book of the Eparch*, trans. by E. Freshfield, Cambridge, 1938.
③ Zacharia von Lingenthal, *Geschichte des griechish-romischen Rechts*, Berlin, 1892, p. 249.

各种观点层出不穷。林根绍尔对《农业法》成书年代的观点影响至今,但是他最大的贡献在于引导拜占庭学术界注意发掘《农业法》原始文本,进而激发拜占庭学界关注帝国农业政策。

百余年来,拜占庭学研究者在世界各地陆续发现了百余个《农业法》文本,它们分属于 11—17 世纪,不仅有希腊语文本,而且有斯拉夫各民族语言文本和土耳其语文本,目前分散保存在欧洲各国博物馆或图书馆中。这些文本长短不同,文字有别,例如在 8 世纪的《法律选编》中的《农业法》共有 76 条,其中第 25 章中有 29 条,第 26 章中有 23 条,其他 24 条保存在第 12、15、18、20、21 和 24 章中;[①]而在 14 世纪的《六书》中,《农业法》共有 96 条,分列在 10 章标题之下。特别重要的是,在已经发现的《农业法》大部分文本中都明确标有"摘引自查士丁尼法书的《农业法》条款"的字样,但是没有进一步指明是哪位查士丁尼。究竟是 6 世纪后半期的查士丁尼一世,还是 7 世纪末的查士丁尼二世?学者们就此展开新一轮争论,形成了三种主要意见。其一为"查士丁尼一世说",主要代表为德国学者德尔格,他详细对比了《查士丁尼法典》和《农业法》的条款,力主此说;这种意见经法国拜占庭农业史专家保罗·勒梅勒支持而得到加强,后者认为查士丁尼一世的立法在拜占庭帝国历史上具有长期的影响,其后代法学家利用其权威和法典条文是非常自然的事情。[②] 其二是奥斯特洛格尔斯基为主要代表的一派提出的"查士丁尼二世说",他在对《查士丁尼法典》进行语言学考证后提出,拜占庭人在涉及《查士丁尼法典》时的习惯用语为复数(τῶν Ἰουστινιανῶν βιβλιῶν),而《农业法》使用的是单数(τοῦ Ἰουστινιανοῦ βιβλιοῦ)形式,这一论证

---

① F. Dolger, *Harmenoplos und der Nomos Georgikos*, Thessaloniki, 1951, pp. 151–161.
② P. Lemerle, *The Agrarian History of Byzantium: From the origins to the Twelfth Century, the Sources antl Problems*, Galway University Press, 1979, p. 34.

由于德国拜占庭经济史家斯坦因和瓦西列夫等人的支持而得到加强。① 其三为"伊苏利亚朝王朝说",主要代表为林根绍尔。但是,直到目前为止,大多数拜占庭学家均未能解释《农业法》文本不一的原因。

综合考察各种研究成果后,可以得出这样的结论:在《农业法》成书和文本沿革方面的研究存在着概念混淆的现象,致使各派学者相互误解,多种意见看似对立,实际并无本质上的不同。问题的关键是必须首先明确,《农业法》是一部汇编性质的实用法律手册,主要是为拜占庭帝国农村日常出现的大量民事纠纷提供法律依据,这一点不仅在"摘引自查士丁尼法书的《农业法》条款"这个总标题中得到证明,而且在该法律条文具有的具体性和可操作性中得到证明,关于具体内容的分析笔者将在后文中展开。作为一部法律汇编,《农业法》自然有其法律资料来源,必然经过这部法律的原制定者和后来的法律汇编者两个加工过程,而该法律手册成书后又经历了数百年传抄的过程。目前存在的多种意见,实际上是将前两个过程混为一谈,将《农业法》的资料来源和编辑成文两个问题相混淆,未能区分该法律手册的原作者和汇编者,同时,忽略了对《农业法》流传过程的研究。

笔者认为,《农业法》总标题中提到的"查士丁尼"是指查士丁尼一世,理由除了前述学者的观点外,尚有两方面需要补充。第一,从《农业法》文本以外的历史资料可知,查士丁尼一世极为重视立法,为后人留下了体系完备的《罗马民法大全》,有关史料翔实,为世人公认,这里不必赘述,而查士丁尼二世却很少有立法成果传世,至少在有关这位皇帝的历史记载中,我们找不到相关的资料。根据当时

---

① 他们的意见可以见 G. Ostrogorsky, *History of the Byzantine State*, p. 82, note 3; E. Stein, "Vom Altertum im Mittelalter. Zur Geschichte der byzantinischen Finanzverwaltung", *Byzantine Studies*, 1931(31), p. 355; A. A. Vasiliev, *History of the Byzantine Empire*, vol. Ⅰ, p. 245.

的两部重要史书,即塞奥发尼斯的《编年史》和尼基弗鲁斯的《简史》记述,查士丁尼二世在位16年期间取得的内政业绩主要集中在建立希腊军区、以斯拉夫移民充实边塞和在宗教领域中强化皇权,而在立法方面,他没有任何值得称道的建树。① 换言之,查士丁尼一世具有为其后人提供法律汇编资料来源的条件,而查士丁尼二世缺乏类似的条件。即使后者有可能从事立法活动,人们也很难想象,两个查士丁尼的后人在选编《农业法》时会置前者系统的法典资料和巨大的立法名声于不顾,而采用后者的立法条文。

第二,从《农业法》涉及的内容和立法风格等方面分析,它与《查士丁尼法典》有直接的联系。《查士丁尼法典》体系完备,涉及农村社会生活的内容非常丰富,其中有关农业问题的条款分散于法典中的人法、物权法、债法和诉讼法各个部分,与有关内容相对集中的《农业法》相比,《查士丁尼法典》注重从法理上阐述农村法律纠纷的解决办法,而《农业法》则通过具体法律行为说明问题。例如,《农业法》第37条涉及借用牲畜造成牲畜死亡的赔偿规定就与《查士丁尼法典》中《法学汇纂》第47章第2节第40条的内容相似,前者提出:"如果有人牵走牛去做工而后死亡,那么法官应去调查……他应赔偿一头牛的价值",后者规定"未经主人同意使用他人牲畜……应由法官裁定赔偿";《农业法》关于毁坏林地的第57条与《查士丁尼法典》第3章第35节第1条的内容相同,前者规定:"凡焚毁他人山坡林地或砍伐他人树木者应判有罪,并应双倍赔偿损失",后者规定:"因放火造成损害,应视为违法犯罪,充军并赔偿"。② 《农业法》的几乎所有条款都可以在《查士丁尼法典》中找到根据。此外,从《农业

---

① Theophanes, *The Chronicle of Theophanes*, trans. by H. Turtledove; Nikephoras Gregoras, *Historia Byzantine*, ed. L. Schopen and I. Bekker, Bonn, 1829 – 1830; *Historia Rhomaike Nikephoros Gregoras*, trans. by J. van Dieten, Stuttgart, 1973.
② *Farmer's Law*, trans. by Walter. Ashburner, *Journal of Hellenic Studies*, vol. 32, 1910, pp. 87 – 95; Justinian, *The Civil Law*, trans. by Scott, S. P., The Lawbook Exchange, Ltd. 2001.

法》提到的惩罚形式也可以看出它与《查士丁尼法典》的联系。《农业法》涉及的刑罚包括割鼻、切舌、剜眼、断肢、鞭打、烙印、火刑和绞刑等,但是,极刑很少使用,代之以残疾肢体,而罚款和鞭打是最常用的形式。这与《查士丁尼法典》反映的刑罚原则相似,即以基督教惩罚标准指导立法,以去除使人犯罪的部分肉体代替中止罪犯生命。① 这一点比较准确地反映出拜占庭帝国早期历史上逐渐基督教化的史实,这在查士丁尼一世时期达到顶点,并深刻地影响了当时和其后的法律观念的更新。至于查士丁尼二世,学术界至今未能找到史料证据,证明其对《农业法》的影响。

仅从语言学角度判断《农业法》,或仅局限于文本研究推断《农业法》成书年代似乎缺乏说服力,应进一步开阔考察的视野,选择更多角度进行研究,方能使该问题的解决建立在坚实的学术基础上。

对于《农业法》汇编时代的问题,笔者倾向于林根绍尔的"伊苏利亚王朝"说,并同意林根绍尔详细考证该法条款和语言与8世纪的环境相符的理由。除此之外,还有两点需要补充。首先,《农业法》作为《法律汇编》的附录,与同样作为附录文献的《海洋法》和《军事法》的立法意义相同,换言之,《法律汇编》的编纂者是出于同样的目的,采取同样的立法形式从其前代皇帝的法律文献中分类编辑了这三个专门法典。虽然人们还不能完全排除8世纪以前伊拉克略王朝皇帝汇编专门法典的可能性,但是就目前已经发现的资料分析,"伊苏利亚王朝"说更为合理。其次,从拜占庭帝国立法史的发展过程看,《农业法》成书的时代距离查士丁尼一世时代将近200年,拜占庭社会在此期间发生了比较深刻的变化,军区制改革在拜占庭帝国经济、政治、军事等领域引起的结构性重组,多瑙河北方族群向拜占庭帝国大量移居产生的农村人口增长,以及斯拉夫人定居

---

① 《圣经·马可福音》第9章记载:"如果你的一只手使你犯罪,把它砍掉!……如果你的一只脚使你犯罪,把它砍掉!……如果你的一只眼睛使你犯罪,把它挖出来!"

拜占庭农村对帝国农村各项制度带来的影响等，都不同程度地改变了拜占庭社会各方面生活的环境，进而产生了适当调整法律的必要性。作为重视法制传统的帝国，拜占庭人必然首先考虑从《查士丁尼法典》中选编适用的法律，为当代生活服务，这就是为什么拜占庭帝国在这一时期出现了多部法律汇编的原因。诚如我们在拜占庭帝国这一时期的历史上看到的，军区制改革使国家军事化，进而促进了农村中小农经济的复兴，而形势相对稳定与国力逐渐恢复为包括海上贸易在内的工商业经济发展创造了条件，因此，在军事、农业和海上贸易方向的问题凸显出来。伊苏利亚王朝皇帝在编纂《法律汇编》的过程中，针对社会生活诸多问题中最突出的方面专门汇编相应的法律就在情理之中了。①

至于《农业法》文本混乱的现象，我们只能从其流传过程中寻求解释。由于《农业法》涉及的问题具体，处理的规定明确，易于操作，适用范围广泛，因此广为流传，长期使用。它或被后代法学家编引进其他的法律汇编中，或以单行本形式为处理农村事务的官员提供依据，甚或被拆散使用。在数百年地反复抄写中，《农业法》可能并不总是以整体面貌出现，某些法学家根据自己编纂法律的需要，使用其中一部分，而另外一些立法者则在需要时将其条款从不同的前代法典中重新汇集起来。目前已知的百余个古代版本中，最古老的《农业法》文本为 11 世纪的手抄本，距离该法律成文的时代有 300 年，在此期间，它必不可免地被人们复制传抄，其条款有可能经历了聚散离合的复杂流传过程。这就是《农业法》各文本的条款数时多时少、而某些条款似乎重复的原因，当分散使用《农业法》条文时，就

---

① 笔者还认为，在没有发现新的历史资料之前，对《农业法》成书问题的讨论不再会产生学术上的突破，对该法汇编者的考证充其量也仅是一种推测，缺乏学术意义，特别是一些学者为该法成文时间发生的争论仅涉及几年或十几年的短时段，并不影响我们考察《农业法》之上百年或数百年影响问题。P. Lemerle, The Agrarian History of Byzantium, p. 29, 注 1, 其中提到道格尔的"740 年说"、格鲁梅尔的"741 年说"和奥斯特洛格尔斯基的"726 年说"。

可能出现条款数量较少的情况,而当集中编辑其全部内容时,为了恢复其完整性,汇编者宁可重复而不漏掉任何条款。14世纪哈门诺布罗斯编辑的《农业法》是属于集中使用的典型范例,因此,其文本条款数达到96条之多,其中至少有三分之一属于重复条款。属于1166年复制的《法律选编》中保存的《农业法》有76条,可能接近8世纪《农业法》原文条款数字。① 在目前由现代学者整理发表的四个版本的《农业法》文本中,水平最高的是阿什伯尼尔编注的文本,该文本是以11世纪初的马西亚努本为基础,参照其他六个年代较早的古本整理出来的,具有文本完整性和内容连贯性的特点,更由于它采取原文和英文对照的方式发表,而受到学术界的广泛欢迎,是迄今为止公认最权威的《农业法》文本。② 另外,《农业法》各文本中的个别词汇和语句的差异,也是其在长期流传过程中受不同时代拜占庭希腊语变化影响的结果,这里就不一一详述了。

二

《农业法》被长期广泛地使用,一方面说明其各项规定能够满足拜占庭帝国农村的法制需求,另一方面表明该法律比较真实地反映了拜占庭农村社会生活的一般状况,其关于农村组织、土地利用、农民权益、居民身份等方面的具体规定,可以为后世学者提供8世纪前后数百年的拜占庭农村社会图景资料,有助于他们探讨拜占庭农业政策问题。《农业法》提供历史材料之生动具体,恰恰是其他偏重法理阐述的法典所欠缺的。这里,我们从《农业法》提供的丰富信息中,择其要者,简述如下。

---

① 该文本现保存在法国巴黎国家图书馆,文献编号为"巴黎·希腊手稿·1384号"。
② *Farmer's Law*, trans. by W. Ashburner, *Journal of Hellenic Studies*, vol. 32, 1912, pp. 87 – 95.

（一）农村

根据《农业法》,拜占庭农村以村庄为基层组织单位,农民生活在大小不等的村庄内。村庄(χὠριο)一词主要是地域概念,泛指有农民居住的某个地区。在一个村庄内以农民居住区为核心分布着农民的生活区域和生产区域,前者包括住房、磨坊(第 84 条)、谷仓(第 68 条)、草垛(第 65 条)、酒窖(第 69 条)、饲料棚(第 65 条)、车库(第 63 条)等;后者包括份地(第 78 条)、林地(第 56 条)、牧场(第 27 条)、打谷场(第 64 条)、菜园(第 50 条)、果园(第 61 条),还有羊栏(第 46 条)、马厩(第 47 条)等家畜区和公共用地(第 81 条)。村庄和村庄之间以地界(ὸρος)分开,"古老的地界"(ὸρος αρξαίος, αρχαία διατήρησις)在村庄之间因土地发生争执时是最权威的判断根据(第 7 条)。同时,在村庄内农户之间也存在各种形式的地域划分,这在该法律的第 1 条"界沟"(αὐλακας)和第 57 条"他人地界"(ὸρος αλλὸτριον)的提法中得到证明。

值得注意的是,拜占庭农村中的村庄组织具有纳税单位的含义。《农业法》第 18 条规定:"如果农民因贫困不能经营其自己的葡萄园而逃匿移居到外地,那么,让那些被国库要求负责缴税的人们来采集收获葡萄";第 19 条规定:"如果逃离自己田地的农民每年应缴纳国库特别税,那么,那些采集该田地果实和占用这块田地的人负担双倍税收"。税收(δημοσίο λὸγο)一词在后一条中为单数(τοὺ δημοσίου λὸγου)形式,而在前一条中随其逻辑主语"被要求的人们"(οι απαιτοὺμενοι)使用复数(τῷ δημοσίῳ λὸγῳ)形式。这两条法规比较清楚地表明农民因破产而迁徙的自由权利,明确地肯定了与逃亡农民同在一个村庄的其他农民具有使用弃耕农田的优先权。前者强调的是农民逃亡后留下的弃耕土地的使用和该土地产品的归属问题,而后者强调的是纳税义务的转移和完税的责任问题。《农业法》并非为国家税收官员提供执法根据的法律,因此,涉及税收问题的条款很少。但是,这两条法规向人们透露了重要的信息,即当一块田地成为弃耕田后,该田地原来承担的国家税收义务并不因为原主人的消失而消失,其税收义务不是确定在农民身上,而是承负在田地上,换言之,国家只关心土地税收,而不关心土地经营者究竟是何人,只要能够保证完成政府税收,土地使用权的归属并不重要。而国家确保农民完成税收的组织机构是村庄,逃亡农民所在村庄的其他农民以完成该土地税收的责任和义务换取了使用弃耕田地的优先权。国家通过立法杜绝土地荒芜,以强制村庄集体完税来保证财税收入。在一定的税收年度期间,政府测定的地方纳税额度是固定的,因此对村庄内农民而言,每块荒芜农田都意味着增加了自身的缴税量,解决问题最好的办法是占用弃耕土地。在这里,《农业法》提供了拜占庭帝国税收"连保制"的证据,按照这一制度,荒芜农田的税收由其所在的村庄代缴。① 同时,这一信息也有助于加深人们对于拜占庭帝国皇帝多次颁布的"保护小农"立法的认识。例如,根据皇帝罗曼努斯一世922年的立法规定,农民及其所在村社享有优先占用农田和农村建筑的权利,②这一法令除了通常人们理解的限制大土地经济发展,进而加强中央集权的政治含义外,还具有国家保护其税收,维持财政收入的意义。我们在《农业法》以外发现的有关资料反过来也为我们解读这两个法律条款提供了帮助。

至于村庄的管理机构,《农业法》未作任何说明,显然该法不涉及国家行政问题。但是,从9世纪的《官职表》中可以发现,国家通过省区政府实现对地方的管理,地方政府则主要以派遣巡回法官和税收官吏控制农村居民。③ 法官不定期地在某一地区各村庄之间巡回,处理农民日常生活中发生的各类纠纷。《农业法》第7、37和67

---

① I. Καραγιαννοπούλος, Βυζατινού Κράτος, σσ. 90 – 99.
② I. Zepos, *Jus Graeco-Romanum*, vol. 1, p. 233.
③ 菲洛塞奥斯的《官职表》完成于9世纪,是研究这一时期拜占庭帝国行政管理问题的最重要的资料,目前有多种文本行世,本文参考 J. B. Bury, *The Imperial Administrative System in the Nine Century*. 所附原文本。

条多处提到"法官"(το δικαίωμα, ο ἀκροατής),规定由他们调查和判决有关地界、借用牲畜和利息等产生的纠纷,证明我们关于《官职表》的分析是正确的。同时该法律确定同一村庄由多名农民做证的契约和协议具有法律效力(第 3 条),这条规定也说明,法官并非常驻一地,而是不定期巡回,在法官离开某村庄期间,农民可以按照法律订立契约。这里,法官具有行政管理的意义,其权力来自政府任命,并通过司法管理行使这一权力。国家对村庄的经济管理则是通过省区税务官员每年 5 月和 9 月征税活动实现的,他们每三年一次对农村土地状况进行清查,确定税收额度,这即是《农业法》第 17 条规定"三年"(τρία ἔτη)期限和多处涉及土地"划分"的原因,这种村庄土地"划分"问题,显然是与村庄作为国家税收基本单位的作用紧密相关。①

(二) 土地

《农业法》涉及土地问题的法规计有 44 条,占全部法律条款的一半以上,其中论及土地使用的行为包括农田划分(第 8 条)、保留地界(第 1 条)、犁耕(第 2 条)、播种(第 4 条)、交换份地(第 3 条)、收获(第 6 条)、租佃土地(第 9 条)、田园管理(第 12 条)、果实分成(第 10 条)、土地租期(第 17 条)、土地权益(第 21 条)等。在村庄内,土地主要用于耕种,农田以"份地"(μερίδα)形式分配给农民,种植谷物等粮食作物的田地不在农民住区附近,采取敞开式耕作方法,农民份地之间以"沟渠"为界,就此,《农业法》第 1 条明确规定合法耕种的农民"不得越过其邻居的界沟"(αὔλακας τοῦ πλησίον),这里所谓"界沟"是指村庄内农民份地之间的分界,与第 7 条提到的两个村庄之间的"地界"(ὅρος)不同。第 78、79 条中禁止农民将牲畜放入其已经先行收割而其他农民尚未收割的农田,说明农民份地之间的分界不足以防止牲畜进入他人农田。菜园、果园、葡萄园和种植橄榄

---

① I. Καραγιαννοπούλος, Βυζατινά Κράτος, σ. 97.

的林地也分配给农民使用,①除了后者采取敞开式耕种外,园地都以栅栏和壕沟围起来,防止牲畜啃噬和不法之徒偷盗。各村庄还保留一定数量的公共土地,为村庄所有农民共同使用,它们分散在村庄核心区的农民生活居住区域和村庄周围地带,放牧用的草场、砍伐生活用材的树林、河流经过的河畔等均为公共土地。

土地划分(μερισίαν)是反映土地使用的重要现象。《农业法》规定:"如果划分土地时,在分配份地或分配田地地点方面错待了农民们,那么他们有权取消这次划分"(第8条);"在尚未划分的地方种植的树木"归种树者所有,其所有权在土地划分以后不变,但是,划分后土地的新主人有权要求用另一棵树换取这棵树的所有权(第32条);"土地划分之后在其自己份地上"建筑的磨坊归建筑者,其他农民无权提出异议(第82条)。这些规定表明,村庄内的农民经常进行土地划分。那么,为什么要进行土地划分?既然农民已经在自己世代生活的份地上耕种经营,似乎没有理由进行土地划分,如果村庄里经常出现划分土地的现象,其原因何在?划分哪些土地?由什么人进行划分?每次划分间隔的时间有多久?《农业法》对这些问题作了回答。首先,该法律多次提到农民因"无力耕种""无力经营"(ἀπορήσαντος)(第11、12条)、"贫穷"(ἀπόρος)(第14条)和"因贫困不能经营自己的葡萄园而逃匿移居到外地"(第18条)造成的弃耕土地问题,这样,我们就确知在村庄里存在着相当数量的弃耕土地。其次,该法律多次涉及公共土地(第81条)和"尚未划分的地方"(τὸπω ἀμερίστω)(第32条)。这些弃耕的土地和尚未划分的公共土地就成为村庄土地划分的内容。从有关村庄集体缴纳税赋的研究中人们了解到,村庄为保持完税的能力,必须使弃耕的土地恢复生产,而农村人口的增加又迫使村庄中的农民不断划分公共土

---

① 橄榄树种植多在贫瘠的山坡地,《农业法》中多处论及,其中使用的词汇为当时拜占庭人习惯用语,这使个别学者产生误解,以为当时拜占庭人放弃橄榄种植。P. Lemerle, *The Agrarian History of Byzantium*, p. 37.

地。这样,在村庄中进行的土地划分就不是土地重新分配,而是土地追加分配,被划分的土地不是全部而是部分。《农业法》揭示,非正式的划分平时即在进行,有能力经营的农民们有权参与非正式的土地划分,并占用这种划分后的土地,这种划分具有法律效力,因为,该法律第21条明确规定:"如果农民在他人田地或份地上建造房屋或种植葡萄园,过了一段时间后,土地的主人们回来了,那么,土地的主人们无权推倒房屋或拔除葡萄藤。……他们可以得到一块相等的土地",可见在确保土地生产的前提下,任何农民都可以参与村庄内的非正式土地划分。但是,由政府派遣的税务官吏主持进行的正式土地划分具有决定意义,因为平时进行的非正式土地划分由于多户农民的参与,必然会在划界、地点等问题上产生争执,进而在税收方面造成问题。政府每三年进行一次的农村土地清查登记,就成为村庄内土地的正式划分。在正式土地划分期间,税务官和法官将按照《农业法》审查认定农民平时进行的土地划分的合法性,同时进行土地税收清查。

划分后的土地即成为农民个人的份地(ἰδία μερίδα),农民对自己的份地拥有完全自主的使用权和处置权,《农业法》规定"如果两个农民在两三个证人面前互相协商交换土地,并且同意永久交换,那么他们的决定和他们的交换应是牢固、可靠和不容置疑的"(第3条);"两个农民或暂时或永久交换其土地"均属合法行为(第5条);各种种植形式的土地均可以任何方式租佃、代耕和转让,其中包括"什一分成"租佃(μορτιτῆς)(第9、10条),代耕(第11条),"对分"租佃(ἡμισείαν)(第13、14条),等等。农民在自己的土地上拥有种植决定权,并有权采取包括筑篱笆、挖壕沟和设陷阱等保护庄稼的措施,并对因此造成的牲畜死亡不负任何责任(第50、51、52条)。《农业法》还进一步将农民的土地权利扩大到农副产品方面,以产品归劳动者所有的原则保护农民的权益,规定虽取得土地经营权但未进行整枝、打理土地、筑篱挖沟等劳动的农民无权获得该土地上的收成(第12条);经协商同意,在他人橄榄树林地经营的农民可以享有三年该林地的收获(第17条)。该法律对偷盗或故意毁坏他人劳动果实的行为给予极为严厉的处罚,如偷割他人谷穗和豆荚者要被鞭打(第60条),砍伐他人结果的葡萄藤或烧毁他人饲料棚者应被砍手(第59、65条),纵火焚毁他人谷堆被处火刑(第64条),屡次偷盗谷物和葡萄酒者被处瞽目(第68、69条)等。值得注意的是,《农业法》没有关于土地买卖的条款,这是否能够说明在8世纪的拜占庭帝国禁止土地买卖,这一问题还需要依据新发现的资料作更深入的研究,至少从《农业法》本身还难以得出任何结论。

(三) 农民

《农业法》提到的农民(γεωργός)成分复杂,包括"什一分成"租佃制和"对分"租佃制的承租人和租佃人(第10、13、14条),领取工钱的雇工(第33条),收取定金的代耕者(第16条),破产逃亡农民(第18条),牧牛人(第23条),园林看管人(第33条),奴隶主人(第71、72条),磨坊主(第83条),牧羊人(第75条)等,可见这里所谓农民是指在农村生活劳动的居民,他们中既有以种植土地为生的农业劳动者,也有以经营畜牧业为生的牧民,他们贫富不同,生产劳动形式有别,但是,其地位平等,享有同等权利。

根据《农业法》,拜占庭农民均拥有独立财产,其中不仅包括住房、库房、酒窖等消费财产,而且包括份地、果园、劳动工具和牲畜等生产资料,农民对这些私人财产拥有完全的自由支配权,并受到法律的保护。除此之外,农民还享有自由迁徙移居权,当他们面临破产时,可以将自己的土地委托他人经营而远走他乡,而当他们感到在本地更有利于自身的发展时,还可以返回原来的村庄,法律仍然承认其原有的权利。《农业法》第17条规定返回村庄的农民有权收回其原有的土地,第21条提出了如果其原有土地的生产条件变动太大难以收回的补充措施,即"可以得到一块相等的土地"。另外,农民均有参与村庄公共事务的权利,他们不仅可以作为证人参加邻里之间的协议(第3条),而且可以监督村庄内共有土地和水资源的使用情况(第81、83、84条),甚至可以否决村庄中不公平的土地追加分配(第8条)。在《农业法》中,所有的农民,无论是贫穷的还是富有的,无论是土地出租者还是承租者,都是经营自己土地的劳动者,至少该法律没有提供不劳而获的地主和控制依附农民的领主的资料。这种情况显然与同期西欧农村中普遍发展的庄园制和领主制有极大的区别。我们是否可能据此提出,以西欧农业发展历史为依据得出的理论模式不适用于拜占庭帝国的历史?①

《农业法》提供的资料表明,虽然农民享有平等的法权,但他们的实际状况却存在较大的区别,主要反映在贫富差距比较大这一事实上。从该法律看,村庄中最富有的农民拥有多份土地,其中除了其自家的份地外,还包括代耕暂时离开村庄农民的土地,第11条提到这种代耕"约定"(σύμφωνα)的实际内容是以犁耕换取分配收成,第16条规定取得代耕权利的农民在收取了代耕定金以后必须履行的义务。这部分农民既种植谷物,又经营葡萄园和橄榄树林,还饲养牲畜或拥有磨坊,甚至放贷取息,该法律对他们的财产明确作出保护。需要指出的是,这些富有的农民与晚期拜占庭历史上的大地产主有本质区别,他们不是有权有势的权贵(δύνατος),而是村庄中的普通成员,不是不劳而获的地主,而是经营份地的劳动者。与此同时,村庄中贫穷的农民只有少量的份地,一些外来农民则没有土地,他们依靠承租土地为生,其中"什一分成"租佃农民可以占有土地收成的十分之九,而"五五对分"租佃农民只占有二分之一的收成,这里出现的巨大差别可能是因税收造成的,即前者的土地税收由承租人负担,而后者的税收由土地租佃人承担。根据我们对拜占

---

① 苏联拜占庭史学界总是力图以西欧历史发展理论套用解释拜占庭历史,尤其在拜占庭社会封建化问题上纠缠不休,他们的代表作品反映在20世纪五六十年代我国翻译的有关论著中。我国学术界深受其影响,至今反映在许多世界历史教科书中。苏联的有关学术观点比较集中地表现在以下一书中,见列夫臣柯:《拜占庭》。

庭帝国中期历史上的土地税、园地税、牲畜税、户籍税和各种非常规特殊税的考察,其税收总量大体相当于农村人均年收入的三分之一左右。① 这大概就是《农业法》中两种分成租佃农民占有收成不同的原因。由此,我们还可以进一步理解村庄农民逃亡的重要原因在于摆脱国家税收负担,因为逃亡农民在新的定居村庄至少可以逃避部分税收义务,尤其对贫穷农户而言,逃亡可能是减少税收负担的主要途径。

《农业法》还提及奴隶(δοὺλος),但是根据有关条款(第 45、46、47 条)记载,他们主要被用于放牧牛羊,可能属于家奴。奴隶与农民的区别在于,奴隶不具有法律上人的地位,第 45 条规定,"如果奴隶在树林里杀死牛、驴或羊,那么他的主人应给予赔偿";第 47 条也明确规定奴隶主负责赔偿其奴隶造成的损害。拜占庭帝国时期,奴隶的实际地位介乎人与牲畜之间,虽然 6 世纪的立法规定杀害奴隶的人以杀人罪论处,②但是奴隶本人因无独立自然法人资格而不承担法律责任,这在《农业法》中得到证明。

三、《农业法》的性质

《农业法》的性质究竟是什么?它反映的拜占庭村庄与斯拉夫人农村公社是什么关系?对这类问题,学者们争论激烈,各种意见层出不穷,归纳起来,主要集中在如何看待斯拉夫人向拜占庭帝国迁徙定居后建立了农村公社产生的影响。俄罗斯和以前苏联时期的拜占庭学家几乎不约而同地主张"斯拉夫农村公社说",按照这种观点,6—7 世纪进入巴尔干半岛的斯拉夫人不仅为拜占庭帝国带来了大量有生的人力资源,而且也为拜占庭社会僵化的政治经济制度

---

① I. Καραγιαννοπούλος, Βυζατιναί Κράτος, σσ. 95 - 96.
② I. Zepos, *Jus Graeco-Romanum*, vol. 1, pp. 68 - 69.

注入农村公社特有的活力,斯拉夫农村公社的强大影响改变了拜占庭帝国农村经济的发展方向,致使这一时期"注定成为东罗马帝国经济发展史的起点"。① 包括乌斯本斯基、瓦西列夫斯基、鲁达柯夫、瓦尔纳德斯基等著名学者对这一观点的支持,使"斯拉夫农村公社说"一度左右了对《农业法》的研究。试图以马克思主义解释拜占庭历史的列夫臣柯大段引用马克思关于西欧日耳曼人农村公社的论述,说明拜占庭帝国也经历了同样的过程,"正如'农业法'所讲,在拜占庭农村中广泛地建立了公社和公社土地占有制。正如第 5 世纪在西欧一样,大量的蛮族移民也给拜占庭带来了'……真正氏族制度的残余,其形式是农村公社(马克)……'。100 年以后依然如此,但在人数上是比较少一些了"。② 他的观点在苏联学术界最有代表性,对我国世界史学界至今仍有影响,这一影响可以在高等院校世界历史教科书中反映出来。

"斯拉夫农村公社说"从最初形成就遭到其他国家拜占庭学家的反对,他们认为,苏俄学者过分强调斯拉夫人在拜占庭帝国历史发展中的作用虽然情有可原,但是,科学研究不能带有民族偏见。他们通过对《农业法》条款与早期拜占庭帝国立法的具体比较分析,提出了"拜占庭社会自身发展说",认为《农业法》反映的拜占庭农村社会状况是其自身经历长期复杂演化的结果,而不是斯拉夫人外来影响的结果。这派意见中最有代表性的观点甚至认为,《农业法》提供的资料证明,这个时代的拜占庭农村社会与数百年前的情况没有明显区别,断言"在我们考察的两个时代之间没有本质的区别。……早期拜占庭社会表现出来的特点此时仍然存在"。③

笔者认为这两种关于《农业法》性质问题的观点都有其不够准

---

① I. Uspensky, *A History of the Byzantine Empire* vol. 1, St. Petersburg, 1914, p. 28. 转引自 A. A. Vasiliev, *History of the Byzantine Empire*, vol. Ⅰ, p. 245.
② 列夫臣柯:《拜占庭》,第 155 页。
③ P. Lemerle, *The Agrarian History of Byzantium*, pp. 64 – 65.

确之处,其中,苏俄学者的错误特别明显。"斯拉夫农村公社说"过分夸大斯拉夫移民对拜占庭帝国历史发展进程的影响,除了前述反对派提出的各方面理由,笔者认为,这一学说观点只注意了斯拉夫人迁居巴尔干半岛地区与拜占庭经济复兴在时间上的巧合,只着眼于斯拉夫农村"公社"和《农业法》提及的"公社"两者名称上表面的一致。事实上,斯拉夫人进入拜占庭帝国是从6世纪中期开始的,与《农业法》成书的8世纪前半期相差近两百年,两者在时间上的所谓"巧合"实在牵强;而斯拉夫农村"公社"与《农业法》提到的"公社"不应被看作同一事物。当我们深入考察两种"公社"的真实内容,就会得出两者具有本质区别的结论。

首先,被苏俄学者过分强调的斯拉夫农村公社是以部落、氏族、大家族为单位的居民群体,每个部落和氏族都有自己的活动区域,其重要特征如马克思指出的:"这就是第一,公社的管理不是民主而是家长制的性质",[①]也就是以血缘关系为纽带的氏族公社的残余长期存在。这一点在反映早期东斯拉夫人社会生活的《罗斯法典》中也有充分证明,该法典开宗明义在第1条中规定"血亲复仇"的合法性,"被害人的兄弟可以为他复仇;子也可以为其父;父也可以为其子;或者是侄子为其伯叔;外甥为其舅父,向凶手复仇"。[②] 这种被马克思主义经典作家准确地称作公社原生形态的基本特征,在公社的次生形态农村公社中继续保存下来,[③]甚至到12世纪时,血亲复仇的法律仍然在斯拉夫人中使用。斯拉夫农村公社的这一突出特点在《农业法》中没有任何反映,该法律只有第81条提到"公社"(κοινὸν)和"公社成员"(κοινότης)。而我们通过全面考察《农业法》了解到,拜占庭村庄实行的是政府派遣法官和税务官员管理的方

[①]《马克思恩格斯全集》第24卷,北京:人民出版社,1963年,第126—127页。
[②]《〈罗斯法典〉译注》,王钺译注,兰州:兰州大学出版社,1987年,第1、43页。
[③]《马克思恩格斯全集》第19卷,第449—450页。关于马克思主义农村公社理论,见马克垚:《西欧封建经济形态研究》,第253—256页。

式,村庄居民之间保持法律上的平等关系,地域政治联系完全取代了血缘关系,因此与斯拉夫农村公社实行的家长制相比,没有任何相似之处。

另外,在后来兴起的斯拉夫人农村居民组织,即名为"维尔福"的农村公社中,对于包括杀人、偷盗等犯罪行为的处罚也与《农业法》有原则上的区别,①前者主要通过罚款和赔偿实施惩罚,而后者主要通过赔偿和残疾肢体实施惩罚,反映出两者立法体系的不同。基辅大公伊格尔在10世纪中期草拟的一份条约中不仅保持着斯拉夫人"血亲复仇"的习惯,而且对严重犯罪行为实行经济惩罚,第8条规定"被杀害者的近亲应捕捉凶手。他们应该杀死他",第14条规定对武装攻击犯罪行为"应根据罗斯的习惯法,支付5升白银"。②说明斯拉夫人习惯法的传统长期保存在斯拉夫社会实践中,而对拜占庭帝国社会生活没有"强烈"影响,斯拉夫农村公社最重要的特征在拜占庭村庄生活中没有反映。

其次,《农业法》对犯罪行为的处罚与斯拉夫人的有关法律也完全不同,前者实行比较严厉的刑法,而后者实行比较宽松的习惯法。例如,对于偷盗行为,《农业法》采取体罚和双倍赔偿的惩罚,而斯拉夫人习惯法则一律采取罚款的处罚,只是在罚款的多寡上反映罪行的轻重。《农业法》第44条规定:偷盗牲畜者"应受鞭打,并应双倍赔偿牲畜和牲畜应做的全部工作",而《罗斯法典》第33条对此的惩罚是"交纳三格里夫纳",第41条规定:"如果盗贼在畜圈或仓库盗窃家畜,若是一人,交纳三格里夫纳三十库纳";《农业法》第68条规定:在谷仓中偷盗谷物的人"第一次被打一百鞭子并赔偿失主的损失……如果第三次被发现,他应被挖掉眼睛",而《罗斯法典》第43条对同样的犯罪行为只处罚"三格里夫纳三十库纳的罚金",在斯拉

---

① 《摩诺马赫法规》第70条规定了"维尔福"在其成员犯罪时的连带责任,而《罗斯法典》以罚款作为处理几乎所有犯罪行为的办法。见《罗斯法典》译注,第102页。
② 《往年纪事译注》,王钺译注,兰州:甘肃民族出版社,1994年,第106页。

夫人中实行的《教会法规》也和《罗斯法典》中均采取同样的处罚。又如对于故意纵火烧毁打谷场的罪犯,《农业法》实行"投入火中烧死"的极刑,而《罗斯法典》只处以流放和没收财产。《农业法》残酷的惩罚方式与斯拉夫人法典的"温和"处罚方式形成比较明显的差别,反映出拜占庭村庄内血缘关系的淡漠和斯拉夫农村公社中亲族关系的长期存在。特别值得提出的是,斯拉夫人立法中长期保留的自然审判法在拜占庭《农业法》中没有任何痕迹,例如《罗斯法典》多处提到所谓"铁裁判",即使用烧热的铁块烙烫嫌疑人的皮肤,并根据是否烫伤决定犯罪是否成立。这种原始的司法裁判方式在《农业法》中看不到,相反《农业法》重视取证和证人的证词,强调法官的调查,表明它与斯拉夫人中保持的习惯法没有联系。还有,《农业法》几乎全部条款均与其前代的拜占庭帝国法律有直接的联系(这点已在上文论及,不再重复),而与斯拉夫人的立法没有相似之处。

此外,被苏俄学者作为其主要论据的土地划分在斯拉夫农村公社和拜占庭帝国村庄中也具有完全不同的经济意义。根据中外学者对世界主要地区农村公社的比较研究,在农村公社中,"耕地和草地最初作为公有地分给各个家族使用。隔一定时间再把分配的土地收回,重新分配"。[①] 这种在世界范围内普遍存在的原始公社阶段的土地分配方式,被苏俄学者认为是斯拉夫农村公社对拜占庭人影响最大的方面之一,使拜占庭农村公社出现了土地划分的现象。[②] 事实上,《农业法》揭示出的拜占庭村庄土地划分是国家保证税收的管理措施,而斯拉夫农村公社土地划分是平均分配土地所有权的方法,因此,前者划分的主要对象是弃耕土地,而后者划分的则是全部耕地和公有地,如前所述,前者的划分是土地的追加分配,而后者的

[①] 朱寰主编:《亚欧封建经济形态比较研究》,长春:东北师范大学出版社,1996年,第269页。
[②] 瓦西列夫斯基的《关于拜占庭农村公社的说明》和乌斯本斯基的《关于拜占庭农民土地所有权的历史》均强调这一论点,见 A. A. Vasiliev, *History of the Byzantine Empire*, vol. I, 有关章节转引。

划分属于土地重新分配,前者参与土地划分的人主要是有能力通过经营弃耕土地,以完成离开村庄的农民应缴税收的部分富有农民或新移居来的农民,而后者参与土地划分的人是农村公社的全体成员,他们在这种划分中实现其平等的"自然权利"。

如果说斯拉夫人对拜占庭帝国农业经济发挥了什么作用的话,笔者认为主要集中在大量斯拉夫移民进入拜占庭农村后在改变人口构成和缓解劳动力短缺方面产生了影响。从 6 世纪中期开始的斯拉夫民族大迁徙一浪高过一浪,其各个部落整体越过拜占庭帝国北部多瑙河防线南下,拜占庭人最初企图以军事方式阻止其入侵,但最终未能阻挡住迁徙的浪潮。此后,拜占庭帝国统治者逐渐认识到,斯拉夫人定居在因缺乏农村劳动力而荒芜的地区,对于增加国家税收和提供粮食方面具有积极作用,因此,主动推行移民政策。如 7 世纪末年,拜占庭政府将 70000 斯拉夫人迁入奥普西金军区,762 年再次向小亚细亚军区移居约 21 万斯拉夫人。① 有关斯拉夫移民对这一时期拜占庭农业劳动力成分构成的影响是一个有待进一步深入探讨的课题,但是,其在促进小农发展和恢复拜占庭农村生产方面所起的积极作用得到了其他资料的证明。《农业法》在拜占庭农村中的广泛应用,说明该法律所涉及的小农生产生活方式在拜占庭帝国中期历史上比较普遍,成为当时占主导地位的农村社会关系。这一现象的出现主要是军区制改革产生的积极作用,也与斯拉夫人的迁徙有一定联系。斯拉夫人大量补充到农业生产中,使自从阿拉伯人占领拜占庭帝国埃及谷物生产地以后长期存在的粮食短缺情况得到改变,充足的谷物供应使粮食价格急剧下降,当时的君士坦丁堡牧首尼基弗鲁斯因此错误地指责皇帝君士坦丁五世有意压低粮价,贪婪地从事粮食投机。② 斯拉夫移民在充实拜占庭农业劳动力方面发挥的作用比

---

① Theophanes, *The Chronicle of Theophanes*, trans. by H. Turtledove, Philadelphia 1982, vol. 2, p. 432.
② Nikephoras Gregoras, *Historia Byzantine*, p. 76.

较明显,但是,其对拜占庭农业制度和立法有何影响,特别是对拜占庭帝国国家农业政策有何影响,目前学术界所掌握的资料还难以作出肯定的结论,至少从《农业法》中找不到任何证据。

总之,《农业法》是早期拜占庭帝国法律发展的结果,是军区制陆续在整个帝国推行促进了拜占庭小农经济复兴的结果,其反映出的拜占庭农村社会生活方式也是拜占庭社会自身发展的结果。在其发展过程中,斯拉夫移民曾发挥了一定的影响,但是,我们不能对这种影响估计过高。

综上所述,拜占庭帝国《农业法》依据以《查士丁尼法典》为主的帝国前代皇帝法律,由8世纪伊苏利亚王朝时代的法学家汇编成书。该法律有针对性地规范了8世纪前后数百年拜占庭农村居民的生产生活行为,因此在相当长时间内通用于拜占庭帝国及周边族群。《农业法》比较清晰地揭示出拜占庭帝国中期历史上农村基层组织、土地利用、村庄成员构成,以及生产关系的一般状况,由于它以法律形式长期存在,因此其提供的信息真实可靠,能够从一个侧面反映帝国农业政策。通过《农业法》,我们不难看出,8世纪前后数百年拜占庭帝国农业经济以小土地经济为主,农村居民以拥有小块份地的自由农民为骨干。这种状况的形成主要是与7世纪伊拉克略王朝推行的军区制改革有关,这一改革对拜占庭帝国小农经济发展产生极大的促进作用,而小农经济的复兴也构成了拜占庭国力数百年强盛的基础。上述结论与拜占庭帝国历史发展的总脉络相吻合,它从一个侧面证明我们对《农业法》的分析基本正确。由此,我们进一步认为,拜占庭帝国农业经济经历了与西欧社会不同的演变过程,在考察其发展过程时应实事求是,尊重史料提供的信息,防止主观臆断,摒弃先入为主的偏见,杜绝教条主义的思考方式,力求使我们对拜占庭帝国的认识更接近真实的历史事实。

(原文首载于《历史研究》1999年第6期)

拜占庭毁坏圣像政策

毁坏圣像运动是8、9世纪拜占庭教、俗统治集团发动的禁止使用和崇拜圣像的社会斗争。① 这场运动涉及面广,影响极大。学者们以这场运动作为当时历史的标志,称运动发生的百余年为"毁坏圣像时代"。② 学者们对造成这场运动的原因提出过多种意见,但是,大多不够全面系统,或有失偏颇。造成这种状况的主要原因在于学者们使用的历史资料有所不同。事实上,保存至今的有关毁坏圣像运动的资料非常有限,当时皇帝们发布的法令、宗教会议法规和神学论文多被对立双方销毁,仅存残部。特别是反映"毁坏圣像派"思想主张的文字材料仅保存在当时著名的神学家约翰·大马士革(Ιωάννης Δαμασκηνòς, 675—749)的三篇《斥毁坏圣像者书》和其他零散的宗教会议文件中。③ 笔者认为,有关的研究不应仅仅局限在宗教材料里,而应对这一时期的教、俗史料,特别是经济方面的资料给予更多的注意。本文就拜占庭毁坏圣像政策问题作初步探讨。

为了更好地说明问题,有必要简略地回顾毁坏圣像运动的过程。这场运动以皇帝利奥三世(Leo Ⅲ,717—741年在位)于726年夏季颁

---

① 英文为Iconoclasm,源自希腊文 Εικονοκλαστής,意为"毁坏圣像者"。与 Εικονοφίλεις(意为"爱护圣像者")相对。
② A. A. Vasiliev, *History of the Byzantine Empire*, vol. Ⅰ, p. 234.
③ Ιωάννης Δαμασκηνός, *Λόγοι τρείς ομίλιαι κατά των εικονομάχων*, by Andrew Louth, New York: St. Vladimir's Seminary Press, 2003.

布《禁止崇拜偶像法令》为开端,至843年幼帝米哈伊尔三世（Michael Ⅲ,842—867年在位）统治时期,①摄政皇后塞奥多拉颁布反对毁坏圣像的《尼西亚法规》为止,持续了117年。在此期间,毁坏圣像运动经历了两个阶段。从726年到812年为第一阶段,其间,利奥三世发起的毁坏圣像运动引发了波及拜占庭社会各个阶层和各个角落的有关如何对待圣像的争论。730年,利奥三世召开宗教大会,撤换了反对毁坏圣像的大教长日耳曼努斯,代之以拥护毁坏圣像的大教长阿纳斯塔西乌斯,并制定了有关的宗教法规,为毁坏圣像运动提供了宗教理论上的依据。利奥三世死后,其子君士坦丁五世（Constantine Ⅴ,741—755年在位）继位,毁坏圣像运动遂进入新时期。君士坦丁五世使这场运动的教义之争演化为对崇拜圣像者的迫害,引起全社会的动荡。他下令人人宣誓不崇拜圣像,焚毁大量圣像艺术品,并且使用石灰水清除教堂内的圣像壁画,还处死反对派高级教职人员,关闭由他们控制的修道院,没收其财产,强迫修士修女还俗。这些新的发展也促使罗马教宗最终摆脱了拜占庭皇帝的控制,在法兰克国王矮子丕平的支持下,建立了教宗国。毁坏圣像运动至君士坦丁六世（Constantine Ⅵ,780—797年在位）继位之初发生了重大转折。以摄政皇后伊琳妮为首的反对毁坏圣像者大举反攻倒算,不仅全面废除了以前历代皇帝毁坏圣像的法令和宗教法规,而且对参加毁坏圣像运动的教俗人士大肆迫害。787年召开的"尼西亚宗教会议"公开反对毁坏圣像,又下令人人崇拜圣像,并规定世俗君主无权干涉教务。毁坏圣像派的势力一度销声匿迹,直至米哈伊尔一世（Michael Ⅰ,811—813年在位）退位。

皇帝利奥五世（Leo Ⅴ,813—820年在位）继位标志着毁坏圣像运动进入第二阶段。利奥是毁坏圣像派的坚定支持者,他以君士坦丁五世为榜样,重新推行前代毁坏圣像派皇帝颁布的法令,废除了787年

---

① 希腊语名字为 Μιχαήλ,英文译为 Michael,中文译为"迈克尔",本书按照名从主人的原则,从希腊文译作米哈伊尔。

尼西亚基督教会议的决议,并开始新一轮对反毁坏圣像者的迫害。大批主教和教职人员被解除教职,或被监禁和流放。这种迫害至塞奥非罗斯一世(Theophilos,829—842年在位)统治时期进一步升级,反对派教士被施以酷刑。直至塞奥非罗斯之子、年仅6岁的米哈伊尔三世继位时,摄政皇后塞奥多拉重申崇拜圣像教义,全面复辟,重新颁布反对毁坏圣像的《尼西亚法规》,同时她再次确立皇权对教权的控制和对教会事务的干涉权。为了平息因毁坏圣像运动引起的社会动荡,她实行宗教安抚政策,为过去因这一运动受到迫害的教俗人士平反,从而最终结束了毁坏圣像运动。

可以看出,毁坏圣像运动的全过程始终围绕着如何对待圣像问题而展开,因而多数学者们对这场运动的起因持"宗教斗争说"。

一

持"宗教斗争说"的学者们认为,拜占庭的皇帝们发动毁坏圣像运动的主要原因有以下几点。其一,毁坏圣像运动的发动者旨在消除有碍加强基督徒与其他宗教信徒,如穆斯林或犹太教徒,之间关系的宗教障碍。支持毁坏圣像的皇帝们认为,由于基督徒对圣像等宗教偶像的顶礼膜拜,使得其他宗教信徒难以与基督徒接近,从而造成他们与基督徒的对立,也使帝国境域内外的犹太教徒和穆斯林对帝国抱有宗教敌对情绪。[①] 其二,支持毁坏圣像的皇帝试图通过"净化"信徒对原始基督教教义的信仰来加强对帝国臣民思想的控制。他们认为,由于《圣经》明确规定"不崇拜偶像",[②]而拜占庭帝国的基督徒普遍崇拜圣像,故触犯神威,屡受惩罚。利奥三世就认为,如726年大地震等自然

[①] A. A. Vasiliev, *History of the Byzantine Empire*, vol. I, p. 252.
[②] 《旧约全书·出埃及记》第20章第4节。

灾变和阿拉伯人的入侵等,都是上帝对于基督徒违犯上帝戒律的惩罚。① 其三,拜占庭教俗统治集团中一部分偏好古典艺术的人士力图打破宗教艺术规范的限制,发展多元化的古代艺术。② 但是,还有人认为,这场运动主要是受到来自拜占庭帝国东方省区的神秘的宗教艺术影响,即力图将古典艺术崇尚自然形象的倾向排除出基督教艺术,在艺术领域恢复基督教的纯洁。③

在全面考察毁坏圣像运动后,我们认为从宗教上寻求这场运动的原因是有其合理性的。首先,基督教内部关于如何对待圣像的争论由来已久,8世纪爆发的运动绝非偶然。早在4世纪初,在西班牙埃尔维拉(Elvira)基督教大会上就明确规定,教堂中严禁设置用于顶礼膜拜的绘画和图像。然而,基督教获得合法地位,特别是成为罗马帝国国教以后,使用圣像和圣物装饰教堂就日益流行起来,圣像艺术也获得极大的发展,以至于和君士坦丁一世同时代的历史学家恺撒利亚的尤西比乌斯(Eusebios of Caesarea,260—339/340)就认为,对耶稣·基督、使徒彼得和保罗圣像的崇拜是基督教民众的习俗。④ 对这一现象的出现,教会内部产生了两种相反的意见。反对者认为对圣像的崇拜有违上帝的意旨,而支持者则认为目不识丁的普通信徒唯有通过圣像才能了解基督教的信仰和基督的圣绩。当然,这个时期的争论还仅限于个别教士。例如,塞浦路斯的埃比发努思教士就愤怒地撕毁过教堂中那些饰有耶稣·基督和圣人像的圣像画窗帘。在拜占庭帝国重镇安条克,反对崇拜圣像的民众向耶稣·基督的圣像投掷石块。⑤ 与此

---

① Cyril Mango, *Byzantium and its Image*: *History and Culture of the Byzantine Empire and Its Heritage*, London, 1984, ch. 2.
② P. J. Alexander, *The Patriarch Nicephorus of Constantinople*: *Ecclesiastical Policy And Image Worship In the Byzatine Empire*, Oxford, 1958, pp. 6 - 22.
③ Alfred Lombard, *Constantin V, empereur des Romains* (740—775): *Études d'histoire byzantine*, Paris, 1902, pp. 127 - 128.
④ Eusebius of Caesarea, *The ecclesiastical history*, with an English translation by Kirsopp Lake and J. E. I Oulton, Loeb Classical Library, Cambridge, Mass., 1926 - 1932, Ⅶ, viii, 4.
⑤ A. A. Vasiliev, *History of the Byzantine Empire*, vol. Ⅰ, pp. 254 - 255.

同时，罗马大主教格列高利一世（Gregory Ⅰ，590－604年在任）在其信中指出，无知的信徒至少可以从教堂墙壁上的圣像中学到他们不能从书本上学习的东西。① 至7世纪后半期，对圣像的崇拜愈演愈烈，圣像的内容从对基督和早期教父的描绘发展到对所有圣人和殉道者的描绘，圣像的形式也越来越多样化，不仅有绘画、镶嵌画，而且有使用象牙、木料、宝石和各种贵金属材料制作的艺术品，更有甚者，一些狂热的信徒宣称，这些圣像不是普通的艺术品，而是上帝借人手创造出来的，因此会产生神迹。作为与这种倾向的对抗，拜占庭帝国亚洲各省份出现了广泛的毁坏圣像风潮，许多教堂有组织地清除圣像，并组织学者著书立说批判对圣像的崇拜。② 显然，毁坏圣像运动爆发以前教会内外关于如何对待圣像的争论已经达到相当激烈的程度。

其次，毁坏圣像运动有着长期的宗教教义争论的基础，可以说是基督教神学和哲学力图摆脱犹太教和古典希腊罗马哲学的束缚、并最终形成独立的神学体系的结果。毁坏圣像运动爆发前，基督教历史上曾发生过多次重大的神学争论。第一次是发生于4世纪的所谓阿里乌派学说之争。争论主要围绕亚历山大城教士阿里乌（Arius，约250—336年）提出的圣父和圣子并不同格的理论进行。他认为圣子基督仅仅是圣父上帝的创造物，因此不能与上帝同样具有神性，也不可能像上帝一样永恒万能。③ 这一理论与基督教"三位一体"，即圣父、圣子和圣灵同位、同格、同形的正统信仰相违，虽然它在小亚细亚、叙利亚和埃及等拜占庭帝国东部地区获得广泛支持，但是，仍然受到教会内正统派的严厉批判和谴责，阿里乌本人和其追随者被流放，皇帝君

---

① P. Scaff and H. Wace eds., *A Select Library of Nicene and Post-Nicene Fathers of the Christian Church* vol. XIII, London, 1923, p. 23.
② Dietrith Stein, *Der Beginn des byzantinischen Bilderstreites und seine Entwicklung* bis in die 40er Jahre des 8. Jahrhunderts, Munchen, 1980, ch. 1.
③ H. M. Gwatkin, *Studies of Arianism: Chiefly Referring to the character and Chronology of the Reaction Which Followed the Council of Nicæa*, Cambridge, 1900, ch. 2.

士坦丁一世下令325年召开的基督教大会将他的学说斥为"异端"。[1]第二次争论发生在5世纪,争论的焦点是君士坦丁堡大主教聂斯脱利提出的基督之人格独立于神格的理论,按照这一理论,圣母玛利亚所生神之子不是神而是人,基督的人性,无论在他升天前后,都具有使其犯罪的倾向,只是由于基督的意志才使这种倾向被克服。[2] 这一理论过于强调基督的人性而使其神、人两性对立,从而与基督教正统神学相悖,故于431年以弗所基督教大会上遭到严厉批判,其本人也被撤职流放。他的大批支持者则流亡波斯,在那里因该理论与波斯古老的二元论宗教拜火教神学相符,故获得极大发展。第三次争论比前两次更激烈,称为"一性论之争"。一性论最早产生于4世纪中期拜占庭帝国在埃及的文化中心亚历山大城,后流行于整个帝国东部地区。449年以弗所基督教大会在皇帝塞奥多西二世(Theodosios Ⅱ,408—450年在位)的支持下将一性论认定为正统教义,从而引发了长达数百年的宗教斗争。一性论的核心思想认为,基督仅仅具有一性,即神性,其人性完全从属于其神性,或是其神性的表现,换言之,基督的神性高于他的其他位格。[3] 这种理论与传统的三位一体教义相抵触,因此,仅隔两年之后,察尔西顿基督教大会即推翻了以弗所基督教大会决议。查士丁尼一世(Justinian Ⅰ,527—565年在位)统治时期,一性论之争达到顶点,迫使他于553年君士坦丁堡基督教大会上出面调解。这场教义之争延续到毁坏圣像运动爆发前才逐渐平息。

这三次基督教教义之争并不是教会神学家咬文嚼字的文字游戏,而是基督教神学发展和形成独立体系的过程。众所周知,早期基督教神学主要受犹太教神学的影响,同时,古典文明、特别是古希腊庸俗哲

---

[1] H. M. Gwatkin, *Studies of Arianism: Chiefly Referring to the character and Chronology of the Reaction Which Followed the Council of Nicæa*, Cambridge, 1900, ch. 2., pp. 1-2.
[2] Friedrich Loofs, *Nestorius and his Place in the History of Christian Doctrine*, Cambridge, 1914, pp. 5-25.
[3] Erik Peterson, *Der Monotheismus als politisches Problem*, Liepzig, 1939, ch. 2, 3.

学中的灵魂说和神灵理论对基督教哲学也有深刻影响。① 基督教神学一方面以一神论取代多神论,以确立上帝至高无上、无所不在、无所不能的地位,进而奠定以上帝为最高目的的世界体系哲学的基础;另一方面以三位一体的基本信条克服犹太教绝对一神论和神秘主义哲学的影响,以通过启示可感知但无法接触的神祇取代古希腊拟人化的众神,用基督这一人、神同位、同格、同形的形象在人与神之间建立起"交流"的渠道,从而形成了基督教救赎论的独特神学基础。这一神学源于古代犹太教和古典希腊哲学,但又与两者相区别,进而形成了不同于它们的独立神学教义。其关于圣像的争论直接涉及基督教基本教义的"救赎"理论,是将晦涩难懂的教义和普通信徒的日常宗教生活密切联系起来的教规之争。

然而,仅从宗教上寻找毁坏圣像运动的原因还不能说明全部问题。毁坏圣像运动与此前发生的多次宗教斗争有许多不同之处。首先,毁坏圣像运动所讨论的宗教问题远不如以前多次争论深刻,其涉及的内容不是纯粹的教义和神学理论。在8世纪以前有关圣像这一问题的争论中,各种意见已经阐述得相当彻底和明了,因此,毁坏圣像运动期间对立双方在思想理论上几乎没有新的建树,他们做得更多的是大肆迫害宗教和政治对手。其次,在毁坏圣像运动中,皇帝们一改以往保持中立、充当仲裁人的立场,他们既不像君士坦丁一世和查士丁尼一世那样,在惩罚了非正统教派教士后又对被迫害者实行宽容甚至优待,②也没有像伊拉克略一世那样提出折中理论以调解各对立派别的无休止的争论,③而是积极煽动和参与大规模的迫害行动。再者,毁坏圣像运动的"烈度"大大超过以前历次宗教斗争,它将教会内部的

---

① A. P. Vacalopoulos, "Byzantinism and Hellenism. Remarks on the Racial Origin and Intellectual Continuity of the Greek Nation", *Balkans' Studies*, 1969, IX, pp. 101 – 126.
② Norman Baynes, "Alexandria and Constantinople: A Study in Ecclesiastical Diplomacy", *Egyptian Archaeology*, 1926, XII, p. 49. 转引自 A. A. Vasiliev, *History of the Byzantine Empire*, vol. I, pp. 151 – 153.
③ K. J. Hefele, *A History of the Councils of the Church* vol. 5, London, 1896, pp. 95 – 96.

对立扩展到全社会,将教士之间的教规之争演变为教士、世俗贵族和普通信徒之间的混战,乃至于发展成为耗时最长、涉及范围最广的宗教社会运动,因此,形成了非常复杂的局面,对这一时期拜占庭历史发展影响极大。

如果仅仅用宗教方面的原因说明毁坏圣像运动,我们就难以回答为什么这场原本是在教会内发生的争论会演变成广泛的社会运动,为什么历来以调解人和仲裁者身份出现的皇帝在毁坏圣像运动中公开支持某一派,甚至成为他们的领袖。显然,在宗教原因之外,还存在其他重要因素。对于这一问题,学者们谈论较多的还有政治方面的因素,我们可以称之为"政治斗争说"。

二

最早提出"政治斗争说"的学者是希腊著名史学家巴巴利格布罗斯,他认为发动毁坏圣像运动的皇帝们不是从个人或王朝的宗教信仰出发,他们实际上是以宗教问题为契机和幌子,力图推行一场旨在抑制教权膨胀的社会改革。① 据此,该派学者还认为毁坏圣像运动是一场复杂的社会政治改革运动。持相同意见的学者,如俄国拜占庭学家乌斯本斯基提出了最极端的看法,他认为,发动毁坏圣像运动的皇帝们从一开始就把遏制教会和修道院政治势力的发展作为施政的出发点,他写道"利奥三世政策的基本目的并不依据任何宗教考虑"。② 近年来,一些学者对这个问题也提出新的见解,他们认为毁坏圣像运动实质上是皇帝们努力恢复皇权对教权的控制、重新确立皇帝崇拜的措施,特别是在教会势力迅速发展、直接威胁皇权对全社会的统治和外敌入侵下极需统一全国力量的时期,这场运动就成为中央集权化的重

---

① Παπαρριγὸπουλος, *History of the Greek People*, vol. 3, Athens, 1928, pp. 45 – 80.
② Usbensky, *Outline in the History of Byzantium*, 转引自 A. A. Vasiliev, *History of the Byzantine Empire*, vol. I, p. 253.

要步骤。①

笔者认为,政治因素是毁坏圣像运动的关键原因,只有从政治角度去考察这场运动,才能透过宗教争论,了解其内幕,进而对许多问题作出合理回答。首先,这场运动可以被视为皇权极力控制和参与教会事务的斗争。自 4 世纪基督教成为国教之初,拜占庭帝国皇帝就享有控制教会的"至尊权",这一权力是早期拜占庭帝国的皇帝作为羽翼未丰的教会保护人而自然形成的。从理论上讲,皇权和教权的结合是拜占庭君主权力的基础,两者相互支持,相互配合,皇帝需要教会从精神统治和意识形态方面给以帮助,而教会则是在皇帝的直接庇护下发展起来的。最初,皇帝对教会的权力是无限的,但是,随着教会实力的增长,这种权力被侵害。因此,在毁坏圣像运动爆发前,皇帝们为维护其"至尊权"的斗争一直没有停止,而且愈演愈烈,表现在如下方面。

其一,争夺控制召开基督教大会的权力。自君士坦丁一世于 325 年亲自主持召开第一次基督教大会后,381 年塞奥多西一世在君士坦丁堡召集了第二次基督教大会,413 年塞奥多西二世在以弗所召集了第三次基督教大会,此后,在察尔西顿的第四次基督教大会和在君士坦丁堡的第五次基督教大会分别由马尔西安和查士丁尼一世于 451 年和 553 年主持召开。罗马大主教马丁曾企图主持拉特兰基督教大会,但是,他旋即被皇帝君士坦二世下令押解至首都监禁,而后遭到流放,最终死于流放地。② 毁坏圣像运动前召开的其他两次基督教大会,即 680 年和 691 年召开的君士坦丁堡会议也是分别由君士坦丁四世和查士丁尼二世主持的。

其二,争夺控制基督教高级教职人员的任免权。早期基督教教会曾建立了五大教区,即罗马、君士坦丁堡、耶路撒冷、亚历山大和安条

---

① J. F. Harrton, "The Policy of Iconoclasm", *Byzantine Studies*, 1977(38), pp. 161 - 184; D. J. Geanakoplos, "Church and State in the Byzantine Empire: A Reconsideration of the Problem of Caesaropapism", *Ecclesiastical History*, 1969(3), pp. 381 - 403.
② Jeffrey Richards, *The Popes and the Papacy in the Early Middle Ages*, 476 - 752, London, 1979, pp. 186 - 191.

克教区。依据第二次和第四次基督教大会的决议,罗马和君士坦丁堡两大教区享有最高宗教地位的特权。拜占庭皇帝严密控制这些教区、特别是罗马和君士坦丁堡主教和牧首的任命权,并将不与皇帝合作的教职人员撤职迫害。君士坦丁一世就曾免去亚历山大主教阿塔纳修斯的教职,塞奥多西二世则通过宗教会议罢免了君士坦丁堡牧首聂斯脱利,并将其流放。查士丁尼一世统治时期,皇后塞奥多拉曾命令驻扎于意大利的拜占庭军队统帅贝利撒留罢免了罗马主教西尔维留斯。直到8世纪中期,罗马教宗仍被迫听命于拜占庭皇帝,服从皇帝的指令,随时要到君士坦丁堡面君,向中央政府做述职报告。皇帝们则利用这一权力将那些敢于抗旨的罗马主教置于死地,其中最突出的例子就是教宗马丁和维基流斯,后者曾被软禁于君士坦丁堡达七年之久,后死于返回罗马的途中。①

其三,控制调解和仲裁教会争端的权力。拜占庭皇帝极为重视教会内部的思想动向,一方面是出于防止教会脱离皇权控制的考虑,另一方面则是为了及时制止宗教争端造成的社会分裂。自基督教成为帝国国教以后至8世纪的数百年间,皇帝们几乎参与和决定了教会所有争端的最后结果。除了笔者上面提到的三次重大教义之争是由皇帝最终作出裁决以外,皇帝泽诺和伊拉克略一世还提出旨在平息教义争端的"联合论"和"两性一意论"的新教义,②君士坦斯二世甚至颁发《信仰模式法令》作为帝国所有基督徒共同遵守的教义准则。③ 事实上,皇帝们以此来保持其凌驾于教会各派之上的最高权威地位和超越人世争端并代表上帝的形象。

---

① A. A. Vasiliev, *History of the Byzantine Empire*, vol. I, pp. 152 – 153.
② 前者主张上帝神性与信徒人性的联合,而后者提出基督虽有两性但其唯一的意志起决定作用,企图绕开教义争论的焦点,使各方都能接受。Evagrius Scholasticus, *Ecclesiastical History of Evagrius with the Scholia*, ed. by J. Bidez and L. Parmentier, London, 1898; rp. Amsterdam, 1964, III, p. 14. *Le Dictionnaire de theologie catholique* vol. 10, Paris, 1922, pp. 2307 – 2323.
③ K. J. Hefele, *A History of the Councils of the Church*, vol. 5, London, 1896, pp. 95 – 96.

拜占庭皇帝控制教会的努力是与基督教势力迅速发展同时进行的,换言之,随着教会实力从小到大、从弱到强的发展,教权一直力图摆脱皇权的控制。君士坦丁一世时期,基督教教会便获得了合法地位,实际上已经获得实质性国教的地位。塞奥多西一世统治时期,教会进一步获得了税收和司法等方面的特权,其"国教"地位被写入法典,成为排他性的宗教。此后,教会势力获得更大的发展,不仅要求教、俗权力平等,甚至提出教权高于皇权的理论。教会权力的扩大主要表现在下述诸方面。

第一,教会司法权是最先摆脱皇权控制的。君士坦丁一世时,主教即有权审理世俗法庭经手的任何案件,而主教的判决被认为是终审判决,任何世俗法官都必须接受教会法庭的判决。① 教会司法权的扩大必然与以皇帝为首的世俗司法权发生冲突,因此,塞奥多西一世在承认基督教为国教的同时,却取消了教会的"罪犯庇护权"。② 值得注意的是,5世纪时尚处于拜占庭皇帝控制下的罗马主教获得了其判决和决定具有法律效力的特权,这就为6世纪末、7世纪初皇帝被迫承认教宗是基督教教规最高捍卫人,并有权对皇帝进行司法监督打下了基础,这无疑是对皇帝"至尊权"最严重的挑战。

第二,教会力图在宗教理论的争论中保持独立性,并积极发展教权高于君权的理论。451年,罗马主教利奥就公开否定了由皇帝认定的关于罗马教区和君士坦丁堡教区关系的决定,其目的不仅在于保持罗马教区在基督教世界的最高地位,而且在于动摇皇权至高无上的地位并摆脱皇帝控制。5世纪和7世纪,皇帝们提出的"联合论"和"两性一意论"也遭到教会的反对而流产。5世纪初君士坦丁堡牧首约翰即充当了反对当局的政治领袖,并著书立说,公开提出教权高于君权、教会高于世俗政府和皇帝的理论。

---

① A. A. Vasiliev, *History of the Byzantine Empire*, vol. 1, p. 53.
② Theodosios, *Codex Theodosianus*, in *The Theodosian Code and Novels*, *and the Sirmondian Constitutions*, trans. by C. Pharr and T. Davdson, Princeton, 1952, XI, pp. 16 - 18.

君权和教权之间的斗争自5世纪后便愈演愈烈。当时尚由拜占庭皇帝控制的罗马主教格列高利一世公开与皇帝分庭抗礼,反对皇帝颁发的敕令,公开抵制皇帝发布的官员和士兵在未完成职责以前进入修道院的禁令,并利用拜占庭世俗大贵族争夺皇权的斗争,迫使皇帝承认其"基督教教规最高捍卫者"的地位。[①] 至7世纪末,罗马主教塞尔基奥在与皇帝的斗争中公然煽动军队反叛朝廷,其合法的理由便是教权高于俗权。[②] 这种情况的出现并不难理解,因为在王朝不断更迭、皇帝持续更替的同时,基督教教会一直保持统一和连贯性,皇帝们为稳固其统治不断向教权示好,拉拢教会对自己的支持。双方此消彼长的博弈持续了数百年,教权要压倒皇权就是顺理成章的了。总之,毁坏圣像运动爆发前夕,教会的势力已经发展到足以与皇权抗衡的地步,并在帝国政治生活中对皇权构成威胁,这就不能不引起世俗君主的极大恐惧。可以说,毁坏圣像运动是拜占庭教、俗统治集团之间政治较量的结果。

政治较量的背后通常隐藏着物质利益的争夺,政治斗争说到底是对经济利益的争夺,故而在这里,我们还应看到在教权和世俗君权政治较量背后的实际经济利益的冲突,换言之,毁坏圣像运动还有其"经济原因"。

三

学者们对于毁坏圣像运动的"经济原因"涉及较少,即便偶尔提及也未加以分析。其所以如此,原因在于有关的经济史料极少,特别是那些与毁害圣像运动有关的经济生活史料更为分散。这里,我们只能

[①] Jeffreg Richards, *Consul of God: the Life and Times of Gregory the Great*, London, 1980, p. 105.
[②] F. Gorres, "Justinian II und das romische Papsttum", *Byzantine Studies*, 1908 (18), pp. 440–450.

依据现有的资料作初步的分析。

基督教教会在4世纪以前还是民间宗教组织,其有限的财产常常遭到罗马帝国当局的查抄,特别是那些对基督教怀有偏见的皇帝更是如此。4世纪以后,基督教作为拜占庭的国教,受到特殊保护,教会财产增加极为迅速。君士坦丁一世的《米兰敕令》即明确规定,发还教产,许可教徒向教会捐赠各种形式的财产。尼西亚基督教大会后,教会不仅得到了大量地产、金钱和粮食,而且在皇帝的直接资助下,兴建了大批教堂和修道院。君士坦丁一世和皇族其他成员在各大城市和帝国境内的基督教圣地直接捐建的教堂就有百余座。[①] 此后,教会逐步获得许多经济上的特权,其中最主要的权利包括免税权、征收教产税权和接受遗产权,后者在基督教婚姻法制约基督徒后代人数的同时更成为教会的财源。这些特权使得教会产业急剧扩张,教会的经济实力迅速增强,至7世纪末8世纪初,已经构成对皇权的威胁。

教会强大的经济实力主要表现在四个方面。第一,庞大的教会地产一般是由各级教堂和修道院控制经营。这种地产大多为庄园,或由教会委派的庄头管理,或由教堂和修道院直接经营。以君士坦丁堡教区为例,它拥有29处大小不等的庄园。[②] 各庄园内包括农用耕地、房产、果园、橄榄园、葡萄园、山坡牧场、小型手工作坊、农户、畜群等,都是资产。相比之下,世俗贵族的田产就逊色多了。5世纪拜占庭最富有的贵族奥林匹亚斯家族仅在首都和小亚细亚农村有不足10处庄园。[③] 据现代学者估计,当时拜占庭帝国有各种修道院千余所。[④] 各修道院除了直接控制的房地产外,还占有其他产业,在修道院的高墙内,有修道士的居室、工作间、教堂、会堂,其周围的田地由下级修道士耕作。536年,仅在君士坦丁堡就有70所大小不等的修道院。可以想

[①] A. Brilliantov, *Emperor Constantine the Great and the Edict of Milan*, London, 1937, p.157.
[②] M. F. Hendy, *Studies in the Byzantine Monetary Economy C. 300 – 1450*, p.214.
[③] M. F. Hendy, *Studies in the Byzantine Monetary Economy C. 300 – 1450*, p.203.
[④] A. Bryer, "Byzantine Monasteries", *Ecclesiastical History*, 1979(16), p.219.

见,教会的地产是相当庞大的。教会的地产一般都享有免税权,因此,随着教会地产的增加,国家的土地税日益减少,从而引起世俗君主的极大担忧。

第二,教会通过接受捐赠、遗产和经营庄园等途径,每年都可以得到相当丰厚的收入,而且,其收入远远高出世俗封建主的收入。① 6世纪拉文纳教区的年收入为12000金币,卡拉布利亚教区的年收入达到25200金币,②7世纪西西里教区的年收入高达47000金币。而535年,帝国最高级官吏的年薪才不过数百金币,如非洲和拉文纳两大总督区的总督年薪为725—800金币,统辖数省的大区长年薪也不过如此,一般官员的年薪在72—73.5金币之间。③ 教、俗封建主经济收入的过大差距必然招致世俗君主的不满,他们羡慕嫉妒恨的情绪是可以理解的。特别是在国库入不敷出、国家财政吃紧的情况下,这种不满就显得更加强烈。据学者们估计,7世纪拜占庭国家年收入仅相当查士丁尼一世时年收入的三分之一,④约为36667金镑,约合264万金币。这笔收入远不能满足拜占庭国家对外战争和土木工程建设的需要,当时仅阿纳多利亚一个前线省区的年度军事预算就达123万索里德金币,几乎占帝国年收入的一半。⑤

第三,教会以教堂和修道院为核心聚敛大量财富,其富有的程度是世俗封建主难以相比的。7世纪初,亚历山大城教会拥有57.6万金币的财产。⑥ 而当时权倾一时的大将军贝利撒留的家产只有21.6万金币。⑦ 可能只有5世纪拜占庭帝国最富有的贵族奥林匹亚斯家族可

---

① 这里使用"封建主"一词是采用广义的概念,即指占有土地、享有特权并剥削农民的阶层。
② M. F. Hendy, *Studies in the Byzantine Monetary Economy C. 300 -1450*, p. 204.
③ Justinian, *The Civil Law*, trans. by Scott, S. P., The Lawbook Exchange, Ltd. 2001, XXVIII, pp. 1 - 3.
④ M. F. Hendy, *Studies in the Byzantine Monetary Economy C. 300 - 1450*, pp. 620—626.
⑤ 每金镑相当于72金币。M. F. Hendy, *Studies in the Byzantine Monetary Economy C. 300 -1450*, p. 183.
⑥ M. F. Hendy, *Studies in the Byzantine Monetary Economy C. 300 -1450*, pp. 204—205.
⑦ Procopios, *History of the Wars, Secret History and Building*, trans. ed. and abridged by A. Cameron, New York, 1967, IV, p. 31.

与之相比,据称其家产折合 82 万金币。① 君士坦丁堡教区除拥有几十处庄园和教堂外,还有 36 个金银制成的圣像、16 个镶满珠宝的珍贵十字架和圣物、29 匹金银线混纺的高级织物、110 匹马、15 头骡子、4 头奶牛、47 对耕牛、72 头菜牛、238 只奶羊、94 只绵羊、52 只山羊及其他浮财。② 这个财产清单给人一个突出的印象,教会是富有的封建主,称得上是拜占庭帝国首富。教会的巨大产业对世俗君主有巨大的诱惑力,他们多次试图征用教产,但是常常遭到教会的反对。

第四,教会吸引了大批青壮年出家,成为教职人员或修道士。按照教会的规定,年满 18 岁的成年人都可以自愿为僧。这些青壮年分布于拜占庭帝国上千所教堂和修道院,成为教会庞大经济的支柱。他们中的多数充当农庄式修道院的劳役僧侣,仅有少数过着独居或隐居或行游式的生活。据学者们保守的估计,毁坏圣像运动前,拜占庭帝国有 10 万名修道士,约占总人口 2%。难怪俄国拜占庭学者安德列夫对此极感震惊,他写道:"鉴于目前在俄国广阔领土上居住的 12000 万人口中仅有 4 万修士和修女,我们很容易想象,在拜占庭帝国相对狭小的领土上分布着是何等稠密的修道院网"。③ 如果我们按各修道院平均人数为 100 人计算的话,那么,在 1000 所修道院中共有 10 万名修士修女的估计就毫不夸张了。6—7 世纪,拜占庭帝国连年战争、瘟疫不断,人力资源损耗严重。军队人数由 5 世纪的 65 万人急剧下降到 6 世纪的 15 万人,以至于 7 世纪对波斯的战争投入的总兵力还不足 6400 人。④ 不仅如此,人力资源的短缺还直接减少了纳税人的数量,极大降低了拜占庭国家传统税收人头税的总量,使国家收入大幅度减少,7 世纪初的平均年收入比 6 世纪下降了三分之一。拜占庭人力资源的极大短缺,除了其他因素外,不能不与教会对青壮年的吸引有密

---

① M. F. Hendy, *Studies in the Byzantine Monetary Economy*, p. 203.
② M. F. Hendy, *Studies in the Byzantine Monetary Economy*, p. 214.
③ A. A. Vasiliev, *History of the Byzantine Empire*, vol. 1, pp. 256 - 257.
④ A. H. M. Jones, *The Later Roman Empire 284 - 602: A Social, Economic, and Administrative Survey*, pp. 607 - 686.

切关系，进入修道院的劳动力自然脱离了国家世俗政权的控制。这就不能不引起以皇帝为首的世俗统治集团的憎恨。

至此，我们对毁坏圣像运动前教会经济的状况作了初步考察。不难想象，基督教教会拥有的巨大财产激起了世俗封建主相当强烈的羡慕，尤其在国家财政吃紧、世俗各阶层经济生活每况愈下的情况下，这种羡慕就逐步演化为嫉妒乃至憎恨。同时，教会对大批青壮年的吸引和收缩对国家税收和兵源供给造成严重的侵害，甚至瓦解，进而引起拜占庭世俗统治集团强烈的不满和恐惧。在这种教、俗封建主经济利益激烈冲突的背景下，拜占庭帝国统治者借助宗教问题削弱教会的经济实力就是必然的了。由此，我们也不难理解为什么在毁坏圣像运动中，皇帝们大量没收教产、关闭许多修道院、强迫修士修女还俗，对立两派都以惩罚对方教会和没收对方的财产为主业了。

综上所述，历时百余年的毁坏圣像运动进程是曲折的，引发这场运动的原因也是复杂的，在表面的宗教斗争之下，存在着激烈的政治较量和深刻的经济利益的冲突，从中后人也能够了解拜占庭帝国政府的宗教政策。我们只有透过现象看本质，才能比较全面地了解毁坏圣像运动的原因，并加深对这场运动的全面认识，进而深入分析其影响。

四

8、9世纪的拜占庭帝国历史是拜占庭教、俗统治集团进行激烈斗争的时期，这场旷日持久的毁坏圣像运动对拜占庭帝国历史和文化的发展影响巨大，因而引起拜占庭学界广泛的关注。学者们对造成这场运动的原因和从中看到的拜占庭帝国宗教政策提出过多种意见，但是，对于其影响却涉及不多。究其原因主要是保存至今的有关毁坏圣像运动的资料非常有限，而且在有限的史料中始终贯穿着对毁坏圣像派的仇视和贬低。毕竟，崇拜圣像派最终取得了胜利，相关的历史是由这一派编写的，其倾向性就可想而知了。

第一,毁坏圣像运动最直接的影响是在政治和军事领域。因为,刚刚建立统治的伊苏利亚王朝皇帝们首先面对的是威胁其统治地位的国内外敌对势力。在这些势力中,教会是与皇权抗衡的主要力量,在帝国政治生活中对皇权构成威胁。应该说,毁坏圣像运动是拜占庭教、俗统治集团之间长期政治较量的结果,也是皇权极力恢复对教会控制的斗争。自4世纪基督教成为国教之后,拜占庭帝国皇帝享有的对教会的"至尊权"就受到教会势力的挑战。从理论上讲,皇权和教权两者相互支持,相互配合,皇帝需要教会从精神统治方面给以帮助,以便形成以信仰为核心的官方意识形态,而教会则在皇帝的直接庇护下得到发展。但是,随着教会实力的增长,世俗君主的上述权力被侵害,教权几乎摆脱了皇权的控制。

为了打击基督教势力,拜占庭世俗统治集团借助毁坏圣像运动这场自上而下的政治斗争,大张旗鼓地打击反对派教士,力图瓦解教会势力坐大的基础。例如,利奥三世撤换反对派牧首日耳曼努斯和任命拥护毁坏圣像政策的牧首阿纳斯塔西乌斯即有力地打击了教会的势力。君士坦丁五世则采取激烈的暴力措施,游斗教会上层人士,不仅使其人格备受侮辱,昔日威风尽扫,而且还大开杀戒,处死许多高级教士。在他的许可下,小亚细亚各军区的迫害行动不断升级,大批教士和修女被强迫还俗。支持崇拜圣像的世俗君主在反攻倒算中也不甘示弱,对毁坏圣像派教士大肆迫害。在毁坏圣像运动期间,教会元气大伤,势力迅速下降。直到843年的法令确定了崇拜圣像的教义,也再次明确皇权对教会的控制,①从而使世俗统治集团占了上风。在拜占庭帝国历史上,东正教教会始终未能像罗马教会那样发展成为凌驾世俗君主的至高权力,其重要原因显然是毁坏圣像运动对教会势力的致命打击,这或许也可以被视为毁坏圣像运动的远期影响。

第二,教、俗统治集团之间的斗争还伴随着皇权与贵族的血腥争

---

① A. A. Vasiliev, *History of the Byzantine Empire*, vol. I, p. 287.

斗,换言之,我们可以将清除政治分裂势力和强化中央集权视为毁坏圣像运动的另一个重要影响。支持毁坏圣像的皇帝大部分来自拜占庭帝国的东方省份,例如,利奥三世和君士坦丁五世是叙利亚人,①利奥五世是亚美尼亚人,米哈伊尔二世是小亚细亚地区弗里吉亚人。这批来自帝国东方省份的军事将领夺取皇权后,必然与以官僚为主体的西部贵族势力发生冲突。为了巩固统治地位,军事贵族集团利用毁坏圣像运动打击西部势力。利奥三世在罢免反对派教士的同时,对起兵反叛的希腊军区和爱琴海军区的贵族进行残酷镇压。君士坦丁五世也在迫害反对派高级教士的同时,处死了一批反对派世俗贵族。难怪近年来一些学者认为,毁坏圣像运动实质上是皇帝们努力恢复皇权的至高地位、重新确立"皇帝崇拜"的举措,是强化中央集权的重要步骤。②

第三,毁坏圣像运动在军事方面的影响是与其政治影响紧密联系在一起的。当时,拜占庭帝国最主要的外部压力来自阿拉伯军队的入侵,而担负抵抗入侵的主要军事力量集中在帝国的亚洲军区。当时,拜占庭帝国东方和西方省区在如何对待圣像问题上形成了截然不同的派别。当罗马大主教格列高利一世主张无知的信徒可以从教堂墙壁上的圣像学到他们不能从书本上学习的东西,从而支持崇拜圣像的时候,然而东方各省却掀起破坏圣像的高潮。在拜占庭帝国东部重镇安条克,反对崇拜圣像的民众向基督圣像投掷石块,许多地区出现了广泛的毁坏圣像的风潮,许多教堂有组织地清除圣像,并组织学者著书立说批判对圣像的崇拜。显然,不以明确的立法和政策支持东部军区,进而使东部广大士兵得到安抚就无法稳固军心,必然对东线防务起到不利的影响。毁坏圣像政策的出笼确实鼓舞了东部各军区的士

---

① 关于利奥三世是否为叙利亚人的问题,一些学者提出疑问,这里我们采用多数学者的意见。无论如何,学者们都承认他是拜占庭帝国亚洲省份人。Stephen Gero, *Byzantine Iconoclasm during the Reign of Leo III with Particular Attention to the Oriental Sources*, Louvain, 1973, ch. 1.
② J. F. Harrton, "The Policy of Iconoclasm", *Byzantine Studies*, 1977 (38), pp. 161-184.

气,因而,在分析8世纪中期以后拜占庭军队在东部前线节节胜利的原因时还不能忽略了宗教因素。诚如现代学者指出的:"拜占庭不再仅仅为生存而战,而是开始扩张。"①东部的军事胜利还使拜占庭人能够从容地实现其战略防务重点的转移,一方面它进一步扩充以东部各省居民为主的武装力量,另一方面它可以更多地抽调东方前线部队到巴尔干半岛打击长期为患的保加利亚人势力,使之数十年不敢轻举妄动。②

第四,毁坏圣像运动在经济方面的影响也相当大,这在遏止教会产业急剧膨胀和防止国家人力资源流失两方面表现得十分突出。基督教教会在4世纪以前还是民间宗教组织,4世纪以后,它作为拜占庭帝国国教受到皇帝的特殊保护,教会财产增加极为迅速,教会的经济实力急剧增强。教会吸引大批青壮年出家,剥夺了国家的大量人力资源,这对世俗统治集团的打击更为沉重。教会经济实力的急剧增长不仅成为它在政治领域与皇权分庭抗礼的物质基础,而且直接损害国家的财政收入,削减了拜占庭帝国军队兵源,特别是在6、7世纪拜占庭帝国连年战争、瘟疫不断,人力资源消耗严重、国库入不敷出的情况下,教会侵蚀国家经济基础的作用就显得特别恶劣。皇帝们多次试图征用教产,利奥三世首先便对罗马主教的辖区开刀,将原来归属罗马教区的西西里、卡拉布利亚和伊利里亚地区强行划归君士坦丁堡教区,③他还下令将意大利南部地区缴纳给教宗的什一税全部收归帝国国库。④ 两派皇帝都把没收教产、关闭修道院作为其主要的措施之一。尼基弗鲁斯一世毫不留情地取消了教会的免税特权,并大幅度提高强加给教会的税赋。⑤ 为了阻止教会夺取国家直接纳税人,皇帝们颁布

---

① G. Ostrogorsky, *History of the Byzantine State*, p.149.
② Louis Brehier, *The Life and Death of Byzantium*, p.59.
③ G. Ostrogorsky, *History of the Byzantine State*, p.146.
④ Theophanes, *The Chronicle of Theophanes*, trans. by H. Turtledove, Philadelphia, 1982, p.410.
⑤ J. Bury, *A History of the Eastern Roman Empire*, London, 1912, p.216.

专门法令,禁止士兵、军官和国家官员在退休以前进入修道院当修道士,①同时强迫大批教士修女还俗。这些措施有效地实现了皇帝们从经济上打击教会的目的,大幅度扩大了国家的税户,进而增加了国家的收入。行笔至此,笔者禁不住联想到唐代的"武宗毁寺"。

  第五,我们还应提到毁坏圣像运动在拜占庭文化发展过程中所起到的重要作用。西方部分学者将这一影响说成是拜占庭教俗统治集团中偏好古典艺术的人士力图打破宗教艺术规范的限制,发展多元化的古代艺术。笔者认为,将文化发展作为毁坏圣像运动的目的似乎不妥,但是,将它作为这场运动的客观影响倒是十分恰当的。在毁坏圣像运动的高潮中,确实兴起了世俗艺术的热潮,被石灰水刷过的墙壁上,不见了圣像的踪影,出现了以皇帝图像和花草动物等自然物景为主的世俗绘画,其中不乏对重大战役、皇家生活、公众活动和赛车竞技等场面的描绘。② 事实上,正是由于毁坏圣像运动对教会文化的打击,才遏止了5世纪以后教会文化迅速发展且一家独大的势头,并为世俗文化的复兴提供了机会,此后,拜占庭教、俗文化在不同的领域共同发展,兼存共荣,形成了拜占庭文化的一个重要特征。

(原文首载于《世界历史》1996 年第 3 期)

---

① I. Καραγιαννοπούλος, Ιστορία Βυζατινού Κράτου, θεσσαλονίκη, 1992, το. 2, σσ. 50 – 51.
② G. Ostrogorsky, *History of the Byzantine State*, p. 154.

拜占庭帝国北非政策

拜占庭帝国在北非地区的统治沿袭罗马帝国旧制,到7世纪中期阿拉伯军队征服北非地区时,该地区隶属于帝国领土的时间达300余年。

一

拜占庭帝国的北非政策具有以下鲜明的特点:

第一,拜占庭帝国沿袭了原罗马帝国在北非实行的制度,其政治统治具有明显的继承性和连贯性。330年5月,君士坦丁一世主持正式启用东都"新罗马"的盛大仪式,随同他入主君士坦丁堡的不仅有大批军事将领、达官显贵,而且有许多祖居罗马城的元老贵族。为了维持拜占庭帝国统治的连续性,他基本上保持了原有的政权结构,在原来的基础上扩大了只对皇帝负责的官僚机构。同时,他进一步加强戴克里先推行的旨在强化皇权的各项改革,例如,他将分封拟制血亲为王的制度改为皇家血亲世袭制度。又如,他在戴克里先军、政分权的基础上,取消了权力较大的禁卫军,代之以忠诚于皇帝并仅以服侍皇帝为己任的外族宫廷亲兵。

在北非地区,拜占庭帝国继承了罗马帝国时期的统治政策。罗马帝国对北非的统治可以上溯至公元前2世纪,阿非利加行省始建于公元前146年,当时正是第三次布匿战争结束的时候。罗马将军小西庇阿攻陷并摧毁了迦太基城,罗马元老院遂将该城周围地区组建为行省,设立了行省管理机构。[①]此后,随着罗马军队征服活动的扩大,该行省的辖区范围不断扩大,公元前46年恺撒在追击庞培时率军侵入北非埃及地区,胜利后,他将被征服的地区并入阿非利加行省。屋大维与安东尼的战争标志着埃及托勒密王朝的灭亡和对整个北非征服行动的结束。此后,埃及一度成为罗马帝国的特别行政区,北非的其他地区则分别由皇帝和元老院进行直接管理。4世纪中期,拜占庭帝国基本上继承了上述制度,北非仍然名列帝国行省政区。但是,阿非利加省与其他行省之间的区别在于,其首脑由元老院委派,而不是由皇帝委派,该首脑被称为总督(Vicarius),而其他行省长官则称为省长(Piaesides)。

4、5世纪的日耳曼民族大迁徙加剧了西罗马帝国统治集团的内讧,军阀割据、战乱遍及帝国,阿非利加省也成为军阀角逐的重要战场。日耳曼人中的汪达尔人于419年抵达高卢南部,进入比利牛斯半岛,429年,他们利用罗马帝国驻阿非利加省总督博尼法希乌斯企图借助蛮族军事力量自立为王的野心,跨过直布罗陀海峡进入北非。其兵锋所至,一片焦土,431年攻克希波城后建立起汪达尔王国,439年占领迦太基,定都该城。拜占庭帝国为适应汪达尔人崛起的新形势,在北非重新设立了三个省份,即将东起今锡尔特湾西至摩洛哥、包括阿尔及利亚沿海部分的地区划分为独立行省;将埃及单独设立为行省,划归帝国东方大行政区管辖,这实际上是默认了汪达尔人占领迦太基的事实。

然而,拜占庭帝国对汪达尔人的退让并没有能够换取预期的和平,汪达尔人以被占领的迦太基城为中心,迅速扩张海上势力,由陆地霸权向海上称霸发展,很快成为西地中海最具破坏性的武装力量。他们经常拦截海上商船,阻断航海通道,还对西地中海诸岛和南意大利

---

① William L. Langer, *An Encyclopedia of World History*, p.112.

发动血腥掠夺。455年6月,汪达尔人对意大利、特别是对罗马城的彻底破坏震惊了整个帝国。然而,为内外矛盾困扰的拜占庭帝国皇帝对此却无能为力,坐视汪达尔人肆虐于亚平宁半岛,因为此时他们既忙于争夺皇权,又穷于应付哥特人和斯拉夫人的不断进攻。汪达尔人在阿非利加省和西地中海造成的祸患持续到6世纪下半期,皇帝查士丁尼一世(JustinianⅠ,527—565年在位)发动了"汪达尔战争"。①

第二,拜占庭帝国对北非地区实行高压强制政策,因此表现出明显的残暴性。查士丁尼一世对北非施行的政策是其中典型代表。他在位期间推行"一个皇帝、一部立法、一个帝国"的方针,为强化其皇帝专制统治、恢复旧罗马帝国疆域而发动对西地中海的远征。②这场被称为"汪达尔战争"军事行动根本原因是查士丁尼力图重建罗马大帝国的一统天下。当时,查士丁尼在北非挑拨汪达尔人内乱失败后,担心其统一帝国疆域的计划落空,因此,迫不及待发动远征。其时,汪达尔王国实力下降,已非百年前可比,统治当局既无力镇压土著居民的暴动起义,又不敢开罪咄咄逼人并提出无理要求的拜占庭人,只能委曲求全,以朋友的姿态寻求与拜占庭帝国的友好关系。查士丁尼凭借强大的军事武力,控制了汪达尔国王希尔德里克(Hilderic,523—530年在位),强迫后者为拜占庭人在西地中海的利益服务。当希尔德里克被新国王盖利摩尔(Gelimer,530—533年在位)废黜且这位新国王提出脱离拜占庭人控制时,查士丁尼立即开启战端,派遣大军征服拜占庭帝国在北非的这个主要对手。533年6月,拜占庭帝国名将贝利撒留率领15000名将士、近百艘主力战船和数百艘随同舰只进行军事远征。他首先下令大军在仇视汪达尔人的哥特人领地西西里休整,而后突袭汪达尔人战略防御薄弱地区,取得战争主动权,经数月攻杀,灭亡了汪达尔王国,重建阿非利加总督区,下辖七个省区。③

---

① J. B. Bury, *History of the Later Roman Empire*, ch. 1-5.
② A. A. Vasiliev, *History of the Byzantine Empire*, vol. 1, p. 132.
③ Louis Brehier, *The Life and Death of Byzantium*, p. 39.

拜占庭帝国对汪达尔人的征服虽然取得了胜利,但是并没有完全恢复帝国在北非的控制权,其统治范围仅限于今突尼斯和阿尔及利亚部分地区。同时,当地土著居民的反抗斗争一直没有停止。536年的大起义迫使贝利撒留奉命再次从西西里返回北非,协助该地拜占庭总督索罗门镇压暴动和阿里乌派教徒起义。直到539年,阿非利加总督区才恢复了短暂的安定,拜占庭军队从此加强了对北非各地要塞的建设,以主要精力应付来自撒哈拉沙漠的土著骑兵的入侵。[1]武力镇压和军事威慑是拜占庭帝国对北非包括埃及统治区政策的主要方式,在血腥的暴力打击下,北非地区似乎维系了表面上的正常秩序,但是在民间存在着广泛的抵抗力量,包括在埃及地区长期活跃的基督教异端派别势力。

第三,拜占庭帝国在北非的统治极不稳定,表现出明显的脆弱性。拜占庭帝国为维持其在北非的统治,花费了大量的人力物力,但是,其重建的统治缺乏必要的基础,不仅拜占庭帝国在迦太基的驻军难以应付土著居民的起义,致使总督索罗门在战争中毙命,而且帝国中央政府在财政支持方面也颇感吃力。544年和563年的此地人民大起义使北非地区两度陷入混乱,拜占庭帝国在这里的统治始终处于风雨飘摇之中。

6世纪末7世纪初,拜占庭帝国加强了派驻北非的驻军,以稳定对北非的控制。皇帝莫里斯(Maurice,582—602年在位)向该地区派遣心腹将领,使阿非利加再度成为帝国治下举足轻重的地区(建立了迦太基总督辖区,包括了阿非利加行省,另外一个重要的总督区是意大利拉文纳总督辖区),特别是在查士丁尼一世去世以后各派军事势力争夺皇权的斗争中,该总督成为改变帝国命运的重要人物之一。610年实行残暴统治的篡位皇帝福卡斯(Phokas,602—610年在位)因对反对派贵族大肆屠杀而引发首都军队哗变,迦太基总督老伊拉克略迅

---

[1] 扬人楩:《非洲通史简编:从远古至1918年》,北京:人民出版社,1984年,第1章。

即派出舰队,在其子伊拉克略指挥下,直捣君士坦丁堡。在各种反福卡斯力量的支持和内应下,伊拉克略一举推翻福卡斯的统治,自立为帝,开始伊拉克略王朝的统治。由于他在位期间将主要精力投入到对波斯人的战争中,而对北非事务不甚重视,致使拜占庭帝国在北非的统治地位进一步动摇。

634年新兴的阿拉伯人开始对外扩张的战争,这个在物质和精神方面刚刚获得统一的民族凭借其强大的骑兵,从阿拉伯半岛向北、东、西各方向出击,所向披靡,对结束战争不久的拜占庭人展开攻势。634年阿拉伯大军夺取博斯特拉,635年占领大马士革,636年横扫叙利亚全境,637年攻克耶路撒冷,639年洗劫美索不达米亚,639年12月至642年7月,数千阿拉伯骑兵击败拜占庭军队,控制了埃及大部,包围亚历山大城,迫使拜占庭守军投降。此后,阿拉伯人快速向西进军,将拜占庭帝国势力永久地驱逐出北非。

纵观拜占庭帝国在北非300余年的统治,可以看出拜占庭帝国在政治上实行的是"殖民主义"压迫政策,即在政治上歧视北非各族居民,在军事上残酷镇压民众反抗。行省的军政官员或由皇帝委派,或来自中央政府,而当地贵族受到排斥,至少不能享受拜占庭贵族享有的特权。这种殖民主义政策是为拜占庭帝国压迫剥削弱小民族服务的。因此,在拜占庭帝国统治下,北非地区长期处于分裂落后的状态,当地社会历史的正常发展受到阻碍。

二

拜占庭帝国在北非推行的经济政策是其殖民主义政策的核心内容。拜占庭帝国承袭了原罗马帝国的经济剥削原则和方式,对北非的资源和物产极尽盘剥搜刮之能事,严重破坏了当地的经济发展。当拜占庭帝国丧失了北非农业区后,其原有的完全依赖埃及和迦太基谷物进口的经济结构遭到彻底摧毁,一度严重动摇了拜占庭帝国经济发展的基础,进而使君士坦丁堡面临饥荒威胁,使整个拜占庭帝国陷入危机。

　　拜占庭帝国早期历史上有所谓"三大谷仓"之地,即埃及、迦太基和小亚细亚农业区,君士坦丁堡的粮食供应几乎全部依靠谷物贸易来维系。①当时,拜占庭帝国政府鼓励发展首都经济,使该城人口增长极为迅速,4—6世纪,其人口最多时达百万之众。②拜占庭帝国为解决首都众多人口的粮食供给,指派首都市长设立专门机构处理有关事务,而市长的主要职责之一是筹集粮食,组织漕运。埃及尼罗河三角洲地区便是主要的粮食产区和谷物商品集散地。拜占庭帝国中央政府长期保有庞大的商船队,重要目的是保证首都的粮食供应。为了维护首都和其他大城市的粮食供应线,拜占庭帝国还组建了相当强大的海军。可以说,保证粮食供给是拜占庭帝国初期维持海上军事力量的重要原因之一。

　　埃及的地理环境适宜农耕,当地气候温暖潮湿,日照充分,特别是尼罗河下游平原地区因每年河水定期泛滥,带来大量肥沃土壤,使得第二瀑布以下的沿河地区成为历史上著名的农耕区。谷物、棉花和纸莎草是主要的农作物。自古以来,埃及地区即以先进的农耕技术和配套的水利灌溉系统著称于世。罗马人统治时期,埃及和马格里布的谷物已经在罗马市场上占有相当大的比重,每年从埃及和马格里布海运的大量廉价谷物成为意大利半岛谷物的主要竞争对手。拜占庭帝国初期,这种粮食供应格局没有大的变化,棉花和纸莎草等经济作物的商品也大量进入首都市场和帝国各个经济区。当时,粮食征收的办法基本上采取原罗马帝国的政策,即以农产品实物保证供应,其中包括定期和不定期的粮食税,用于军队、首都和国家急需,这即是所谓"公

---

① M. Bejannins, *Studies of History of Ancient Roman Economy and Administration*, vol. 1, Oxford, 1974, ch. 1.
② 人口估算是个难题,拜占庭学家对君士坦丁堡人口数量的估算结果持有不同意见,多则达到百万,少则25万,但是比较一致的看法认为,该城为当时地中海世界居民人数最多的城市。

粮税"(annonan)。公粮税不同于一般的税赋,它主要是保留了"紧急供应"的特点,①其实质是拜占庭帝国任意剥削行省人民的一种手段,它与其他一般税赋并存,且征收得更加频繁。

拜占庭帝国为加强对埃及谷物生产的控制和剥削,实行了有别于其他行省的管理方式,在这方面,帝国统治者是罗马帝国旧制度最好的继承者。拜占庭帝国早期的税收制度还保持着罗马帝国时代的惯性,拜占庭人在盛产谷物的色雷斯和小亚细亚省份,主要按户籍征收谷物和其他农产品,但是在埃及则以详细记录的垦田数量作为税收的依据。②也就是说,所有土地,不论山地或平原,不论可耕地或已耕地(即所谓"生地"和"熟地"),一律按照一定的畜力为计算单位,如以一轭两牛为单位,并且按照不同土质及生产谷物或葡萄或橄榄而划分为不同类型,确定不同的税收级别。这种轭地制度后来与人头相结合,称为"地丁制",其主旨是使劳动者和一定数量的土地相结合,防止因劳动力流动而减少谷物产品税收。任何农民一旦经营某块耕地,就身负该土地的"丁额",并因而丧失了迁徙的自由。③拜占庭帝国对北非农民的剥削量相当可观,据有关记载表明,拜占庭帝国在埃及某些地区的剥削方式还采用了分成制,一般情况下,农民要将其耕地的半数产品缴纳给地主和税吏,而对葡萄园和果园产品的征收的比例更是高达三分之二,甚至四分之三。④

拜占庭帝国依靠一整套税收制度掠夺北非的人力和物质资源,使当地农民的生活状况进一步恶化,为数众多的农村公社因此解体,大地主乘机兼并土地,使得北非农业出现了庄园化的趋势。早在"三世纪危机"以后,罗马帝国的东方行省就已经出现了许多大庄园,而在5、6世纪控制庄园的主角是一批势大权重的大地主贵族,他们凭借掌控

---

① I. Καραγιαννοπούλος, *Βυζαντινό Κράτος*, σ. 66.
② M. 罗斯托夫采夫:《罗马帝国社会经济史》下册,北京:商务印书馆,1958年,第664—684页。
③ R. S. Lopes, *The Byzantine Economy in the Early Middle Ages*, London, 1978, ch. 1.
④ J. M. Hussey ed., *The Cambridge Medieval History IV: The Byzatine Empire*, pp. 55 – 72.

的地方权力,千方百计侵吞农民的土地。当时,许多农民为逃避重税,常常自愿成为大地主的"被保护人",这就直接减少了国家税户,缩小了国家税收来源。①

拜占庭帝国对北非的经济剥削一个重要方面是采取包税制。这种制度是拜占庭人继承罗马帝国时代的税收形式,即包税人按照各行省确定的数额向国库缴纳一定税款,因此获得在一定期限和一定地区的征税权。中央政府的国库官只关心包税人上交的税款数量,而不过问具体征税事务,因此包税人在埃及的征税活动中可以进行任意的搜刮。由于这种税制弊端颇多,所以,拜占庭帝国逐渐加以改变,以官吏取代包税人。国家培养了大批经过高等专业训练的税务官,中央政府设立专门的财政部门加以管理,他们直接控制部分重要税收,如遗产税、关税、释放奴隶税,而且作为钦差大臣定期和不定期地巡视监督地方征税活动,防止税收中的舞弊和违法行为,确保完成税收任务。

拜占庭帝国在埃及设置的税种很多,包括土地税、人头税、所得税和阶级税,除了最后一种税是针对贵族征收的,其他均由普通民众负担。拜占庭农业问题作家卡西亚努·瓦索的《农业志》为我们留下了有关资料,其中提到拜占庭土地税包括土地价值税(分三等)、耕作税、橄榄园税、葡萄园税、果树种植税(以百棵为单位)、大牲畜税、小牲畜税等。各种税均有其确定的税率,如土地价值税一般为地价的 4.67%,大、小牲畜税为牲畜价值的 8.5%。②复杂多样的税收给农民造成极大的负担,使农民难以承受。北非农业之所以衰落不能不说与拜占庭帝国重税有密切关系。至 6 世纪末,无论在埃及或迦太基,农业经济均几乎无法维持正常经营,近于崩溃。北非地区在拜占庭帝国税收中占有重要地位,特别是在尼罗河和迦太基城附近地区捐税尤其沉重。拜占庭帝国政府的重税制度加速了当地小农的破产和大地主

---

① M. Bejannins, *Studies of History of Ancient Roman Economy and Administration*, vol. 1, pp. 780 – 796.
② I. Καραγιαννοπούλος, *Βυζατινά Κράτος*, σσ. 95 – 96.

的兴起,导致地方势力在经济上威胁帝国对北非的控制,当地贵族的政治导向决定了北非的命运。北非地区反抗中央政府的大规模民众起义明显多于帝国其他地区,而后来北非地区轻易地被阿拉伯人征服也从一个侧面证明拜占庭帝国的经济压榨导致当地人离心离德。

除了税收外,拜占庭帝国还通过控制当地工商业对北非地区进行经济盘剥。拜占庭政府明确规定,所有重要的手工业,如棉织、丝织、贵金属加工、武器生产、玻璃生产等行业均由中央控制,各行会大都属于官办,或由政府委派行会代理总管。所有工匠必须子承父业,世代相传。现代拜占庭经济史学家认为,这些工匠的地位近似于奴隶。① 当来自东方(主要是中国)的生丝原料因波斯人的阻隔而极为短缺时,② 埃及的长绒棉在拜占庭帝国手工业生产中就占有更重要的地位了。为加强经济控制,拜占庭帝国垄断从纺织、染色到制衣的全过程,严格禁止私人从事有关的生产和交换。同样,在流通领域中,拜占庭政府禁止私人进行丝绸贸易,北非的商人必须首先满足中央政府的需要,才可以进行剩余产品交易。而北非的手工业产品在进入君士坦丁堡时还要缴纳高额税收。这样,由于北非商人从这种强制性的微利贸易中得不到必要的好处,他们将投资重点转移,而减少对拜占庭帝国过境贸易的参与和对本地手工业的投入,影响了北非工商业的发展。

以上初步考察可以看出,拜占庭帝国在北非推行的经济政策带有明显的殖民主义性质,拜占庭人依靠军事暴力和政治压迫维护其经济盘剥,对北非地区经济利益和资源保护置之不顾,致使当地经济形势始终处于恶性循环之中,资源遭到破坏。这种杀鸡取卵的政策不仅严重损害了北非经济生活的正常秩序,而且对拜占庭帝国整个经济运行产生不利影响。拜占庭帝国对北非行省的重税迫使当地农民发动各种形式的反抗。当数千人的阿拉伯军队进攻北非时,当地人民因痛恨

---

① R. S. Lopes, *The Byzantine Economy in the Early Middle Ages*, ch. 3.
② 《后汉书·西域传》记载,"其王常欲通使于汉,而安息欲以汉缯彩与之交市,故遮阂不得自达",《三国志·魏志》也说"安息图其利,不能得过",这种情况后来仍无改变。

拜占庭人的剥削而视阿拉伯人为救星，许多地区的民众甚至配合阿拉伯军队打击拜占庭军团，打开城门协助阿拉伯军队攻城。阿拉伯军队将领阿姆鲁·伊本·阿斯(Amr ibn al-As)率领的 4000 人骑兵在数年间就攻陷了包括亚历山大城在内的整个埃及。[①]这从一个侧面表明，拜占庭帝国对北非的经济剥削相当不得人心，以至于引起民变，当新的外部打击力量到来时，维持其剥削的统治机器不堪一击、一败涂地。阿拉伯人征服北非后，拜占庭帝国社会经济结构被迫进行重大调整，帝国经济生活发生明显变化，这一点已经为现代拜占庭学家所注意。[②]

三

拜占庭帝国对北非的殖民主义政策还表现在精神生活领域，即实行宗教信仰和思想文化方面的专制政策。在阿拉伯人入侵北非以前的 300 年间，拜占庭当局不仅加强了对该地区进行正统基督教的传播，而且强制推行皇帝认定的官方正统信条和教义解释，对于持不同宗教信仰或非正统教义的人实行残酷迫害。同时，任何与拜占庭帝国中央集权专制统治相违背的教、俗文化均在被取缔之列。

早在罗马帝国统治时期，基督教已经在巴勒斯坦和小亚细亚地区发展成熟并广泛传播，其教义信仰、经典、教会组织和礼仪已经有了稳定形态。基督教已经由最初的代表奴隶、城市贫民、下层手工业者等社会底层劳动群众的民间宗教朝着帝国国教发展。公元 1 世纪中期，基督教即传入埃及地区，至 2 世纪时，马格里布各地出现了独立的基督教团体，埃及则在 3 世纪出现了亚历山大教区。君士坦丁一世统治时期，基督教正统信仰作为官方意识形态得到确认和加强，特别是 325

[①] 布莱赫尔认为"阿姆鲁对征服埃及毫无计划，却没有遭到抵抗"，Louis Brehier, *The Life and Death of Byzantium*, p.39.
[②] 一些拜占庭学家甚至认为，7 世纪拜占庭帝国经济结构的调整直接导致拜占庭人饮食结构向肉食为主转变。

年举行的尼西亚宗教会议使基督教实质上获得了国教地位。君士坦丁曾命令非洲地方长官宽容基督教,立即归还以前没收教会的一切财产,承认当地神职人员并逐渐确立其在教会内的领导地位,还责成国库支付神职人员的开支。①他还指令非洲省长豁免神职人员的各种劳役,并授予神职人员免税权。北非的基督教教会在拜占庭帝国皇帝的支持下发展迅速,其神学和教会上层势力影响急剧扩大,形成了重要的亚历山大派别,并在基督教派别斗争中独占鳌头。北非地区广大受压迫民众以完全不同的方式接受基督教,他们采取消极避世的方式反抗拜占庭人的统治。从3、4世纪开始,埃及地区就出现了早期的隐士,他们远离城市和乡村,到人烟稀少的山区、沙漠苦修。这种修道生活在埃及发展得最快,据记载,仅上埃及地区就有7000余名修道士,他们成为基督教修道生活的开创者,并使这种后世基督教重要的生活方式传遍各地。②

自君士坦丁一世后,拜占庭帝国对基督教在北非地区各派的支持是有所选择的,对于拥护拜占庭帝国统治的派别大力扶植发展,对于不利于中央集权统治的行为则大力镇压迫害。君士坦丁一世一方面推行基督教化,另一方面在教会内推行皇帝"至尊权",严密控制制定教义信条、召集主教大会、解释信仰教条、任免教会高官等宗教权力,总之教会必须听命于皇帝,使顺服拜占庭帝国统治的派别成为所谓"正统派",其他派别则被斥责为"异端"。在皇帝的控制下,正统派别动辄对异己教俗人士实行迫害,而皇帝的拥护者则大力发展实力,迦太基主教西普里安(Cyprian)即是在皇帝的支持下走马上任的,亚历山大主教阿塔纳修斯也是在皇帝的支持下将对立派神学家阿里乌及其支持者判定为异端。

但是,历代拜占庭皇帝对宗教事务的直接干涉与控制并没有解决

---

① 扬真的《基督教史纲》是中国学者撰写的第一部基督教史,其中观点问题较多,但史料尚可利用,参与扬真:《基督教史纲》上册,第100—108页。
② 徐怀启:《古代基督教史》,上海:华东师范大学出版社,1996年,第421—427页。

教会内部的冲突,相反却加剧了其内部的斗争,并进而引发社会各个阶层卷入了这种斗争。他们为控制教会,不惜动用暴力手段。在皇帝钦定的《尼西亚信经》通过时,所有到会的主教被强迫要求签字,拒绝者将被捕入狱。当时德高望重的东方四大教区之一的安条克主教因受到诬告指控而被流放。君士坦丁立法明确规定,对拒绝听命于帝国统治的教派实行管束,禁止其集会活动,查抄其财产,惩罚其领袖。[①]然而强权无法解决信仰问题,教会内部的派别斗争愈演愈烈,北非是基督教内部斗争异常激烈的地区之一,当地社会生活因此陷入更大的混乱,社会各个阶层均出现自身难保的焦虑心理,精神颓废呈普遍之势,隐居修道者甚众。

4世纪中期至6世纪中期,拜占庭帝国皇室内斗不断,蛮族入侵加剧,宗教斗争此伏彼起,北非成为重灾区。信仰阿里乌派教义的蛮族部落汪达尔人在征服北非的过程中,对正统派基督徒实行武力打击,放逐了正统教派的神职人员,代之以阿里乌派信徒。在普遍的混乱中,各种思想学说流行,代表不同社会利益集团的理论纷纷亮出旗号。希波主教奥古斯丁(Aurelius Augustinus,354—430)在阐明其对基督教神学解释的理论中,大量涉及了当时北非地区社会精神生活的混乱情况,为后人留下了研究当时北非地区社会历史状况和信仰巨变的珍贵史料。[②]

最能反映拜占庭帝国在北非地区推行的宗教政策的事件是在6世纪出现的"一性论"之争。这场长期的宗教斗争肇始于5世纪,当时安条克和北非的亚历山大教派在基督具有的神性和人性问题上争论不休,由于斗争还涉及对各派在教会中的最终地位,因此争论逐渐激化,超出了单纯的神学问题。当时任君士坦丁堡牧首的聂斯脱利强调

---

① 扬真:《基督教史纲》上册,第122页。
② 奥古斯丁作品中最能反映当时北非社会生活的是《忏悔录》,见奥古斯丁:《忏悔录》,周士良译,北京:商务印书馆,1987年。另见约翰·麦克曼勒斯主编:《牛津基督教史》(插图本),张景龙等译,贵阳:贵州人民出版社,1995年,第2章。

基督具有神、人两性,而亚历山大主教希利尔则认为基督既是神子,又是人子,而人性从属于神性,因此,基督只有神性一种位格。431年以弗所宗教会议期间,两派先后举行会议,相互指责对方为异端,并导致众多信众卷入斗争。这种宗教斗争显然不利于拜占庭帝国对东方行省和北非地区的统治,因此,皇帝塞奥多西二世强令停止争论,将两位主教逮捕撤职。聂斯脱利后流亡波斯,在波斯君主的支持下建立了新的中心和教派。而希利尔则逃回埃及继续捍卫其学说。451年,皇帝马尔西安召集察尔西顿宗教大会,企图统一教会内部的认识,消除深刻的教派对立,他提出神、人两性合一论,反对两性论和一性论。但是,会议决议一经公布,立即引发亚历山大城一性论派教徒的起义。现代非洲史学家正确地指出,这次起义不仅是宗教反抗,在神学思想理论争论背后孕育着深刻的民族矛盾和阶级矛盾。①但是,拜占庭帝国在北非地区推行思想专制是这次起义直接的导火线,以捍卫一性论为旗号掀起的这场人民起义反映出北非人民对拜占庭人政治压迫和经济剥削的仇恨。起义者攻击正统教派,冲击政府机构,杀死拜占庭政府派驻当地的官员,并打败拜占庭军队,占领亚历山大城,迫使拜占庭帝国皇帝不得不调集大军前往镇压。②

查士丁尼一世对一性论派的镇压虽然取得了暂时胜利,530年他颁布法令,对所有拒绝承认察尔西顿宗教会议决议的教派和个人进行迫害,并从君士坦丁堡教士中委派了一位亲信担任亚历山大教区大主教。但是这些措施不仅没能解决导致起义的宗教斗争,相反促使了埃及人民更激烈的反抗。他对此深感棘手,在皇后塞奥多拉影响下,不得不在相当长时间里采取缓和怀柔政策,释放了被捕的一性论派教士,取消了对遭到流放的主教的惩罚,以设法调解北非和埃及教会与

---

① G.莫赫塔尔主编:《非洲通史》第2卷,北京:中国对外翻译出版公司,1984年,第7章。田明:《罗马-拜占廷时代的埃及基督教史研究》,天津:天津人民出版社,2009年,第57—64页。
② G.F.穆尔:《基督教简史》,郭舜平等译,北京:商务印书馆,1981年,第5章。

中央政府的紧张关系。①查士丁尼以后的拜占庭皇帝继续对一性论派实行宽容政策,但是对迦太基地区出现的多纳图派进行血腥镇压,其结果同样遭到失败。拜占庭帝国在北非地区推行的宗教政策不得人心,因此随着阿拉伯军队征服战争胜利的步伐,基督教正统派和拜占庭皇帝支持的其他基督教派被统统驱逐出北非,只留下了活跃在民间的科普特教会。

总之,拜占庭帝国对北非的宗教政策是以其政治压迫、军事征服和经济剥削为后盾的,其强制性的特点是拜占庭帝国暴力统治的结果,它导致当地居民强烈的反抗和无法克服的离心倾向。与其宗教政策相一致的是拜占庭帝国的文化专制政策。无论何种形式的文化活动和思想理论,如果不符合拜占庭帝国在北非的利益,必然遭受无情的压制。亚历山大曾经是古代地中海世界重要的文化中心之一,这里是当时最先进的古代科学技术和思想学术汇集的重镇。罗马帝国征服后,亚历山大的文化地位不断下降。而拜占庭帝国的统治进一步改变了该文化中心的作用,拜占庭皇帝主张一切知识应有利于中央集权专制统治,能够培养帝国政府官员的学校和拥护皇帝统治的学者都得到政府的大力资助,而不利于拜占庭帝国利益的学者则遭到迫害,5世纪亚历山大最著名的女学者希帕蒂亚(Hypatia)遭到正统派基督教信徒暴力攻击而死于乱石之下就是突出的例证,她因其非基督教思想和巨大的古典学术声望而受到官方的排斥,在其遭到基督教狂徒残暴的人身攻击时,得不到当局的保护,对此,现代拜占庭学者无不表示愤怒和痛惜。②

拜占庭帝国统治者比较注意支持文化事业的发展,曾大力支持对古典文献的搜集整理,在北非各主要城市,特别是在亚历山大城,政府

---

① 一些学者认为,这些缓和政策的出台是受皇后塞奥多拉的影响,而在皇后去世后,迫害活动再度升级。J. M. Hussey ed. , *The Cambridge Medieval History* Ⅳ: The Byzantine Empire, pp. 185 - 207.
② A. A. Vasiliev, *History of the Byzantine Empire*, vol. I, pp. 148 - 154.

专门组织学者抄写和注释古代文集,用希腊语拼写古埃及语言,翻译大量古典时代的杰作,形成了流传至今的科普特语版本古文献,为保护古代文化发挥了重要作用。此外,拜占庭政府还积极推进亚历山大图书馆的建设和发展,使之成为地中海世界收藏古籍文献最多的图书馆之一。拜占庭统治集团支持文化事业的发展是为其政治目的服务的,因为,一个只对专制皇权负责的庞大的官僚机构和管理体系需要众多的有文化的人,在暴力统治的同时还需要进行精神控制,需要影响广泛且思想深刻的文化工具。然而,支持文化发展的首要原则是要有利于拜占庭帝国的统治,否则将遭到取缔。529年,查士丁尼一世为强化皇权而收紧了宽松的文化政策,在此期间关闭了所有宣传多神教和世俗文化的中心,其中包括历史悠久的雅典学院。在清除异端和异教文化中,亚历山大图书馆也未能幸免于难,大量珍贵的古籍毁于大火。

综上所述,拜占庭帝国对北非的政策是古代世界的殖民主义政策,统治集团从没有将北非视为本土,仅当作其属地行省,他们把北非居民看作外邦人,即使是那些已经相当"希腊化"的埃及人,在其眼中,仍然是"非我族类"。因此,拜占庭帝国对北非实行政治压迫、经济剥削、军事征服、文化专制、宗教迫害和种族歧视。由于拜占庭帝国在北非的300余年统治,使当地日趋衰落,昔日繁荣的经济生活陷于长期凋敝状态,活跃的文化生活逐步消失,城市破败,农田荒芜,其在经济、政治、文化上的重要地位被君士坦丁堡所取代。北非人民的苦难和对拜占庭帝国统治的反感与日俱增,北非社会各阶层长期孕育的反拜占庭人情绪不断高涨,使拜占庭帝国在北非十分脆弱的统治被彻底动摇,拜占庭帝国的军事征服只能维系一时,当社会发展水平相对落后的阿拉伯人入侵埃及时,拜占庭帝国在北非的统治一触即溃,迅即瓦解。

(原文首载于《南开史学》1989年第2期)

拜占庭帝国"联邦"政策

仔细观察目前的欧洲地图，人们不难发现东欧地区具有某些相似性，除了斯拉夫人这个族群特征外，其信仰、文化，乃至某些生活习俗都有些类似。这就是拜占庭帝国"联邦"政策的历史遗产。很长一段时间以来，人们就已关注拜占庭帝国继承罗马帝国巴尔干半岛遗产后的作为，注意到帝国政府继续将半岛地区视为拜占庭的领土，在多瑙河以南地区，历代皇帝都努力保持拜占庭国家权力。无论控制严密还是松弛，拜占庭人都将这个地区特别是靠近首都君士坦丁堡的色雷斯地区当作京畿重地。对于多瑙河以北的广大地区，拜占庭帝国一直未能给予充分关注，即便是6世纪以后涌入帝国的斯拉夫人逐渐占据居民多数的300年里也是如此，直到9世纪，帝国政策发生了巨大变化。可能是随着南部斯拉夫人实力的增强和遥远北方的东部斯拉夫人频频入侵，帝国政府感受到了巨大的边患压力，因此在单纯的军事抵抗难以应付的同时，帝国皇朝应斯拉夫人的邀请，积极派遣传教士向广大的斯拉夫人活动区域进行传教和文化扩张活动。正是在官方的支持下，首批传教士开始进入斯拉夫人社会，其中以君士坦丁（亦称西里尔）兄弟俩为典型代表的大批东正教传教士和神职人员在今天所谓东欧地区开展了持久而成功的活动，使这一地区迅速接受拜占庭帝国的政治、宗教和文化影响，一些后世学者将这个地区称为拜占庭"联邦"帝国。①

一

伯利斯一世(Boris Ⅰ，852—889年在位)就是拜占庭"联邦"帝国建设的积极参与者。他是保加利亚沙皇，在位期间推行积极的外交政策，接受拜占庭文化和基督教信仰，开启了斯拉夫民族文明化的进程，至今被称为"文化圣人"。他在接受新宗教文化的过程中心存疑虑，在选择罗马教会和拜占庭教会的问题上举棋不定，特别是对基督教礼仪如何融入本民族日常生活产生许多疑问，故而于865年致信罗马教宗尼古拉一世(Nicholas Ⅰ，858—867年在任)，提出了106个关于保加利亚人接受基督教信仰后产生的问题。这些问题涉及保加利亚人因基督教化而引发的社会生活习俗变化。这封信的原件保存在梵蒂冈档案馆。学者们确信，他的这些问题也同样向拜占庭牧首提出过，只是原信已失，缺乏确凿证据。② 伯利斯一世提出的问题反映了保加利亚国家在基督教化过程中产生的深刻社会变化，以及保加利亚人对这种重大变化产生的疑虑，我们姑且称之为"伯利斯疑惑"。学界通常将伯利斯一世视为斯拉夫人文明化的肇始人，当地各相关民族还将他奉为圣人。他的疑惑生动地折射出这一重大转变的图景，也深刻地反映出东欧世界形成其文化特征的最初状况，更从一个侧面表现出拜占庭帝国"联邦"政策落实的真实情况。

伯利斯一世的信件表现出斯拉夫人初识基督教的困惑和不解，

---

① 最有代表性的人物是奥伯林斯基，其作品的书名就以"联邦"为名。Dimitri Obolensky, *The Byzantine Commonwealth: Eastern Europe 500 - 1453*, New York: Praeger Publishers, 1971, pp. 87 - 93。
② 这封保存在梵蒂冈档案馆的信件涉及保加利亚人日常生活中实行基督教礼仪的很多细节。Dimitri Obolensky, *The Byzantine Commonwealth: Eastern Europe 500 - 1453*, pp. 87 - 93。

也真实地反映出拜占庭宗教文化传播的历史过程。这一过程首先是从君士坦丁兄弟的传教活动开始的。

君士坦丁(Constantine the Philosopher，826/827—869，亦称西里尔，西里尔是其教名)和麦瑟迪乌斯(Methodios，819—885)兄弟二人生于拜占庭帝国第二大城市塞萨洛尼基的高级官员之家，其先人可能具有一些斯拉夫人血统。君士坦丁天资聪慧，记忆力超群，年轻时求学于君士坦丁堡，深得大学者数学家利奥(Leo)和神学家佛提乌(Photius)的赏识，学业大进。他学成后任神父，供职于圣索菲亚教堂，后担任哲学教师，曾出使哈扎尔汗国，在汗王的朝廷上与穆斯林阿訇和犹太教拉比进行了激烈的神学辩论，其雄辩的口才和缜密的逻辑思维受到广泛赞誉，也为之赢得了巨大的名声。① 他在一封信中谈及不同信仰时写道："我们的帝国是基督的国度，正如先哲所说'天上的神将建立一个永远不毁的王国，它不会被留给其他的民'，而将化作许多部分，并同化所有的王国，而它将万世永存。"② 君士坦丁的哥哥麦瑟迪乌斯的学术天赋虽然不如其胞弟，但是突出的组织能力使他一度仕途发达，曾官至省长。但是，他后来厌倦了官场生活，进入小亚细亚的一所修道院成为修道士，之后还成为这所修道院院长。

863年，君士坦丁与其哥哥麦瑟迪乌斯应邀前往大摩拉维亚公国传教，受到摩拉维亚大公拉斯迪斯拉夫(Rastislav,846—870年在位)的热情欢迎。为了完成用斯拉夫语传教的任务，他们使用希腊字母为斯拉夫方言拼音，创造了一种为斯拉夫人所理解的文字。这种文字包括43个字母，其中除了希腊字母外，还有他们自创的字母。事实上，他们自幼便生活在流行斯拉夫语的环境里，他们对这

---

① 米洛拉德·帕维奇：《哈扎尔辞典》，南山等译，上海：上海译文出版社,1998年，见该书相关段落。这部小说是根据真实的史实写作的，想象与可靠的史料相结合是其一大特点，国内有部分读者对此不大理解，特此说明。
② Dimitri Obolensky, *The Byzantine Commonwealth: Eastern Europe 500 -1453*, p. 73.

种语言的熟练掌握有利于后来对新文字的创造,但是,对新文字的创造也非短时间内可以完成。史料表明,早在他们出发前数年,极有语言天赋的君士坦丁就已经在其学生的帮助下,创造出新的文字体系,并将传教中最常用的《圣经·新约》中的一些篇章翻译为这种文字。他们的行为曾遭到拜占庭东正教会内保守派的指责,因为拜占庭人一直怀有深刻的文化优越感,认为除了拜占庭人以外的其他民族都是野蛮、缺乏教养、需要启蒙和教化的,因此绝不能使用野蛮人的语言传教。教会上层保守派的意见除了有来自古希腊时代的文化优越心理的根源,还包含着对由希腊教士控制教职的垄断性被打破的担忧。但是这种反对没有酿成公开的争端,特别是以皇帝为首的世俗贵族从外交需要出发坚决支持的态度,使新文字最终形成。这种最早的斯拉夫文字也被称为"西里尔文字",成为此后各种斯拉夫文字继续发展的基础,长期流行在巴尔干半岛,特别是保加利亚、塞尔维亚和马其顿地区,直到 18 世纪,仍为克罗地亚人使用,对斯拉夫人文明化和斯拉夫文化的独立发展起了积极的促进作用。① 根据 11 世纪上半叶基辅洞穴修道士涅斯托尔(Нестор)《往年纪事》的记载,"这二兄弟到达目的地后,首先是创造斯拉夫字母,翻译《使徒行传》和《福音书》。斯拉夫人用自己的语言听到颂扬上帝的伟大,感到欣喜万分。后来他们又翻译《圣诗集》《八重唱赞美诗集》,以及其他一些典籍"。② 此后,他们留在宫中专门从事《圣经·新约》等宗教经典的翻译。在此过程中,拉斯迪斯拉夫大力支持他们的工作,组织聪明好学的年轻人在新建立的学校中跟随君士坦丁

---

① 今天使用的多种斯拉夫语言文字仍以西里尔文字为基础,但是有一些变化,例如俄语有 32 个字母,保加利亚语有 30 个字母,乌克兰语有 33 个字母,塞尔维亚语有 30 个字母,其中俄语变化最大。这些国家的东正教会至今仍然使用西里尔文字印刷。目前,有关西里尔创造的文字问题存在争论,主要意见认为他创造的文字体系是更为复杂的格拉哥里提克文字,而目前被称为西里尔文字的文字体系是后来由麦瑟迪乌斯的学生根据希腊安色尔字体创造的。Dimitri Obolensky, *The Byzantine Commonerslyh: Eastern Europe 500 - 1453*, pp. 139 - 140.
② 《往年纪事译注》,第 58 页。

学习,帮助他进行古希腊文书的整理注释。同时,这两兄弟还积极培养斯拉夫人教士,推动独立教会的成立。那么,摩拉维亚大公为何对此如此热衷并给予他们大力支持呢?

摩拉维亚人原属阿瓦尔人的一支,主要活动于巴尔干半岛北部潘诺尼亚地区,阿瓦尔汗国被法兰克人击溃解体后,他们乘势于9世纪初兴起。摩拉维亚大公拉斯迪斯拉夫统治时期,其实力达到顶峰阶段。在东法兰克国王日耳曼路易(Louis the German,843—876年在位)的扶植下,大摩拉维亚公国发展迅速。但是,逐渐强大到羽翼丰满的大摩拉维亚公国不甘心受人摆布,力图摆脱法兰克王国的控制,积极向拜占庭帝国和教宗寻求支持。[①] 860年,保加利亚沙皇伯利斯一世和法兰克人重修和约,并允诺邀请法兰克传教士到保加利亚。这就引起摩拉维亚人对强大的南部近邻保加利亚人的高度警觉,他们担心保加利亚人与法兰克人联手从南、西两面夹击自己。862年,拉斯迪斯拉夫请求拜占庭皇帝米哈伊尔三世(Michael Ⅲ,842—867年在位)派传教士帮助他们建立独立教会,并使用斯拉夫语言传教。这一要求带有明显的政治目的,即建立与拜占庭帝国的联盟以对抗保加利亚人和法兰克人之间的联盟。对此,米哈伊尔三世心领神会,立即指派君士坦丁堡牧首佛提乌物色和挑选传教特使,最后选择了学识渊博的君士坦丁兄弟二人。后来的历史证明,这一选择非常正确。因为这不是一次单纯的传教活动,而是具有政治外交意义,是一次通过扩大拜占庭文化影响缓和与巴尔干半岛民族关系的外交活动,所以担负传教使命的人必须精通基督教神学和古代哲学,掌握拜占庭帝国外交政策和帝国历史,以及熟悉保加利亚和斯拉夫人历史和民俗,且信仰坚定、思维敏捷、能言善辩。这些

[①] Steven Runciman, *A History of the First Bulgarian Empire*, London, 1930, p. 104.

拜占庭帝国"联邦"政策

素质恰好集中在君士坦丁兄弟二人身上。①

当时,欧洲国家关系的变动也影响拜占庭人在巴尔干半岛的传教活动。变动主要发生在大摩拉维亚,因为这个国家位于巴尔干半岛西北角,远离拜占庭帝国,而他们受到的直接威胁来自西部近邻法兰克人。就在君士坦丁和麦瑟迪乌斯到摩拉维亚人国家传教的第二年,日耳曼路易就派遣大军入侵大摩拉维亚地区,并迫使拉斯迪斯拉夫降服。随着大摩拉维亚国家政治局势的变动,君士坦丁兄弟的传教工作也变得更加艰难起来。罗马教廷支持下的法兰克人传教士采取排挤拜占庭传教士的措施,使用西里尔文字编写的宗教祈祷词和弥撒词都被更换为拉丁文本,它们原本适用于使用斯拉夫语的摩拉维亚人。罗马教廷和希腊教会在对待使用其他民族文字传教方面态度不同,罗马教宗不允许任何民族使用拉丁语以外的其他民族语言传教或举行宗教仪式,而拜占庭人则相对更为宽容。显然,拜占庭东正教会的传教活动的成功不仅要靠君士坦丁这样出色的传教士,而且需要有良好的政治环境。缺乏摩拉维亚人君主的保护,他们的活动就陷入困境。特别是当支持他们的拜占庭帝国与保加利亚人进入战争状态,且他们所属的希腊教会与罗马教廷发生冲突与争执时,他们的处境就更加艰难。拉斯迪斯拉夫尽其所能,支持他们的活动,但是迫于法兰克人的军事压力,不能继续向他们提供如同以前一样的支持。不久,欧洲的国际政治格局发生了变动,极力扩大教宗权的尼古拉一世与德意志人发生矛盾,他对日耳曼人传教士在世俗君主支持下,靠军事力量不断向东扩张势力范围表示不满。为了制约日耳曼人传教士势力的发展,教宗对君士坦丁兄弟表示公开支持,并于867年邀请他们到罗马访问。②

---

① Edward G. Farrugia, et. al *Christianity among the Slavs: The Heritage of Saints Cyril and Methodius*, Roma: Pont. Institutum Studiorum Orientalium, 1988, pp. 34-45.
② Edward G. Farrugia, et. al, *Christianity among the Slavs: The Heritage of Saints Cyril and Methodius*, pp. 241-246.

君士坦丁兄弟离开大摩拉维亚公国后,首先在潘诺尼亚地区的斯拉夫人中逗留了几个月,继续扩大拜占庭东正教会的影响。他们所到之处受到斯拉夫人的热情欢迎,后者对他们表示了极大的敬意,一些屈服于法兰克人军事压力的斯拉夫人统治者也如拉斯迪斯拉夫一样,热情款待他们,组织贵族聆听他们使用斯拉夫语进行布道或参加他们主持的宗教仪式。同年,兄弟二人到达威尼斯,当地罗马教会立即组织教士对他们进行围攻,其激烈程度甚至超过了他们在大摩拉维亚遭遇的反对。这些罗马教士咒骂他们是"落在鹰群里的乌鸦",指责他们违背基督教只能使用希伯来语、希腊语和拉丁语三种语言传教或主持宗教仪式的传统,攻击他们使用斯拉夫语讲经是亵渎神灵,嘲笑他们发明的新文字。君士坦丁兄弟发挥其"舌战群儒"的特长,引经据典证明所有的语言都是上帝创造的,因此上帝恩准使用所有语言传播其福音。当拉丁教士指责他们是"使用三种语言以外的语言传教的异端"时,君士坦丁引用《圣经》的话"那讲灵语(指希伯来语)的不是对人讲,而是对上帝讲,因为没有人听得懂他的话……除非有人能把灵语翻译出来,使全教会得到造就,否则,宣讲上帝信息的就比讲灵语的更不重要……舌头若不说容易明白的话,怎能知道说的是什么呢? ……所以讲灵语的人应该祈求特别的恩赐,好解释灵语的意思……在教会的聚会中,我宁可说五句使人明白、能够教导人的话,而不讲千万句灵语……若大家都讲灵语,一般外人或不信的人进来,不是要说你们都发疯了吗?"①其雄辩的口才使拉丁教士接连败下阵来。其保加利亚弟子甚至提出了更为激烈的反驳,认为只有斯拉夫语言才是由真正的基督教圣人创造的,是上帝的恩赐,而拉丁教士坚持的"三种语言"都是异教徒创造

---

① 他在辩论中还质问:"难道来自上天的雨水不是同样地落到所有人的头上吗? 难道阳光不是一样普照所有人吗? 难道我们不是一样呼吸空气吗?"为什么斯拉夫语言就低一等。Dimitri Obolensky, *The Byzantine Commonwealth: Eastern Europe 500 – 1453*, p. 151. 经文引自《圣经·新约》(中国基督教协会中文版),哥林多前书,第14章。

的,他们的理论依据显然来自自己的老师。

867年冬季,他们到达更加温暖的罗马,受到新教宗哈德良二世(Hadrianus Ⅱ,867—872年在任)的热情款待。此时,教廷已经与大摩拉维亚公国的邻国保加利亚达成默契,保加利亚准备接受罗马教会传教,因此,教宗也希望通过君士坦丁兄弟将势力范围扩大到斯拉夫人世界。他们在罗马受到了空前规格的接待,因为他们随身带来了早年被拜占庭皇帝流放到克里米亚地区并客死他乡的罗马主教克莱蒙特(St. Clement)的遗骨。教宗没有涉及使用何种语言传教的争论,而是充分肯定了他们在斯拉夫人国家四年的传教成就,高度赞扬了他们作为福音传播者和基督教学者作出的贡献,而教宗热情接待他们的目的也在于,利用他们在东欧和中欧地区斯拉夫人中的威望以及这些地区君主对他们的支持来扩大罗马教廷的影响。事实上,当时罗马教宗与德意志(即东法兰克王国)君主之间的关系正在发生微妙的变化,他们为争夺对欧洲教会事务的主导权矛盾逐渐升级。在这一中古欧洲国际关系转变的大背景下,哈德良二世对君士坦丁兄弟的支持是深谋远虑的,因为否定他们使用斯拉夫语传教有可能把上述地区的广大斯拉夫基督教徒推入德意志教士一边,而支持他们则会扩大罗马教廷在整个欧洲的影响。当然,这种支持也具有一定的危险性,因为他们毕竟开启了使用其他民族语言传教的先例。最终,哈德良二世颁布了允许君士坦丁兄弟使用斯拉夫语举行基督教仪式的特许状。[①]

869年2月14日,君士坦丁积劳成疾,因风寒病逝于罗马。依据麦瑟迪乌斯的请求,他被下葬在圣克莱蒙特教堂。临终前几周,他宣誓成为修道士,取名西利尔。此后,麦瑟迪乌斯继续从事斯拉夫教会的理论建设和组织工作,并争取教宗正式批准他成为潘诺尼

[①] Edward G. Farrugia, et. al, *Christianity among the Slavs: The Heritage of Saints Cyril and methoodius*, pp. 250-252.

亚地区的大主教和教宗在该地区的代表,其管辖范围包括潘诺尼亚、(今)摩拉维亚、斯洛伐克和克罗地亚的一部分。然而,当麦瑟迪乌斯于870年回到大摩拉维亚公国时,情况发生了重大变化。支持他们兄弟传教的拉斯迪斯拉夫被其侄子斯瓦托布鲁克(Svatopluk,870—894)推翻,后者篡夺了大公权力后,宣布承认日耳曼路易的宗主权,大摩拉维亚公国遂成为东法兰克王国的附属国。他还支持德意志教士剥夺了麦瑟迪乌斯的大主教权杖,在日耳曼路易的授意下,借口麦瑟迪乌斯僭越了当地的主教管辖权,将其逮捕并移交东法兰克王国,后者被关押在士瓦本监狱中达两年半之久。直到873年,新罗马教宗约翰八世(John Ⅷ,872—882年在任)干预此事,说服日耳曼路易和巴伐利亚主教释放了麦瑟迪乌斯。但是,麦瑟迪乌斯在当地的处境并没有好转,特别是在神学上面临"和子句"产生的难题,因为作为拜占庭东正教会的传教士,他坚决反对东法兰克王国教士在神学上的"错误",① 这使他一直陷于和敌对教士的争论之中,而这并不是他所希望的。同时,其管理教会事务的工作完全处于当时中欧地区变幻无常的政治动荡中,无论是地方统治者还是教宗对他的态度均为时而热情时而冷淡,特别是来自教廷的变动对他产生了直接的影响。例如约翰八世在880年致斯瓦托布鲁克的信中还在为他们以斯拉夫语传教辩护,② 而约翰八世的继任者就公开反对以其他民族语言传教和举行宗教仪式了。

---

① "和子句"(filioque)是指西欧基督教教会在5、6世纪时将《尼西亚信经》中"圣灵自父出来"一句改为"自父和子出来",故名"和子句"。这一改动遭到希腊教会和其他东方教会的反对,因为这意味着对全基督教共同认可的信条作了篡改,而且涉及当时拜占庭东正教会和罗马教会的关系。9世纪时"和子句"纠纷逐渐升级,引发一系列斗争,成为中古时期东、西欧洲基督教争论的重要神学问题。见任继愈主编:《宗教大辞典》,上海:上海辞书出版社,1998年,第306页。
② 约翰八世在信中指出:"用斯拉夫语唱弥撒,或阅读翻译注释准确的《新旧约全书》(即《圣经》)中神的教海……肯定不违背信仰或条条,因为上帝既创造了希伯来语、希腊语和拉丁语三种主要的语言,也创造了他自己赞许和荣耀的其他所有语言。"J. P. Migne, *Patrologiae cursus completus*, *Series latina*, Paris: Garnier 1958-1974, p. 126.

拜占庭世俗文化在这一时期的"复兴"也弱化了巴尔干半岛不同民族间的对立情绪，特别是毁坏圣像运动强化了以皇帝为首的世俗权力对文化和宗教事务的控制，有助于拜占庭人利用这些精神武器征服巴尔干半岛其他民族。"毁坏圣像运动"是拜占庭历史上的重大事件，这场运动发生在8、9世纪，其性质是拜占庭教、俗统治集团发动的禁止使用或崇拜圣像的社会斗争，最终以皇帝为首的世俗统治集团彻底击败教会势力而告终。这场运动涉及面广，影响极大。学者们以这场运动作为当时历史的标志，称运动发生的一百多年为"毁坏圣像时代"。[①] 这场运动持续了117年，对巴尔干半岛地区的影响主要反映在拜占庭帝国对外政策的调整上，即更加重视传教和文化传播。特别是在皇帝塞奥菲罗斯（Theophilos，829—842年在位）统治时期，文化繁荣，传教成果显著。他大力支持官方整理古典作品的工作，因此出现了专门整理抄写古籍的作坊，一种使用"安色尔字体"的文本形式使古籍整理规范化，为保存失传文献作出了巨大贡献。这种字体一直使用到印刷体的出现。塞奥菲罗斯还恢复了朝廷对君士坦丁堡大学的支持，不仅由官方任命教授，给他们授予国家官职，而且由朝廷支付高额薪俸，使这座由君士坦丁大帝于4世纪建立的欧洲最早的大学重新焕发生机。拜占庭历史上一些最著名的学者，如数学家和自然科学家利奥、神学和哲学家佛提乌、神学家和文学家君士坦丁，都受到皇帝的亲自聘请，前来任教并主持大学的学术和教育工作，培养出一大批人才。正是在利奥任校长期间，他的两位高足佛提乌和君士坦丁主持古典哲学的研究和教学。后来，佛提乌被皇帝任命为帝国教会最高首脑君士坦丁堡牧首，他亲自筹划了对保加利亚人和斯拉夫人国家的传教活动，并亲自选定君士坦丁为皇帝的传教特使。[②]

[①] A. A. Vasiliev, *History of the Byzantine Empire*, vol. I, p. 234.
[②] Photios, *Epistolae*, ed by Johannes N. Baletta, Jildesheim: G. Olms, 1978, 2, No. 34, pp. 20 - 25.

二

拜占庭的政治、经济、宗教和文化势力不仅在巴尔干半岛中部和南部地区逐步恢复,也对奥穆尔塔格(Omurtag,814—831年在位)统治下的保加利亚人产生多方面的影响。事实上,两国的和平是建立在双方实力平衡基础上的,其前辈血腥战争的记忆并没有消失,民族对立心理仍然长期存在。从保加利亚人方面来说,其上层贵族既希望通过接受拜占庭人的政治模式以保持对统一国家的统治,并从拜占庭人的生活方式中得到改善自己生活质量的方法,但是又担心拜占庭人通过宗教文化的渗透实现其政治控制的目的。因为,他们非常清楚,作为从北方入侵并定居在巴尔干半岛的保加尔人的后代,拜占庭人不仅没有忘记他们祖先之间的战争,而且一直将他们视为外族入侵者,一直在寻机消灭保加利亚国家或至少要把他们变为拜占庭帝国的臣民或附属国。而那些参加过早期入侵战争的老战士和贵族,更是将拜占庭人视为保加利亚人的世仇宿敌,这些人对保加利亚国家政策影响巨大。这些能够决定保加利亚国家政策的人尤其注意坚持本民族的古老习俗和原始信仰,即保加利亚人从伏尔加河流域大草原游牧生活中保留的风俗习惯,以及对最高战神及祖先的崇拜。他们将这些视为保持政治独立和民族特性的重要手段,特别是当拜占庭人利用传播基督教信仰和文化来实现其政治目的的时候,这就显得越发关键。奥穆尔塔格及其后继者曾经采取了反基督教措施,强制要求数万拜占庭战俘和被掠居民宣誓放弃基督教信仰,但遭到拒绝,其中一些宗教领袖,例如亚得里亚堡主教曼努埃尔(Manuel)甚至因此被处死。奥穆尔塔格的接班人、其子马拉米尔(Malamir,831—836年在位)为阻止基督教影响的蔓延,处死了接受洗礼并坚持基督教信仰的亲兄弟恩拉沃塔(Enravota)。①

当时,拜占庭人对法兰克人的东扩也深感忧虑。为了避免与法兰克人的直接冲突,拜占庭人采取积极的宗教和文化政策,与法兰克人争夺保加利亚人和其他巴尔干半岛北部民族。这一时期与法兰克人保持亲密关系的罗马教宗也积极支持法兰克人,教廷向保加利亚派遣特使,劝说他们皈依罗马教会。正是在这样的大背景下,拜占庭皇帝大力支持佛提乌选派饱学善辩之士前往保加利亚传教,而君士坦丁兄弟也是在这样的政治背景下完成该使命的。

对拜占庭帝国抱有很大敌意的伯利斯一世与东法兰克王国重修和约的消息传到君士坦丁堡后,立即引起拜占庭朝野的震动,因为这意味着法兰克人的势力将直接贯穿巴尔干半岛,直达色雷斯平原。皇帝米哈伊尔三世立即调动军队,于864年向色雷斯北部边界地区运动,同时派出一支舰队沿黑海西岸北上。此时,保加利亚国内发生饥荒,军事上也未做好迎战的准备,因此,在拜占庭军队逼近的压力下,被迫取消与法兰克人达成的协议。864年,伯利斯一世向君士坦丁堡派遣使节,明确表示放弃与法兰克人结盟,并同意接受拜占庭东正教会传教士传教。次年9月,伯利斯一世受洗皈依基督教。拜占庭人则停止军事行动,并许可部分保加利亚人到巴尔干半岛南部定居。这一事件有两点值得注意。其一,保加利亚人是被迫接受基督教信仰,而非自愿主动邀请拜占庭传教士;其二,接受洗礼的保加利亚沙皇伯利斯一世只是在宗教上皈依基督教,保加利亚在文化领域接受拜占庭文化,但政治上仍然保持独立,而没有成为拜

---

① 事实上,信仰问题只是保加利亚宫廷内部争夺最高王权的一个借口,马拉米尔处死恩拉沃塔的政治目的是剪除一个政治对手,正如君士坦丁以保护基督教徒而攻灭其妹夫李锡尼一样。Will S. Monroe, *Bulgarian and Her People*, Boston: The Page Co., 1914, pp. 12-23.

占庭帝国的附属国。①

对于拜占庭人积极支持君士坦丁兄弟传教活动的意图,学者多有分析。他们认为,这些活动的"目的完全符合皇帝米哈伊尔三世和瓦西里一世的外交政策",②而9世纪中期也是拜占庭帝国将单纯军事外交调整为宗教文化传播相配合,对巴尔干半岛文化扩张最频繁活跃的阶段。君士坦丁兄弟先在大摩拉维亚、后在保加利亚的传教活动对巴尔干半岛历史与文化发展走势影响极为深远,不仅对拜占庭帝国而且对斯拉夫各民族意义重大。

由于拜占庭东正教会结束毁坏圣像运动后重新恢复正常活动,并与世俗君主关系更加融洽,因此,以君士坦丁堡牧首佛提乌为首的教会决策层得以更为积极地参与国家的外事活动。在大约十余年的时间里,这一工作成就十分显著,俄罗斯南部草原上的哈扎尔人也被拜占庭使节说服,允许在其人民中进行传教活动。君士坦丁兄弟在大摩拉维亚传教活动的巨大进展有助于他们推动保加利亚人皈依基督教信仰,塞尔维亚人也由此开始接受福音书传播,古罗斯人则首次接受了从君士坦丁堡派遣的主教,这一系列政治和宗教的外交活动最终结出了硕果,拜占庭历史上对巴尔干半岛施加的影响取得了最丰硕的成就,其空前绝后的巨大影响力凸显出其重要意义。无论当时的拜占庭人是否意识到这些活动的重要性,也许活动的组织者对此始料未及,但是其客观上产生的深远影响是应该加以肯定的。③ 拜占庭时期东正教体现的民族平等思想也是其能够在东

---

① 对于拜占庭作家关于保加利亚人因此成为拜占庭帝国附属国的记载,现代学者提出不同的看法,认为那只是"拜占庭人政治哲学"的推摩。Dimitri Obolensky, *The Byzantine Commonwealth: Eastern Earope 500 -1453*, pp. 84 - 85.
② Dimitri Obolensky, *The Byzantine Commonwealth: Eastern Earope 500 -1453*, p. 150.
③ 米哈伊尔三世可能从一开始就意识到这些活动的重要性,他在附有西里尔文字的信中对拉斯迪斯拉夫写道:"接受一种比金银宝石和暂时的财富更加伟大珍贵的礼物……将使你的国度也能够名列那些以自己的语言报答上帝荣耀的伟大国家之林。"Francis Dvornik, *The Making of Central and Eastern Europe*, London: Polish Centre, 1949, p. 313.

欧地区广泛流传的主要原因之一,东正教会一贯主张的各民族基督教徒使用本地语言传教和举行仪式的惯例也是它与罗马天主教会的一个重要区别。

在9世纪的长期和平期间,拜占庭帝国加强了对整个巴尔干地区的文化与宗教传播,并取得了巨大进展。首先,拜占庭帝国的御用文人在爱琴海、亚得里亚海和小亚细亚西部沿海广大被斯拉夫人占据的地方通过传教活动传播拜占庭文化,宣扬拜占庭人的价值观和政治规则,取得了空前的进展,其中色雷斯、阿提卡、伯罗奔尼撒、伊庇鲁斯南部、阿尔巴尼亚和达尔马提亚等地区先后出现了许多东方基督教教堂,帝国在这些地区的政府机构得到恢复,大量古代文献被输送到保加利亚和斯拉夫国家的王宫。① 而后,沿着梅里奇河和瓦尔达河等河谷交通路线,文化和传教活动逐渐向北发展。而在沿海地区的农业和渔业地方的传教活动也逐渐转变为适应巴尔干半岛北部农牧渔业的方式,例如在沿海以橄榄油、鱼肉和面包为宗教仪式的材料,进入半岛北方就改变为以其他植物油和面包为主,特别是由于半岛北方气候寒冷,教堂建筑也因地制宜地发生了相应的变化,而在半岛南部以希腊语为主的传教活动是适应当地希腊人占多数的选择,到半岛北部以斯拉夫人为主的环境中也必然进行相应的调整。正如俄国著名拜占庭专家乌斯本斯基所说:"毫无疑问,基督教开始传遍保加利亚的时间更早些……甚至早在8世纪君主宫廷里就有许多基督徒。"②

奥穆尔塔格及其后继者正是抱着这种深刻的疑虑采取了一些矛盾的政策。一方面,他们在统治中不得不采用拜占庭帝国的政治制度,使用希腊语记录和对外交流。另一方面,他们对基督教在保

---

① John Wilkes, *The Illyrians*, Oxford: Blackwell Publishers, 1992, pp. 234-250.
② 转引自 A. A. Vasiliev, *History of the Byzantine Empire*, p. 282. George Ostrogorsky, "The Byzantine Background of the Moravian Mission", *Dumbarton Oaks Papers*, vol. 19 (1965), pp. 1-18.

加利亚人中的传播非常恐惧,禁止保加利亚人接受基督教信仰,迫害传教士。尽管保加利亚的上层采取抵制拜占庭文化影响的政策,但是,这种影响却越来越强烈。首先是保加利亚的统治者需要拜占庭工匠建筑王宫和其他纪念物,以向臣民显示专制权威、赫赫武功和丰功伟绩,树立其绝对权威。现代考古学的诸多发掘证明,许多纪功碑的石刻和墓志铭文都是奥穆尔塔格时代流传下来的,其中个别的铭文是使用希腊字母拼写古保加利亚语言,但绝大多数是直接使用希腊民间语。① 这说明当时的保加利亚人有民族语言而没有独立的文字体系,他们还不得不使用希腊语言文字,在相当长时间里将希腊语用作官方语言。不仅如此,他们运用拜占庭政治体制掌控其民众,还借用拜占庭帝国的行政组织建制和官职名称,在国都普里斯卡设立朝廷,连汗王奥穆尔塔格为他自己建造的陵墓,上面的铭文也仿效拜占庭皇帝使用的形式,"人是要死的,即便他尊贵地活过,其他的人则要出生;让新生的人注视着这座陵墓,记住它的建造者。这位君王的名字是奥穆尔塔格大汗,神赐予他长命百岁"。② 再者,战争时期被保加利亚人关押的大量战俘和掠夺的拜占庭人口,此时也通过联姻和其他形式融入保加利亚人社会,他们人数众多,成千上万,成为拜占庭文化最好的传播者,因为无论是当一般的奴隶还是君主的奴仆,他们保持的基督教信仰和生活习俗比保加利亚人的原始信仰和习俗更有吸引力。保加利亚人各个阶层,甚至王族成员也逐渐接受了拜占庭人的影响,这个过程可以被视为"拜占庭化",类似于他们祖先经历过的"斯拉夫化"。

  保加利亚人自觉或不自觉、情愿或不情愿地接受拜占庭政治文化和基督教信仰是有其自身深刻的原因的。首先,保加利亚人在入侵和定居巴尔干半岛的过程中,也经历了从半游牧向农耕生活方式

---

① John Beddoe, "On the Bulgarians", *The Journal of the Anthropological Institute of Great Britain and Ireland*, vol. 8 (1879), pp. 232-239.
② Dimitri Obolensky, *The Byzantine Commonwealth: Eastern Europe 500-1453*, pp. 82.

转变的过程,其生活风俗的改变是心理观念改变的结果,必然引起其原始的社会制度的改变。他们必须放弃在草原地带流动生活中养成的习惯,必须使其原有的多神教信仰转变为一神教信仰,以适应中央集权国家制度的需要。其次,保加利亚人与斯拉夫人的结合,即保加利亚人经历的斯拉夫化过程,使他们在9世纪大体接受了斯拉夫人的文化,而当时在保加利亚人中已经有相当多斯拉夫人皈依了基督教,他们和那些因战争而进入保加利亚社会的拜占庭人一起,对保加利亚人产生广泛影响。再者,随着拜占庭帝国实力的恢复和对巴尔干地区控制力的加强,保加利亚人感到日益增加的军事压力。同时,在保加利亚人的西北部,存在多个民族,其中威胁最大的是法兰克王国。如何在几个大国之间寻求生存的机会,对于保加利亚汗王也是敏感和难于把握的问题。832年,马拉米尔汗王和法兰克加洛林帝国的皇帝"虔诚者"路易(Louis the Pious, 814—840年在位)订立和约,确定了两国沿多瑙河中游和蒂萨河的边界。此后,伯利斯一世任沙皇时期,保加利亚国家更是推行了亲法兰克人的外交政策,同时借助后者的势力向东部扩张。① 只是由于拜占庭帝国的军事压力,他才被迫接受东正教传教。

三

伯利斯一世接受基督教信仰后不久即收到拜占庭帝国君士坦丁堡牧首佛提乌的来信,佛提乌在信中详细谈到基督教仪式问题,特别强调伯利斯的基督教政策的英明正确,可以与欧洲历史上第一位基督教皇帝君士坦丁大帝相比。但阿谀奉承并未解除伯利斯心中的疑惑,因此他写回信询问。② 作为拜占庭大学者和牧首的佛提

---

① G. Ostrogorsky, *History of the Byzantine State*, p. 194.
② Dimitri Obolensky, *The Byzantine Commonwealth: Eastern Europe 500 - 1453*, pp. 87 - 93.

乌,事实上没有必要写这样一封信件,其真实目的在于坚定伯利斯一世的信仰,因为他已经接到这位君主迫于国内压力而发生反悔倾向的报告。[1] 当时,伯利斯尽管采取了平息叛乱的措施,但是贵族和臣民中对拜占庭人的反感并未因此而减弱,对他采取的基督教政策的不满也在保加利亚各个阶层中扩大。特别是拜占庭传教士们的活动常常超出宗教范围,他们在宣讲教义和主持宗教仪式中,有意无意地表示出明显的效忠拜占庭皇帝的政治倾向,这对于保持保加利亚国家的政治独立和维护民族特性危害极大。因此,为了防止保加利亚国家被拜占庭政治同化,同时又要使其基督教化政策有利于保加利亚民族的发展,伯利斯一世一方面坚决清除反叛势力,下令处死策动起义的52名反叛者及其子女,[2]另一方面他向拜占庭皇帝提出建立保加利亚独立教会的请求。866年夏季,他正式提出这一要求,其理由是当时的基督教世界已经存在的五大教区并不包括保加利亚人,罗马教区管理原罗马帝国西部,君士坦丁堡、亚历山大、安条克和耶路撒冷教区管理原罗马帝国东部,只有巴尔干半岛北部尚未划归任何教区,因此独立的保加利亚教区可以承担这一管理职责。这一要求显然是与拜占庭人的计划相悖,因为他们认为保加利亚人是入侵帝国的野蛮民族,对他们进行的基督教化只是实现其最终政治征服的一个步骤。鉴于当时拜占庭帝国缺乏武力征服的能力和与罗马教会及法兰克人争夺保加利亚人的需要,拜占庭皇帝和君士坦丁堡牧首对伯利斯一世的要求迟迟不作回应。

伯利斯一世显然对拜占庭人的冷漠很反感,他立即决定恢复与法兰克人的联系并接受罗马教廷派来的传教士。同年夏季稍晚,他派遣特使前往日耳曼路易国王的宫廷,要求重修友好关系。同时,他向罗马教廷派遣特使请求教宗派传教士来保加利亚。罗马教宗

---

[1] Photios, *Epistolae*, 2, No. 36, pp. 120 – 125.
[2] G. Ostrogorsky, *History of the Byzantine State*, p. 195.

尼古拉一世抓住这一时机,立即派了两位高级教士到普里斯卡面见伯利斯一世,并呈上教宗的亲笔书信,对于伯利斯提出的问题一一作出解答。这些问题非常具体,譬如:

> 是否可以吃宦官宰杀的动物肉?哪些动物和飞禽可以允许基督教徒宰吃?在斋戒期过后的早晨何时吃饭?礼拜三和礼拜五是否可以洗澡?礼拜天是否可以性交房事?礼拜日和斋戒期人们是否可以工作?普通信徒为什么不能进行公共祈雨仪式?普通信徒在就餐以前为什么不可以在餐桌上画十字祝圣?是否可以接受叛乱的非基督教徒的悔罪?基督教如何对待谋杀、偷盗、通奸罪行,这些重大罪行都可以得到宽恕吗?还是只要忏悔不要惩罚?罪犯在教堂里就可以获得庇护权吗?是否可以用马尾当作旗帜?战前是否可以占卜或举行唱歌舞蹈仪式?是否可以穿长裤和对刀剑起誓,或带护身符作战?士兵逃离战场或拒绝服从军令应如何对待?跨国变节背叛的士兵难道不应被判处死刑?士兵在战前没有做好武器和马匹等应做的准备该如何处罚?没有带腰带是否可以领受圣餐?信徒在教堂里站立是否要把双手交叉抱在前胸?一年中的斋戒期共有几天?大斋期圣餐礼仪是否每天都可以举行?妇女是否必须戴头巾方可进教堂?世界上总共存在多少真正的教区主教?罗马主教之下谁是第二位的主教?在教堂里举行基督教圣事时使用的圣油是否只能从君士坦丁堡生产并运往各地?希腊教会圣传崇拜是否有效?基督教国家如何对待基督教内部不同教派的?如何对待异教偶像崇拜?强制推行基督教信仰是否正确?与友善民族结盟的正确方式是什么?如果一个基督教国家撤销与另一个基督教国家订立的约定该怎么处理?基督教国家是否可以与非基督教国家签约?①

---

① Dimitri Obolensky, *The Byzantine Commonwealth*: *Eastern Earope 500 – 1453*, pp. 87 – 93.

教宗在信中，详细回答了伯利斯提出的 106 个问题，清楚地指出了罗马教会和拜占庭教会的区别，着重分析了拜占庭人利用基督教吞并保加利亚人的危险，并表明了从道义上同意保加利亚人建立独立教会的要求。伯利斯的问题也向佛提乌提出过，但后者只是笼统地谈论了基督教的神学和礼仪问题。根据佛提乌的回信，我们知道这些问题大多涉及日常宗教生活要求的细节，诸如没有戴腰带是否可以领受圣餐、礼拜三和礼拜五是否可以洗澡之类。① 这两种不同的回信方式，在伯利斯一世看来，反映出教宗对他的尊重和拜占庭人对保加利亚人的轻视，特别是教宗对拜占庭人的政治目的的看法完全符合他本人的意见。

听命于罗马教宗的法兰克人传教士当时也在大摩拉维亚传教，和君士坦丁兄弟展开竞争，他们同样将罗马教会的祈祷仪式和弥撒词翻译为斯拉夫语的拉丁文字，但是这种文字缺乏系统，难于掌握，最终被淘汰。而君士坦丁创造的文字更符合斯拉夫人的语言传统，特别是他们兄弟及其弟子翻译的大量基督教经典、早期教父作品、当代拜占庭神学著作和古希腊文史哲杰作等不仅能满足信徒信仰的需求还能满足他们在文化上的需要，从而获得广泛的民众支持，奠定了斯拉夫语言发展的基础。君士坦丁兄弟本人翻译的作品，不仅译文精确传神，而且合辙押韵，其翻译水平当时无人可比。其之所以如此，在于他们对于希腊语和斯拉夫语两种语言文字都极为精通，且文学功底深厚，对基督教神学素有研究。由于君士坦丁兄弟的早期翻译文本质量极高，因此，在此后的几个世纪里，这些文本成为所有斯拉夫知识阶层的标准读本，文本中的语言也成为新一代斯拉夫学者的学术语言和整个东欧斯拉夫世界的国际语言。在君士坦丁兄弟的各种成就中，意义最为重大的是西里尔文字的形成，在大约一代人时间里，这种文字体系不断完善，成为斯拉夫人文明化

---

① Photios, *Epistolae*, 2, No. 36, pp. 126 – 128.

的重要工具。此后陆续开展的翻译基督教经典、古希腊文献,开办学校等活动都被认为是斯拉夫人文明化过程中的重要事件,而这一时期也被后人当作斯拉夫人文明化的开端。

麦瑟迪乌斯于881年回到阔别18年的家乡,应拜占庭皇帝瓦西里一世(Basil Ⅰ,867—886年在位)的邀请遍访君士坦丁堡。这次访问是在拜占庭帝国与罗马教廷关系缓和以后安排的,因为接受了教宗任命的麦瑟迪乌斯在此之前与君士坦丁堡牧首几乎断绝了联系。很多法兰克教士对此幸灾乐祸,认为这位由拜占庭人安排的希腊传教士肯定得不到佛提乌的原谅,原因是佛提乌的君士坦丁堡牧首职位一直没有得到罗马教宗的承认,而由他一手安排并大力支持的麦瑟迪乌斯竟然接受了教宗的任命。皇帝瓦西里一世和佛提乌牧首还是热情接待了他,并大力支持他继续在斯拉夫人中开展教会工作。他的弟子和得力助手有的留在君士坦丁堡收集翻译宗教文献,有的被派往其他地区的斯拉夫人中传教。事实上,拜占庭皇帝和教会也希望利用麦瑟迪乌斯在斯拉夫人中的巨大声望扩大帝国的宗教和政治影响,特别是利用其成功的传教经验和翻译的斯拉夫语言文字的宗教文献对其他斯拉夫国家展开传教活动,毕竟在拜占庭帝国北部存在着保加利亚、塞尔维亚和罗斯等斯拉夫人国家,他们的基督教化和对拜占庭文化的认同将有利于帝国的安全。几年后,当麦瑟迪乌斯的弟子和门徒被威尼斯人扣留时,瓦西里一世还亲自派遣使节将他们解救出来。此后,麦瑟迪乌斯将主要精力投入到翻译基督教经典和拜占庭法律文献之中,他不仅仔细修改了之前协助君士坦丁翻译的基督教宗教仪式祈祷词和《圣经·新约》,而且由本人在其学生的协助下翻译注释了《圣经·旧约》的部分章节,以及希腊教父作品、拜占庭历代法典和皇帝法令中涉及教会的条款、拜占庭帝国著名法典《法律选编》。885年,麦瑟迪乌斯不堪法兰克教士的骚扰,在缺乏世俗君主保护和教宗支持的情况下,病逝于大摩拉维亚。他死后,斯瓦托布鲁克以莫须有的罪名将其主要的弟子关入大牢,其中包括他指定接任其大主教职位的哥拉兹德(Gorazd)、劳伦斯(Laurence)、安格拉留斯(Angelarius)、克莱蒙特(Clement)和纳乌姆(Naum)。他们中的大部分最终被驱逐出大摩拉维亚,流亡到保加利亚。

保加利亚人接受基督教信仰和拜占庭文化的意义极为深远。然而,围绕是否继续坚持接受拜占庭文化问题,在保加利亚国内出现了反复,甚至伯利斯一世本人也发生了动摇。显然,任何影响历史发展进程的重大变革都不会一帆风顺,要经历一番斗争。

尽管罗马教宗没有完全答应伯利斯一世提出的保加利亚教会独立的要求,但这位沙皇反复斟酌后,仍决定接受教宗的传教。关于独立教会的问题,比较拜占庭人避而不谈的态度,他认为教宗提出的首先设立保加利亚总主教,而后根据教宗特使的报告再决定是否设立独立教会的建议更为可行。于是,他在866年下半年,接待了教宗特使和高级传教士,同时下令将希腊传教士驱逐出保加利亚国境。拜占庭人对此的直接反应是,君士坦丁堡牧首佛提乌立即向东部各教会发出通知,准备就保加利亚人的信仰变化召开宗教大会。他在通知中指出罗马教会在宗教礼仪和信条方面的诸多错误,分析了保加利亚人在罗马教会的误导下采取的错误行动及其严重后果。这个事件也造成拜占庭教会和罗马教会之间关系紧张,教宗尼古拉甚至宣布开除佛提乌的教籍,而佛提乌完全不理会教宗的命令,在皇帝米哈伊尔的支持和主持下于867年在君士坦丁堡召开了宗教大会,并正式决定开除教宗尼古拉的教籍,将罗马教会的信条和仪式指责为异端。[1] 不过这个足以导致基督教大分裂的事件却由于东、西教会的变故而发生戏剧性转折,进而未能升级为重大历史事件。同年,拜占庭帝国发生宫廷政变,瓦西里一世登基,建立了马

---

[1] Despina Stratoudke White, *Patriarch Photios of Constantinople: his Life, Scholarly Contributions and Correspondence Together with a Translation of Fifty-Two of His Letters*, Brookline, Massachusetts: Holy Cross Orthodox Press, 1981, p. 87.

其顿王朝,同时将前朝宠臣佛提乌罢免,任命伊格纳条斯(Ignatios)为新的君士坦丁堡牧首。几乎同时,罗马教宗尼古拉一世去世,867年12月由哈德良二世(Hadrian Ⅱ,867—872年在任)接任教宗。两大教会的新领袖私交甚好,故改变前任的政策,恢复了友好关系。①

伯利斯一世对事情的最新进展可能感到失望,特别是对军人出身的拜占庭新皇帝感到不安,于是迫于拜占庭军事压力重新对拜占庭教会示好。特别是当罗马教廷拒绝了他任命自己的亲信担任保加利亚总主教,并要求他将任命提交教廷决定时,伯利斯更加坚定了倒向拜占庭人的决心。他派出保加利亚代表团参加了870年2月在君士坦丁堡召开的基督教世界宗教大会,听候大会对保加利亚人的决定。参加会议的多数主教站在拜占庭教会一边,而教廷的代表势单力薄。虽然后者一再重申,保加利亚教会归属教廷管辖的古代伊利里亚地区,因此应将其教会划归教廷,但是拜占庭教会和其他东方教区代表异口同声地辩驳说,巴尔干半岛都属于拜占庭帝国,因此保加利亚教会事务应归君士坦丁堡的教会管理。在会议召开的第三天,皇帝瓦西里一世亲自下令接受保加利亚人的请求,允许其保持一定的独立性。② 大会之后,保加利亚国家重新聘请拜占庭教会教士,再将罗马传教士赶出国境。牧首伊格纳条斯还亲自任命了保加利亚教区大主教,委任后者相对独立地负责保加利亚教会事务。保加利亚总主教虽然在理论上和名义上隶属君士坦丁堡牧首,但是其地位仅次于伊格纳条斯,位在其他主教之上。这就部分地满足了伯利斯一世的要求。此后,保加利亚教会根据伯利斯的意愿划分各地教区,由主教负责各教区事务。最初,这些主教也是由拜占

---

① Despina Stratoudke White, *Patriarch Photios of Constantinople*, pp. 230-256.
② Stanisław Turlej, *The Chronicle of Monemvasia: the migration of the Slavs and church conflicts in the Byzantine source from the beginning of the 9th century*, trans by Marta Dabrowska, Cracow: Towarzystwo Wydawnicze, 2001, pp. 198-204.

庭人派任,大批随行教士和学者则充当了传播拜占庭文化的使者。许多保加利亚青年被派往君士坦丁堡学习,并在拜占庭修道院进修,而后回国任教职。在这些年轻人中就有伯利斯一世的儿子西蒙。①

晚年的伯利斯一世继续推行基督教化政策。其邻国大摩拉维亚公国当时已经调整了外交政策,转而亲近法兰克人。885年,麦瑟迪乌斯去世后,他们驱逐了拜占庭传教士,其中包括麦瑟迪乌斯的弟子克莱蒙特(Clement)和纳乌姆(Naum),他们在君士坦丁于869年病故后继续坚持在大摩拉维亚公国的传教活动。被驱逐后,克莱蒙特一行沿多瑙河顺流而下,来到保加利亚,受到热烈欢迎,被从边境护送到国都普里斯卡。伯利斯一世亲自召见他们,并坐而问道一整天,仔细探讨基督教神学如何与保加利亚斯拉夫人的传统相结合的问题。显然,伯利斯仍然思考着在接受基督教信仰并使其民族文明化的同时,不引起巨大的社会反抗,使其民众可以心平气和地接受这些外来事物。886年,克莱蒙特被派往保加利亚西部的马其顿地区,即今天的阿尔巴尼亚东部奥赫里德湖周围地区,进行传教活动,他还得到统治者的授权,在当地建立教堂和修道院,设立学校培养保加利亚神职人员。他在当地使用西里尔文字翻译拜占庭教会文献,使用斯拉夫语言传教,成果就显著,当地信徒人数急剧增加,很快就使奥赫里德地区成为巴尔干半岛西部最重要的基督教圣地和斯拉夫文化中心。② 与此同时,纳乌姆被派往保加利亚东北地区的普雷斯拉夫(Preslav),并在那里建立了古代斯拉夫文学学校,在伯利斯一世及其儿子西蒙的大力支持下,培养了许多著名的斯拉夫学者。893年,克莱蒙特被任命为奥赫里德地区主教后,纳乌姆又受

---

① Adam Smith Albion, *Symeon, Tsar of Bulgaria* (893 - 927), *as seen through Byzantine Lenses*, Harvard University Press, 1988, pp. 23 - 45.
② Matthew Spinka, *Studies in Church History*, Chicago: The American Society of Church History, 1933, p. 256.

命前往协助他管理当地教会事务。

保加利亚国家的基督教化似乎可以确定其未来的进程了。然而,反复辟的斗争还没有结束。889年,身心疲惫的伯利斯一世主动退位,将沙皇的权力交给其长子弗拉基米尔(Vladimir,889—893年在位),而后进入修道院,准备在平静中度过晚年。但是,弗拉基米尔辜负了他的心愿,因为这个儿子性格优柔寡断,生活放荡荒淫。那些曾在伯利斯一世统治时期受到无情镇压的旧贵族及其后裔乘机复辟,他们聚集在弗拉基米尔宫廷中,一方面满足其声色犬马的需求,另一方面鼓动他改变其父亲的政策。在弗拉基米尔统治的四年里,拜占庭东正教再次受到排挤,拜占庭传教士遭到迫害。弗拉基米尔为了与东法兰克国王日耳曼人阿尔努夫(Arnulf of Germany,896—899年在位)签约而废除了与拜占庭人的和约。① 这一系列复辟活动和反基督教的政策损害了保加利亚的利益,特别是打乱了保加利亚人文明化的进程,有可能导致新的内乱。退位沙皇伯利斯一世对弗拉基米尔极为失望,特别是担心自己一生的事业可能毁在这个叛逆之子手里。893年,他从修道院直接来到首都普里斯卡,召集忠心的重臣贵族,重新执掌皇权,宣布废除弗拉基米尔,并按照拜占庭法典处以瞽目重刑,将其打入死牢。同年,他召集保加利亚各地贵族大会,决定由其第三个儿子西蒙接替皇位,确定斯拉夫语言文字取代希腊语为保加利亚官方语,国都迁至普雷斯拉夫。② 弗拉基米尔代表的保加利亚旧贵族和复辟势力最后一次反扑遭到失败,此后,新沙皇西蒙忠实执行伯利斯一世制定的国策,继续推行斯拉夫文明化,加强中央集权和斯拉夫文化建设,引进拜占庭政治和经济制度,极大增强了保加利亚的国力。伯利斯则重回修道

---

① Ian Grey, *Boris Godunov: The Tragic Tsar*, New York: Charles Scribner's Sons, 1973, pp. 125 - 129.
② Stephen Graham, *Boris Godunof*, New Haven: Yale University Press, 1933, pp. 210 - 215.

院,直到907年病逝,终年55岁。

保加利亚人基督教化和文明化的进程显示出,不同文化之间的接触、融合是促进巴尔干半岛社会发展的重要方面,其积极意义和深远的效果远远超过武力冲突的方式。正是由于拜占庭人采取的这一新的手段,才使巴尔干半岛开始进入宗教与文化整合的新阶段。但是这一过程充满了新旧势力之间的斗争,甚至是流血的冲突。毋庸讳言,拜占庭文化在巴尔干半岛的传播伴随着暴力、杀戮、阴谋、冲突、政变和流血,既有外部的也有内部的战争,但是,最终的结果是文明和理智战胜了野蛮和愚昧。[①] 而新生的斯拉夫人国家及其文明又为巴尔干半岛地区注入了新的活力。

如果将观察的视野放开,将伯利斯一世领导保加利亚国家接受基督教信仰和拜占庭政治文化置于中古欧洲世界的政治变局中,那么就不得不承认这一重大事件是中古欧洲地缘政治发展的结果,伯利斯一世开展的自上而下的文明化即"拜占庭化"就不仅仅是其个人和民族正确的选择。拜占庭帝国继承罗马帝国政治传统,成功完善了皇帝专制中央集权制国家建设,并在其实力最为强盛的阶段,将其权力向外扩展。这就与欧洲西部当时唯一代表统一力量的罗马教会发生冲突,尤其在对两大势力之间交界地区的争夺上,双方的博弈非常激烈。伯利斯的疑惑充分反映出作为被争夺对象的保加利亚人在选择新靠山过程中的复杂心情,更表现出地缘政治对手间较量的不确定性。最终,拜占庭帝国在保加利亚地区的胜利和大摩拉维亚倒向罗马教会都是地缘政治发展的必然结局,其背后发挥决定性影响的是拜占庭帝国和法兰克王国政治军事实力的边际效应。但是,拜占庭帝国在巴尔干半岛取得的传教胜利还有更大的示范效应,对于其后东斯拉夫人的皈依作出了成功的榜样,进而为整

[①] 对于这个判断有学者提出质疑,他们怀疑"这次皈依究竟对拜占庭帝国有利还是对保加利亚有利"。Cyril Mango, *The Oxford History of Byzantium*, p. 173.

个东欧世界的文明化和拜占庭化产生了深刻的影响。

在观察拜占庭帝国调整对外关系政策时,还要看到外来入侵特别是基辅罗斯人860年首次进攻君士坦丁堡事件的巨大影响。[①] 长期以来,拜占庭帝国作为控制东地中海世界的强权,特别是掌控从黑海经博斯普鲁斯海峡和马尔马拉海,到达达尼尔海峡和爱琴海及东地中海的纵向海上区域霸权,其海军实力超过周边国家和民族。但是,来自黑海方向的古罗斯人入侵打乱了拜占庭人的战略布局,东斯拉夫人的残暴胜利迫使拜占庭人必须调整防御战略战术,必须增加以东正教信仰为核心的文化扩张途径,化解来自北方海上的入侵威胁。同时,拜占庭帝国的统治者在开始认知这股新生力量的过程中,希望充分利用其武力,用文化融合的工具完成战场上难以得到的成果。换个角度看,拜占庭人"联邦"帝国政策既有其"聪明才智"之处,也有其"不得已而为之"的因素在发挥作用。无论如何,拜占庭帝国的"联邦"政策取得了明显的成效,其影响一直延伸到今天,这是任何有观察力的人都不能否认的。

(原文首载于《史学理论研究》2007年第3期)

[①] 桑叶博士对此次战役有深入的研究。见桑叶:《第一次罗斯远征君士坦丁堡研究》,《内蒙古大学学报》(哲学社会科学版)2021年第2期,第78—85页。

第六编

末代王朝外交军事研究

末代王朝的外交

帕列奥列格王朝是拜占庭帝国末代王朝,自 1261 年米哈伊尔八世(Michael Ⅷ,1259—1282 年在位)派军队重新占领君士坦丁堡,建立帕列奥列格王朝政权,直到君士坦丁十一世(Constantine XI,1449—1453 年在位)于 1453 年奥斯曼土耳其帝国军队攻陷君士坦丁堡时在街头混乱人流中失踪为止,统治时间达 192 年,在位皇帝 10 人。该王朝是拜占庭帝国历史上统治时间最长的王朝,但也是皇权和国力最衰弱的时期。该王朝的内外政策直接导致拜占庭帝国迅速衰败并最终灭亡,因此,研究其统治政策对于了解拜占庭帝国灭亡的原因是十分关键的。

然而,长期以来,国际拜占庭学界对这一课题没有给以足够的重视,其原因是对拜占庭帝国晚期的历史研究一直因史料不足而有待深化。直到近年来,英国牛津大学教授尼科尔在拜占庭帝国晚期历史研究中取得了较大的进展。①。在其著作中,尼科尔较多地涉及这个时期拜占庭帝国内政和王朝政治,特别对末代皇帝君士坦丁十一世倾注了大量笔墨,对这位悲剧式的皇帝进行了透彻分析。但是,他没能对当时十分重要的外交问题进行必要的考察,甚至没有

---

① D. M. Nicol, *The Last Centuries of Byzantium* 1261 - 1453, Cambridge, 1993, Preface. D. M. Nicol, *The Immortal Emperor : The Life and Legend of Constantine Palaiologos , Last Emperor of the Romans*, Cambridge, 1992. D. M. Nicol, *Studies in Later Byzantine History and Prosopography*, Cambridge, 1985.

对这个直接导致拜占庭帝国灭亡的主要因素进行足够的描述。我国学术界至今尚未对这一课题进行更细致的研究,事实上,对该王朝的研究表明,末代拜占庭帝国因其弱小,故而特别注重外交活动,该王朝的外交政策凝聚了帝国历史上全部外交活动的经验教训,或言之,该王朝的外交全面反映出拜占庭帝国外交的基本特征、行动原则,具体表现为诡计多端、善使手段等。深入探讨帕列奥列格王朝外交活动不仅能够全面了解拜占庭帝国最终灭亡的重大事件,而且能够从一个特殊时期的外交活动,整体了解拜占庭帝国历史上的外交。正因为如此,本文依据近年来发现的史料,对帕列奥列格王朝外交政策的有关问题作初步分析,以便引起学界同仁对这一问题的注意。

一

1261年8月15日,拜占庭皇帝米哈伊尔八世入主君士坦丁堡。这一天被人们视为拜占庭帝国"光复"的节日,也被后人看作帕列奥列格王朝统治拜占庭帝国的开端。但是,这个时期的拜占庭国家已经不是"帝国","它已经下降到二等小国的地位,是个处于守势的国家"。① 帕列奥列格王朝的外交政策经历了三个阶段:自主外交阶段、亲土耳其外交阶段和亲西方外交阶段。

1261—1341年是帕列奥列格王朝的自主外交阶段。在这一阶段,先后有四位皇帝主持军国大政,即米哈伊尔八世、安德罗尼库斯二世(Andronikos Ⅱ,1282—1328年在位)、米哈伊尔九世(Michael Ⅸ,1294—1320年在位,包含与其父共治时期)和安德罗尼库斯三世(Andronikos Ⅲ,1328—1341年在位)。他们各自的统治时期,虽然面临的问题有所区别,但是外交政策却有着相同的特点。

---

① Louis Brehier, *The Life and Death of Byzantium*, p.287.

末代王朝的外交

首先,拜占庭国家在这一历史阶段中的外交活动表现出了自主性和独立性,没有明显的倾向性。米哈伊尔八世统治期间,重新夺回首都君士坦丁堡的拜占庭国家面临西方和北方强敌的威胁,特别是刚刚狼狈逃窜的拉丁帝国残余势力和被驱逐出君士坦丁堡的西欧骑士的复辟力量如同悬挂在拜占庭人头上的"达摩克利斯利剑",使立足未稳的拜占庭帝国皇帝感到恐惧。可以说,复辟与反复辟是重新入主君士坦丁堡的拜占庭人面临的第一个生死攸关的斗争。当时,复辟势力以西西里国王安茹的查理(Charles Ⅰ of Anjou, 1266—1285年在位)和被废的原拉丁帝国皇帝鲍尔温二世(Baldwin Ⅱ, 1240—1261年在位)为领袖,他们联合对拜占庭抱敌对态度的巴尔干国家,如塞尔维亚王国、保加利亚王国、残留在希腊的拉丁人小公国和伊庇鲁斯专制君主国,结成反拜占庭帝国同盟。[①] 经过紧锣密鼓的准备,安茹的查理发动了第一次旨在复辟拉丁帝国的十字军征伐,首先夺取了巴尔干半岛西部近海的科孚岛作为进攻君士坦丁堡的军事基地。[②] 为了粉碎查理的阴谋,米哈伊尔八世展开灵活的外交活动。他一方面积极主动向罗马教廷派遣使节,提出重新开始关于东西方教会统一问题的谈判,表示愿意领导东正教教会服从教宗,以此来离间教宗和查理的关系。[③] 另一方面他紧紧抓住法国国王路易九世(Louis Ⅸ, 1226—1270年在位),主动遣使结好,并投其所好,馈赠许多古代希腊手稿和文物,同时,以谦卑的姿态请路易九世仲裁基督教东、西教会之间的争论,从而赢得路易的好感,促使路易出面阻止了其弟安茹的查理的东侵计划。

但是,1270年路易九世在远征中病死于突尼斯,使米哈伊尔八世的反复辟计划遭到重大挫折。安茹的查理和鲍尔温进一步扩大

[①] Deno Geanakoplos, *Emperor Michael Palaeologus and the West, 1258-1282; A study in Byzantine-Latin Relations*, Cambridge, 1959, ch. 1.
[②] A. A. Vasiliev, *History of the Byzantine Empire*, vol. 2, pp. 594-595.
[③] W. Norden, *Das Papsttum und Byzanz*, Berlin, 1903, p. 468.

反米哈伊尔八世同盟,将被后者废黜的尼西亚王朝皇帝约翰四世(John Ⅳ Laskaris,1258—1261年在位)和遭到后者打击的威尼斯人拉入同盟。① 查理和鲍尔温还结成儿女亲家,以政治联姻巩固同盟的基础。1276年初,全力支持东、西教会和解并与米哈伊尔八世关系密切的教宗格列高利十世(Gregory Ⅹ,1271—1276年在任)突然去世,新当选的教宗尼古拉三世(Nicholas Ⅲ,1277—1280年在任)以及之后的教宗马丁四世(Martin Ⅳ,1281—1285年在任)都是查理的亲信,他们撕毁了1274年在法国里昂达成的东、西教会和解协议,支持并积极参加反拜占庭帝国同盟。② 教廷发生的这一重大变动对米哈伊尔八世极为不利,因为该同盟进攻君士坦丁堡的军事行动已经箭在弦上。正当"梦想成为世界君主"的查理发动第二次十字军,踌躇满志地要实现其"夺取君士坦丁堡,占有朱利乌斯·恺撒和奥古斯都的王国"的野心时,③米哈伊尔八世却在悄悄地与埃及苏丹和西班牙阿拉贡国王进行秘密谈判,推动阿拉贡国王彼特罗三世(Peter,or Pedro Ⅲ,1276—1285年在位)远征西西里,利用"西西里晚祷"事件击败查理,④进而缓解了拜占庭帝国面临的危机,彻底粉碎了拉丁帝国遗老勾结西欧人的复辟阴谋。⑤

其次,拜占庭在这一历史阶段的外交活动还具有极大的灵活性。米哈伊尔八世除了巧妙地周旋在西欧各种政治宗教势力之间,利用其相互矛盾和利害冲突,达到巩固新王朝统治的目的,他还摆脱宗教信仰的束缚,大胆开展对东方各国的灵活外交活动,为维护

---

① Conrad Chapman, *Michael Paléologue, restaurateur de l'Empire byzantin* 1261 - 1282, Paris,1926, p. 124.
② W. Norden, *Das Papsttum und Byzanz*, p. 604.
③ Nikephoras Gregoras, *Historia Byzantine* I. p. 123.
④ 西西里人民不堪忍受安茹的查理的残暴统治,1282年复活节后的星期一在巴勒莫城郊教堂举行晚祷时,当地人民杀死侮辱他们的法国士兵,从而导致西西里全境大规模人民起义。阿拉贡国王彼特罗三世以恢复被查理推翻的霍亨斯陶芬王朝在西西里的统治为借口,乘机进军该岛,从而引发了长达13年的战争。
⑤ "Autobiography of Michael Palaeologus", ed. by George, *Byzantine Studies*,1959—1960(29 - 30), pp. 447 - 476.

末代王朝的外交

拜占庭在西亚和东地中海地区的权益创造有利条件。当时,蒙古西征大军横扫了亚洲大部分地区,征服了小亚细亚地区塞尔柱人的罗姆苏丹国。米哈伊尔八世立即向蒙古军队统帅旭烈兀(Hulegu,1217—1265)派遣使节,主动结好。为了保持这种友好关系,迫使拜占庭帝国东线敌对势力不敢轻举妄动,米哈伊尔八世与同旭烈兀为敌的马穆鲁克王朝(1250—1517)巧妙周旋,既不对其提出的与拜占庭人结盟的要求作出明确答复,以免引起旭烈兀的不满,又不断然回绝埃及人经海峡进入黑海地区的贸易请求,[1]以防迅速兴起的马穆鲁克军队对拜占庭帝国用兵。而后,当时统治俄罗斯人的金帐汗国汗王别尔克(Berke,1257—1267年在位)急于建立与马穆鲁克王朝的经济和商业联系,对米哈伊尔八世的外柔内刚的外交计策十分恼火,并派心腹战将诺盖指挥保加利亚人军队进攻拜占庭,米哈伊尔八世审时度势,确认旭烈兀的蒙古军队忙于内战,一时难以构成拜占庭帝国的直接威胁,而化解北方的外敌入侵是当务之急,故立即放弃与旭烈兀的友好关系,转而与金帐汗国结好,并将其私生女嫁给诺盖,从而化敌为友,解除了保加利亚军队的进攻。进而,他与马穆鲁克王朝和金帐汗国都结成同盟,[2]彻底消除了东方的后顾之忧,而将全部精力用于对付西方的威胁。

1341年之后的50年是帕列奥列格王朝外交活动的第二阶段,即亲土耳其人外交阶段,这一阶段是约翰五世(John V,1341—1391年在位)的统治时期。拜占庭在这一阶段的外交政策特点之一是从利用土耳其人向依赖土耳其人转变。1341年6月15日,安德罗尼库斯三世去世,其9岁之子约翰五世即位,由母后安娜摄政。数月后,因安娜与大贵族约翰·坎塔库震努斯的矛盾,爆发了争夺宫廷最高权力的斗争,进而演化为全面的内战,这对拜占庭的外交

---

[1] Nikephoras Gregoras, *Historia Byzantine* I, p.101.
[2] P. Schmid, *Die diplomatischen Beziehungen zwischen Konstantinopel und Kairo zu Beginn des 14 Jahrhunderts*, Munich, 1956, p.120.

活动产生了巨大的消极影响。以皇帝约翰五世为一方和以他的岳父约翰六世(即约翰·坎塔库震努斯,其于 1347 年自立为共治皇帝,John Ⅵ,1347—1354 年在位)为另一方的"两约翰之战"进行了 7 年,在此期间,交战双方为了各自的利益,向周围强大的邻国求援。安娜寻求保加利亚军队的帮助,而约翰·坎塔库震努斯则投靠了土耳其人。当时,势力迅速发展的奥斯曼土耳其人完全控制了小亚细亚地区,正在寻找进入欧洲的机会,约翰·坎塔库震努斯的外交政策恰恰为之提供了正当的理由。1345—1356 年,土耳其人在约翰六世的邀请和支持下先后五次对巴尔干半岛大规模增兵,约翰六世的外交政策给了他们巨大的机会。为了巩固其皇帝的地位,约翰六世还将亲生女儿嫁给奥斯曼土耳其苏丹奥尔汗(Orkhan,1323/1324—1362 年在位)。①

约翰五世也是如此。他在西欧人的帮助下击败约翰六世,因此,在其恢复帝位的初期,对西方国家充满幻想。1366 年和 1369 年,他前往匈牙利和罗马,企图说服西方君主再次发动援助东方基督徒的十字军,但结果使他大为失望。他们不仅没有响应他的求救呼吁,反而大敲竹杠。威尼斯人以其赖账为借口将他扣押在威尼斯,直到其子以大笔赎金将他赎回。② 1371 年,直接受到奥斯曼土耳其军事威胁的巴尔干各国结成反土联盟,在马利卡河右岸与土军进行决战,结果被凶猛彪悍的奥斯曼土耳其人击败。这一仗使约翰五世认识到,阻止奥斯曼土耳其人势力的扩张几乎是不可能的。③从此,他步约翰六世的后尘,改变外交政策,积极主动、卑微地讨好奥斯曼土耳其苏丹,缴钱纳贡,送交人质,心甘情愿使拜占庭国家奥

---

① A. Arnakys, *The Early History of the Ottomans*, Athens, 1947, pp. 162 - 197.
② John W. Barker, *Manuel Ⅱ Palaeologus (1391 - 1425):A Study in Late Byzantine Statesmanship*, New Jersey, 1969, pp. 1 - 83.
③ G. Ostrogorsky, *Serboi under Stefan Dusan*, Belgrade,1965, pp. 127 - 146.

斯曼土耳其帝国的附属国。①

这个阶段帕列奥列格王朝外交的另一个特点是外交活动丧失了独立性,转变为唯奥斯曼土耳其马首是瞻的小国外交。1354年博斯普鲁斯海峡地区发生强烈地震,扼守海峡的加里波利要塞城防遭到严重破坏,奥斯曼土耳其人乘机占领该城。约翰六世深知此城的重要性,因此提出以大笔赎金和另一座城市来交换加里波利城。但是,苏丹奥尔汗在收取了金钱后宣称他不能放弃真主赐予的东西,并拒绝会见约翰六世,使其受尽屈辱。约翰五世控制政权后,作为苟延残喘的弱小国家的皇帝,完全听从奥斯曼土耳其帝国的命令。他不仅通过与土耳其苏丹订立条约的形式使奥斯曼土耳其对色雷斯地区的占领合法化,而且还不得不接受他们将首都从小亚细亚地区迁入欧洲巴尔干地区的事实,无奈之下,他只能曲意迎合奥斯曼土耳其帝国在巴尔干半岛的扩张。② 1374年,约翰五世和其他巴尔干国家的统治者一样正式承认苏丹的宗主地位,而且将次子曼努埃尔送入苏丹宫中作为人质。也是在苏丹的命令下,他只能将犯上作乱的长子安德罗尼库斯和孙子约翰的眼睛刺瞎。③

自曼努埃尔二世(Manuel Ⅱ,1391—1425年在位)于1391年成为皇帝至君士坦丁堡陷落的半个多世纪,是帕列奥列格王朝外交活动的第三阶段,即亲西方的阶段。其主要特点是拜占庭皇帝不断以各种形式乞求西欧国家的救援,直到最终灭亡。当时奥斯曼土耳其帝国已经扫清了占领君士坦丁堡的一切障碍,完成了灭亡拜占庭帝国的准备工作。新苏丹巴耶塞特一世(Bayezid Ⅰ,1389—1402年在位)通过一系列战争,征服了整个小亚细亚和巴尔干半岛地区,并

---

① *Historia Rhomaike Nikephoros Gregoras* Ⅱ, trans. by J. van Dieten, Stuttgart, 1973, p.842.
② 在此期间,奥斯曼土耳其人逐个灭亡了波斯尼亚人、瓦兰吉亚人、罗马尼亚人、塞尔维亚人和保加利亚人的国家。
③ John W. Barker, *Manuel Ⅱ Palaeologus(1391-1425):A Study in Late Byzantine Statesmanship*, pp.18-36.

组建庞大的舰队控制了爱琴海,使拜占庭人龟缩在君士坦丁堡城内,成为孤岛上的绝望者。在此背景下,曼努埃尔二世只能将得救的希望寄托于西欧国家。他先是请求威尼斯人向被封锁的首都运送粮食,以缓解城中发生的饥荒,① 而后,向包括教宗、法兰西、英格兰、阿拉贡、威尼斯在内的西方国家和俄罗斯求援,得到各国口头响应,俄罗斯人支援了些许金钱和法兰西人派来1200人的骑兵,这对于挽救拜占庭帝国的危急形势如同杯水车薪。于是,曼努埃尔二世在法兰西将军布锡考特(Boucicaut)的陪同和保护下前往西欧进行了为期三年半的游说活动,但是得到的几乎全部是空洞的许诺。他白白浪费了拯救帝国的宝贵时间。

皇帝约翰八世(John Ⅷ,1425—1448年在位)也先后访问了威尼斯、匈牙利和米兰,用时一年。1438年,他率领包括东正教君士坦丁堡牧首约瑟夫二世在内的希腊教会代表团再赴西欧,参加教宗主持召开的佛罗伦萨宗教会议,签署"佛罗伦萨东西教会统一协议",以图换取罗马教宗尤金四世(Eugenius Ⅳ,1431—1447年在任)发动反奥斯曼土耳其人十字军的承诺。1444年,由波兰-匈牙利国王瓦迪斯瓦夫三世(Władysław Ⅲ Warneńczyk,1434—1444年在位)统率,波兰、匈牙利和罗马尼亚等国军队组成的十字军在瓦尔纳战役中遭到重创,全军覆没,瓦迪斯瓦夫三世阵亡。② 这是欧洲人抵抗奥斯曼土耳其扩张和挽救拜占庭帝国的最后尝试。此后,约翰八世停止了外交努力,听凭命运之神的摆布,消极等待最终末日的到来。拜占庭末代皇帝君士坦丁十一世在位的4年中,尽其所能,进行了最后抵抗,并向西欧各国发出绝望的求救信,但却泥牛入海毫无消息,直到在沙场乱军之中不知所终。

显然,拜占庭帝国晚期的外交政策是随着当时西亚和欧洲,特

---

① Michael Dukas, *H Istoria tou Buzantiou*, Bonn, 1850, p. 50.
② Δούκας, *Ιστορία*, Bucharest, 1958, 275:20 - 277:15.

别是小亚细亚和巴尔干半岛形势的变化而变化的,可以说帕列奥列格王朝的外交政策是当时国际形势发展的一个结果。但是,在充分注意帕列奥列格王朝外交政策演化的外部因素的同时,我们不能忽视其内在的原因。从拜占庭帝国整体的历史发展看,其外交活动的内部根源发挥了更重要的作用。

二

影响帕列奥列格王朝外交政策的内在因素非常复杂,但是就其主要者可概括如下。

首先是军事因素,这是影响帕列奥列格王朝外交活动的一个重要因素。拜占庭帝国地处东地中海战略要地,为东西方古代地缘政治的结合部,长期成为兵家必争之地。可以说,拜占庭帝国的历史就是一部战争史,军队的发展对于中央集权制帝国的生存具有十分重要的意义。军区制曾使国家军事化,地方军事首脑的一元化领导极大地提高了地方管理的效率和军队的应急能力,战斗力明显提高。现代拜占庭学家高度评价了军区制,认为它是"赋予拜占庭新活力的大胆改革,其意义极为深远"。[①] 军区制衰落以后,拜占庭军队一蹶不振,兵不能战或无兵可用,雇佣兵逐步取代了农兵成为国防军主力。雇佣兵不仅是国家巨大的财政负担,[②]而且,雇佣兵作战的目的与本国农兵不同,极易发生哗变,是拜占庭帝国晚期动荡衰弱的重要原因。正是因为缺乏强大的国家武装力量作为外交活动的后盾,拜占庭的许多外交成果不能得到巩固。例如1396年,巴尔干各国组成反土同盟,联合反击奥斯曼土耳其军队的扩张,并将粉碎奥斯曼土耳其军队对君士坦丁堡的封锁作为主要的作战目标之

---

① G. Ostrogorsky, *History of the Byzantine State*, p. 86.
② A. H. M. Jones, *The Later Roman Empire 284 – 602: A Social, Economic, and Administrative Survey*, pp. 619 – 623.

一,但是,曼努埃尔二世却未能提供一兵一卒配合这次行动,使奥斯曼土耳其军队获得大胜。将近半个世纪以后,巴尔干国家反土同盟再次遭到同样的失败,而拜占庭人由于同样的原因没有为自救作出任何贡献,错失了最后的机会。① 当数十万进攻君士坦丁堡的奥斯曼土耳其军队层层围住这座拜占庭都城时,他们面对的仅是数千拜占庭人和雇佣兵组成的乌合之众。② 不是拜占庭人不想参加基督教联军来对抗奥斯曼土耳其军队,而是他们早就放弃了国防建设,解散了作战部队,凿沉了舰船以便节省开支,即便有部分所谓"部队"战士也主要是用于一直没有降格的皇家仪仗队活动,他们毫无战斗力。没有武力支撑的外交是瘸腿外交,拜占庭人每每在谈判的关键时刻失败大多是因为缺乏军事实力的支持。末代拜占庭帝国正是"弱国无外交"的典型案例,此处所谓"无外交"就是指其外交接连失败。

其次,拜占庭国家经济基础的全面崩溃和国力资源的完全枯竭,致使其极度衰弱。可以说,国势衰弱是帕列奥列格王朝外交屡屡受挫的最主要原因。早期拜占庭帝国经历长期动荡确立的军区制是成功的军事和政治经济制度的改革。由于军区制适应内部强化中央集权、外部抵御游牧民族频繁入侵形势的需要,因此有效的缓解了外敌侵略引发的危机,并推动了以农兵为主体的小农经济的复兴,从而为军区制自身的发展和帝国的强盛奠定了坚实的经济基础。军区制使拜占庭军队具有广泛而稳定的兵源和财政保证,使兵源充足,世代不绝,且由于下级官兵自备武器、装备和粮草,而减轻了中央政府的财政负担,也使拜占庭国家税收大幅度增长,财政状

---

① Louis Brehier, *The Life and Death of Byzantium*, pp. 332,356.
② Doukas's *Decline and Fall of Byzantium to the Ottoman Turks*, XXXVIII, 3 - 4, p. 213.

况根本好转。① 9、10世纪的帝国有的年份的全年收入达58.4万金镑，②为拜占庭帝国历史上年收入最高水平。但是，10世纪末以后军区制的解体和以农兵为核心的小农日益丧失独立性和迅速破产，③以及11世纪国有小农几乎完全消失、12世纪军区制被彻底取消，④使晚期拜占庭经济产生了灾难性后果。一方面，作为国家主要纳税人的小农的消失使国家丧失了作为主要财源的土地税、人头税和各种不定期征收的非常规税；另一方面，军区制瓦解促使形势恶化，使拜占庭国际贸易迅速萎缩，对国家财政是最后的致命打击。学者们估计，拜占庭帝国晚期年收入只有军区制发展最完善时期的年收入的1/40。⑤ 此时的拜占庭国家极为衰弱，缺乏从事大国外交的经济实力，甚至连维持小国外交的财力也没有，在拜占庭帝国早中期阶段一度推行的"金钱外交"也不得不作罢，因此，只能在强国之间周旋，苟延残喘。1370年初，约翰五世即因为缺少必要的金钱而使其数年游说西方、千方百计达成的救援君士坦丁堡的协议在最后一刻化为泡影，并因无力偿还债务，受到传讯，被扣押在威尼斯达一年之久。⑥ 奥斯曼土耳其人更是借口拜占庭不能按外交协议交纳贡赋而在巴尔干半岛攻城略地。1453年，拜占庭人甚至因为不能给匈牙利火器工匠乌尔班支付足够的报酬，而促使他投奔奥斯曼土耳其苏丹大营并帮助后者铸造了当时世界上最大的火炮，奥斯曼土耳其军队因此装备了攻陷君士坦丁堡最关键的武器。

---

① M. M. Postan ed., *The Cambridge Economic History of Europe from the Decline of the Roman Empire*, Vol.1, *Agrarian Life of the Middle Ages*, p. 208.
② Steven Runciman, *Byzantine Civilization*, p. 96.
③ G. Ostrogorsky, *Quelques problemes d'histoire de la paysannerie byzantine*, ch. 4.
④ G. Ostrogorsky, *History of the Byzantine State*, p. 368.
⑤ Steven Runciman, *Byzantine Civilization*, p. 96. *Historia Rhomaike Nikephoros Gregoras*, trans. by J. van Dieten, Stuttgart, 1973, vol. 1, p. 317. Steven Runciman, *The Fall of Constantinople*, Cambridge, 1965, pp. 83 – 91.
⑥ Louis Brehier, *The Life and Death of Byzantium*, p. 321.

再者,对帕列奥列格王朝外交活动具有深刻影响的另一个因素是政治因素。在晚期拜占庭帝国,以大地产为基础的军事贵族势力对中央集权造成直接威胁,有些军区将军的叛乱甚至导致王朝的倾覆。大军事贵族凭借经济实力拥兵自重,直接参与皇室内斗,有的贵族本人甚至爬上皇帝宝座。自10世纪下半叶,军事贵族便形成强大的政治势力,与中央政府的官僚贵族势力争权夺利,明争暗斗,这两大政治势力之间的较量构成晚期拜占庭帝国政治生活的主线。13世纪以后,拉丁帝国时期引进的西欧封建制加剧了地方势力武装割据的混乱局面,[1]军事贵族的叛乱愈演愈烈,他们兵临首都城下,推翻当朝皇帝。当时最有实力的军事贵族约翰·坎塔库震努斯自立为皇帝即是其中典型的案例。[2] 各地的军事贵族拥兵自重,拒不服从中央政府的命令,为了保全自己,极尽认敌为友、认贼作父、引狼入室、相互厮杀之能事,使拜占庭国家的军机要务和外交政策无法施行。

与世俗贵族起着同样恶劣作用的教会贵族,一方面无耻地搜刮财富,将国家仅存的收入变为教产,另一方面对国家政事也指手画脚,横加干涉,稍不满意,便煽动骚乱,制造社会动荡。当国家危亡在即之时,教会上层仍然不顾帝国利益,反对东西教会和解。在奥斯曼土耳其军队破城之际,君士坦丁堡的教士们宁可将金银埋在地下也不肯支援政府用于购买武器。作为约翰八世外交重要成果的"佛罗伦萨东西教会统一协议"就是由于教会的反对而流产,大公卢卡斯·诺塔拉斯公开宣称"宁可在都城内看到头裹方巾的土耳其人统治,也不愿意看到顶着三重教冠的拉丁人统治"。[3]

最后,在考察了军事、经济、政治因素之后,我们还应注意到包括拜占庭皇帝在内的帕列奥列格王朝政治人物的短视。拜占庭帝

---

[1] R. L. Wolff, *Studies in the Latin Empire of Constantinople*, London, 1976, ch. 3, 4.
[2] D. M. Nicol, *The Byzantine Family of Kantakouzenos*, pp. 35–103.
[3] Doukas's *Decline and Fall of Byzantium to the Ottoman Turks*, XXXⅦ.

国末代王朝几乎没有出现"一言以兴邦"的卓越政治家,无论是历代皇帝,还是高官显贵,或是将军武士,都对东地中海和欧洲形势缺乏必要的理解,对国家的前途缺少应有的洞察力,以致在外交活动中采取了许多短视行为,外交政策忽左忽右。首先,他们不是将政策的重心放在整顿朝纲和内政改革方面,不是把外交确立在富国强兵的基础上并为加强国力服务。以该朝最有作为的皇帝米哈伊尔八世为例,他的外交活动可谓活跃,但是其活动大多出于权宜之计,仅为应付迫在眉睫的威胁,对复兴国家力量毫无帮助。其次,由于他们不能清醒地认识本国国情和周围世界的形势,因此做了不少"不可为而为之事",采取了许多错误的外交措施。例如他们不能正确评估本国民众对罗马天主教的反感情绪和西欧各国内部动荡、无心东顾的局势,因此在争取西方援助的外交活动中付出的代价太大,损失的精力太多,浪费的时间太长,而没有取得任何成果。同样,由于他们不能正确判断奥斯曼土耳其人迅速崛起的趋势和称霸地中海与黑海世界的野心,因此采取了许多有利于奥斯曼土耳其人发展扩张的政策,"精明的"约翰六世就是在对自己外交失误的悔恨和世人的唾骂中病逝的。问题是为什么末代帝国缺少辨识世事的有识之士呢?这是11世纪以后拜占庭中央集权制国家政治向以科穆宁家族为代表的地方集权家族政治转变的结果,帝国政治精英的眼界从观察世界转变为聚焦家族所在地区,没有人再高度关注巴尔干半岛、小亚细亚、东地中海,乃至欧洲和亚洲西部的局势变化,更没有人去思考这个古老帝国的命运,文人雅士也都将自己的身家财产寄托了地方贵族大家族,最终形成了末代帝国整体性的"愚化"。

帕列奥列格王朝的外交政策既是当时环境发展的结果,也对晚期拜占庭帝国每况愈下的形势起了推波助澜的作用,可以说它是拜占庭国家最终灭亡的重要原因之一。

三

晚期拜占庭帝国国力持续下降,衰落之势不可阻挡,特别是到14世纪末和15世纪初,其灭亡已成定局。在这一背景下,帕列奥列格王朝的外交活动还对形势的发展起了加速恶化的作用。

首先,它加剧了外敌入侵的边关危机。主要表现有三点:其一,由于帕列奥列格王朝历代皇帝的外交政策指导思想的错误,国家的外交活动没有成为强化内部改革的助推力,也没为加强国力创造好的外部条件,而只是成为统治阶层寻求援助和救护的渠道。在该王朝统治的近200年期间,人们几乎找不到任何旨在富国强兵的措施,甚至连在尼西亚流亡期间推行的军事和土地改革也被废止了。[①] 相反,从米哈伊尔八世到君士坦丁十一世的历代皇帝只是利用外交活动来阻止外敌入侵或引进雇佣兵,从而错过了从内部改革救亡的时机,堵塞了在内部解决边防问题的通道。其二,该王朝一度推行的亲奥斯曼土耳其人政策使新兴的奥斯曼土耳其国家顺利发展,其外交政策之养虺成蛇、养虎遗患的消极作用非常明显。早在13世纪时,拜占庭帝国完全有能力清除这个小亚细亚地区的隐患,但他们或是未能预见其潜在的威胁,或是忙于内战和其他紧迫危机,而任其发展。[②] 而后拜占庭朝野贵族便将凶猛彪悍的奥斯曼土耳其人作为内战和对斯拉夫人作战的主力,使之发展极为迅速。正是由于该王朝的支持和保护,奥斯曼土耳其势力才没有被扼杀在初期阶段,也没有像巴尔干半岛各小国那样相互牵制、难于发展。也是由于该王朝的亲奥斯曼土耳其政策,使奥斯曼土耳其人获得充足的理由和借口大肆扩张,在很短的时间里便完成了对小亚细亚和巴尔干

---

① Michael Angold, *A Byzantine Government in Exile: Government and Socitety under the Laskarids of Nicaea* (1204 - 1261), Oxford, 1975, ch. 3 - 6.
② Γρηγόριος Ακινδύνος, *Επιστόλαι*, Paris, 1927, p. 277.

半岛地区的征服,其崛起速度之快在整个世界历史上都非常罕见。还是由于该王朝的屈服,奥斯曼土耳其帝国的征服扩张活动被合法化了。其三,该王朝推行的亲西方政策延误了解除边防危机和自救的时间。客观地看,拜占庭末代帝国也有自救的时间和机遇,但它们都被拜占庭人慷慨地浪费掉了。帕列奥列格王朝的统治者对西欧国家的游说和对教宗的争取工作几乎没有产生任何实际的成果,但是却付出了大量的时间和精力,约翰五世、曼努埃尔二世和约翰八世先后访问多个西欧国家,短则数月,长则数年。① 正是在这个关键时期,塞尔维亚人一度控制了巴尔干半岛,兵临君士坦丁堡城下。也是在这个关键时期,奥斯曼土耳其人迅猛崛起,为建立一个新的帝国打下了基础。

其次,它加剧了国家财政经济危机。拜占庭帝国的经济危机始于12世纪军区制彻底瓦解的时期,至帕列奥列格王朝统治阶段,国家稳定的税收几乎不能保证,国库里所剩无几,政治分裂造成的中央直属领地的迅速萎缩使国家财源和人力资源趋于枯竭。该王朝推行的外交政策非但无助于国内形势的改善,反而促使财政经济进一步恶化。其一,该王朝在外交活动中动辄割让土地,使国土资源急剧减少,如1298年安德罗尼库斯二世被塞尔维亚人击败后,割让大片被占领土地给塞尔维亚国王斯特凡·乌若什二世·米鲁廷(Stefan Uroš II Milutin,1282—1321年在位);②1302年、1308年、1331年和1355年拜占庭人多次割让土地,以换取与奥斯曼土耳其人的暂时和平;特别是拜占庭人割让色雷斯、加拉大(Galata)商业区等对国家生死攸关的重要地区导致拜占庭丧失了最后的自救资源,以至到1423年帕列奥列格王朝将第二大城市塞萨洛尼基卖给威尼斯后,③已经无地可割,无税可收,仅靠首都城内少许工商税收勉强

---

① B. M. Nicol, *The Last Centuries of Byzantium*, 1261–1453, p. 309.
② B. M. Nicol, *The Last Centuries of Byzantium*, 1261–1453, p. 120.
③ B. M. Nicol, *The Last Centuries of Byzantium*, 1261–1453, pp. 333–334.

度日。其二,该王朝不仅由于割地减少了资源,还通过出让经济权利断绝了最后一点经济来源。早在 11 世纪末,拜占庭人即用君士坦丁堡的商业特权换取威尼斯舰队对诺曼人的海上打击。这对在国际贸易上具有天然优势的拜占庭来讲是一个沉重的冲击。1267年,米哈伊尔八世许可热纳亚人在首都近郊的加拉大建立商业特区,次年又出让该区全部商业特权,使拜占庭的国际贸易的优势尽失。① 1402 年,奥斯曼土耳其军队在安卡拉战役中遭到蒙古军队致命打击曾给了拜占庭帝国一代人自救的机会,但苟且偷生的心理促使他们没有抓住这一机遇,却在同年将整个东方贸易的交通权拱手让给威尼斯,以换取其外交上的支持。② 其三,该王朝在外交活动中的巨额开支加重了国家的经济负担,例如,安德罗尼库斯二世原打算在热纳亚和威尼斯战争中坐收渔翁之利,但计划落空后,又不得不向双方支付大笔赔偿。约翰五世和曼努埃尔二世在游说西欧国家援助的旅途中开销巨大,他们与威尼斯人订立的协议几乎全是用钱买下的,而这笔巨额钱款完全超出了国家的经济能力。雇佣兵的军费也是国家巨大的财政负担。③ 1351 年,约翰六世因对奥斯曼土耳其军队作战耗尽了国库最后的金钱,不得不以没收教产的方法支付军饷。④ 从约翰五世到约翰八世统治期间,拜占庭人与奥斯曼土耳其人签署的协议大多包括纳贡的内容,从而给了奥斯曼土耳其人榨干对手最后的油水的宝贵机会。

再者,它加剧了朝野上下的政治分裂。晚期拜占庭帝国政治极为动荡,几次大规模内战几乎都与外交政策的争论有关。可以

---

① Deno Geanakoplos, *Emperor Michael Palaeologus and the West*, 1258 – 1282: *A Study in Byzantine-Latin Relations*, pp. 213 – 216.
② B. M. Nicol, *The Last Centuries of Byzantium*, 1261 – 1453, pp. 318 – 320. John W. Barker, *Manuel Ⅱ Palaeologus (1391 – 1425): A Study in Late Byzantine Statesmanship*, pp. 218 – 238.
③ B. M. Nicol, *The Last Centuries of Byzantium*, 1261 – 1453, p. 136.
④ B. M. Nicol, *The Last Centuries of Byzantium*, 1261 – 1453, pp. 240 – 241.

末代王朝的外交

说帕列奥列格王朝忽而亲西方忽而亲奥斯曼土耳其的外交活动是加剧其政治分裂的重要原因,此其一。米哈伊尔八世统治时期,为取得朝野贵族对其外交政策的支持,他推行政治高压措施,监禁和流放反对派贵族,没收其财产,开启了该王朝政治斗争的序幕。其子安德罗尼库斯二世则对"统一派分子"大开杀戒,甚至连其兄弟君士坦丁也不放过,只是由于朝臣说情,才改处没收家产,将君士坦丁流放边疆。① 中央政府外交政策的摇摆不定直接造成朝野上下的分裂,安德罗尼库斯二世和米哈伊尔九世对西班牙雇佣兵的政策分歧曾导致雇佣兵哗变,造成希腊地区巨大的灾难。1342年宣布独立的塞萨洛尼基共和国起义的重要原因是对当时的外交政策不满。② 1374年约翰五世废长立次掀起激烈宫廷斗争的原因之一也是外交政见分歧。③ 该王朝外交政策的失误还为外部敌对势力的入侵制造了借口,此其二。约翰五世和其长子安德罗尼库斯四世在其投靠西方人还是投靠奥斯曼土耳其人的问题上产生的斗争,被威尼斯和热那亚所利用来左右王朝政治,导致这两个外部势力从中渔利,获得巨大的商业特权。1383年至1387年,奥斯曼土耳其军队利用拜占庭人的外交失误夺取第二大城市塞萨洛尼基。④ 此后,奥斯曼土耳其人的每一步扩张几乎都是有合法的理由和外交上的借口,直到他们完成了对整个拜占庭国家陆海领地的征服占领,包围和封锁了君士坦丁堡。

最后,它加剧了社会的分裂解体。晚期拜占庭国家政治上的分裂是以其社会全面解体为背景的,其明显的表现在于帕列奥列格王朝统治时期教会内部斗争的激化。以罗马为中心的西方教会和以

---

① Louis Brehier, *The Life and Death of Byzantium*, p. 289.
② B. M. Nicol, *The Last Centuries of Byzantium*, 1261–1453, pp. 194–199.
③ B. M. Nicol, *The Last Centuries of Byzantium*, 1261–1453, pp. 275–276.
④ B. M. Nicol, *The Last Centuries of Byzantium*, 1261–1453, p. 288.

君士坦丁堡为中心的东方教会于1054年互相开除对方宗教领袖教籍标志着基督教历史上第一次正式分裂。这一分裂在拜占庭帝国有着深厚的社会民意基础,社会各阶层支持东正教的立场,特别是罗马教会支持的拉丁帝国统治被推翻后,东、西教会的对立进一步加深。帕列奥列格王朝统治初期出于纯粹的政治目的进行的"统一教会"活动从一开始就引起社会的剧烈反应。1274年"里昂教会和解令"一经公布,立即在君士坦丁堡掀起轩然大波,君士坦丁堡牧首约瑟夫一世愤然辞职,以示抗议,而支持"统一"的约翰·贝克斯取而代之,由此形成了教会上层的对立两派。[①] 随之而来的政治迫害活动将教会上层的分裂延伸到教会基层,并进而推广到整个社会。宗教问题本身就非常复杂、敏感,与政治纠缠在一起更成为晚期拜占庭社会解不开的"结"。加之中央政府政策摇摆不定,社会分裂更趋严重。1312—1323年,由于"统一教会"问题造成的分裂使拜占庭教会五易教会领袖君士坦丁堡牧首,其中还有两年空缺。1342年,对西欧人洗劫记忆犹新并因此对"统一"极端不满的教派发动民众起义,占领了马其顿重镇塞萨洛尼基。1369年和1433年约翰五世和约翰八世亲赴意大利订立和签署"教会统一令"都引发了教会更深刻的分裂和更大规模的社会骚乱,皇帝的镇压措施也没能解决问题。当奥斯曼土耳其军队兵临城下、围困了君士坦丁堡准备发动最后攻击时,拜占庭的教士们还在圣索菲亚教堂里喋喋不休地争论"统一和分裂"问题,一些主教甚至公开宣称宁可欢迎伊斯兰教也不要天主教,社会解体的程度由此可见一斑。当然,教会内部之争不仅仅是教会的事务,更涉及拜占庭人的身份认同,当长期坚持的东正教信仰在一夜之间被否定时,拜占庭人普遍感到精神家园的丧失之痛,几乎所有东正教信徒都产生了被皇室出卖的耻辱感,思想分裂必定造成人心离散,在最后的首都保卫战中,没有地方势力勤王,

---

① B. M. Nicol, *The Last Centuries of Byzantium*, 1261-1453, pp. 61-62.

没有地方贵族出兵救援,有钱有势的人都向西逃亡了,争吵不休的拜占庭人彻底陷入了绝望。

通过对帕列奥列格王朝外交政策的考察,可以看出晚期拜占庭国家已经失去了昔日强国的威风和实力,在其最后近 200 年期间,维持着小国的地位,其外交活动充分反映了其实力地位的下降。值得注意的是,拜占庭的统治者未能正确地使用外交武器来为重整国力创造外部条件,未能有效地利用西亚、欧洲的国际环境图强自救,而是单纯地乞求和等待国际援助,在外交事务中坐失良机,一错再错,促使形势更加恶化。事实上,该王朝统治期间有多次救亡的机会,也存在重新发展壮大的国际环境,但是,由于以家族政治为核心的统治阶层决策错误,使一次次自救机会失之交臂,以至于最终走向灭亡。这对后人不能不说是一个教训。

(原文首载于《南开学报》1997 年第 1 期)

拜占庭帝国雇佣兵政策

目前学界普遍认可这样的观点,拜占庭帝国灭亡最直接的原因在于军事较量的失败,特别是 1453 年帝国首都君士坦丁堡保卫战的失败。而晚期拜占庭军事衰败、拜占庭帝国最终灭亡与雇佣兵有密切的关系。

拜占庭帝国使用雇佣兵(Μισθοφòροι)的传统承袭自古希腊罗马时代,12 世纪以后拜占庭雇佣兵发展出现重大转折,并最终导致帝国败亡。这个过程早在杜卡斯王朝时就开始了,"自 11 世纪以后,帝国军队主要是由雇佣兵构成的"这一结论是有根据的,[1]帝国军事衰败的明显证据就是 1204 年数千名西欧十字军骑士攻占了君士坦丁堡。[2] 由于研究晚期拜占庭帝国的史料较少,有关这个时期雇佣兵的研究因此也相对滞后。[3] 诚如以专门研究晚期拜占庭军事问题的权威巴尔图斯的代表作品为例,其中辟有专章讨论晚期拜占

---

[1] M. Bartusis, *The Late Byzantine Army: Arms and Society*, *1204 - 1453*, University of Philadelphia Press, 1992, p. 142.
[2] 有人以为杜卡斯王朝统治铸成的大错是第四次十字军攻陷君士坦丁堡的主要原因,但这解释不了何以帝国军事衰败由此开始。A. A. Vasiliev, *History of the Byzantine Empire*, *324 - 1453*, vol. 1, p. 354. 罗春梅:《1204 年君士坦丁堡的陷落》,北京:人民出版社,2012 年,第 243—247 页。
[3] 尼科尔谈到过晚期拜占庭历史研究的落后和史料贫乏有关。B. M. Nicol, *The Last Centuries of Byzantium*, *1261 - 1453*, ch. 1.

庭雇佣兵问题,涉及雇佣兵财政、征募、战事、价格等细节。① 但他的专著和相关论文专注于13世纪以后的晚期阶段,没有深入考察这一重大转折的关键细节,没有通过与此前拜占庭雇佣兵对比分析找到前后的区别,进而缺乏对晚期拜占庭雇佣兵重要影响的全面认识。笔者试图就晚期拜占庭帝国丧失雇佣兵控制权的相关问题进行讨论,就雇佣兵征募、作战指挥和战后活动等细节问题进行分析,以利于全面认识拜占庭帝国末代王朝的军事败亡问题。

一

晚期拜占庭军事衰败的重要转折点发生在12世纪,帝国中央政府逐渐丧失了对雇佣兵的控制权。以外国兵源为主的雇佣兵进入拜占庭帝国军事作战体系首先需要军事雇佣双方沟通协商、订立雇佣合同,因此,帝国中央政府最先丧失的是雇佣兵的征募权。其中最突出的是雇佣外籍士兵的雇主不再仅限于朝廷,而是扩大到皇帝以外的大小贵族,这就使雇佣行为越来越频繁,雇佣兵人数越来越多,随之造成的结果是雇佣兵的作用越来越重要,原本作为辅助性武装力量的雇佣兵变为帝国军队的主力军。

雇佣兵在拜占庭帝国多指外国士兵,他们投入战场首先需通过征募环节。② 拜占庭帝国作为古代罗马帝国的传承者在军事体制上也继承了后者使用雇佣兵的惯例,即在由朝廷绝对控制和财政支持的本土军队之外,根据作战需要适当雇佣外族短期作战人员。由于很长一段时间帝国军队将士的来源主要是本土居民,所以雇佣兵的

---

① M. Bartusis, *The Late Byzantine Army: Arms and Society*, 1204-1453, pp. 139-156, ch. 7. 晚期拜占庭研究权威尼科尔和雇佣兵研究权威马莱特的相关研究成果均不及巴尔图斯的研究专门而系统。见 B. M. Nicol, *Last Centuries of Byzantium*, 1261-1453, ch. 1. M. Mallett, *Mercenaries and Their Masters*, London, 1974
② 巴尔图斯讨论了雇佣兵的来源问题,强调大部分雇佣兵的外族属性。M. Bartusis, *The Late Byzantine Army: Arms and Society*, p. 140.

使用并不普遍,雇佣数量也非常少。本国士兵以为帝国作战而自豪,耻于与为金钱而战的雇佣兵为伍,甚至到 14 世纪,皇帝约翰六世(John Ⅵ,1347—1354 年在位)还公开指责为金钱而战"是可耻、卑鄙和极大的羞辱"。① 4、5 世纪的拜占庭军队在古罗马军制基础上为强化中央集权控制,减少军队地方化和私人化特征,进而消除军阀割据,将罗马军团建制转变为边防军、野战军、城防卫戍部队和御林军(禁卫军)等。除驻扎于首都郊区、多瑙河和幼发拉底河边境地区的帝国主力部队外,还增加了由外族人构成的同盟者军队,如哥特兵团,属于辅助性部队,统一由帝国将领指挥。如果说他们是变种雇佣兵的话,那么其数量相对较少、战斗力相对强悍。② 查士丁尼时代内外战争频繁,加大了对雇佣兵的需求,拜占庭将领指挥下的伊苏利亚人、亚美尼亚人成为贝利撒留远征军的补充力量,而贝利撒留返回君士坦丁堡时身边的那些哥特人、汪达尔人和摩尔人雇佣兵显然是效忠于他的强悍卫队。③ 中期拜占庭军事变革主要是军区制改革,很好地适应了当时东地中海和西亚战争环境的变化,小股机动骑兵在应对来自西亚、东欧地区草原民族频繁入侵中发挥越来越大的作用,其中很多都是草原民族雇佣兵,无论是莫里斯一世的《战略》还是利奥六世的《战术》,都详细呈现了拜占庭军事变革的细节。④ 围绕军区制问题的争论虽然还在持续,但对于其长期存在

---

① Kantakuzenos, *Johannes Kantakuzenos Geschichte*, Ⅲ, Stuttgart: Anton Hiersenmann KG, 2011, p. 143.
② A. P. Kazhdan ed., *The Oxford Dictionary of Byzantium*, Oxford University Press, 1991, pp. 183 – 185.
③ Procopius, *History of the Wars*, Ⅶ, ed. by H. D. Dewing, Harvard University Press, 1954, i, p. 6 – 7; xxxvi, p. 7.
④ Maurice, *Das Strategikon des Maurikios*, ed. G. T. Dennis and E. Gamillscheg, Vienna, 1981. 莫里斯一世:《战略》,王子午译,北京:台海出版社,2019 年。*The Taktika of Leo* Ⅵ, tran. by G. Dennis, Washington D. C.: Dumbarton Oaks 2010. 利奥六世:《战术》,李达译,北京:台海出版社,2018 年。

的事实并无争议,①因为军区制改革彻底扭转了帝国总兵力从60万下降到查士丁尼时代末期15万的颓势,②随着本土士兵的大量增加,雇佣兵也随之大幅度减少。③

军区制改革使拜占庭帝国很好地适应了西亚、东欧地区族群迁徙导致的战事频发的新形势,有效地调动了各军区抵抗外族入侵的积极性,为帝国边境带来了四五百年的相对安定局面。然而,12世纪的帝国军事制度经历了深刻的变化,其中最重要的表现便是雇佣兵势力的极大发展。拜占庭帝国军区制的瓦解大大降低了帝国武装力量的实力,同时应对内外战争的需求却不断提高,这就为雇佣兵提供了发展壮大的机会。12世纪成书的《阿莱克修斯传》完整地记述了晚期拜占庭雇佣兵的这一变化。④ 当拜占庭军区被分划为更小的军区,且被剥夺了行政权和司法权时,其设立之初的价值便消失了,也意味着帝国军事指挥权重新收归中央政府控制,君士坦丁堡再度成为拜占庭各地军队的总司令部。⑤ 但是拜占庭帝国的朝廷在长期依赖地方军事指挥后,还没有准备好运行集中军事指挥权的体制,收拢地方军权似乎是科穆宁王朝强化中央集权的成果,但是其付出的代价却非常大,即加剧了中央财政的军事支出,以至于国库迅即亏空,它"是如此的空空如也,甚至国库的大门都不用上锁,

---

① A. Pertusi, *La formation des themes byzantine*, Munich, 1958. J. Karayannopoulos, *Die Entstehung der byzantinischen Themenordnung*, Munich 1959. J. V. A. Fine, "Basil II and the Decline of the Theme System", *Studia slavico-byzantina et mediaevalia Europensia*, vol. 1, Sofia, 1989, 44-47.

② N. H. Baynes and H. Moss ed., *Byzantium. An Introduction to East Roman Civilization*, Oxford, 1948, pp. 299-300. S. Runciman, *Byzantine Civilization*, p. 146. 陈志强:《拜占庭学研究》,第59—60页。

③ A. P. Kazhdan ed., *The Oxford Dictionary of Byzantium*, p. 184.

④ Anna Komnene, *The Alexiad*, trans. by E. Dawes, London, 1928; trans. by E. Sewter, N. Y. Penguin, 1969. 该书的中文译本有两个:一个译自英文本,即安娜·科穆宁:《阿莱克修斯传》,李秀玲译,上海:上海三联书店,2018年;另一个译自俄文本即安娜·科穆宁:《阿莱克修斯传》,谭天宇和秦艺芯译,哈尔滨:东北林业大学出版社,2017年。

⑤ N. Oikonomides, "L'evolution de l'organisation administrative de l'empire byzantine au XIe siècle (1025-1118)", *TM*6 (1976), pp. 125-52.

任何想从这里穿越的人都不会被阻止。"①皇帝阿莱克修斯不得已推广"普洛尼亚"土地制度,很快便见到了成效。"普洛尼亚"土地制度、税收私人承包制、发行新货币等财政治理措施暂时增加了中央政府的岁入。② 但这些承担军役义务的地主得到的土地大多是国有土地,包括土地上的农户。③ 与雇佣兵相比,履行军事服役义务的拜占庭本土士兵既缺少职业军人的军饷收入,更缺乏经过长期训练的武士所具有的战斗技巧和雇佣兵的职业素质,战斗力明显不足。④

雇佣兵战斗力更强和帝国本土军队建设财政压力过大导致拜占庭政府加大雇佣兵的使用。皇帝阿莱克修斯开始大规模征募雇佣兵,他采用欺骗的方法将摩尼教移民编入军队,还扩大征募雇佣军的范围。⑤ 他指派高级将领"恺撒"尼基弗鲁斯·迈利西努斯前往游牧民族中招募骑兵和步兵,⑥还在占领卡斯托里亚地区后,立即征募诺曼人士兵加入帝国军队。⑦ 西欧十字军战士也是阿莱克修斯计划中征募的雇佣兵对象,只不过他并未预见到自己开启了近二百年的十字军运动狂潮。根据安娜公主的记载,阿莱克修斯一世原本打算重新强化本国的陆上军队和海上舰队,但遭到朝内反对,理由是此举耗费巨大。⑧ 正是由于使用雇佣兵得心应手,拜占庭人越来越倾向以此来加强军事建设。与后来不同的是,此时皇帝尚未完全失去对雇佣兵的控制,一是将雇佣兵纳入帝国主力部队,归属帝国将领指挥;二是严格控制雇佣兵群体活动,千方百计防止他们脱离帝国政府掌控;三是严密把握雇佣兵征募权,是否征募雇佣兵和雇佣

---

① Anna Comnena, *The Alexiad*, Ⅴ, pp. 156 – 157.
② "普洛尼亚"土地的接受者被称为领主(pronoiar, προνοιάρ)。J. M. Hussey, ed., *The Cambridge Medieval History*, vol. 4, Part Ⅱ, p. 76.
③ Michael Angold, *The Byzantine Empire*, (1025 – 1204): *a Political History*, London: p. 126.
④ G. Ostrogorsky, *History of Byzantine State*, p. 329.
⑤ Anna Comnena, *The Alexiad*, pp. 182 – 184, 214, 167.
⑥ Anna Comnena, *The Alexiad*, pp. 298, 252.
⑦ Anna Comnena, *The Alexiad*, p. 182.
⑧ Anna Comnena, *The Alexiad*, p. 379.

多少外国士兵由皇帝来决定。阿莱克修斯一世利用伪造的信件挑起雇佣兵首领博希蒙德（Bohemond）与其下属官兵的不和，分裂凯尔特人雇佣兵，达到控制的目的。① 他要求库曼人雇佣兵首领宣誓效忠，也是为了控制这支武装力量。② 他软硬兼施强迫十字军领袖对他举行庄重的效忠仪式同样也是为了控制他们，③为此还邀请雇佣兵队长进入皇宫来推进谈判。④ 最突出的举措是他收养外族雇佣兵为义子，以至于后世学者确认他是拜占庭历史上第一个正式将外国雇佣兵收养为义子的皇帝，⑤其中，他最信任的撒克逊人塔提西乌斯（Taticius）甚至执掌紧急军情处置大权，被指派参与了当时所有重大战役和政治危机事件。⑥

雇佣兵征募权说到底是发动战争的决定权，而决定是否进行战争则需要具有若干前提条件，其中最重要的是掌握雇佣兵的来源和足以支付雇佣兵军费的金钱。当时的欧洲地中海世界正在悄然发生军事变革，雇佣兵以其军事专业化技能和突出的战斗力取代各地本土士兵成为战争的主角。"11 世纪开始的西欧经济复兴逐渐改变了这一切，以至于到 13 世纪，雇佣兵……在西欧军队中占有优势地位。"在意大利南部地区，外国雇佣兵成为主力部队，1266 年时西西里国王曼特雷德（Mantred，1256—1266 年在位）的骑兵、步兵几乎都是由德意志、意大利和萨拉森雇佣兵构成的，⑦而安茹的查理所拥有的骑兵都是法兰西雇佣兵，战场上相互对射的也是对阵双方雇佣

---

① Anna Comnena, *The Alexiad*, V, p. 173; XIII, pp. 405 – 408.
② Anna Comnena, *The Alexiad*, VIII, pp. 253 – 254.
③ J. Shepard, "'Father' or 'Scorption'? Style and Substance in Alexius's Diplomacy", in *Alexios I Komnenos*, I: *Papers*, ed. by Margaret Mullet and Dion Smythe, p. 105.
④ Anna Comnena, *The Alexiad*, X, p. 325.
⑤ J. Shepard, "'Father' or 'Scorption'? Style and Substance in Alexius's Diplomacy", p. 112.
⑥ 安娜在《阿莱克修斯传》中多处提到了他，见 Anna Comnena, *The Alexiad*, IV, p. 141; VI, pp. 201 – 203, pp. 213 – 216, p. 224, p. 232; X, p. 299; XI, pp. 336 – 337; XI, p. 341; XI, p. 360; IX, p. 279, p. 282, p. 288.
⑦ M. C. Bartusis, *The Late Byzantine Army: Arms and Society* 1204 – 1453, p. 141.

的热那亚和比萨弓弩箭手。① 这些雇佣兵弓弩手和拜占庭帝国征募的雇佣兵一样都来自在意大利各个沿海城市共和国,其作战技巧和兵器水平在地中海世界堪称一流。

在这样的大背景下,拜占庭帝国政府更倾向于使用战斗力超强的雇佣兵就可以理解了。对于拜占庭皇帝来说剩下的问题就是通过税收聚敛足够的金钱雇佣他们了。如果按照安德罗尼库斯二世(Andronikos Ⅱ,1282—1328年在位)于1301年一次征募8000名阿兰人雇佣兵的情况看,雇佣兵每人每月的军饷为3个拜占庭金币,征募这支雇佣兵部队则至少需要一次性支付24000金币,随着雇佣期限的延长,这笔钱还要成倍增长。② 显然,除了皇帝外的其他贵族很少有人能有如此大的财力支持这样的征募。③

但是,帝国末代王朝统治时期,中央集权的经济控制力和财力越来越弱,大贵族经济实力逐渐超过中央政府,进而侵夺皇帝的雇佣兵征募权。除了在中央财政资助下的帝国军队可以征募雇佣兵外,地方豪强贵族也能凭借富可敌国的财富雇佣外国雇佣兵。晚期拜占庭征募雇佣兵的权力不仅在中央政府,而且还流散于地方权贵势力手中。大贵族约翰·坎塔库震努斯便凭借其雄厚的家资征募保加利亚人雇佣兵支持皇族内战的一方小安德罗尼库斯(即安德罗尼库斯三世),最终帮助后者取胜登上皇位。④ 后来在与外戚集团作战中,他又雇用了塞尔维亚人和土耳其人雇佣兵,取得胜利并成为共治皇帝。为此他夸赞自己,声称是"他发布了精练而严厉的命令,

---

① M. Mallett, *Mercenaries and Their Masters: Warfare in Renaissance Italy*, London: Bodley Head, 1974, pp. 13 - 15.
② Georges Pachymérès, *Relations Historiques*, vol. 4, ed. by A. Failler, trans. by V. Laurent, book 10, chapter 16, Paris: Institut Français d'Études Byzantines, 1999, pp. 337 - 341. M. C. Bartusis, *The Late Byzantine Army*, p. 153.
③ 1321年帝国一年的税收总收入为100万金币(hyperpyra),大部分用于支付雇佣兵军饷。Nikephoros, Gregoras, *Nicephori Gregorae Byzantina Historia*, vol 8, chapter 6, ed. by L. Schopen, CSHB 25, Bonnae: Impensis Ed. Weberi, 1829, pp. 317 - 318.
④ Kantakuzenos, *Johannes Kantakuzenos Geschichte*, Ⅱ, p. 354.

要求"心存不满的属下"宣誓效忠他的女婿小皇帝",从而消弭了纷争和战乱。① 被废太子小安德罗尼库斯和约翰也是靠热那亚人和土耳其人雇佣兵重获皇帝继承资格,作为拥有舰队的海上雇佣兵的热那亚人当然也实现了其借助被废太子之名夺取海上霸权的目的。② 雇佣职业军人作战的权力从中央政府逐步转移到地方权贵手中的原因很复杂,其中政治分裂是最主要的因素。仅仅1320年的伯罗奔尼撒地区就存在着12个男爵领地,如何重新建立帝国统一的军事指挥权的问题因此难以解决。③

帝国中央集权丧失雇佣兵征募权的影响非常恶劣,导致晚期帝国使用雇佣兵的无序状态,加剧了军事对抗的多元化,促使中央集权形同虚设,帝国整体资源加速消耗,而雇佣兵的不可靠性进一步加剧地方武装冲突和政治乱局。拜占庭武装力量的控制权是这个中央集权制国家最重要的权力,建立本国军队,强化军事建设是帝国中央集权存在的应有之义。征募雇佣兵属于加强帝国军队战斗力的措施,特别是弥补兵力不足和扭转战场劣势的重要手段。因此,招募雇佣兵属于国家重要的权力,这一重要权力的任何下移都意味着中央集权制的破坏,并会导致恶性循环。

二

雇佣兵成分的多样性和复杂性加快了拜占庭国家丧失雇佣兵作战的指挥权,战场结果的不确定性促使军事行动很难实现帝国战

---

① Kantakouzenos, *Johannes Kantakuzenos Geschichte*, Ⅳ, 42–43.
② John W. Barker, *Manuel Ⅱ Palaeologus* (1391–1425): *A Study in Late Byzantine Statesmanship*, pp. 18–36, 50–52. A. A. Vasiliev, *History of the Byzantine Empire*, vol. Ⅰ, pp. 627–628.
③ David Brewer, *Greece, the Hidden Centuries: Turkish Rule from the Fall of Constantinople to Greek Independence*, London & New York: I. B. Tauris, 2010, p. 18.

略规划,反而提升了雇佣兵对战争的主导权,雇佣兵任务的多样化促使帝国军队应对战场对手的目标复杂化,从而进一步降低了帝国军队的指挥能力,加速帝国政府放弃雇佣兵指挥权。

12世纪前,雇佣兵在帝国中央政府控制下从事特定的战事、完成专项作战任务,因此雇佣的活动时间和空间都不能脱离帝国军事将领的指挥,或者只能按照帝国军事计划行动。战前和战后的帝国军事指挥都确保雇佣兵只在以战场为核心区的范围活动,而脱离帝国军事指挥意味着雇佣兵脱离帝国控制,其中政治经济的因素非常复杂。拜占庭人使用雇佣兵有着长期的历史,早在拜占庭帝国第一位皇帝君士坦丁一世时期就存在,只不过那时的雇佣兵与庞大的帝国军队相比人数少得多,处于帝国武装力量的绝对控制下。由于雇佣兵属于为金钱而战的职业军人,有效控制这一高效武装力量的前提就是控制其人数,需要保持帝国军队对雇佣兵压倒性的优势。除了数量上的绝对优势外,帝国中央政府还必须具有足够的财政资源,因为及时提供充足的军饷是维持雇佣兵不脱离雇主指挥的保障。例如,皇帝瓦西里二世统治时期,为了镇压大贵族的反叛,征募6000名罗斯人雇佣兵参与他亲自指挥的作战。[①] 又如,皇帝阿莱克修斯虽然征募了大量库曼人、斯基泰人雇佣军,但他们作为辅助部队编入拜占庭主力军,由拜占庭将领统一指挥;即便是雇佣兵较多的骑兵部队也由皇帝的近亲米哈伊尔·杜卡斯为总指挥。[②] 由此可见,帝国政府对雇佣兵的指挥权具体表现在指挥雇佣兵完成具体的作战任务、安排他们担负骑兵等具有特殊军事职能的雇佣职责两个

---

① Constantine Porphyrogenitus, *De administrando imperio*, ed. by Gy. Moravcsik, tran by R. Jenkins, Washington D.C., 1967, pp. 2, 4, 9. A. A. Vasiliev, *History of the Byzantine Empire*, Vol.1 pp. 321 – 323. 瓦西列夫描述的"罗斯受洗"的故事在俄罗斯第一部成文史书《往年纪事》中并无记载。参见 A. A. 瓦西列夫:《拜占庭帝国史》,第496页。拉夫连季编:《往年纪事》,朱寰等译,商务印书馆,2011年,第88—90页。《往年纪事译注》,第八卷。
② 全军总司令是皇帝的弟弟阿德里安。Anna Comnena, *The Alexiad*, pp. 182 – 183.

方面。换言之,雇佣兵在作战中或是完成某一作战任务,如前锋冲击、侧翼包抄等;或作为特殊兵种,如骑兵、弓弩兵、卫队亲兵等发挥特殊作用,但他们都由拜占庭将领统一指挥。

晚期拜占庭帝国丧失了对雇佣兵的指挥权,致使雇佣兵的特种作战优势转变为独立作战特权,其担负的单一作战任务或者特种作战的责任就转变为全面作战职能,最终在战争或战役中独当一面。由于晚期帝国政治经济的衰落,帝国政府指挥雇佣兵的先决条件逐步消失,而频繁的战事要求雇佣更多雇佣兵,进而导致雇佣兵失控状态持续加剧。从雇佣兵的角度看,帝国将国家长期或短期的军事职责"外包"给专门作战的武装集团,而晚期拜占庭帝国丧失了对这一武装集团势力的掌控,表面现象是雇佣兵征募的数量激增,实质是雇佣兵在帝国军事活动中的作用愈发重要,并取代帝国本土军队成为决定战场形势和结果的主力军。战场指挥权的丧失意味着帝国对雇佣兵总体控制力的降低。1304年,大批外国雇佣兵和拜占庭本土士兵共同投入阿纳托利亚战场,其中"意大利人雇佣兵有6000人,还有阿兰人雇佣兵1000人。其他的罗马人(即拜占庭)士兵都在司令官马卢利斯(Maroules)将军指挥下。大伯爵罗吉尔(Roger de Flor)则指挥其他所有安排好和批准领取军饷的人",这里提到的罗吉尔就是雇佣兵团首领,他独立指挥所有雇佣兵。① 甚至军饷都不再由帝国皇帝或者皇帝指派的军官发放,而是"直接由军队指挥官负责……由其心腹下属亲手发放军饷。"②

正是由于帝国指挥雇佣兵权力的丧失,拜占庭雇佣兵在战场上自行其是,稍有不满便擅自行动,常常导致意料之外的败局。米哈伊尔八世于1262—1263年为收复拉丁人占领的莫利亚地区,雇佣

---

① Georges Pachymérès, *Relations Historiques*, Ⅱ, 424. M. C. Bartusis, *The Late Byzantine Army*, p. 142.
② 军饷发放也象征着指挥权的掌控,拜占庭人也放弃了这一权力。M. C. Bartusis, *The Late Byzantine Army*, p. 142.

土耳其人雇佣兵作战,但是后者因为皇帝拖欠其军饷半年之久而大为不满,在战场上私自放跑了敌人,使拜占庭人的胜利大打折扣。同样,1275年前后,受雇于安德罗尼库斯二世的雇佣兵也是因为合同约定的军饷未能到位,在战事胶着阶段,私自撤离其正在进行的小亚细亚高地作战战场,使拜占庭人陷入被动。① 拜占庭人放弃雇佣兵的战场指挥权之恶果最典型的例子是1453年最后的守城战役,因作为总指挥的热那亚雇佣兵领袖乔万尼提前撤退导致整个防线松动,守军阵脚大乱,最终城破战败。②

事实上,拜占庭皇帝丧失指挥权并非是被迫的,而是主动放弃的,因为他们对雇佣兵的信任超过了对本土将士的信任。我们从晚期拜占庭皇帝贴身亲兵大多为雇佣兵这一现象就可窥见端倪。"到了晚期,雇佣兵就成为帝国军队不可分割的重要部分了……1341年约翰六世成为共治皇帝……典礼仪式上,陪伴穿着深红色皇家靴子的新皇帝的是他的至亲和其最显眼的拉丁人雇佣亲兵。"③甚至一些极为重要的军事据点也被交给雇佣兵驻守,"根据坎塔库震努斯的说法,宫廷卫队包括了大量雇佣兵。与君士坦丁堡卫戍部队通常使用雇佣兵一样,1354年,城防要塞金门也驻扎了拉丁人雇佣兵"。④雇佣兵超强的战斗力促使拜占庭皇帝越来越倚重雇佣兵,特别是在战场处于僵持阶段,皇帝确信重赏之下必有勇夫,坎塔库震努斯于1350年率军围攻塞尔维亚人占据的沃德纳城时,"宣布,会给第一个冲上去拔掉城头敌人旗帜者奖励4镑黄金",⑤拜占庭本土将士反应冷淡,而雇佣兵则跃跃欲试,因为,4镑黄金即288个拜占庭金币,大

---

① Georges Pachymérès, *Relations Historiques*,Ⅱ,208. 他们声称遭受雇主的压榨。*Chronicle of the Morea*,ed. Schmitt,Ⅴ,5100. M. C. Bartusis, *The Late Byzantine Army*, p. 142.
② Doukas's *Decline and Fall of Byzantium to the Ottoman Turks*, trans. by H. Magoulias, Detroit, 1975,XXXVⅢ,3-4,p. 213.
③ Kantakuzenos, *Johannes Kantakuzenos Geschichte*,Ⅱ,142.
④ Kantakuzenos, *Johannes Kantakuzenos Geschichte*,Ⅰ,42.
⑤ Kantakuzenos, *Johannes Kantakuzenos Geschichte*,Ⅲ,164.

体相当于当时雇佣步兵每月军饷的 25 倍。①

拜占庭人丧失的不仅是战场指挥权,而且进一步失去了尚武精神和作战意志,越来越依赖雇佣兵。12 世纪下半叶的犹太旅行家本杰明(Benjamin of Tudela)敏锐地观察到,"拜占庭人不再投身战场了,他们已经把作战的事情都交给雇佣兵了"。② 雇佣兵主导战局走势,使拜占庭军事衰败完成了从量变到质变的飞跃。拜占庭军事的灾难性衰败不仅表现在战场上,而且重文轻武观念深入到社会各阶层的思想深处,他们认为作战这种暴力行为似乎不应是文明的拜占庭人应该有的行为,杀戮只能由野蛮彪悍且不讲信仰和道德的雇佣兵去从事。当拜占庭人把作战任务都交给雇佣兵时,他们也逐渐形成了只有"野蛮人"才诉诸武力的观念,这有些类似于我国宋朝以后古代社会形成的"好铁不打钉,好男不当兵"的民间思潮。进而造成了晚期拜占庭社会的"非军事化"和"无兵文化"的形成,整个社会不重视军队建设,仇视军事贵族、厌恶军人的社会意识直接促使反对从军作战、讨厌武力习俗、嘲笑尚武精神的形成。末代拜占庭国家"无兵"的结果是其文化的尚武精神和阳刚之气逐渐消失,健康的文化价值倾向迅速转向崇尚奢靡的消费文化。可以说,晚期拜占庭帝国的衰亡就是雇佣兵占据其武装力量主导地位的必然结果,以至于1453 年保卫君士坦丁堡的战役中,末代皇帝率领的拜占庭守军不会打仗,战役幸存者莱奥纳多写道,守军"人数确实非常少,大部分希腊人都是使用盾牌和长矛的平民,他们操用自己的弓箭刀剑,完全凭着本能而没有任何"战斗力。③ 显然,失去了尚武精神的拜占庭人只能接受战败灭亡的结局。

拜占庭人丧失雇佣兵指挥权意味着无法在战场上掌控雇佣兵,

---

① 当时雇佣兵最高的月度军饷将近 12 个金币。M. C. Bartusis, *The Late Byzantine Army*, p. 154.
② Benjamin, *The Itinerary of Benjamin of Tudela*, ed. M. N. Adler, London, 1907, pp. 35 – 36.
③ *The Siege of Constantinople* 1453: *Seven Contemporary Accounts*, p. 130.

其结果不仅使得战事结果更加难以把握、失败率大大增加,而且促使雇佣兵在战后也易脱离控制,肆虐于帝国境内,这是比局部战场失败更为严重的后果。

三

雇佣兵数量大幅度增加使得其来源成分更为复杂多样,帝国之外几乎所有周边族群都加入雇佣兵的行列。① 这些雇佣兵纷纷建立独立团体,不再编入帝国将领指挥下的部队,其控制权自然也随之脱离帝国将领。当外国雇佣兵尚未成气候时,一些拜占庭皇帝有感于贵族子弟组成的御林军和亲兵的威胁,一度更加信任和依赖雇佣兵组成贴身护卫队,这些受到皇帝信任和优厚待遇的雇佣兵也确实恪守其忠于雇主的"职业道德",拜占庭历史上长期存在的瓦兰吉亚亲兵就是如此。② 但是晚期拜占庭的雇佣兵大多不满足于从皇帝那里得到的好处,他们在势力足够强大时便不失时机地脱离皇帝控制,以武力摄取更大利益。

通常而言,雇佣兵为金钱而战,战后会立即返回故乡,而不会主动定居在帝国境内,其不通希腊语和生活习俗的文化反差都加强了其战后回国的欲望。1381年前后的一份文献就记载了一个法兰西雇佣兵的遭遇,他因皇帝曼努埃尔二世拖延军饷而生活无着,文献写道,"现在他卖掉了他的马匹,正在寻找贷款人帮他卖掉武器……拖欠军饷没完没了,人们永远都要等到明天。这个人被剥夺了慰藉……人生地不熟,既不懂得他们相互间的语言……也没有其他能

---

① 例如14世纪时,聚集在拜占庭帝国的外族雇佣兵就有瓦兰吉亚人、威尼斯人、热那亚人、德意志人、土耳其人、保加利亚人、塞尔维亚人,等等。Warren Treadgold, *A History of the Byzantine State and Society*, pp. 774 - 778.
② S. Blondal, *The Varangians of Byzantium*, revised by S. Benedikz, Cambridge, 1978, pp. 66 - 76.

力,只有通过乞讨来满足需求,但他又不懂穷人的语言"。① 为了维持生计,滞留的雇佣兵大多采取抢劫的方式解决日常生活开销,从而开启了雇佣兵随心所欲自由行动的祸端。靠劫掠为生的雇佣兵与盗匪无异,其危害远超本国土匪,是帝国正常社会生活的毒瘤。他们很快便发展成为追逐雇佣兵自身利益的武装团体,且对帝国造成的破坏非常严重,特别是那些卷入帝国中央和地方冲突的雇佣兵,最终在夺取金钱以外的利益后,演变为拜占庭帝国的一种分裂势力。这种雇佣兵势力一般难以长期抗衡拜占庭权贵势力的打击,因此追求短期利益造成其破坏力极强的特点,而以武力拼杀为职业也使他们显得更为残暴。

来自西班牙的加泰罗尼亚雇佣兵团是最为典型的例证。安德罗尼库斯二世在小亚细亚地区推行经济改革以增强边防实力的尝试失败后,开始大量使用外国雇佣兵,但是,1301 年他雇佣的 8000 名阿兰人雇佣兵和次年派遣其子米哈伊尔九世率领的拜占庭军队,②都在 1302 年 7 月的巴夫斯(Bapheus)战役中遭到惨败。③ 为了遏制奥斯曼土耳其军队进一步扩张,安德罗尼库斯二世不得不招募了加泰罗尼亚雇佣兵团,而此时在罗吉尔·德·弗洛(Roger de Flor)统领下的加泰罗尼亚雇佣兵团刚刚结束前一个雇佣合同,④双方一拍即合。虽然这支战斗力较强的雇佣兵团要价不菲,但皇帝还是接受了条件,允许他们于 1303 年 1 月携七艘战船和近万将士抵达君士坦丁堡。帝国政府将扭转小亚细亚战争颓势的重任都委托给这支雇佣兵团,也失去了战场指挥权和对他们的控制权,罗吉尔被

---

① *Demetrius Cydones correspondence*, ed. Loenertz, no. 238. 转引自 M. C. Bartusis, *The Late Byzantine Army*, p. 156.
② Georges Pachymérès, *Relations Historiques*, vol. 4, book 10, chapter 16, pp. 337 – 341.
③ Angeliki E. Laiou, *Constantinople and the Latins: The Foreign Policy of Andronicus II, 1282-1328*, Cambridge: Harvard University Press, 1972, pp. 90 – 91.
④ Gregory I. Halfond ed., *The Medieval Way of War: Studies in Medieval Military History in Honor of Bernard S. Bachrach*, Ashgate Publishing, 2015, p. 154.

任命为"海军司令"(μέγας δοὺξ),统帅其雇佣兵团独立活动。加泰罗尼亚雇佣兵团不仅获得最高的军饷待遇,①而且罗吉尔·德·弗洛还与皇帝的外甥女结亲,②整个兵团肆意妄为更是变本加厉,以至于彪悍凶猛的这支雇佣兵部队在打败了奥斯曼土耳其人之后,还大肆抢劫当地拜占庭居民。鉴于民怨沸腾,皇帝安德罗尼库斯二世于1304年8月将他们召回帝国首都,希图加强管束,但是却为之提供了机会,他们在途经海峡时占领了扼守海峡的加里波利半岛。此时,安德罗尼库斯二世未能按照合同在战事结束后遣散他们,而是继续雇佣加泰罗尼亚雇佣兵团对抗保加利亚人和东方前线的奥斯曼土耳其人,并以高官职位笼络罗吉尔,任命他为恺撒。这一任命进一步激化了共治皇帝米哈伊尔九世和罗吉尔之间的矛盾,也加剧了加泰罗尼亚雇佣兵和热那亚雇佣兵的利益冲突。③ 1305年4月,米哈伊尔九世指使属下阿兰雇佣兵乘宴请罗吉尔之机,突袭杀掉了后者。④ 愤怒的加泰罗尼亚雇佣兵此后展开了疯狂的复仇活动,大肆洗劫色雷斯、马其顿等帝国腹地,蹂躏雅典以南整个伯罗奔尼撒半岛,攻占了雅典和底比斯公爵领地,建立起加泰罗尼亚人的雅典公国,直到14世纪末。⑤

纵观加泰罗尼亚雇佣兵团的恶劣表现不难看出,失去了拜占庭国家管束的雇佣兵对晚期帝国造成了巨大破坏。首先,他们在小亚细亚独立作战时就在战事之余对附近地区的拜占庭民众进行洗劫。

---

① 关于加泰罗尼亚雇佣兵团的薪资分析及与其他雇佣兵的比较,见 M. Ch. Bartusis, *The Late Byzantine Army, Arms and Society, 1204 - 1453*, p. 153.
② Georges Pachymérès, *Relations Historiques*, vol. 4, book 11, chapter 13, p. 437. 这个文献提到8000人,而另一个文献提到万人,但瓦西列夫认为后者是包括了雇佣兵军官的家眷。A. A. Vasiliev, *History of the Byzantine Empire*, vol. II, p. 606.
③ D. M. Nicol, *The Last Centuries of Byzantium, 1261 - 1453*, p. 129.
④ Georges Pachymérès, *Relations Historiques*, vol. 4, book 12, chapter 24, pp. 575 - 577.
⑤ 关于加泰罗尼亚雇佣兵团统治雅典的历史,见 Kenneth M. Setton, *Catalan Domination of Athens, 1311 - 1388*, London: Variorum, 1975. A. A. Vasiliev, *History of the Byzantine Empire*, vol. II, pp. 604 - 608.

且不说他们并没有彻底驱逐或击溃奥斯曼土耳其人,就是雇佣兵造成的破坏便超过了奥斯曼土耳其入侵造成的破坏,以至于饱受蹂躏的拜占庭民众宁愿接受奥斯曼土耳其人的统治也不欢迎残暴的加泰罗尼亚雇佣兵。其次,更为严重的是雇佣兵在战事结束后,并未如约离开拜占庭帝国,而是深度卷入了帝国内部政治与军事冲突,在帝国京畿腹地的加里波利半岛、色雷斯、色萨利等地区长期为患,他们以抢劫为生,成为晚期拜占庭帝国难以根除的祸害。

与此前帝国雇佣兵相比,加泰罗尼亚雇佣兵团不再需要帝国中央政府为他们安排的营地,帝国长期施行的雇佣兵临时住宿"米塔盾"(Mitaton,客栈)制度也被废弃。更由于其吃穿住用的开销自负、粮草军需和武器装备自给自足,雇佣兵因此获得了就地取材、抢劫当地居民的借口。这样一来,他们原本与皇帝之间单纯的雇佣合同关系便发生重要变化,他们转而成为晚期拜占庭帝国内部的利益群体,参与争夺军饷以外其他利益的武装冲突。由于雇佣兵的话语权越来越大,皇帝在雇佣兵军饷定价方面也不得不屈从他们的要求,如安德罗尼库斯二世不仅授予罗吉尔恺撒头衔,而且将皇家公主下嫁给他。很显然,罗吉尔在小亚细亚战事取胜后,进一步提高了价码,恺撒的头衔就是在他从前线返回京都以后获得的。这种不按照合同随意提高军饷要求的风气越来越盛行,1403年驻守克里特的雇佣军水兵就强迫曼努埃尔二世将军饷提高了近一成,而1425年驻守塞萨洛尼基城的70名雇佣兵也迫使约翰八世提高了军饷。[①] 除了考虑作为雇主一方的皇帝对雇佣兵另有所求的因素外,雇佣兵破坏帝国制度和双方雇佣合同是主要原因,这种置帝国控制权于不顾的现象真实反映了晚期拜占庭统治者的软弱无能。[②]

[①] M. C. Bartusis, *The Late Byzantine Army*, p. 154.
[②] 事实上,这种摆脱拜占庭人控制的独立雇佣兵自身的处境也很危险,米哈伊尔八世雇佣的热那亚水兵就是在脱离拜占庭主力军后连吃败仗,最后被威尼斯舰队彻底消灭。Deno John Geanakoplos, *Emperor Michael Palaeologus and the West*, 1258-1282: *A Study in Byzantine-Latin Relations*, pp. 161, 1n;153.

晚期拜占庭中央政府丧失雇佣兵控制权严重破坏了帝国军事体系,其中首先失控的雇佣兵征募权从入口环节打破了雇佣兵进入帝国的限制,雇佣外籍士兵来源的多样性和雇佣兵规模迅速扩大不断提升了他们的重要性,改变其在拜占庭军队中的辅助作用,使他们变为主力军。晚期拜占庭雇佣兵作用的变化促使帝国政府加速丧失了对雇佣兵的指挥权,这表明帝国对雇佣兵作战行为控制力的减弱,其结果是战事走势和结局的不确定性更加明显,雇佣兵对战争的主导权也成倍扩大,拜占庭国家军事职能遭到彻底损害。帝国政府战场指挥权的丧失在战场之外和战事之后则表现为对雇佣兵行为控制权的丧失,雇佣兵打破战后撤离拜占庭领土的惯例、随心所欲地抢劫拜占庭居民,加大了帝国资源的消耗,特别是雇佣兵演变为追逐军饷之外的政治经济利益的武装团体,其危害更为严重。在中古晚期欧洲地中海世界雇佣兵迅猛崛起的大背景下,拜占庭人抛弃尚武精神和自主军队建设意识,过度甚至完全依赖雇佣兵,不仅解散军队,凿沉战舰,而且最终将保卫帝国的指挥权和责任托付给雇佣兵,直接导致其军事败亡和帝国灭亡。

晚期拜占庭帝国中央政府丧失对雇佣兵的控制权之所以是其军事衰败的重要环节,原因在于拜占庭人有意无意地削弱并最终失去了统一帝国的一个重要的国家职能。拜占庭帝国继承并发展了晚期罗马帝国中央集权制的政治传统,保持强大的武装力量本来就是统一帝国强盛的基本要素,而维持强大的军队需要完善的军事体制,其中最重要的便是中央政府对军队的控制权和指挥权。历史一再证明,唯有中央政府高效指挥下的强大军队才能保证拜占庭人成功抵抗持续不断的外族入侵,保证帝国有效维护其内外利益。晚期拜占庭帝国政府放弃对雇佣兵的控制权原因很多,但其促成拜占庭整个军事体系的崩坏却是不争的事实,最终直接造成拜占庭帝国的灭亡是不可避免的结果。

(原文首载于《世界历史》2021 年第 3 期)

1453 年战役研究

苏联学者乌达里曹娃曾指出,不能把拜占庭帝国灭亡的原因简单归于奥斯曼土耳其人的军事胜利。但是我们不得不看到,拜占庭帝国最终灭亡的直接原因是军事上的失败,是最后一战中未能守住帝国都城。假设 1453 年君士坦丁堡战役出现了另一个结果,有谁还会认定拜占庭帝国一定会灭亡呢？人们有什么理由确信拜占庭人不会像其先辈从尼西亚流亡之地东山再起呢？这一点连此次战役攻城总指挥苏丹穆罕默德二世都有清醒的认识,他坚信不夺取君士坦丁堡就意味着"罗马帝国"没有灭亡。因此在我们考察拜占庭帝国灭亡原因时就不能忽视或者低估战场上较量的因素,特别是要高度关注这场决定帝国命运的战役。

1453 年君士坦丁堡战役无论在世界历史还是在人类军事史上都具有重要地位。后人评论说"君士坦丁堡陷落的消息震惊了西方世界","西方得到的最恐怖的消息莫过于君士坦丁堡陷落和皇帝战死"。① 欧洲中世纪史家更将"君士坦丁堡于 1453 年落入土耳其人

---

① 当时的历史学家约翰·德乌戈什(John Dlugosz)作如是说,"君士坦丁堡的灭亡和预期的结果一样不幸,对土耳其人来说它是一个伟大胜利,但却是希腊的终结和拉丁人的耻辱。为此,天主教信仰受到打击,宗教状况混乱不堪,基督的名誉受到凌辱和玷污"。见罗伯特·福西耶主编:《剑桥插图中世纪史,1250—1520》第 2 卷,李桂芝等译,济南:山东画报出版社,2009 年,第 271、270 页。

之手"看作是欧洲"中世纪结束"最重大的标志性事件之一。① 拜占庭史学家瓦西列夫甚至称之为"整个世界历史上最重大的事件之一"。② 对如此重大的历史事件目前的研究还远远不够,特别是在战役细节方面还缺乏充分的探讨,以至于描述模糊,或者以讹传讹。③

一

经过比较全面的调查,我们目前所知关于这次战役的原始史料有十种左右,其中由幸存的参战者留下的记载不过五六种,其他则都是转述这些亲历者的讲述,或者根据目击者的记载加工而成。这些战役幸存者的记述需要我们仔细研读。

首先要提到的是希腊史家劳尼库斯·查尔克康迪拉斯(Laonicus Chalcocondylas,约 1423—1490 年)。他生于雅典文人之家,其父亲和表兄都是晚期拜占庭时期的历史作家,他本人接受过系统的拜占庭文化教育,曾拜著名的大学者吉米斯托斯·普莱松(Gemistos Plethon,1356—1450)为师,为此他常住伯罗奔尼撒。他在其《土耳其史》中清楚地描述了此次战役。但是仅就《土耳其史》的资料分析,我们便可以认为它不甚可靠。虽然君士坦丁堡战役爆发时作者已经 30 岁,并见证了拜占庭帝国的衰亡,但是他并没有亲历战场,相关的信息显然来自他的调查和其他第一手材料。10 卷《土耳其史》(*Turkish History*)涉及 1298 年至 1463 年间发生的所有重大事件,既重点谈论土耳其帝国的兴起,也涉及拜占庭帝国的衰亡,特别是君士坦丁堡的陷落。该书第 8 卷涉及此次战役的章节专门描述君士坦丁堡围城战,尽管仅涉及整个事件的总体进程而没

---

① 布莱恩·蒂尔尼等:《西欧中世纪史》,袁传伟译,北京:北京大学出版社,2011 年,第 579 页。
② A. A. Vasiliev, *History of the Byzantine Empire*, vol. II, p. 648.
③ 笔者集中考证参战人数的文章为《一四五三年君士坦丁堡战役参战人数考辨》,见《历史研究》2015 年第 6 期。

有细节,但在研究资料匮乏的情况下,也能为后人提供一些佐证。不过其记述缺乏细节描写,也没有战役兵力部署的相关叙述,这可能与作者远离战场有关。后世人如爱德华·吉本鉴于相关史料的匮乏,常常将他这个"同时代人"列入史料来源作者名单。由于他没有亲历现场,只是此次战役的间接记述人,即便他对参战者有过调查,推测也未必十分详细,因此,其提供的信息不能与其他亲历者相比。①

记载更可信的是莱奥纳多(Leonard of Chios),他是天主教米提林(Mytilene)教区主教,1453年君士坦丁堡战役前,曾作为罗马教宗尼古拉五世(Nicholas V)的特使俄罗斯枢机主教伊西多尔(Isidore of Kiev)的助手前往拜占庭帝国都城,协助后者落实希腊-罗马教会合并事宜。该战役期间,他一直参战,随伊西多尔枢机主教奋战在城头。城破之际他侥幸逃脱,作为君士坦丁堡陷落的目击者,莱奥纳多于1453年8月16日,也就是城破后77天,致信教宗尼古拉五世,心情沉重但详细地讲述了君士坦丁堡陷落的过程,指责希腊人两面三刀,不遵守两大教会合并协议,因此遭到了上帝惩罚。该信件至今保存在梵蒂冈档案馆中,其最大的价值在于,它是根据作者亲历事件的回忆,提供了围城战详细的军事部署信息。②

最重要的史料是乔治·斯弗兰齐斯(George Sphrantzes)对战役的记载。从其希腊名字上可以看出他应该是一位具有拜占庭贵族家庭背景的高官,在很多史料和后世研究成果中,他又被称为弗兰齐斯(Phrantzes)。根据研究,他之所以成为皇帝君士坦丁十一世

---

① 他的记述被整理为现代版本,见 J. P. Migne, *Patrologia Graeca* 159, cols. 375-397, 注者还对比了 Darko 编的 Budapest 机构 1922 年的版本。*The Siege of Constantinople 1453: Seven Contemporary Accounts*, pp. 43,44.
② 根据 Vatican ms. Lat. 4137 号档案整理出来的 J. P. Migne, *Patrologia Graeca* 159, cols 923-943,以及意大利文版本 F. Sansovino, *Historia Universale dell'Origine et Imperio de Turchi*, Book Ⅲ, pp. 304-313., col. 927. 转引自 *The Siege of Constantinople 1453: Seven Contemporary Accounts*, pp. 15, 20, 25.

的亲信近臣,一方面是他与末代王朝皇族有多重亲戚关系,另一方面是他个人有一定的才能。具体说,他的妹妹嫁给了当时占据伯罗奔尼撒半岛莫奈姆瓦夏(Monemvasia)的皇族王公马莫纳斯(Mamonas),他本人则与皇族公主海伦(Helene)结婚,青年时期便任职朝廷,服侍过三朝皇帝,且由于其为皇帝心腹的关系,他还请皇帝做了本人儿女的教父。在守卫都城最后一战的日子里他成为皇帝最信任的人,时刻陪伴在皇帝身边,参与调动部署全城防务。特别重要的是他在围城期间受皇帝的委托对全城兵力做了彻底的调查,留下的文字和相关信息受到后世研究者的极大关注。他在围城期间留下的材料被认为是"透过拜占庭朝廷高官的眼光……看到的帝国和拜占庭文明放射出的最后一缕霞光","具有无与伦比的可靠性"。①

杜卡斯(Michael Ducas)也是此战的参与者,君士坦丁堡陷落后,他有幸逃脱,后撰写《拜占庭史》(Byzantine History)。② 杜卡斯身为拜占庭贵族,与皇室成员有亲戚关系,但更青睐意大利商人,早年便出任于热那亚政府秘书。围城战期间,他成为教会合并计划的坚定支持者,与彻底执行亲西方路线的皇帝关系密切,一直参与抵抗土耳其军事进攻的策划指挥。君士坦丁堡陷落后,他逃亡莱斯伯岛(Lesbos),为控制该岛的加提鲁西(Gattilusi)家族服务,担任与奥斯曼土耳其人打交道的外交官。他撰写的《拜占庭史》涉及围城战的部分大约有10章,作为反映君士坦丁堡战役的少数史料之一,其目击者的亲身感受和对战局的生动解读使这部作品一直成为最重要的史料之一。

---

① George Sphrantzes, *The Fall of the Byzantine Empire*, *A Chronicle by G. Sphrantzes*, 1401-1477, p.11.
② Doukas, *Ducae Historia Turcobyzantina* (1341-1462), ed. and tr. V. Grecu, Thesaurus Linguae Graecae from Homer to the fall of Byzantium in AD 1453, no. 3146, XXXVIII, 3-4; Doukas's *Decline and Fall of Byzantium to the Ottoman Turks*, XXXVIII, 3-4, p.212.

佛罗伦萨商人加科莫·特达尔迪(Florentine Giacomo Tedaldi)一直在拜占庭末代王朝的都城经商,凭借其意大利人的"外邦"商人身份,游走于威尼斯、热那亚等强势商贾群体之间,获利不菲。当时,控制东地中海贸易和君士坦丁堡国际市场的是威尼斯、热那亚和比萨,比萨在意大利商业集团之间的内斗中败北,只有威尼斯与热那亚保持着对拜占庭过境贸易的垄断权,佛罗伦萨则主要凭借其在亚平宁半岛的地理优势占据着意大利区域间商贸优势地位。奥斯曼土耳其军队围攻君士坦丁堡的备战时间很长,大多数佛罗伦萨人早就因为风声越来越紧急而仓促回国了,特达尔迪是最后滞留在君士坦丁堡的一批佛罗伦萨商人中的一员。围城战期间,他积极参与守城也是为了乘机做些小本生意,同时对战役结果还心存幻想,因为毕竟此前奥斯曼土耳其人的多次攻城都失败了。他在此次战役中的表现并无材料证明,但是战役最后关头,他乘奥斯曼土耳其军队破城后忙于抢劫之时,搭乘佩拉城区最后驶出黄金角港湾的意大利商船出逃却是有所记述。他作为交战双方的旁观者,其口述的故事被一位法国教士记载下来,后来作为人们研究相关问题的珍贵史料。①

威尼斯人尼科洛·巴尔巴洛(Nicolo Barbaro)的记载也特别重要,他的情况与加科莫·特达尔迪大体相似,只是作为威尼斯医生,在拜占庭末代的都城处境要更好些。作为一名外科医生,巴尔巴洛在君士坦丁堡战役期间一直在城内救治伤员,虽然身处围困之中处处小心,但他常年活跃在君士坦丁堡的经历也使他处理其事务驾轻就熟。事实上,他的诊所位于帝国都城北面"黄金角湾"的对面,这里是意大利人的佩拉商业特区,无论是拜占庭皇帝还是奥斯曼土耳

---

① The Siege of Constantinople 1453: Seven Contemporary Accounts, p. 3. 1303 年,势力强大的热那亚商人在黄金角湾北岸划定商业特区,建立独立管理的城区,常住人口数千人,大战前多数人离开。君士坦丁堡战役期间,他们秘密援助了拜占庭守军。见 Cyril Mango, ed., The Oxford History of Byzantium, p. 70.

其苏丹都对这个区域另眼看待,给予特殊关照。之所以如此,不仅仅因为意大利商贾背后的强大海军力量和意大利人雇佣兵能征善战、精于格斗,而且还因为这个特区正在成为欧洲、西亚地中海世界最富有的商业中心,哪个统治者都不愿意打碎手中或者即将到手的"金娃娃"。巴尔巴洛的医生生涯在拜占庭国都正值风生水起之时,最后的衰败和战乱恰好扩大了他的病人来源。整个围城战期间,他的业务量大增,虽然救治伤员常常是无偿的付出,但是最低的诊疗费也大大超过了平时的总收入。他并不在城头交战的第一线,因此有时间、有精力认真记录下战役的每日进程,甚至可以细致到细数每天重炮轰城的次数。他在城破之际乘乱搭乘意大利船只逃亡回国,并从容带走了随身的私人物品,其中他的日记对于我们极为珍贵。这本日记未经任何其他人加工,被后世研究者认为是"在所有现存目击者记载中,没有任何一部比它更详细更精确的"。①

还有一些根据幸存者作品改编的回忆录也需要提及,②如君士坦丁堡陷落后约一个半世纪问世的一部书引用了名叫赫里斯托弗洛·利希赫留(Cristoforo Riccherio)的作品,虽然它并没有提供更多的第一手信息,但其中谈到了前引莱奥纳多,因此有力地证明了这位教宗特使助手的事迹。③ 还有一部文献引用了名为佐尔兹·多尔芬(Zorzi Dolfin)的作品,其中也提到君士坦丁堡陷落的故事,尽管如同上述作品一样并不包含任何新信息,但其所述内容多引自莱

---

① Nicolo Barbaro, *Diary of the Siege of Constantinople*, 1453, introduction.
② 如斯弗兰齐斯的记载后来被希腊南部的莫奈姆瓦夏(Monemvasia)大主教马卡利奥·迈利森诺(Makarios Melissenos)改写,描写详细生动,吸引了后世的注意力。George Sphrantzes, *The Fall of the Byzantine Empire*, *A Chronicle by G. Sphrantzes*, *1401-1477*, p.120.
③ F. Sansovino, *Historia Universale dell'Origine et Imperio de Turchi*, Book Ⅲ, pp.315-318, 转引自 *The Siege of Constantinople 1453: Seven Contemporary Accounts*, pp.117-124.

奥纳多的信件,从一个侧面为后人研究莱奥纳多提供了旁证材料。①人们也曾力图找到相关的奥斯曼土耳其文献,但都没有成功,至今保留下的有关记述几乎都来自守城一方的幸存者。著名的传奇拜占庭学家仁西曼声称他依据了奥斯曼土耳其史料,但从其作品中我们只找到了巴宾格(F. Babinger,1891—1967)、君士坦丁·普拉特里斯(Constantine Platris,15世纪)、凯鲁拉·埃芬迪(Khairullah Effendi,19世纪)等人的专著,他们不是后世史家就是西方史家,没有一个是奥斯曼土耳其人,因此我们确知,没有人找到奥斯曼土耳其方面的原始记载。这也不难理解,因为奥斯曼土耳其人崛起的过程特别顺利、所用时间特别短暂,其初期还没有记史著书的习惯,所以留给后人的是一片史料空白。从仁西曼专著的相关内容看,其资料来源也大多源自拜占庭作家的记载。这就迫使我们还是要具体分析已经掌握的几种原始史料提供的信息。② 奥斯曼土耳其方面的史料之所以对此均未有涉及,其原因可能在于当时的奥斯曼土耳其作家还没有开展史学方面的工作,而当时的奥斯曼土耳其人帝国扩张的紧迫事务大多集中在军事外交方面,或者聚焦于对奥斯曼土耳其苏丹的颂扬及帝国军事扩张和美好远景的期盼,盛世修史和客观记录历史事件的时代尚未到来。而当苏丹统治逐步稳定后,特别是地跨三大洲的奥斯曼土耳其帝国疆域大体稳固后,奥斯曼土耳其史家再回顾其早期历史时,时间已经流逝,他们已远离事件的发

---

① G. M. Thomas, *Sitzungsberichte der konigl., bayer, Akademie der Wissenschaften*, 1868, pp. 1 - 41. 转引自 *The Siege of Constantinople 1453: Seven Contemporary Accounts*, pp. 125 - 130.
② S. Runceman, *The Fall of Constantinople*, 1453, p. 76. 仁西曼的这本书也被译为中文,见斯蒂文·朗曼:《1453——君士坦丁堡的陷落》,马千译,北京:时代出版传媒股份有限公司,2014年。F. Babinger, *Mehmed the Conqueror and His Time*, trans. Ralph Manheim, ed. William C. Hickman, Bollingen Series XCVI, Princeton, N.J.: Princeton University Press, 1978, p. 84.

生至少一个世纪了。①

二

1453年君士坦丁堡战役参战人数问题是认知这一重大历史事件的基础。我国学者早就在大学教材编写时涉及这个问题,但是相关的叙述却非常混乱,不仅对战役的过程自说自话,而且在攻守双方的参战人数上也有多种意见。有的作者也许考虑到这个问题的复杂性,在相关部分中采取了模糊描述的办法,叙述不确切,或者一笔带过。②

世界通史教材出现这种情况是可以理解的,因为其涉及的内容太浩繁,线索太复杂。但是随着我国拜占庭史研究的发展,相关书籍在此问题上的表述似乎更加混乱了。一些拜占庭历史与文化书籍在谈到此次战役的参战人数时,模糊的程度甚至超过了以前。例如《拜占庭帝国史》认为参加攻城的部队有10万—20万人,如此大的数字范围几乎就是个模糊的说法。《拜占庭文明》叙述此处有许多改变传统的说法,但对双方参战人数这个重要问题不置一词。同名的另一本书则认为土耳其陆军"总兵力"为15万—20万人;《拜占庭的故事》采用了攻城部队是守军人数的20倍这样的说法;还有的

---

① 近年来,有些学者认为不必区分一手的原始史料和专著等二手材料的重要性,但我们的研究表明这一区别非常重要,窃以为这方面的认识不同反映了古代史研究和近现代史研究的区别。罗志田、张洪斌:《学术史、思想史和人物研究——罗志田教授访谈》,《学术月刊》2016年第12期。
② 俗称"周吴本"的《世界通史》(中古分册)(北京:人民出版社,1962年,第275页)和"吴齐本"的《世界史》(古代史编)(北京:高等教育出版社,1994年,古代史编,第289页)在参战人数问题上就相差了数万人,而相关部分的主编相同为朱寰先生。前一种说法影响了《世界史》(中世纪史)(北京:人民出版社,1986年,第138页)和《世界中古史》(吉林人民出版社1981年,第143—144页),后一种说法则影响了其他书籍。更多的书籍对此不做涉及,对包括苏联的"大通史"(《世界通史》第3卷下册,苏联科学院,1961年,第1082页)的不同说法也难以把握。

作品只是使用文学夸张的手法进行表述。①

国内多种书籍的混乱说法可能是他们各自依据的外文著作描述不同造成的,需要加以辨识。经过调查,在此次战役的叙述上,一些公认比较权威的作品果然意见不一,存在各自表述。例如在双方参战总人数上,说8万者有之,说10万者有之,说20万、30万、40万的也有之。② 又如在战役开始的准确时间上,"4月1日"者有之,"4月6日"者有之,"4月初"的更多。再如土耳其军队重型火炮的打击目标上,多数人认为是轰击破坏城墙,而军事史专家帕克则认为是轰击港口。③ 后世论者无法绕开这个重要战役,在相关的研究中都不能不有所涉及,但是他们缺乏对这场战役的深入了解,更缺乏全面系统的史料调查,故人云亦云,不求甚解,或引据孤证,未做全面考辨,难免说法各异。

具体到此次战役参战人数问题上,后世学者说法不一。英国的爱德华·吉本认为,"土耳其军队总人数被杜卡斯、查尔克康迪拉斯和莱奥纳多夸大了,数量达到30万或40万人;但是,弗兰扎(Phranza)提供的数字要少得多,却判断更为准确,他精确判断为25.8万人,这个数字没有超出经验和可能性的范围"。在后来的描写中,他又提供了一个比例数字,"从人数对比上看,一个基督教徒的价值实际胜过20多个土耳其人"。④ 这个意见具有长期影响,前

---

① 陈志强:《拜占庭帝国史》,第347页。徐家玲:《拜占庭文明》,北京:人民出版社,2006年,第159页,她提到土耳其军队使用滚木滑道将战船运入金角湾与通常说法不同。赵彦编著:《拜占庭文明》,北京:北京出版社,2008年,第132页,这里所说的不是攻城部队而是陆军总兵力。王其钧编著:《拜占庭的故事》,北京:机械工业出版社,2009年,第310页,此处说法产生疑问:是7000∶14万还是9000∶18万呢?"人数众多,绵延不绝,就像天上的繁星……浩瀚大军"等。拉尔斯·布朗沃思:《拜占庭帝国:拯救西方文明的东罗马千年史》,吴斯雅译,北京:中信出版社,2016年,第330页。
② Warren Treadgold, *A History of the Byzantine State and Society*, p. 799. Edward Gibbon, *The History of the Decline and Fall of the Roman Empire*, Ⅶ, p. 303.
③ 杰弗里·帕克等:《剑桥插图战争史》,傅景川等译,济南:山东画报出版社,2004年,第103页。
④ Edward Gibbon, *The History of the Decline and Fall of the Roman Empire*, Ⅶ, pp. 303, 307.

述奥斯特洛格尔斯基接受了吉本的说法,认为"比较妥当的估计是,进攻一方的军队数量远超防守一方,比例大体为 20∶1"。① 法国的拜占庭学者布莱赫尔同意他们的看法,他写道:"根据君士坦丁命令了解部队状况的斯弗兰齐斯计算,将士人数为 4973 人,包括僧侣和志愿军,这可能要另外加上 2000 个或 3000 个外国人。"而"在驻扎于土耳其军营的 16 万到 20 万人中,可能有 6 万战斗人员,他们中的许多人都是正规军"。② 也有人表示不同意见,英国的仁西曼即提出,奥斯曼土耳其军队参战人数仅有 80000 人,他认为"希腊人宣称聚集在苏丹军营中的军队达到 30 万、40 万,甚至更冷静的威尼斯人也说有 15 万人。但根据土耳其史料判断,可能其正规军只有约 8 万人,不包括非正规军,他们大概要另加上 2 万人"。这个意见与德国的巴宾格在《穆罕默德传记》中的看法大体相同,后者估计这一数字不超过 8 万。③ 英国的约翰·弗雷利也支持"八万之说",他坚持"穆罕默德率领其大军抵达城下,这支军队估计约有 8 万人"。④ 美国的沃伦·特里高德支持这一观点,认为"君士坦丁堡守军人数达到了 3000 名外国人和 5000 名拜占庭人。穆罕默德可能拥有 8 万人"。⑤ 专门研究末代拜占庭军事问题的巴图西斯也认为,"总之,合理地估算君士坦丁堡最后一战期间防卫者的总数应该为 7000 人或 8000 人,包括约 5000 名拜占庭士兵,2000 名或 3000 名外国将士。很明显,守军完全寡不敌众。即便以守军最高的数字 9000 人与围城军队最低的数字 6 万人相比,两者也完全不在一个等量级上,"故双方参战总人数合计 7 万人。⑥

---

① Geory Ostrogorsky, *Byzantinische Geschichte*, 324 – 1453, p. 499. 乔治·奥斯特洛格尔斯基:《拜占庭帝国》,第 469 页。
② Louis Brehier, *The Life and Death of Byzantium*, pp. 364, 365.
③ S. Runceman, *The Fall of Constantinople*, 1453, p. 76. F. Babinger, *Mehmed the Conqueror and His Time*, p. 84.
④ John Freely, *Istanbul, the imperial city*, pp. 173, 174.
⑤ W. Treadgold, *A History of the Byzantine State and Society*, p. 799.
⑥ M. C. Bartusis, *The Late Byzantine Army*, *Arms and Society*, 1204 – 1453, p. 131.

可以看出,对于此次战役参战人数这个基本问题,一直存在着多种意见,也缺乏进一步的研究。这种不求甚解的态度直接影响人们对这一重大事件的了解,阻碍进一步深入的探讨。而产生模糊认识的原因在于史家们依据的原始材料不同或不完整。

劳尼库斯·查尔克康迪拉斯在其《土耳其史》中明确提到此次战役人数,他写道:"据说当时这里聚集了大约40万大军,而在他的大营中可能拥有两倍于这个数字的托运牲畜……苏丹到达战场不久以后,他的舰队也逼近了,是由30艘三排桨大帆船和大约200艘小船构成的。当希腊人看到苏丹的舰队正在逼近他们的城市时,便从城市的另一侧河岸向君士坦丁堡那个被称为卫城的地方附近拉了一条大铁链,横跨该地水面。"①然而,由于他没有亲历现场,只是此次战役的间接记述人,其提供的信息的可靠程度也不能与其他亲历者相比。比查尔克康迪拉斯的"40万之说"更少但记载更可信的是莱奥纳多,他谈到奥斯曼土耳其军队兵力时说:"4月的第五天,他(苏丹)统率30万战将,在君士坦丁堡周围安营扎寨,率领他们部署在城市周围。其军队的大部分都调集到这里来,尽管他们大多是步兵"。说到守军的防卫力量时,他认为"希腊人的人数充其量不过6000人。其他那些热那亚人、威尼斯人和从佩拉秘密前来援助的人最多不过3000人。我们怎么能与敌人相提并论呢?"②最重要的史料来自乔治·斯弗兰齐斯对战役的记载:"同年(1453年)4月4日,苏丹返回战场,以其全部各种军械和陆海军队,包围了都城。他在都城18英里长的城墙下,部署了400艘大小船只封锁海面,以20万军队围困陆地城墙($\delta\iota\alpha\kappa o\sigma\iota\omega\nu\ \delta\dot{\epsilon}\ \chi\iota\lambda\iota\dot\alpha\delta\omega\nu\ \dot\alpha\nu\delta\rho\tilde\omega\nu\ \dot\alpha\pi\grave{o}\ \tau\tilde{\eta}s\ \sigma\tau\epsilon\rho\epsilon\tilde{\alpha}s$)。尽管我们的都城面积巨大,我们的守军总数却只有4973个希腊士

---

① J. P. Migne, *Patrologia Graeca* 159, cols. 375 - 397,注者还对比了 Darko 编的 Budapest 机构的 1922 年版。转引自 *The Siege of Constantinople* 1453: *Seven Contemporary Accounts*, pp. 43,44.
② J. P. Migne, *Patrologia Graeca* 159, cols 923 - 943,转引自 *The Siege of Constantinople* 1453: *Seven Contemporary Accounts*, pp. 15, 20, 25.

兵,以及正好大约 200 名外国士兵。"①这是土耳其攻城兵力"20 万之说"的主要来源,其中不含海军,这个说法得到了其他战役亲历者的佐证。杜卡斯在其《拜占庭史》涉及奥斯曼土耳其军队参战人数的内容中记载,"4 月 23 日,只发生了几次进攻,暴君(苏丹)调集了更多部队。那些征调而来的部队和那些自愿从各地汇集而来的人数难以计算。侦察兵报告说,至少有 40 万土耳其军队。"(Ἔλεγον οὖν, ὅσοι κατεσκόπευον, εἶναι ὑπὲρ τετρακοσίας χιλιάδας)这里提到的"超过 40 万"是来自侦察兵的报告而非杜卡斯的判断,因为他的记载中又说,"罗马人不时跳出掩体设法面对面地袭击土耳其人,有时损失将士,有时会抓到俘虏。但是,这样做对他们毫无益处,因为非常明显,一个罗马人面对着 20 个土耳其人(ἕνα Ῥωμαῖον πρὸς εἴκοσι Τούρκους)。他们怎么能在那么大地区袭击对付那么多敌人?"此处提出的双方兵力之比为"1∶20",显然是作者本人对双方陆军兵力人数的真实看法。② 他还单独提到过 300 多艘舰船组成的土耳其舰队,但却没有提及海军总人数。

"20 万"之说不仅得到了杜卡斯的佐证,也得到了佛罗伦萨商人加科莫·特达尔迪的证明,"在围城期间,共有 20 万人参战,其中 6 万人进行军事攻击,包括三万到四万人攻城。他们中四分之一的人穿制服和皮夹克(军服)。其他人则是一些人穿戴法国服装,一些人穿匈牙利服装,还有些人戴铁质头盔、拿土耳其弓箭和弩箭。还有些其他士兵没有装备,只有些盾牌和土耳其弯刀,这些武器是一种土耳其式样的刀剑。这 20 万人中的其他兵士都是些盗贼匪徒、流浪汉、工匠、铁匠和其他随军人员。"特达尔迪在这里明确提到 20 万

---

① Georgius Sphranzes, *Historia*, ed. V. Grecu, Thesaurus Linguae Graecae from Homer to the fall of Byzantium in AD 1453, no. 3143, work 001, Mich 3. 18. 2, XXXV, 6; George Sphrantzes, *The Fall of the Byzantine Empire*, *A Chronicle by G. Sphrantzes*, 1401-1477, p. 70.
② Doukas, *Ducae Historia Turcobyzantina* (1341-1462), XXXVIII, 3-4; Doukas's *Decline and Fall of Byzantium to the Ottoman Turks*, XXXVIII, 3-4, p. 212.

人参战,但后世引证者误读为直接参与军事进攻的6万人才是参战者,这段文字的整理校注者琼斯就此注释到"6万人似乎更合理",但这种解读不准确。尼科洛·巴尔巴洛的记载也从一个侧面支持了斯弗兰齐斯的说法,他提到土耳其军队人数的记载有两处:其一,1453年4月5日,"天明后第一个时辰,穆罕默德殿下指挥大约16万大军抵达君士坦丁堡城墙下,在距离城墙2.5英里处扎营"。其二,1453年5月29日,"拂晓前三个小时,土耳其人穆拉德(Murat)之子穆罕默德苏丹亲自来到城墙下开始发动使他夺取这个城市的总攻。苏丹将其部队分为三个集群,每个集群5万人;第一个集群由基督徒构成,他们都是关押在其大营中反对他的意愿的人,第二个集群是由下等身份的人和农民以及类似的人构成,第三个集群由加尼沙里(janissaries,禁卫军团)组成,他们身穿白色军服,全部是苏丹的贴身将士,每天领取军饷,全都装备精良,在战斗中最为强悍,而在禁卫军团后面的是全体军官,这些军官后面是土耳其苏丹。"这里提到两天的陆军直接进攻兵力都在15万至16万人,加上海军、炮兵和其他辅助性部队人数,土耳其攻城部队总数一定超过20万。巴尔巴洛在谈到攻城水兵时还说,"这支土耳其舰队是由145艘船构成的,包括大帆船、小帆船(fuste)、快船(parandarie)和补给船(bregantine),其中12艘是装满了装备的大帆船,70—80艘大型小帆船,20—25艘快船和其他的补给船;在这支土耳其舰队中还有一条大船是从辛诺堡(Sinopolis)驶来,满载运输的是石头炮弹、木障和原木,以及其他供给部队发动攻击的急需的战争物资。"①仅发生在4月20日涉及四艘战船的海战,奥斯曼土耳其海军就损失了上万人。② 对于这次海战的伤亡情况,莱奥纳多也加以证实,"战斗进行得比以前更为激烈……我们了解到他们大约有一万人阵亡,一些是

---

① Nicolo Barbaro, *Diary of the Siege of Constantinople*, 1453, p. 27, p. 62, p. 31.
② Nicolo Barbaro, *Diary of the Siege of Constantinople*, 1453, pp. 33-34.

被刀剑砍杀的,其他是被弓箭和火枪击中的,或者伤重不治身亡"。斯弗兰齐斯对此也给出了类似的记载。① 可见海军数量也有数万人之多,不可忽视。

还有一些根据幸存者作品改编的回忆录,也涉及奥斯曼土耳其攻城部队人数,其中提到攻守双方兵力之比为 500∶1,②因其描述过于夸张,在本文相对准确的参战人数考辨中没有太大的意义,故不再引证。值得一提的是拜占庭帝国参战人数的问题,概括各种史料的说法大体在一万人左右。但这一万人守城将士可能需要数倍的辅助人员,如果我们根据拜占庭军队作战人员结构比例计算,君士坦丁堡战役中拜占庭人参战数应该在三四万人之间。就此而言,我们还需要参考当时城内的总人数,那么君士坦丁堡破城之际到底有多少人呢?巴尔巴洛认为"希腊人的人数充其量不过 6000 人。其他那些热那亚人、威尼斯人和从佩拉秘密前来援助的人最多不过 3000 人"。这 9000 人是指直接参与作战的士兵,他还提到,"夺取君士坦丁堡战斗结束了,这一天是 1453 年 5 月 29 日星期二。有 6 万人被俘入狱,土耳其人还发现了大量财宝"。③ 杜卡斯就此提到,"土耳其人也忧心忡忡,因为他们曾估计城里还有至少 5 万名士兵。结果他们杀了 2000 人便放手了。假如他们知道抵抗他们的武装士兵总共只有 8000 人的话,他们就不会杀掉他们中的任何人了。因为这个民族热爱金钱,如果一个弑父者落入他们手中,他们也会为了黄金把他放掉。"④根据土耳其人自一个多世纪以前即充当雇佣兵形成的惯例,他们通常不是杀掉战俘,而是将他们拉到市场上出售,或者向对方提出赎金要求。杜卡斯在这里记述的就是这种情况。此次战役结束后第 24 年进行的一次人口普查也提供了一个参考数

---

① *The Siege of Constantinople* 1453: *Seven Contemporary Accounts*, pp. 21-22. George Sphrantzes, *The Fall of the Byzantine Empire*, p. 108.
② George Sphrantzes, *The Fall of the Byzantine Empire*, p. 120.
③ Nicolo Barbaro, *Diary of the Siege of Constantinople*, 1453, pp. 25, 70.
④ Doukas's *Decline and Fall of Byzantium to the Ottoman Turks*, p. 224.

值,"最早一次人口普查(defter)确定为1477年进行,涉及君士坦丁堡城区、正对着黄金角湾的法兰克人居住区加拉大城,对这个人口普查有多种分析。注册户总数为16326户,表明人口总数超过8万人。"[1]这与史料反映出来的数字非常接近。

对有关1453年君士坦丁堡战役基本史料进行的全面调查使我们掌握了此次战役幸存者关于参战人数的原始记载。然而,由于这些战役参与者留下的文字在这个问题上存在很大差异,因此造成后世研究者的分歧。我们需要进一步对他们提供的信息做深入的分析,以便得出比较客观的结论。

首先要特别注意的是斯弗兰齐斯记述的情况,他提供的奥斯曼土耳其攻城部队20万人和拜占庭守城将士4973人(另加200名外国雇佣军)是比较可信的。一个重要根据是他作为皇帝的重臣曾直接调查统计了守军的人数,且在参与指挥调动守军过程中亲临城防前线,目睹了攻城奥斯曼土耳其军队的阵势,直观估计了敌军的人数。他的表述比较明确,"以20万军队围困陆地城墙"这个信息清晰地表明土耳其军队用于陆地进攻的部队人数,其中必然包括炮兵和其他辅助人员,而不包括舰队将士在内。他提供的信息存在的问题是如何理解"大约200名外国士兵",笔者同意巴图西斯研究的结论,[2]即这里提到的外国士兵是指归属拜占庭将领指挥的部队,而不是那些雇佣兵将领独立指挥的部队,后者大约有3000人,不在斯弗兰齐斯统计范围内。另一位战役幸存者杜卡斯也支持了斯弗兰齐斯的说法,他提供的攻守双方兵力20∶1的比例是杜卡斯个人的估

---

[1] 该资料接着记载,"其中占绝大多数的是穆斯林9517户,还有基督教徒5162户,其中多数是罗马人东正教3748户,已经包括了1460年来自莫利亚、1461年后来自特拉布宗和1475年以后来自克里米亚的住户,后两者住在他们自己的住区内。除了372户亚美尼亚人和一些拉丁人及吉卜赛人外,最后一种主要人口是犹太人,有1647户"。Inalcik (1974), pp. 238 - 9; Lowry (1986b), pp. 323 - 326. *New Cambridge Medieval History*, vol. 7, Cambridge: Cambridge University Press 2008, p. 790.
[2] M. C. Bartusis, *The Late Byzantine Army*, *Arms and Society*, *1204 - 1453*, p. 131.

计,与当时的实际情况比较吻合。由于他作为拜占庭皇帝亲信贵族一直参与战斗,在混乱的前线直接估测出敌我兵力差距的悬殊。如果我们大体接受守军总人数在一万人左右的话,那么奥斯曼土耳其陆军攻城兵力就超过了 20 万,这与其他亲历者提供的信息大体一致。① 至于说他提到的"40 万土耳其军队",细心的读者一定注意到这个数字并非杜卡斯的推测,而是拜占庭侦察兵报告的数字,对于这个夸大了的数字连杜卡斯本人也不太相信,因此才在后来的记载中提供了他自己的推测比例。"20 万之说"也得到了另一位战役幸存者特达尔迪的支持,他明确说过"20 万人参战",但被后人误读为 6 万人,因为后世论者确定那些参与直接攻城的将士为参战者,而修桥补路、建筑堡垒、修理刀剑、打制兵器、提供粮草、保证军需、救治伤员、驾驶战船、处理阵亡者的人员都不在统计范围,②这样理解中古欧洲战争就显得非常不合理了。前引威尼斯人巴尔巴洛提供的信息也十分接近斯弗兰齐斯的说法,他在日记中没有直接给出奥斯曼土耳其军队总兵力的估计,但在两天的有关记载中提及用于直接攻击城墙的奥斯曼土耳其兵力包括 15 万和 16 万两个数字。我们不能接受由此断定这就是奥斯曼土耳其军队总兵力的说法,而确信巴尔巴洛涉及的参战总兵力一定超过 16 万人,因为如果加上前述海军和多种辅助部队的话,围城奥斯曼土耳其军队必定超过 20 万人。这里还有一个奥斯曼土耳其参战海军人数的问题需要阐明,斯弗兰齐斯提到了"400 艘大小船只封锁海面"(τετρακοσίων πλευσίμων ὂντων ἀπὸ τὴν θάλασσαν μικρῶν καὶ μεγάλων),但没有给出具体的将士人数,需要仔细推敲。事实上,奥斯曼土耳其舰队"大小船只"上的将士人数相差很大,最大的战船三排桨大帆船上有数百人之多,而较小的单排桨长船则有数十人。如果按照平均每船百人的保守估算则奥

---

① Doukas's *Decline and Fall of Byzantium to the Ottoman Turks*,XXXVⅢ,3 - 4,p.212.
② *The Siege of Constantinople* 1453:*Seven Contemporary Accounts*,p.3.

斯曼土耳其舰队人数可达4万之众，加上封锁海峡各要塞的约万余人，①则奥斯曼土耳其参战海军人数达到5万左右。

那么，我们应该如何看待莱奥纳多的"30万之说"、查尔克康迪拉斯的"40万之说"和其他的说法呢？应该承认，在这场战役进行的混乱战场上，对于那些并不担任指挥或参与指挥的战役参与者而言，要准确判断攻守双方参战总人数确实是难以做到的；对于那些并未参战而是战后转引其他幸存者记述的作家而言，要真实推算这类数字也是件难事。但是总体而言，从历史研究的角度看这些信息都是孤证，还不能成为我们得出结论的依据。我们当然不能完全否认这些信息的价值，特别要细致地分析其具体价值所在。譬如迈利森诺给出的双方兵力500∶1的描述，如果考虑他叙述的是战役最后阶段，守军鏖战近两个月后大量减员且无外援，而进攻者后援不断，持续补充兵力，那么对于后人感受战况惨烈似乎有些帮助。

依据上述考辨，笔者认为君士坦丁堡战役参战人数大约在30万人，其中奥斯曼土耳其军队参战总人数约25万人（包括20余万的步兵和约5万名水兵），而拜占庭参战人数在4万人（包括守城的拜占庭将士近5000人、雇佣兵3000人和辅助作战人员3万余人）左右。在考辨此次战役参战人数的过程中，笔者认为还有一个引用史料的误区需要指出，为了强化君士坦丁堡战役攻守双方实力相差悬殊，后世研究者大多有选择性地采用了亲历者原始记载中有利的信息，使用奥斯曼土耳其军队参战总人数和拜占庭防守在城墙上的人数，从而忽略了守军城内其他参与防御的人员，这样得出的结论必然远离真实历史。

（原文首载于《历史研究》2015年第6期）

---

① 这里关于封锁海峡兵力的估算是依据前引史料，见 Nicolo Barbaro, *Diary of the Siege of Constantinople*, 1453, pp. 33-34. George Sphrantzes, *The Fall of the Byzantine Empire*, trans. by Marios Philippides, The Uniersity of Massachusetts Press 1980, p. 108.

主要参考资料

西文资料

Adrienne Mayor, *Greek Fire, Poison Arrows, and Scorpion Bombs: Biological and Chemical Warfare in the Ancient World*, Woodstock: Overlook Duckworth, 2003.

Agathias, *The Histories*, trans. by J. D. Frendo, in Corpus Fontium Historiae Byzantinae, Berlin, N. Y.: de Gruyter, 1975.

H. Ahrweiler, *Byzance et la mer: La marine de guerre, la politique et les institutions maritimes de Byzance aux VIIe-Xve*, Paris, 1966.

Γρηγόριος Ακινδύνος, *Επιστολαί*, Paris, 1927.

Adam Smith Albion, *Symeon, Tsar of Bulgaria (893 – 927), as seen through Byzantine Lenses*, Harvard University Press, 1988.

George Akropolites, *Chonike Syngraphe*, trans. by R. Macrides, Oxford, New York: Oxford University Press, 2007.

P. J. Alexander, *The Patriarch Nicephorus of Constantinople: ecclesiastical poliey and image worship in the Byzantine Empir*, Oxford: Clarendon Press, 1958.

A. Andreades, *Ιστόρα της ελληική̀ς δημόσιας οικονομίας*, Αθένα: τυπ. της Αυλές A. Ραφτανέ, 1918.

M. Angold, *Church and Society in Byzantium Under Comneni, 1081 – 1261*, Cambridge University Press, 1995.

M. Angold, *The Byzantine Empire 1025 – 1205*, London, New York: Longman, 1997.

M. Angold, *The Byzantine Empire 1025 – 1204: a Political History*, London: Longman, 1984.

M. Angold, *The Byzantine Aristocracy IX to XIII Centuries*, Oxford, England: B. A. R., 1984.

Maguire Angold, "Byzantine Court Culture From 829 to 1204", in *The English Historical Review*, 1999 - 06, vol. 114 (457), pp. 676 - 678.

M. Angold, *The Byzantine Government in Exile*, Oxford University Press, 1975.

Anna Komnene, *The Alexiad*, trans. by E. Dawes, London: K. Paul, Trench, Trubner & co., ltd. 1928; trans. by E. Sewter, N. Y. Penguin, 1969.

A. Arnakys ed., *The Early History of the Ottomans: remapping the Empire*, Cambridge, UK; New York: Cambridge University Press, 2007 (1947).

M. T. W. Arnheim, *The Senatorial Aristocracy in the Later Roman Empire*, Oxford: Clarendon Press, 1972.

Michael Attaliates, *Historia*, ed. by Bekker, I., (*Corpus Scriptorum Historiae Byzantinae*) Bonnae, impensis E. Weberi, 1853.

Athanasius, *The Life of Antony and the Letter to Marcellinus*, trans. by Gregg, New York: Paulist Press, 1980.

P. Aube, *Les Empires nomands d'Orient, XI-XIIIe siecle*, Paris: Perrin, 1983.

A. Baok, "The Roman Magister in the Civil and Military Service of the Empire", *Harvard Studies in Classical Philology*, (1915) 26, pp. 117 - 164.

J. Banaji, *Economy and Agrarian Change in Late Antiquity*, Oxford: Oxford University Press, 2007.

R. Beaton and D. Ricks, *Digenes Akrites: new approaches to Byzantine heroic poetry*, Aldershot, Hampshire, Great Britain; Brookfield, Vt., USA: Variorum 1993.

F. Babinger, *Mehmed the Conqueror and His Time*, trans. Ralph Manheim, ed. William C. Hickman, Bollingen Series XCVI, Princeton, N. J.: Princeton University Press, 1978.

Nicolo Barbaro, *Diary of the Siege of Constantinople, 1453*, trans. by J. R. Jones, New York: Exposition Press, 1969.

Jonathan Bardill, "The Palace of Lausus and Nearby Monuments in Constantinople: A Topographical Study", *American. Journal of Archaeology*, Vol. 101, No. 1 (Jan., 1997), pp. 67 - 95.

John W. Barker, "Review", *Speculum*, vol. 69, no. 3 (Jul., 1994), pp. 853–854.

J. Barker, *Manuel II Palaeologus 1391–1425: A Study in Late Byzantine Statesmanship*, New Brunswich, N. J. 1969, 1979.

T. D. Barnes, *Constantine and Eusebius*, Cambridge: Harvard University Press, 1981.

M. Bartusis, *The Late Byzantine Army: Arms and Society, 1204–1453*, University of Philadelphia Press, 1992.

N. H. Baynes and H. St. L. B. Moss. *Byzantium: an introduction to East Roman Civilization*. Oxford: Clarendon Press, 1953.

N. Baynes, "Alexandria and Constantinople: A Study in Ecclesiastical Diplomacy", *Egyptian Archaeology*, 1926, XII, 49.

M. C. Bartusis, *The Late Byzantine Army, Arms and Society, 1204–1453*, Philadelphia: University of Pennsylvania Press, 1992.

R. Beaton and D. Ricks, *Digenes Akrites: New Approaches to Byzanitne Heroic Poetry*, Aldershot, Hampshire, Great Britain: Brookfield, Vt., USA: Vaiorum, 1993.

John Beddoe, "On the Bulgarians", *The Journal of the Anthropological Institute of Great Britain and Ireland*, vol. 8 (1879), pp. 232–239.

Benjamin, *The Itinerary of Benjamin of Tudela critical text*, tran. and commentary, ed. M. N. Adler, London: Henry Frowde, 1907.

M. Bejannins, *Studies of History of Ancient Roman Economy and Administration*, Oxford: Oxford University Press, 1974.

J. W. Birkenmeier, *The Development of the Komnenian Army: 1081–1180*, Boston: Brill 2002.

Robert P. Blake, "*Anna Comnena, A Study* by Georgina Buckler", *The American Historical Review*, Vol. 35, No. 2 (1, 1930), pp. 323–324.

Paul A. Blaum, *The Days of the Warlords: A History of the Byzantine Empire: AD. 969–991*, University Press of America, 1994.

Marc Bloch, *Feudal Society*, New York: Routledge, 2014.

S. Blondal, *The Varangians of Byzantium: an aspect of Byzantine military history*, revised by S. Benedikz, Cambridge; New. York: Cambridge University Press, 1978.

A. E. R. Boak and J. E. Dunlap, *Two Studies in Later Roman and Byzantine Administration*, New York, London: Macmillan, 1924.

Louis Brehier, *The Life and Ceath of Byzantium*, trans. in English by Margaret Vaughan, Oxford: North-Holland Publishing Company, 1977.

L. Brehier, *Vie ed mort de Byzance*, Paris: A. Michel, 1992, Amsterdam: North-Holland Pub. Co. , 1977.

L. Brehier, *Les institutions de l'Empire byzantin*, Lyon: Universite de Lyon, 1971.

L. Brehier, *La civilisation byzantine*, Lyon: Universite de Lyon, 1971.

L. Brehier, *Vie ed mort de Byzance*, Paris: A. Michel, 1946.

David Brewer. *Greece, the Hidden Centuries: Turkish Rule from the Fall of Constantinople to Greek Independence*, London. & New York: I. B. Tauris, 2010.

A. Brilliantov, *Emperor Constantine the Great and the Edict of Milan*, London; New York: Bloomsbury Academic, 1937.

P. R. Brown, *The World of Late Antiquity (AD 150 – 750)*, London: Thames and Hudson Ltd, 1971.

R. Browning, *Byzantium and Bulgaria: a comparative study across the early medieval frontier*, London: Temple Smith, 1975.

P. Brown, *The World of Late Antiquity: from Marcus Aurelius to Muhammad*, London: Thames and Hudson, 1971.

A. Bryer, Byzantine Monasteries, *Ecclesiastical History*, 1979, (16), 219.

G. Buckler, *Anna Comnena: A Study*, Oxford: Oxford University Press, 1929.

J. Burchhardt, *The Day of Constantine the Great*, California 1983.

J. Bury, *The Imperial Administrative System in the Ninth Century*, London: Pub. For the British academy by H. Frowde, Oxford University Press, 1911.

J. B. Bury, *History of the Later Roman Empire*, Amsterdam: Adolf M. Hakkert, 1966.

J. B. Bury, *History of the Eastern Roman Empire*, New York: Russell & Russell, 1965.

J. B. Bury ed. , *The Cambridge Medieval History*, Cambridge University Press, 1929.

J. B. Bury, *The Constitution of the Later Roman Empire*, Cambridge University Press, 1910.

New Cambridge Medieval History vol. 7, Cambridge: Cambridge University Press, 2008.

J. M. Hussey ed., *The Cambridge Medieval History*, Cambridge University Press, 1967.

Cambridge History of European Economy, vol. 1, Cambridge University Press, 1952.

A. Cameron, "Agethias on the Sassanians", *Dumbarton Oaks Papers* 23 – 24 (1969), pp. 67 – 183.

Nicetas Choniates, *Historia*, ed. by Bekker, I., (*Corpus Scriptorum Historiae Byzantinae*) Bonn, impensis E. Weberi, 1835.

C. Chapman, *Michael Paleologue restaurateur de l'empire byzantin 1261 – 1282*, Paris, 1926.

John Cinnamus, *Historia*, ed. by A. Meineke, (*Corpus Scriptorum Historiae Byzantinae*) Bonn, impensis E. Weberi 1838, London, 1928.

Averil Cameron, *The Byzantines*, Oxford: Blackwell Publishing, 2006.

Anna Comnena, *The Alexiad of Anna Comnena*, Translated from the Greek by E. R. A. Sewter, London: Penguin Books., 1969.

Constantine Manasses, *Breviarium Historiae metricum*, ed. by Bekker, I., (*Corpus Scriptorum Historiae Byzantinae*) Bonn, impensis E. Weberi, 1837.

Constantine Porphyrogenitus, *De administrando imperio*, ed. by Gy. Moravcsik, tran by R. Jenkins, Washington D. C.: Dumbarton Oaks Center for Byzantine Studies, 1967.

M. Clauss, *Des magistor officiorum in der Spatantike*, Munchen: C. H. Beck, 1980.

R. Chevallier, *Roman Roads*, Berkeley: University of California Press, 1976.

Constantine Ⅷ, *De Administrando Imperio*, trans. by J. Jenkins, Washington DC., 1967.

Ormonde Maddock Dalton, *Byzantine Art and Archaeology*, NY: Dover Publication, 1961.

R. M. Dawkins, "Ancient Statues in Mediaeval Constantinople", *Folklore*, Vol. 35, No. 3 (Sep. 30, 1924), pp. 209 – 248.

Ch. Diehl, *Histoire de l'empire byzantin*, Paris, A. Picard, 1932.

Ch. Diehl, *Byzantum: Greatness and decline*, N. J.: Rutfers University

Press 1957. *Byzance, Grandeur et Decadence*, Paris: Flammarion, 1919.

J. van Dieten tran., *Historia Rhomaike Nikephoros Gregoras*, Stuttgart, 1973.

Michael Dukas, *Η Ιστόρια του Βυζ α΄υτιου*, Bonn, impensis E. Weberi, 1850.

F. Dolger, *Das Kaiserjahr der Byzantiner*, Munich: Verlag der Bayerischen Akademie der Wissenschaften, 1949.

F. Dolger, "Rom in der Gedankenwelt der Byzantiner", *Zeitschrift fur Kirchengeschichte*, LVI (1937), pp. 1-42.

F. Dolger, *Harmenoplos und der Nomos Georgikos*, Thessaloniki: Εκδόσεις Βάνιας, 1951.

Doukas, *Ducae Historia Turcobyzantina (1341 - 1462)*, ed. and tr. V. Grecu, Thesaurus Linguae Graecae from Homer to the. fall of Byzantium in AD 1453, no. 3146.

Doukas's *Decline and Fall of Byzantium to the Ottoman Turks*, an annotated translation of "Historia Turco-Byzantina" by. Harry J. Magoulias, Wayne State University, Detroit: Wayne State University Press, 1975.

J. E. Dunlap, *The Office of the Grand Chamberlain in the Latter Rroman and Byzantine Empires*, New York: Macmillan, 1924.

F. Dvorink, *Early Christian and Byzantine Political Philosophy: origins and background*, vol. 2, Washington, Dumbarton Oaks Center for Byzantine Studies 1966.

F. Dvornik, *The Making of Central and Eastern Europe*, London: Polish Centre, 1949.

Eusebius Werke, ed. P. Winkelmann, Berlin, 1975.

Eusebius, *Church History, Life of Constantine, Oration in Praise of Constantine*, edit. By Schaff, P., New York: Christian. Literature Publishing Co., 1890.

Eusebios of Caesarea, *The History of the Church from Christ to Constantine*, trans. by G. Williamson, New York, Penguin., 1965.

Eusebius of Caesarea, *The ecclesiastical history*, with an English translation by Kirsopp Lake and J. E. I Oulton, Loeb. Classical Library, Cambridge, Mass, 1926 - 1932.

Eusebius Pamphilus, *Church History; Life of Constantine the Great; Oration in Praise of Constantine*, MPNF2 - 01, New York: Grand

Rapids, 1890.

Ethnographic Map of the Balkan Peninsula: Constantinople and the Sea of Marmara (electronic resource), *Times*, London, 2010.

Eunapios of Sardis, *The Fragmentary Classicising Historians of the Later Roman Empire: Eunapius, Olympiosorus, Priscus, and Malchus*, ed. by R. Blockley Liverpool, 1981-1983.

J. A. S. Evans, *The Age of Justinian: The Circumstances of Imperial Power*, New York: Routledge, 1996.

Evagrius Scholasticus, *Ecclesiastical History of Evagrius with the Scholia*, ed. by J. Bidez and L. Parmentier, London, 1898.

Evagrius Scholasticus, *Ecclesiastical History of Evagrius Scholasticus*, ed. by M. Whitby, Liverpool: Liverpool University Press, 2000.

Farmer's Law, trans. by W. Ashburner, *Journal of Hellenic Studies*, 32 (1912), pp. 87-95.

Edward G. Farrugia, et. al, *Christianity among the Slavs: The Heritage of Saints Cyril and Methodius*, by Pontifical Oriental. Institute, Roma: Pont. Institutum Studiorum Orientalium, 1988.

J. V. A. Fine, "Basil II and the Decline of the Theme System", *Studia slavico-byzantina et mediaevalia Europensia*, vol. 1, Sofia, 1989, pp. 44-47.

J. Fine, *The Early Medieval Balkans: A Critical Survey from the Late Sixth to the Late Twelfth Century*, Ann Arbor, 1983.

George Finlay, *A History of Greece from the Conquest to the Present Time (BC 146—AD 1864)*, Oxford: Clarendon Press, 1877.

C. Foss, "The Persians in Asia Minor and the End of Antiquity", *English Historical Review*, (1975) 90, pp. 721-47.

John Freely, *Istanbul, the Imperial City*, London: Penguin Books, 1996.

E. H. Freshfield, *Book of the Prefect/Eparch*, tran by E. H. Freshfi, *Roman Law in The Later Roman Empire-Byzantine. Guilds Professional and Commercial-Ordinances of Leo VI Rendered into English*, Cambridge University Press, 1938.

T. Gagos and P. van Minnen, *Settling A Dispute: Towards A Legal Anthropology of Late Antique Egypt*, Ann Arbor: University of Michigan Press, 1994.

F. L. Ganshof, *Feudalism*, Buffalo: University of Toronto Press, 1996.

Francois Louis Ganshof, *Recherches sur les Capitulaires*, Paris: Sirey, 1958.

D. Geanakoplos, *Emperor Michael Palaeologus and the West, 1258 – 1282*, Cambridge, Msaa: Mediaeval Academy of America, 1959.

Deno John Geanakoplos, "The Discourse of Demetrius Chalcondyles on the Inauguration of Greek Studies at the University of Padua in 1463", *Studies in the Renaissance*, Vol. 21 (1974), pp. 118 – 119.

D. J. Geanakoplos, *Greek Scholars in Venice*, Cambridge: Harvard University Press, 1962.

D. J. Geanakoplos, "Church and State in the Byzantine Empire: A Reconsideration of the Problem of Caesaropapism", *Ecclesiastical History*, 1969 (3), pp. 381 – 403.

Demetrius John Georgacas, "The Names of Constantinople", *Transactions and Proceedings of the American Philological. Association*, Vol. 78 (1947), pp. 347 – 367.

George Pachymeres, *De Michaele et Andronico Paleologus*, ed. I. Bekker, Bonn, impensis E. Weberi, 1835.

George Pachymeres, *Relationes historicas*, *Corpus Scriptorum Historiae Byzantinae*, trans. by V. Lautent, Paris: Belles. Lettres, 1984.

George Sphrantzes, *The Fall of the Byzantine Empire*, *A Chronicle by G. Sphrantzes, 1401 – 1477*, Amherst: The University of Massachusetts Press, 1948; Critobulus, ed. by C. Muller, *Fragmenta historicorum graecorum*, Ⅴ, Paris: Belles. Lettres, 1870.

George of Pisidia, *De expeditione persica*, ed. by Bekker, I. , *Corpus Scriptorum Historiae Byzantinae*, Bonn, impensis E. Weberi, 1836.

George Young, *Constantinople*, London: Methuen &. Co. , Ltd. , 1926.

George ed. , "Autobiography of Michael Palaeologus", *Byzantine Studies*, 1959 – 1960, (29 – 30), pp. 447 – 476.

Georges Pachymérès, *Relations Historiques*, vol. 4, ed. by A. Failler, trans. by Ⅴ. Laurent, book 10, chapter 16, Paris: Institut Français d'Études Byzantines, 1999.

Georgius Sphranzes, *Historia*, ed. Ⅴ. Grecu, Thesaurus Linguae Graecae from Homer to the fall of Byzantium in AD 1453, no. 3143, work 001, Mich 3. 18. 2, George Sphrantzes, *The Fall of the Byzantine Empire*, *A Chronicle by G. Sphrantzes, 1401 – 1477*, p. 70.

S. Gero, *Byzantine Iconoclasm during the Reign of Leo III with Particular Attention to the Oriental Sources*, Louvain: Secretariat du Corpus SCO, 1973.

Edward Gibbon, *The History of the Decline and Fall of the Roman Empire*, London: George Bell and Sons, 1889.

Edward Gibbon, *The History of the Decline and Fall of the Roman Empire*, Chicago: Encyclopaedia Britannica Inc, 1952.

Walter Goffart, "Rome, Constantinople, and the Barbarians", *The American Historical Review*, Vol. 86, No. 2 (Apr., 1981), pp. 275–306.

C. Gordon, *The Age of Attila: Fifth Century Byzantium and the Barbarians*, University of Michigan Press, 1960.

F. Gorres, "Justinian II und das romische Papsttum", *Byzantine Studies*, 1908, (18), pp. 440–450.

Stephen Graham, *Boris Godunof*, New Haven: Yale University Press, 1933.

Nikephoras Gregoras, *Historia Byzantine*, ed. L. Schopen and I. Bekker, Bonn, impensis E. Weberi, 1829–1830.

Nikephoras Gregoras, *Historia Rhomaike Nikephoros Gregoras*, trans. by J. van Dieten, Stuttgart, 1973.

Historia Rhomaike Nikephoros. Gregoras, trans. by J. van Dieten, Stuttgart: Cotta, 1973.

F. Gregorovius, *Geschichte der Stadt Athen im Mittelalter*, Stuttgart: Ginn and Co., 1889.

Gregory of Nazianzen, *Select Orations, Sermons, Letters; Dogmatic Treatises*, NPNF2–07, pp299–709, general editor Philip. Schaff, New York: The Christian Literature Company, 1893.

Ian Grey, *Boris Godunov: The Tragic Tsar*, New York: Charles Scribner's Sons, 1973.

Georgii Syncelli Ecloga Chronographica, ed. A. Mosshammer, Leipzig: Teubner, 1984.

R. Guilland, "Les Eunuques dans l'Empire Byzantin", *Etudes Byzantines*, I (1943), pp. 197–238; II (1944), pp. 185–225; III. (1945), pp. 179–214.

R. Guilland, "Le Palais de Theodore Metochite", *Revue des etudes grecques*, vol. xxxv (1922), pp. 82–95.

A. Guillou, *La civilisation byzantine*, Paris: Arthaud, 1974.

A. Guillou, *Regionalisme et independance dans l'Empire byzantin au VIIe siecle*, Roma: Nella sede dell'Istituto, 1969.

H. M. Gwatkin, *Studies of Arianism, chiefly referring to the character and chronology of the reaction which followed the. Council of Nicaea*, Cambridge: D. Bell; London: G. Bell, 1900.

J. F. Harrton, "The Policy of Iconoclasm", *Byzantine Studies*, 1977, (38), pp. 161—184.

J. F. Haldon, *Byzantium in the 7th Century*, Cambridge: Cambridge University Press, 1990.

John Haldon, *Warfare, State and Society in the Byzantine World*, 565 - 1204, University College London Press, 1999.

J. F. Haldon, *Byzantine Praetorians. An administrative, institutional and social survey of the Opsikion and Tagnata*, Bonn: R. Habelt, 1984.

John Haldon, *The Palgrave Atlas of Byzantine History*, New York: Palgrave MacMillan, 2005.

Carlton Hayes and Frederick Clark, *Medieval and Early Modern Times: the age of Justinian to the eighteenth century*, New York: Macmillan, 1966.

Gregory I. Halfond ed., *The Medieval Way of War: Studies in Medieval Military History in Honor of Bernard S. Bachrach*, Ashgate Publishing 2015, Farnham: Routledge, 2015.

Jonathan Harris, *Constantinople: Capital of Byzantium*, London; NY: Hambledon Continuum, 2007.

Alan Harvey, "Financial crisis and the rural economy", *Alexius I Comnenus, Papers* I, ed. by Margaret Mullett and Dion Smythe, Belfast: Belfast 1996, pp. 168 - 169.

A. Harvey, *Economic Expansion in the Byzantine Empire 900 - 1200*, Cambridge: Cambridge University Press, 1989.

K. J. Hefele, *A History of the Councils of the Church: from the original documents*, Edinburgh: T. & T. Clark, 1896.

M. F. Hendy, *Studies in the Byzantine Monetary Economy*, Cambridge, 1985.

M. Hendy, *Studies in the Byzantine Monetary Economy c. 300-1450*, Cambridge University Press, 1985.

Herodotus, *Herodotus Books*, Oxford, U. K.: Oxford University

Press, 2013.

G. F. Hertzberg, *Geschichte Griechenlands seit dem Absterben des antiken Lebens bis zum Gegenwart*, Berlin: G. Grote, 1883.

G. F. Hertzberg, *Geschichte der Byzantiner und des Osmanischen reiches bis gegen ende des 16. Jahrhunderts*, Berlin: G. Grote, 1883.

Karl Hopf, *Geschichte Griechenlands vom Beginne des Mittelalters bis auf die neuere Zeit*, New York: B. Franklin, 1960. (Leipizig 1867).

J. H. Humphrey, The Archaeology of Vandal and Byzantine Carthage, *New Light of Ancient Carthage*, ed. J. Pedley, Ann Arbor: University of Michigan Press, 1980.

H. Hunger ed., *Das Byzantinische Herrscherbild*, Darmstadt: Wissenschaftliche Buchgesellschaft, 1975.

Liz James, ed., *A Companion to Byzantium*, West Sussex: Blackwell Publishing Ltd, 2010.

John Kanonas, *Chronikon*, in Corpus Scriptorium Historiae Byzantinae, by I. Bekker, Bonn, impensis E. Weberi, 1838.

A. H. M. Jones, *The Later Roman Empire 284–602: A Social, Economic, and Administrative Survey*, Oxford: Basil Blackwell, 1964.

John Cantacuzene, *Historiae*, ed. by L. Schopen, (*Corpus Scriptorum Historiae Byzantinae*), Bonn, impensis E. Weberi, 1828–1832.

John Malalas, *The Chronicle of John Malalas*, trans. by Elizabeth Jeffreys, Michael Jeffreys, Roger Scott, et al, Melbourne, 1986.

John of Nikiu, *The Chronicle of John, Bishop of Nikiu*, ed. with English trans. by R. H. Charles, London: Pub. for the Text and Translation Society, 1916.

John Zonaras, *Epitome Historiarum*, ed. M. Pindar, (*Corpus Scriptorum Historiae Byzantinae*), Berlin, impensis E. Weberi, 1841; English trans. By. M. Dimaio, Missouri-Columbia, 1977.

Joel, *Chronographia*, ed. by Bekker, I., (*Corpus Scriptorum Historiae Byzantinae*) Bonn, impensis E. Weberi, 1836.

John of Ephesus, *The Third Part of the Ecclesiastical History of John, bishop of Ephesus*, trans., R. Payne Smith, Oxford. University Press, 1860.

John Chrysostom, *On the Priesthood, Ascetic Treatises, Select Homilies and Letters, Homilies on the Statutes, NPNF1–09*, general. editor Philip Schaff, New York 1886.

J. R. Melville Jones trans. , *The Siege of Constantinople 1453 : Seven Contemporary Accounts*, Amsterdam: Adolf M. Hakkert-Publisher, 1972.

John Skylitzes, *Byzanz, wieder ein Weltreich : das Zeitalter der makedonischen Dynastie*, trans. by H. Thurn, Graz: Styria, 1983.

Ιωάννης, *Εκκλησιατικὴ Ιστόρια*, ed. by E. Miller, Oxford, 1860.

Ιωάννης Δαμασκ ἠνος, Λόγοι, τρεῖς ομιλίαι κατ ά των εικονομ ά χων, by Andrew Louth, New York: St. Vladimir's. Seminary Press, 2003

Julian, *The Works of the Emperor Julian*, trans. by W. C. Wright, Harvard University Press, 1996.

Justinian, *The Civil Law*, trans. by Scott, S. P. , The Lawbook Exchange, Ltd, 2001.

Justinian, The Digest of Roman Law, 42. 5. 8.

Justinian, *The Civil Law*, trans. by Scott, S. P. , The Lawbook Exchange, Ltd, 2001.

Justinian, *The Novels of Justinian, a complete annotated English translation*, by David J. D. Miller and Peter Sarris, Cambridge University Press, 2018.

Justinian, *Laws: Justinian, The Digest of Roman Law*, trans. by C. F. Kolbert, Yew York: Penguin Books, 1979.

Justinian, *The Civil Law*, trans. by S. P. Scott, The Lawbook Exchange, Ltd, 2001.

W. E. Kaegi, "Review", *The American Historical Review*, Vol. 98, No. 4 (Oct. , 1993), p. 1223.

Kantakuzenos, *Johannes Kantakuzenos Geschichte*, Stuttgart: Anton Hiersenmann KG, 2011.

Johannes Karayannopoulos, *Die Entstehung der byzantinischen Themenordnung*, Munich: De Gruyter, 1959.

Ι. Καραγιαννόπουλος, *Χαρταί μέσης Βυζαυτιν ῆς Περιόδου*, Εκδόσεις Β άνιας, Θεσσαλονίκη, 1976.

Ι. Καραγιαννόπουλος, *Ιστόρια Βυζαντινού Κράτους*, Εκδόσεις Βάνιας, Θεσσαλον ίκη, 1992.

Ι. Καραγιαννόπουλος, *Πολιτικ ή Θεωρ ία των Βυζαυτιν ώυ*, Εκδόσεις Β άνιας, Θεσσαλονίκη, 1988.

Ι. Καραγιαννόπουλος, *Χαρταί μέσης Βυζαυτιν ῆς Περιόδου*, Εκδόσεις Β άνιας, Θεσσαλονίκη, 1992.

I. Καραγιαννόπουλos, Το Βυζαντινού Κράτους, Εκδόσεις Βάνιας, Θεσσαλονί- κη, 1983.

A. Kazhdan, "*Pronia*: the history of a scholarly discussion", *Mediterranean Historiacal Review*, (1995 – 6) 10, pp. 133 – 63.

A. Kazhdan and S. Franklin, *Studies on Byzaninte Literature of the Eleventh and Twelfth Centuries*, Cambridge: Cambridge University Press, 1984.

A. P. Kazhdan, editor in chief, *The Oxford Dictionary of Byzantium*, Oxford University Press, 1991.

A. P. Kazhdan & Ann Wharton Epstein, *Change in Byzantine Culture in the Early Eleventh and Twelfth Centuries*, University of California Press, 1985.

J. Keenan, "Aurelius Phoebammon, Son of Triadelphus: A Byzantine Egyptian Land Entrepreneur", *Bulletin of the American Society of Papyrologists*, (1980) 17, pp. 145 – 54.

N. P. Kondakov, *Istorija vizantijskoj imperij*, Saint Peterburg, 1913 – 1948.

Nikodim Pavlovich Kondakov, *The Russian Icon*, Prague: Seminarium Kondakovianum, 1928 – 1933.

N. P. Kondakov, *Sketches and Notes on the History of Mediaeval Art and Culture*, Prague: Ustav dejin umeni, 1927.

Paul Oskar Kristeller, *Renaissance Thought and Its Sources*, New York: Columbia University Press, 1979.

Karl Krumbacher, *Geschichte der byzantinischen Litteratur von Justinian bis zum ende des ostromischen reiches.* (527 – 1453), Munich: C. H. Beck Verlag, 1891.

Karl Krumbacher, Ιστόρια της Βυζαυτινής Λογοτεχνίας, Αθένα: Εκδόσεις Bas. N. Γρηγοριάδης, 1974.

Michael Kulikowski, *Rome's Gothic Wars: from the Third Century to Alatic*, Cambridge University Press, 2007.

L. Labowsky, "Manuscripts from Bessarion's Library Found in Milan", *Medieval and Renaissance Studies*, V, pp. 108 – 31.

Angeliki E. Laiou, *Constantinople and the Latins: The Foreign Policy of Andronicus* II, *1282 – 1328*, Harvard University Press, 1972.

A. Laiou and C. Morrisson, *The Byzantine Economy*, Cambridge:

Cambridge University Press, 2007.

Angeliki E. Laiou, ed. , *The Economic History of Byzantium, from the seventh through the fifteenth century*, Dumbarton Oaks Research Library and Collection, Washington, D. C. : Dumbarton Oaks Research Library and Collection, 2002.

Spiridon Lampros, Ιστόρια της Ελλάδος μετεικόυων από των αρχαιοτάτων χρόνων μέχρι της Κωνσταντινουπόλεως, Εκδόσεις Βάνιας, Αθένα, 1886–1908.

William L. Langer, *An Encyclopedia of World History: ancient, medieval and modern, chronologically arranged*, London, Boston. Houghton Mifflin, 1972.

Laonici Chalcocandylae, *Apodeixeis Historia*, ed. by Dem. I. Mankriote, Athenai: Ekdosis "Ho logos", 1966.

Walter Leaf, "Trade Routes and Constantinople", *The Annual of the British School at Athens*, Vol. 18 (1911/1912), pp. 301–313.

Paul Lemerle, *Byzantine Humanism: the first phase: notes and remarks on education and culture in Byzantium from its origins to the 10th century*, Canberra: Australian Association for Byzantine Studies, 1986.

P. Lemerle, *The Agrarian History of Byzantium from the Origins to the Twelfth Century*, Galway, Ireland: Officina Typographica, Galway University Press, 1979.

Lemerle, *The Agrarian History of Byzantium*. M. Mundell Mango (ed.), *Byzantine Trade 4th – 12th Centuries*, Farnham: Burlington, VT: Ashgate Pub, 2009.

Leo the Grammarian, *Chronographia*, ed. by Bekker, I. , (*Corpus Scriptorum Historiae Byzantinae*), Bonn: Impensis Ed. Weberi, 1842.

Leo the Deacon, *Historiae*, ed. by Hasius, C. B. , (*Corpus Scriptorum Historiae Byzantinae*), Bonn, impensis E. Weberi, 1828.

Leo Ⅵ, *The Book of the Eparch*, trans. by E. Freshfield, Cambridge University Press, 1938.

Leo Ⅵ, *Basilicorum libri LX*, ed. H. Scheltrma and N. van Wal, Groningen: J. B. Wolters, 1988.

The Taktika of Leo Ⅵ, tran. by G. Dennis, Washington D. C. : Dumbarton Oaks, 2010.

A. Lombard, *Constantin V, empereur des Romains (740–775)*, Paris: E. Alcan, 1902.

F. Loofs, *Nestorius and his Place in the History of Christian Doctrine*, Cambridge University Press, 1914.

Bernard Loth, *Le Dictionnaire de theologie catholique*, Paris: Letouzey et Ane, 1922.

Edward Luttwak, *The Grand Strategy of the Byzantine Empire*, Cambridge, Mass. : Belknap Press of Harvard University Press, 2009.

R. S. Lopes, *The Byzantine Economy in the Early Middle Ages*, London University Press 1978.

L. C. Mackinney, *Medical Illustrations in Medieval Manuscripts*, Berkeley: University of California Press, 1965.

Ramsay MacMullen, *Voting about God in Early Church Councils*, New Haven: Yale University Press, 2006.

E. McGeer, *The Land Legislation of the Macedonian Emperors*, Toronto: Pontifical Institute of Mediaeval Studies, 2000.

R. MacMullen, *Constantine I*, London: Society for the Promotion of Roman Studies, 1970.

Paul Magdalino & R. Nelson, "The Emperor in Byzantine Art of the Twelfth Century", *Byzantinische Forschungen*, 8 (1982), p. 123–183.

H. Maguire, *Byzantine Court Culture From 829 to 1204*, Washingron, DC. : Dumbarton Oaks Research Library and Collection, 1997.

George P. Majeska, "Notes on the Archeology of St. Sophia at Constantinople", *Dumbarton Oaks Papers*, Vol. 32, (1978), pp. 299–308.

I. J. Maksimovic, *The Byzantine Provincial Administration*, Amsterdam: A. M. Hakkert, 1988.

John Malalas, *Chronicle*, trans. by E. Jeffreys, M. Jeffreys & R. Scott, Australian: University of Sydney, 2006.

M. Mallett, *Mercenaries and Their Masters: Warfare in Renaissance Italy*, London: Bodley Head, 1974.

Cyril Mango, *The Oxford History of Byzantium*, London: Oxford University Press 2002.

Cyril Mango, *Byzantium and its Image: history and culture of the Byzantine Empire and its heritage*, London: Variorum Reprints/ Collected studies, 1984.

Ian R. Manners, "Constructing the Image of a City: The Representation of Constantinopole in Christopher. Buondelmonti's Liber Insularum Archipelapi",

Annals of the Association of American Geographers, Vol. 87, No. 1 (Mar., 1997), pp. 72-102.

Marcellinus, *The Chronicle of Marcellinus: a translation and commentary (with a reproduction of Mommsen's edition of the text*, Sydney: Australian Association for Byzantine Studies, 1995.

R. A. Markus, "Ravenna and Rome", in *Byzantium*, (51) 1981, pp. 566-578.

Marlia Mundell Manqo, "The Commercial Map of Constantinople", *Dumbarton Oaks Papers*, Vol. 54, (2000), pp. 189-207.

Maurice, *Das Strategikon des Maurikios: Einfuhrung, Edition und Indices*, ed. G. T. Dennis and E. Gamillscheg, Vienna: Osterreichischen Akademie der Wissenschaften, 1981.

Menander, Protector, *The History of Menander the Guardsman*, trans. by R. Blockley, Liverpool: Great Britain: F. Cairns, 1985.

Michael Psellos, *Chronographia*, ed. E. Renauld, Paris: Societe d'edition "Les Belles Lettres" /Collection byzantine, 1967.

Michael Glykas, *Annals*, ed. by Bekker, I., (*Corpus Scriptorum Historiae Byzantinae*), Bonn: Impensis Ed. Weberi, 1836.

J. P. Migne, *Patrologia Graeca 159*, cols. 375-397, Darko, Budapest 192, tran. by J. R. Melville Jones, *The Siege of. Constantinople 1453: Seven Contemporary Accounts*, trans. by J. R. Melville Jones, Amsterdam: Adolf M. Hakkert-Publisher, 1972.

J. P. Migne, *Patrologiae cursus completes*, *Series latina*, Paris: Garnier, 1958-1974.

A. Moffatt, *Classical, Byzantine and Renaissance Studies*, Canberra: Australian Association for Byzantine Studies, 1984.

Will S. Monroe, *Bulgarian and Her People*, Boston: The Page Co, 1914.

C. S. Montesquieu, *Considerations sur les causes de la grandeur des Romains et de leur decadence: suivis de Diaogue de Sylla ed d'Eurate et de Lysimaque*, Paris: E. Ducrocq, 1958.

R. Morris, "The Powerful and the Poor in Tenth-Century Byzantium: Law and Reality", *Past and Present* (1976) 73, pp. 3-27.

Rosemary Morris, *Monks and Layman in Byzantium, 843-1118*, Cambridge University Press, 1995.

D. M. Nicol, *Studies in Later Byzantine History and Prosopography*, London: Variorum Reprints/Collected studies, 1986.

D. M. Nicol, *The Byzantine Family of Kantakouzenos*, Washington, D. C.: Dumbarton Oaks Center, 1968.

D. M. Nicol, *The Last Centuries of Byzantium*, Cambridge: Cambridge University Press, 1993.

Donald M. Nicol, *The Immortal Emperor: The Life and Legend of Constantine Palaiologos, Last Emperor of the Romans*, Cambridge University Press, 1992.

Nikephoros Gregoras, *Nicephori Gregorae Byzantina Historia*, vol 8, chapter 6, ed. by, L. Schopen, CSHB 25, Bonnae: Impensis Ed. Weberi, 1829.

Niketas Choniates, *City of Byzantium, Annals of Niketas Choniates*, trans. by H. Magoulias, Detroit: Wayne State University Press, 1984.

Nikephoros the Younger, *Materials for a History*, trans. by Paul Gautier, Brussels, 1975.

W. Norden, *Das Papsttum und Byzanz, die Trennung der beiden Machte und das Problem ihrer Wiedervereinigung bis zum Untergange des Byzantinischen Reichs*, Berlin, B. Behr, 1903.

John Julius Norwich, *A Short History of Byzantium*, New York: A Division of Random House, Inc, 1999.

D. Obolensky, *The Byzantine Commonwealth, Eastern Europe 500 – 1453*, New York: Praeger Publishers, 1971.

G. A. Oikonomides, *Diplomatikes histories*, Athena: Ekdoseis Gema, 2009.

N. Oikonomides, The Etymology of Theme XVI, *Byzantina*, 1975.

N. Oikonomides, "L'evolution de l'organisation administrative de l'empire byzantine au XIe siècle (1025 – 1118)", *TM* 6. (1976), pp. 125 – 152.

Nicolas Oikonomides, "Title and Income at the Byzantine Court", *Byzantine Court Culture from 829 to 1204*, ed. by Henry. Maguire, Washington, D. C.: Dumbarton Oaks Research Library and Collection, Harvard University Press, 1997.

C. W. Oman, *The History of the Art of War in the Middle Ages*, London: Methuen &. co. ltd, 1924.

G. Ostrogorsky, "Agrarian Conditions in the Byzantine Empire in the Middle Ages", in *The Cambridge Economic History of. Europe*, Cambridge

University Press, 1977.

G. Ostrogorsky, *Pour l'histoire de la feodalite Byzantine*, Brussels: Editions de l'Institut de philologie ed d'histoire orientales ed slaves, 1954 (*Fiefs and Vassals*, Oxford: Oxford University Press, 1994).

G. Ostrogorsky, "Byzance, paradis du monopole et du privilege", *Byzantion*, vol. ix (1934), pp. 171-81.

G. Ostrogorsky, *History of the Byzantine State*, tr. J. Hussey, Oxford: Oxfordshire: Blackwell, 1956.

G. Ostrogorsky, *Quelques problemes d'histoire de la paysannerie byzantine*, Bruxelles, Editions de Byzantion, 1956.

George Ostrogorsky, "The Byzantine Background of the Moravian Mission", *Dumbarton Oaks Papers*, vol. 19 (1965), pp. 1-18.

George Ostrogorsky, *History of the Byzantine State*, Oxford: Basil Blackwell & Mott, Limited, 1956.

Geory Ostrogorsky, *Byzantinische Geschichte*, 324-1453, Munchen: Verlag C. H. Beck OHG, 1996.

George Ostrogorsky, *Serboi under Stefan Dusan*, Belgrade, 1965.

Arzu Ozturkmen, "From Constantinople to Istanbul: Two Sources on the Historical Folklore of a City", *Asian Folklore. Studies*, Vol. 61, No. 2 (2002), pp. 271-294.

Paparrigopoulos, *Histoire de la civilisation hellenique*, Paris: Hachette, 1878.

Παπαρριγόπουλος, Ιστόρια του Ελληνικού εθνούς, απο των αρχαιοτάτων χρόνων μέχρι των νεωτέρων, Αθένα: Εκδόσεις Βας. Ν. Γρηγοριάδης, 1860-1877.

Παπαρριγόπουλος, Ιστόρια του Ελληνικού εθνούς, Αθένα: Εκδόσεις Βας. Ν. Γρηγοριαδης, 1928.

Patricia Karlin-Hayter, "Alexios Komnenos: 'not in the strict sense of the word an emperor' ", Margaret Mullett and Dion Smythe, *Alexius I Comnenus, Papers*.

A. Pertusi, *La formation des themes byzantine*, Munich: Verlag der Bayerischen Akademie der Wissenschaften, 1958.

E. Peterson, *Der Monotheismus als politisches Problem; ein beitrag zur geschichte der politischen theologie im Imperium. romanum*, Liepzig: Hegner, 1935.

Photios, *Epistolae*, ed by Johannes N. Baletta, Jildesheim: G.

Olms, 1978.

N. Polites, *Proverbs and Traditions of the Greek People*, Athens: Εκδόσεις Bas. N. Γρηγοριάδης, 1904.

J. E. Powell, "The Cretan Manuscripts of Thucydides", *The Classical Quarterly*, Vol. 32, No. 2 (Apr., 1938), p. 103.

Priscus, *The Fragmentary Classicising Historians of the Later Roman Empire: Eunapius, Olympiosorus, Priscus, and Malchus*; Evagrius Scholasticus, *Ecclesiastical History of Evagrius with the Scholia*, ed. by J. Bidez and L. Parmentier, London, 1898; rp. Amsterdam, 1964.

Procopius, *History of the Wars*, trans by Henry B. Deving, Cambridg: Harvard University Press, 1996.

Procopius, *The Anecdota or Secret History*, trans by Henry B. Deving, Cambridg: Harvard University Press, 1935.

Procopios, *The Wars, the Buildings, the Secret History*, trans. by H. Dewing, London, Loeb Classical Library, 1914–1935.

Prokopios, *Secret History* and *Buildings. Book of the Prefect*, ed. by A. E. R. Boak, Cambridge, Mass.: Harverd University Press, 1929.

Procopius, *The Anecdota*, trans by H. B. Dewing, Cambridge, Massachusetts: Harvard University Press, 1998.

Michael Psellus, *Chronographia*, ed. by Vrasidas Karales, Athena: Ekdoseis Kanake, 2004.

Salomon Reinach, "Marble Statue of Artemis in the Museum at Constantinople", *The American Journal of Archaeology and of the History of the Fine Arts*, Vol. 1, No. 4 (Oct., 1885), pp. 319–323

S. Runciman, *Byzantine Civilization*, New York: Meridian Books, 1959.

S. Runceman, *The Fall of Constantinople, 1453*, Cambridge: Cambridge University Press, 1965.

J. Richards, *The Popes and the Papacy in the Early Middle Ages 476–752*, London; Boston: Routledge & Kegan Paul, 1979.

J. Richards, *Consul of God: the Life and Times of Gregory the Great*, London; Boston: Routledge & Kegan Paul, 1980.

S. Runciman, *A History of the First Bulgarian Empire*, London: G. Bell & sons ltd, 1930.

S. Runciman, *The Fall of Constantinople*, Cambridge University Press, 1965.

S. Runciman, *Byzantine Civilization*, New York: Meridian Books, 1959.

S. Runciman, *The Emperor Romanus Lecapenus and His Reign*, *A Study of Tenth Century*, Cambridge University Press, 1929.

S. Runciman, *A History of the Crusades*, Cambridge University Press, 1951.

S. Runciman, *A History of the First Bulgarian Empire*, London: G. Bell & Sons, Ltd, 1930.

John Edwin Sandys, *A History of Classical Scholarship*, Vol. II, Bristol: Thoemmes Press, 1998.

G. Schlumberger, *Sigillographie de l'Empire byzantin*, Paris: E. Leroux, 1884.

G. Schlumberger, *Epopee byzantine*, Paris: G. Cres, 1911.

F. Schulz, *History of Roman Legal Science*, Oxford: Clarendon, 1953.

P. Sarris, *Economy and Society in the Age of Justinian*, Cambridge: Cambridge University Press, 2006.

P. Sarris, "On Jairus Banaji Agrarian Change in Late Antiquity", in *Historical Materialism*, (2005) 13, p. 218.

P. Sarris Peter Sarris, "Economics, Trade, and 'Feudalism'", in *A Compantion to Byzantium*, Edited by Liz James, Blackwell. Publishing Ltd, 2010.

P. Scaff, *A Select Library of Fathers of the Christian Church*, Grand Rapids, Mich: Eerdmans, 1983.

P. Schmid, *Die diplomatischen Beziehungen zwischen Konstantinopel und Kairo zu Beginn des 14 Jahrhunderts im Bahmen der. Auseinandersetzung Byzanz-Islam*, Munich, 1956.

John Scylitzes, *Excerpta ex breviario historica*, ed. by Bekker, I., (*Corpus Scriptorum Historiae Byzantinae*) Bonn: Impensis. Ed. Weberi, 1838–1839.

Kenneth M. Setton, *Catalan Domination of Athens*, *1311–1388*, London: Variorum, 1975.

Severus of Antioch, *A Collection of Letters of Antioch: from Numerous Syriac Manuscripts*, Edited and translated by E. W. Brooks, Paris: Firmin-Didot, 1919–1920.

J. Shepard, "'Father' or 'Scorption'? Style and Substance in Alexius's Diplomacy", in *Alexios I Komnenos*, *I: Papers*, ed. by Margaret Mullet and

Dion Smythe, Paris; Bucarest: Institut Francais d'Etudes Byzantines, 1997.

Theodore Skoutariotes, *Chronicle*, ed. K. Sathas, Paris: G. Cres, 1894.

Sozomen, *The Ecclesiastical History*, translated by Chester D. Hartranft, New York: Christian Literature Publishing Co. , 1890.

Georgius Sphranzes, *Historia*, ed. V. Grecu, Thesaurus Linguae Graecae from Homer to the fall of Byzantium in AD 1453, no. 3143, work 001, Mich 3. 18. 2, XXXV, 6; George Sphrantzes, *The Fall of the Byzantine Empire*, *A Chronicle by G. Sphrantzes*, 1401 – 1477, p. 70.

George Sphrantzes, *The Fall of the Byzantine Empire*, trans. by Marios Philippides, The Uniersity of Massachusetts Press, 1980.

Matthew Spinka, *Studies in Church History*, Chicago: The American Society of Church History, 1933.

L. S. Stavrianos, *A Global History: The World to 1500*, Englewood Cliffs, N. J. : Prentice-Hall, 1982.

Strabo, *The Textual Tradition of Strabo's Geography*, Amsterdam: A. M. Hakkert, 1975.

Symeon Magister (Logothete), *Chronicle*, ed. by Bekker, I. , (*Corpus Scriptorum Historiae Byzantinae*), Bonn: Impensis. Ed. Weberi, 1838.

Stanislaw Turlej, *The Chronicle of Monemvasia : the migration of the Slavs and church conflicts in the Byzantine source from the. beginning of the 9th century*, trans by Marta Dabrowska, Cracow: Towarzystwo Wydawnicze, 2001.

E. Stein, *Histoire du Bas-Empire*, Bruxelles: Desclee de Brouwer, 1949.

D. Stein, *Der Beginn des byzantinischen Bilderstreites und seine Entwicklung*, Munchen: Institut fur Byzantinistik und. Neugriechische Philologie der Universitar, 1980.

E. Stein, *Studien zur Geschichte des byzantinischen Reiches*, Stuttgart: J. B. Metzler, 1919.

E. Stein, "Vom Altertum im Mittelalter. Zur Geschichte der byzantinischen Finanzverwaltung", *Byzantine Studies*, 1931 (31), p. 355.

P. M. Sweezy, *The Transition From Feudalism to Capitalism*, London: NLB; Atlantic Highlands; Humanities Press, 1976.

Europe Volume I : The Agrarian Life of the Middle Ages, Cambridge: Cambridge University Press, 1966.

J. L. Teall, The Byzantine Agricultural Tradition, *Dumbarton Oaks Paper*, (1971) 25, pp. 35 – 59.

Theodoret of Cyrrhus, *A History of the Church, in Five Books from AD 322 to the Death of Theodore of Mopsuestia, AD 427*, London: S. Bagster, 1843.

Theodosios, *Codex Theodosianus: The Theodosian Code and Novels, and the Sirmondian Constitutions*, trans. by C. Pharr, T. S. Davdson and M. B. Pharr, Princeton University Press, 1952.

Theophanes Continuatus, *Historia*, ed. by Bekker, I., (*Corpus Scriptorum Historiae Byzantinae*) Bonn: Impensis. Ed. Weberi, 1838.

Theophanes, *The Chronicle of Theophanes*, trans. by H. Turtledove, Philadelphia: University of Pennsylvania Press, 1982.

Theophylact, *The History of Theophylact of Simocatta: An English Translation with Introduction and Notes*, trans. By. Michael. Whitby and Mary Whitby, Oxford, 1986.

A. J. Toynbee, *An Historian's Approach to Religion*, Oxford University Press, 1979.

Warren Treadgold, *A History of the Byzantine State and Society*, California: Stanford University Press, 1997.

Jeanne Tsatsos, *Empress Athenais-Eudocia, a Fifth Century Byzantine Humanist: Women of Byzantium*, Brookline, Mass. : Holy Cross Orthodox Press, 1977.

A. P. Vacalopoulos, "Byzantinism and Hellenism", *Balkans' Studies*, 1968, IX, pp. 101 – 126.

A. A. Vasiliev, *History of the Byzantine Empire*, Wisconsin: Wisconsin University Press 1958, 1970.

A. A. Vasiliev, "The Second Russian Attack on Constantinople", *Dumbarton Oaks Papers*, vol. 6, (1951), pp. 161 – 225.

Despina Stratoudke White, *Patriarch Photios of Constantinople: his Life, Scholarly Contributions and Correspondence*, Brookline, Mass. : Holy Cross Orthodox Press, 1981.

P. D. Whitting, *Byzantine Coins*, NY: G. P. Putnam's Sons, 1973.

C. Wickham, *Framing the Early Middle Ages, Europe and the Mediterranean 400 – 800*, Oxford: Oxford University Press, 2005.

John Wilkes, *The Illyrians*, Oxford: Blackwell Publishers, 1992.

R. L. Wolff, *Studies in the Latin Empire of Constantinople*, London: Variorum, 1976.

Laonici Chalcocandylae, *Apodeixeis Historia*, ed. by E. Dacco, Budapest, 1922–1927.

Αικ. Χριστοφυλοπούλου, *Η Συγκλετος στο Βυζαντινού Κράτους*, Αθένα: Εκδόσεις Βas. Ν. Γρηγοριάδης, 1949.

Αικ. Χριστοφυλοπαύλου, *Βυζαυτιυ ή Ιστόρια*, Αθέυα: Εkδόσεις Βas. Ν. Γρηγοριάδμs, 1988.

K. E. Zacharia von Lingenthal, *Jus graeco-romanum*, vol. 7, Leipizig: T. O. Weigel, 1856–1865.

K. E. Zacharia von Lingenthal, *Geschichte des griechish-romischen Rechts*, Berlin: Weidmann, 1892.

I. Zepos, *Ius Graeco-Romanum*, Αθένα: Εκδόσεις Βas. Ν. Γρηγοριάδης, 1931.

Zosimus, *New History*, trans. and commentary by Ronald T. Ridley, Canberra: Australian Association for Byzantine. Studies 1982, Ⅱ, 29, (2)–(4).

http://history.princeton.edu/news-events/news/（2020/7/13）

中文资料

安娜·科穆宁:《阿莱克修斯传》,李秀玲译,上海:上海三联书店,2018年。

安娜·科穆宁:《阿莱克修斯传》,谭天宇和秦艺芯译,哈尔滨:东北林业大学出版社,2017年。

奥古斯丁:《忏悔录》,周士良译,北京:商务印书馆,1987年。

乔治·奥斯特洛格尔斯基:《拜占庭帝国》,陈志强译,西宁:青海人民出版社,2006年。

柏拉图:"政治家篇"(301D—303B),载《柏拉图全集》,王晓朝译,北京:人民出版社,2003年。

波里比阿:《罗马帝国的崛起》,翁嘉声译,北京:社会科学文献出版社,2013年。

伯恩斯和拉尔夫:《世界文明史》,罗经国等人译,北京:商务印书馆,1955年。

雅各布·布克哈特:《意大利文艺复兴时期的文化》,何新译,北京:商务印书馆,1997年。

布克哈特:《君士坦丁大帝时代》,宋立宏等译,上海:上海三联书店,

2006 年。

布莱恩·蒂尔尼等：《西欧中世纪史》，袁传伟译，北京：北京大学出版社，2011 年。

布洛赫：《封建社会》，张绪山译，北京：商务印书馆，2004 年。

布瓦松纳：《中世纪欧洲生活和劳动（五至十五世纪）》，潘源来译，北京：商务印书馆，1985 年。

陈悦：《舌尖上的拜占庭——拜占庭人的饮食文化》，《农业考古》2020 年第 1 期。

陈志强：《英美拜占庭学发展及其启示》，《史学理论研究》2015 年第 2 期。

陈志强：《拜占庭学研究》，北京：人民出版社，2001 年。

陈志强：《巴尔干古代史》，北京：中华书局，2007 年。

陈志强：《拜占庭〈农业法〉研究》，《历史研究》1999 年第 6 期。

陈志强、马巍：《君士坦丁基督教政策的政治分析》，《南开学报》1999 年第 6 期。

陈志强：《拜占庭毁坏圣像的原因》，《世界历史》1996 年第 3 期。

陈志强：《拜占庭'封建化'问题研究》，载《多元视角下的封建主义》，北京：社会科学文献出版社，2013 年。

陈志强：《拜占庭皇帝谱牒简表》，载《南开大学历史系建系七十五周年纪念文集》，天津：南开大学出版社，1998 年。

陈志强：《拜占廷皇帝继承制度特点研究》，《中国社会科学》1999 年第 1 期。

陈志强：《帕列奥列格王朝外交政策研究》，《南开学报》1997 年第 1 期。

陈志强：《我国所见拜占庭铸币研究》，《考古学报》2004 年第 3 期。

陈志强： 《盛世余晖：拜占庭文明探秘》，昆明：云南人民出版社，2001 年。

陈志强：《拜占庭文明》，北京：中国青年出版社，1998 年。

陈志强：《拜占庭"封建化"史料研究》，《贵州社会科学》2013 年第 2 期。

陈志强：《拜占庭立法中土地"优先权"解读——以马其顿王朝立法为例》，《经济社会史评论》2016 年第 4 期。

陈志强：《拜占庭职官考辨》，《西学研究》，北京：商务印书馆，2002 年。

陈志强：《拜占庭帝国史》，北京：商务印书馆 2003 年。

陈志强：《君士坦丁堡战役参战人数考辨》，《历史研究》2015 年第 6 期。

《辞海》，上海：上海辞书出版社，1980 年。

但丁：《论世界帝国》，朱虹译，北京：商务印书馆，2010年。

威尔·杜兰：《世界文明史》，幼狮文化公司译，北京：东方出版社，1998年。

恩格斯：《自然辩证法导言》，载《马克思恩格斯选集》第3卷，北京：人民出版社，1972年。

恩格斯：《德国农民战争》，北京：人民出版社，1962年。

芬利主编：《希腊的遗产》，张强等译，上海：上海人民出版社，2004年。

弗朗西斯·福山：《政治秩序的起源：从前人类时代到法国大革命》，毛俊杰译，南宁：广西师范大学出版社，2014年。

罗伯特·福西耶主编：《剑桥插图中世纪史，1250—1520》第2卷，李桂芝等译，济南：山东画报出版社，2009年。

弗朗索瓦·冈绍夫：《何为封建主义》，张绪山等译，北京：商务印书馆，2016年。

葛剑雄主编：《中国人口史》，上海复旦大学出版社，2002年。

辜燮高：《苏格兰、日本、英格兰和中国的兄终弟及制》，《世界历史》1986年第4期。

辜燮高：《从继承制看马克白斯在苏格兰历史上的地位》，《世界历史》1981年第6期。

郭圣铭：《西方史学史概要》，上海：上海人民出版社，1983年。

郭云艳：《拜占庭金币及其仿制品研究》（博士论文），2007年完成，见CNKI学位论文全文库。

郭小凌：《西方史学史》，北京：北京师范大学出版社，1995年。

爱德华·吉本：《罗马帝国衰亡史》，黄宜思等译，北京：商务印书馆，1997年。

爱德华·吉本：《罗马帝国衰亡史》，席代岳译，长春：吉林出版集团，2008年。

基佐：《欧洲文明史：自罗马帝国败落到法国革命》，程洪逵、沅芷译，北京：商务印书馆，2005年。

杰弗里·帕克等：《剑桥插图战争史》，傅景川等译，济南：山东画报出版社，2004年。

M. H. 哈里斯：《西方图书馆史》，吴晞、靳萍译，北京：书目文献出版社，1989年。

海斯、穆恩、韦兰：《世界史》，北京：生活·读书·新知三联书店，1975年。

侯建新：《中世纪与欧洲文明元规则》，《历史研究》2020年第3期。

《后汉书·西域传》

拉尔斯·布朗沃思：《拜占庭帝国：拯救西方文明的东罗马千年史》，吴斯雅译，北京：中信出版社，2016年。

拉夫连季：《往年纪事》，朱寰译，北京：商务印书馆，2011年。

斯蒂文·朗西曼：《1453——君士坦丁堡的陷落》，马千译，北京：时代出版传媒股份有限公司，2014年。

大卫·勒斯科姆和乔纳森·赖利—史密斯主编：《新编剑桥中世纪史》第四卷，陈志强、郭云艳等译，北京：中国社会科学出版社，2021年。

利奥：《战术》，李达译，北京：台海出版社，2018年。

李工真：《纳粹德国流亡科学家的洲际移转》，《历史研究》2005年第4期。

李平晔：《人的发现：马丁路德与宗教改革》，成都：四川人民出版社1984年。

李秀玲：《安娜·科穆宁娜及其笔下的拜占庭帝国：〈阿莱克修斯传〉研究》，北京：燕山出版社，2014年。

李雅书、杨共乐：《古代罗马史》，北京：师范大学出版社，2004年。

列夫臣柯：《拜占庭》，葆煦译，北京：生活·读书·新知三联书店，1962年。

凌强：《应该加强对拜占庭历史的研究》，《世界历史》1986年第11期。

刘榕榕、董晓佳：《查士丁尼与贝利撒留：拜占庭帝国皇权与军权关系的一个范例》，《世界历史》2016年第6期。

刘新利、陈志强：《欧洲文艺复兴史（宗教卷）》，北京：人民出版社，2008年。

罗春梅：《1204年君士坦丁堡的陷落》，北京：人民出版社，2012年。

《〈罗斯法典〉译注》，王钺译注，兰州：兰州大学出版社，1987年。

M. 罗斯托夫采夫：《罗马帝国社会经济史》，马雍等译，北京：商务印书馆，1985年。

罗志田、张洪斌：《学术史、思想史和人物研究——罗志田教授访谈》，《学术月刊》2016年第12期。

马丁·路德：《九十五条论纲》，载郭守田主编《世界通史资料选辑（中古部分）》，北京：商务印书馆，1974年。

马丁·路德：《路德文集》，香港：香港路德会，2003年。

马基雅维里：《君主论》，潘汉典译，北京：商务印书馆，1986年。

马克垚：《西欧封建经济形态研究》，北京：人民出版社1985年。

马克垚：《西欧封建经济形态研究》，北京：人民出版社2001年。

马克垚主编:《世界历史（中古部分）》，北京：北京大学出版社，1994年。

《马克思恩格斯选集》，北京：人民出版社，1972年。

《马克思恩格斯全集》第24卷，北京：人民出版社，1963年。

约翰·麦克曼勒斯主编:《牛津基督教史》，张景龙等译，贵阳：贵州人民出版社，1995年。

西里尔·曼戈：《牛津拜占庭史》，陈志强、武鹏译，北京：北京师范大学出版社，2015年。

美国加州大学尔湾分校于1972年开发的"希腊古籍文献（自前荷马至1453年拜占庭帝国灭亡）数据库"（Thesaurus Linguae Graecae from Homer to the fall of Byzantium in AD 1453），简称TLG。

莫赫塔尔主编：《非洲通史》第2卷，北京：中国对外翻译出版公司1985年。

莫里斯一世：《战略》，王子午译，北京：台海出版社，2019年。

孟德斯鸠:《罗马盛衰原因论》，婉玲译，北京：商务印书馆，1997年。

蒙森:《君主论》，李稼年译，北京：商务印书馆，2017年。

米洛拉德·帕维奇:《哈扎尔辞典》，南山等译，上海：上海译文出版社，1998年。

穆尔：《基督教简史》，北京：商务印书馆，1981年。

庞国庆：《走出"黑暗时代"：7—9世纪拜占庭帝国的人口危机及其治理》（待发表）。

劳伦斯·普林西比：《科学革命》，张卜天译，南京：译林出版社，2013年。

普罗柯比:《秘史》，吴舒屏、吕丽蓉译，上海：上海三联书店，2007年。

卡洛·M.齐波拉主编：《欧洲经济史》，徐璇译，北京：商务印书馆，1988年。

齐思和：《苏联历史学家对拜占庭研究的卓越贡献》，《历史研究》1957年第11期。

戚国淦、马克垚主编：《外国历史大事集》（古代部分第二分册），重庆：重庆出版社，1986年。

任继愈主编：《宗教大词典》，上海：上海辞书出版社，1998年。

《三国志·魏志》

桑叶：《第一次罗斯远征君士坦丁堡研究》，《内蒙古大学学报》2021年第2期。

《圣经·新约》

吴建华：《拜占庭帝国》，《世界史研究动态》1985年第3期。

斯奇巴尼选编：《民法大全选译·公法》，张洪礼译，北京：中国政法大学出版社，1999年。

司马光：《资治通鉴》卷一《周纪一》。

苏联科学院：《世界通史》第3卷上册，北京：生活·读书·新知三联书店，1961年。

塔西佗：《编年史》，王以铸等译，北京：商务印书馆，1997年。

汤普逊：《中世纪经济社会史》，耿淡如译，北京：商务印书馆，1984年。

田明：《罗马—拜占廷时代的埃及基督教史研究》，天津：天津人民出版社，2009年。

沃伦·特里高德：《拜占庭简史》，崔艳红译，上海：上海人民出版社，2008年。

A. A. 瓦西列夫：《拜占庭帝国史》，徐家玲译，北京：商务印书馆，2019年。

王超：《唐朝皇帝制度的发展与完善》，《南京大学学报》1985年第4期。

《〈往年纪事〉译注》，王钺译注，兰州：甘肃民族出版社，1994年版。

赫·乔·韦尔斯：《世界史纲》，吴文藻、谢冰心、费孝通译，北京：人民出版社，1982年。

武鹏：《论5—6世纪拜占庭史料中君士坦丁大帝的形象分歧》，《古代文明》2017年第4期。

吴于廑：《历史上农耕世界对工业世界的孕育》，载《吴于廑学术论著自选集》，北京：首都师范大学出版社，1995年。

吴于廑、齐世荣主编：《世界史·古代史编》下卷，高等教育出版社，1996年。

徐怀启：《古代基督教史》，上海：华东师范大学出版社，1996年。

徐家玲：《早期拜占庭和查士丁尼时代研究》，长春：东北师范大学出版社，1998年。

徐家玲：《拜占庭文明》，北京：人民出版社，2006年。

亚里士多德：《政治学》，载《亚里士多德全集》，颜一、秦典华译，北京：中国人民大学出版社，1997年。

扬人楩：《非洲通史简编》，北京：人民出版社，1984年。

杨升南：《是幼子继承制，还是长子继承制？》，《中国史研究》1982年第1期。

扬真：《基督教史纲》上册，北京：生活·读书·新知三联书店，1979年。

于可:《试论马丁·路德的政治思想》,《世界宗教研究》1983年第2期。
于可主编:《世界三大宗教及其流派》,长沙:湖南人民出版社,1988年。
尤西比乌斯:《君士坦丁传》,林中泽译,北京:商务印书馆,2015年。
张广智主编:《西方史学史》(第二版),上海:复旦大学出版社,2012年。
张海鹏:《改革开放40年来我国历史学的发展》,《人民日报》2018年8月7日。
张联芳、马细谱编译:《世界各国对拜占庭学的研究状况》,《世界历史研究动态》1979年第1期。
郑玮:《中国学者对拜占庭史研究综述》,《史学理论研究》2000年第1期。
赵锡元:《论商代的继承制度》,《中国史研究》1980年第4期。
赵彦编著:《拜占庭文明》,北京:北京出版社,2008年。
周枏:《罗马法原论》,北京:商务印书馆,1996年。
朱寰主编:《世界中古史》,长春:吉林人民出版社,1981年。
朱寰主编:《亚欧封建经济形态比较研究》,长春:东北师范大学出版社,1996年。
朱子尧:《存在、职能和理论:13—14世纪拜占庭元老院探析》(待正式发表)。